भारतीय भाषाओं में श्रीकृष्ण

बंग-भूमि

भारतीय भाषाओं में श्रीकृष्ण

बंग-भूमि

लेखक

सोमा बंद्योपाध्याय

सलाहकार सम्पादक

गिरीश्वर मिश्र

पूर्व कुलपति, महात्मा गांधी अन्तरराष्ट्रीय हिन्दी विश्वविद्यालय, वर्धा

कला सम्पादक

नर्मदा प्रसाद उपाध्याय

पूर्व सदस्य, मध्य प्रदेश वाणिज्यिक कर अपील बोर्ड

संयोजन-सम्पादन

दयानिधि मिश्र

पूर्व पुलिस उप-महानिरीक्षक, उत्तर प्रदेश

वाणी प्रकाशन

प्रकाशन के उत्कृष्टतम 63 वर्ष

सजिल्द पहला संस्करण : 2026

vaniprakashan.com

प्रबन्ध सम्पादक

अरुण माहेश्वरी

वाणी प्रकाशन

4695, 21-ए, दरियागंज, नयी दिल्ली-110 002

फ़ोन : + 91 11 23273167, 23275710

शाखाएँ

अशोक राजपथ, पटना-800 004, बिहार

कॉफ़ी हाउस कैम्पस, महात्मा गांधी मार्ग, प्रयागराज-211 001, उत्तर प्रदेश

महात्मा गांधी अन्तरराष्ट्रीय हिन्दी विश्वविद्यालय, वर्धा-442 001, महाराष्ट्र

sales@vaniprakashan.in

vaniprakashan@gmail.com

Bhartiya Bhashaon Mein Shrikrishna

Bang-Bhoomi

by Soma Bandyopadhyay

ISBN : 978-93-7348-465-5

Religion/Culture

मूल्य : ₹ 750

सिटी प्रेस, दिल्ली-110 095 में मुद्रित

वाणी प्रकाशन का लोगो मक़बूल फ़िदा हुसैन की कूची से

अनुक्रम

प्ररोचना

बांग्ला भाषा में उपलब्ध श्रीकृष्ण अथवा वैष्णव साहित्य एक अथाह महासागर की तरह है, और मैं इसके तट पर खड़े होकर इसके केवल अंजुरी भर माणिक-मोती ही एकत्र कर पायी हूँ। वैष्णव सौन्दर्य शास्त्र और दर्शन से परिचित हुए बिना कोई भी पाठक वैष्णव साहित्य के मन्त्रों का ज्ञान प्राप्त नहीं कर सकता, इसलिए मैंने प्रसंगवश उनकी चर्चा उदाहरण सहित करने की कोशिश की है। अनेक विद्वानों, ऋषियों और भक्तों ने वैष्णव साहित्य के विभिन्न पहलुओं पर गहन चर्चा की है, अत: 'मनौ वज्रसमुत्कीर्णे सूत्रस्येवास्ति मे गति:'।

यहाँ उल्लेखनीय है कि स्वयं एक वैष्णव परिवार से होने के कारण (मेरी माता के नाना जी पण्डित नृसिंहानन्द गोस्वामी जी, जो कि एक वैष्णव धर्मगुरु थे और कई शिष्यों को भी दीक्षा प्रदान किये थे) श्रीकृष्ण के प्रति बचपन से ही मेरे मन में अनन्त भक्ति एवं श्रद्धा है। ग्रामीण बांग्ला के घर-घर में राधारानी एवं श्रीकृष्ण पूजित होते हैं; कहीं राधा-माधव तो कहीं राधा-गोविन्द के नाम से। हमारे ननिहाल में भी राधा-माधव जी का मन्दिर है। अपनी माता से मैंने सुना है कि हर रविवार को घर में श्रीकृष्ण के नाम-संकीर्तन का आयोजन किया जाता। सिर्फ अपने गाँव के ही नहीं, आसपास के कई गाँवों के भक्त भी हमारे आँगन में भीड़ जमाते। मेरी नानी एवं नाना जी हर संध्या भगवद्गीता का वाचन करते थे। माँ को भी यही करते देखा है। अत: ये संस्कार बचपन से ही हमारे भीतर गहरे रूप से समाहित हैं।

कुछ वर्ष पूरे, कोलकाता के 200 वर्ष प्राचीन संस्कृत विश्वविद्यालय एवं कॉलेज के कुलपति का पदभार सम्भालते हुए, नवद्वीप में 'महाप्रभु श्री चैतन्यदेव गवेषणा केन्द्र' नाम से एक गवेषणा केन्द्र की स्थापना करने का सौभाग्य प्राप्त हुआ, जो संस्कृत साहित्य एवं श्रीकृष्ण भक्ति पर शोध करने के विशेष उद्देश्य से ही निर्मित किया गया था।

भारतीय भाषाओं के विशाल साहित्य भण्डार में भक्ति साहित्य का एक विशाल संग्रह है, जिसका एक अनमोल अंश है भगवान श्रीकृष्ण का लीला-वर्णन।

आशा है यह पुस्तक वैष्णव साहित्य में रुचि रखने वालों की जिज्ञासाओं का समाधान करेगी। आज के छोटे से जीवन काल में अनेक लोगों के लिए विशाल एवं विद्वत्तापूर्ण पुस्तकें पढ़ पाना सम्भव नहीं है, लेकिन आशा है उनके लिए यह पुस्तक 'वैष्णव साहित्य के परिचय' के रूप में काम करेगी। कई भारतीय विद्वानों ने भी जिज्ञासु पाठकों के लिए 'बिना किसी पदानुक्रम प्रणाली के' ऐसी पुस्तकें लिखीं हैं।

बंगाली साहित्य में पहली लिखित पुस्तक महाप्रभु श्री चैतन्य देव के दिव्य जीवन पर आधारित थी। कविराज गोस्वामी के 'श्री चैतन्य चरितामृत' में भगवान महाप्रभु के 'अन्तरंग' दामोदर के प्रकट होने के तीन कारणों का

उल्लेख कई बार हुआ है। इस दृष्टिकोण का चैतन्योत्तर युग के आचार्यों पर बहुत अधिक प्रभाव पड़ा। यहाँ तक कि जब उन्होंने राधा और कृष्ण की लीलाओं का वर्णन किया, तो उन्होंने अपने मानस में कृष्ण के 'राधाभावद्युति-सुवलित-तनु कृष्ण स्वरूप' (उदात्त, उज्ज्वल और सूक्ष्म रूप) को देखा। इस चरित-साहित्य का प्रभाव चैतन्योत्तर काल के पदावली साहित्य पर भी स्पष्ट दिखायी देता है। इसलिए मैंने श्री चैतन्य की कुछ जीवनियों पर संक्षेप में चर्चा भी की है।

सोलहवीं शताब्दी में श्रीमद्‌महाप्रभु के दिव्य जीवन पर केन्द्रित महानता की जो बाढ़ सभी दिशाओं में बही, उसके परिणामस्वरूप बंगालियों ने अपना खोया हुआ आत्मविश्वास एवं अस्मिता पुन: प्राप्त कर ली। उस समय बंगाल के काव्य जगत में अनगिनत कवियों की आवाजें गूँज रही थीं। बंगालियों ने भारत को एक अद्वितीय दर्शन और रस-शास्त्र का उपहार दिया है। अपनी इस पुस्तक में मैंने उस युग की नयी चेतना से प्रेरित बंगालियों के विचारों का भी संक्षिप्त परिचय देने का प्रयास किया है। साथ ही साहित्य में श्रीकृष्ण, लोक में श्रीकृष्ण, श्रीकृष्ण की भक्ति परम्पराएँ, श्रीकृष्ण के कथावाचकों की परम्पराएँ, श्रीकृष्ण से जुड़े तीर्थस्थान-संग्रहालय-पर्व और उत्सव, कलाओं में श्रीकृष्ण, सामाजिक और राजनैतिक जीवन में श्रीकृष्ण, श्रीकृष्ण विषयक साहित्य में प्रकृति-माहात्म्य और विज्ञान एवं वर्तमान सन्दर्भ में श्रीकृष्ण का प्रदेय आदि पर भी प्रकाश डालने की कोशिश की है।

भारतवर्ष जैसे महान देश के विभिन्न प्रदेशों के साहित्य एवं संस्कृति में इस दीर्घ परम्परा को पुस्तकाकार में प्रकाशित करना एक विराट चुनौती से कम नहीं है। पर इसे सच कर दिखाने का प्रयास हिन्दी के अभिजात प्रकाशन संस्था वाणी प्रकाशन ने किया है। इस अत्यन्त महत्त्वपूर्ण परियोजना में मैं भी सहभागिता कर पायी, इसके लिए अपना हार्दिक आभार प्रकट करती हूँ संस्था के प्रधान, परम श्रद्धेय श्री अरुण माहेश्वरी जी के प्रति। जिनके उत्साह के कारण एवं आग्रह से मुझे बांग्ला भाषा, साहित्य एवं संस्कृति में श्रीकृष्ण की व्याप्ति पर यह महत्त्वपूर्ण पुस्तक लिखने का सुअवसर मिला, विद्याश्री न्यास के प्रमुख, भारत में श्रीकृष्ण-परियोजना के प्रधान सम्पादक तथा संयोजक, परम आदरणीय डॉ. दयानिधि मिश्र जी के प्रति, हृदय तल से आभार व्यक्त करती हूँ।

इस पुस्तक को लिखने में जिन लोगों ने मेरी मदद की या मुझे प्रोत्साहित किया, उनमें सबसे पहला नाम वैष्णव साहित्य प्रेमी एवं पुराणविद प्रोफेसर नृसिंहप्रसाद भादुड़ी जी का है। रवीन्द्रनाथ टैगोर और वैष्णव साहित्य पर चर्चा करते समय, मुझे श्रीमद् सुन्दरानन्द विद्याबिनोद एवं त्रिपुराशंकर शास्त्री जी की दो छोटी पुस्तकों से कुछ मदद मिली। बाकि के अध्यायों पर लिखते समय बंगाल के कृष्णनगर, शान्तिपुर एवं नदिया जिलों का दौरा किया जहाँ स्थानीय विद्वानों से कई महत्त्वपूर्ण सूचनाएँ मिली।

यहाँ एक बात का उल्लेख आवश्यक हो जाता है कि बांग्ला पदों के सभी अनुवाद हिन्दी में मैंने स्वयं किये हैं।

अन्त में, मैं उन सभी को आदरपूर्वक बधाई देना चाहती हूँ जिनकी पुस्तकों ने मुझे प्रेरित किया है। 'ज्येष्ठदेव्यो नम: कनिष्ठदेव्यो नम:'।

मेरे विद्यार्थी अमृता पासी एवं प्रतीक सिंह का भी मैं स्नेह भरा आभार व्यक्त करती हूँ। अन्तत: आशीषपूर्ण कृतज्ञता व्यक्त करती हूँ अपनी सुपुत्री सुश्री अनेष्वा चक्रवर्ती और भतीजी प्रियदर्शिनी बैनर्जी के प्रति जिन्होंने पूरे पुस्तक के टंकण में एवं चित्रों को संग्रहित करने में मेरी सहायता की है, जिसके बिना यह पुस्तक पूरी नहीं होती। मेरे माता-पिता के आशीष एवं पतिदेव के सहयोग के बगैर यह कार्य सम्पूर्ण नहीं हो पाता।

सिर्फ साहित्य में ही नहीं, बांग्ला भाषा एवं संस्कृति में श्रीकृष्ण के व्याप्ति पर केन्द्रित यह पुस्तक यदि भारतीय भक्ति साहित्य के पाठकों एवं गवेषकों के काम आ सके तो लिखना सार्थक समझूँगी।

अन्त में सिर्फ इतना ही कहना चाहूँगी

'सर्वथा व्यवहार्तव्य कुतो ह्यवचनियता'।

विनयावनत–

प्रो. (डॉ.) सोमा बंद्योपाध्याय

प्रस्तावना

॥ भक्ति, प्रेम और रस ॥

पश्चिम बंगाल में साधना की दो प्रमुख धाराओं ने गंगा-यमुना की धारा की तरह मिलकर बंगालियों के मन को रस की धारा से सराबोर कर दिया है, एक है गौड़ीय वैष्णव साधना और दूसरी है शक्ति-साधना। इन दोनों साधनाओं की विशेषता मानवीय सम्बन्धों के माध्यम से ईश्वर-भक्ति का आस्वादन है। बंगालियों ने जीवन और जगत को मिथ्या कहकर हवा में उड़ाया नहीं है तथा भगवान को वचन और मन के अतीत की तरह दूर नहीं कर दिया, उन्होंने प्रेम के बन्धन से उसे बाँधकर पूरी तरह से अपना बना लिया। आँखें, मन या वाक्य जिसके निकट नहीं पहुँचते, जिसका रूप विश्व के बड़े-बड़े विद्वान निर्धारित नहीं कर पाते, वह अनायास भक्त के साथ खेलता है, भक्त की दृष्टि में वह आनन्दमय है, प्रेममय है; इसलिए उपनिषद के ऋषि का कहना है :

'यतो बाचो निवर्तन्ते अप्राप्य मनसा सह।
न तत्र चक्षुर्गच्छति न बाग् गच्छति न मनः।।'

अर्थ यह है कि–वाक्य उसे ढूँढ़ न पाने के कारण मन के साथ वापस लौट आता है। जहाँ आँखें नहीं जाती, न वाक्य जाता है, न मन जाता है।

उनके बारे में छान्दोग्य उपनिषद के ऋषि कहते है–

'स एष रसानां रसतमः'।

वह सभी रसों में सबसे मधुर है।

और तैत्तिरीय उपनिषद के ऋषि उनके बारे में कहते हैं :

'रसो वै सः'

–वे रसस्वरूप हैं; वे आनन्द की पिघलती हुई धारा हैं।

ज्ञानी व्यक्ति देखता है, उनसे (ईश्वर से) डरकर, अग्नि, सूर्य, वायु, इन्द्र, यम उनके आदेश का पालन करते हैं, वह 'भयानां भयं भीषणं भीषणानाम्' (महानिर्वाणतन्त्र) है, और भक्त को पता चलता है, वह अखिलरसामृत सिन्धु है। भक्त विल्वमंगल के शब्दों में, उसका देह मधुर है, उसका मुख मधुर है, और उसकी मुस्कान भी शहद सा सुगन्धित है।

'मधुरं मधुरं बपुरस्व विभो
मधुरं मधुरं बदनं मधुरम्।
मधुगन्धी मृदुस्मितमेतदहो
मधुरं मधुरं मधुरं मधुरम्।।'

भक्त कहता है, "यह आनन्द से परिपूर्ण, रस से परिपूर्ण, ईश्वर के प्रति अकारण भक्ति ही जीव का परम पुरुषार्थ है।" भगवान भक्ति के वशीभूत हैं, इसलिए जो भक्ति का आश्रय लेकर भगवान की पूजा करता है, उस पर उनकी कृपा और दया अगाध होती है।

नारद मुनि ने भक्ति की परिभाषा इस प्रकार दी है :

'सा कस्मैचित् परमप्रेम रूपा'

–किसी के प्रति पूर्ण प्रेम की भावना को भक्ति कहते हैं।

महर्षि शाण्डिल्य ने कहा :

'सा परानुरक्तिरीश्वरे'।

–ईश्वर के प्रति पूर्ण समर्पण का नाम भक्ति है।

हालाँकि, श्रीरूप गोस्वामी ने भक्ति की एक नयी परिभाषा दी है :

'सर्वोपाधिविनिर्मुक्तं तत्परत्वेन निर्मलं।
हृषिकेश हृषिकेशसेवनं भक्तिरुच्यते।'

–समस्त इन्द्रियों के स्वामी हृषिकेश की समस्त इन्द्रियों से सेवा करने का नाम भक्ति है।

*ईश्वर को पूर्ण पुरुषोत्तम भगवान जानकर, सभी उपाधियों से मुक्त होकर उनकी सेवा करनी चाहिए।

हम प्राय: किसी न किसी कारण से भगवान की पूजा करते हैं। पीड़ित व्यक्ति करुण स्वर में प्रार्थना करता है, हे दयालु, मुझे मेरी बीमारी से मुक्त कर दे। भौतिकवादी व्यक्ति कहता है, "मुझे धन दो।" इस तरह, अलग-अलग लोग अलग-अलग चीजों के लिए भगवान से प्रार्थना करते हैं। उनकी भक्ति को हैतुकी भक्ति कहा जाता है। बेशक, इन्हें सच्चे भक्त नहीं कहा जा सकता, क्योंकि ईश्वर प्राप्ति उनके जीवन का लक्ष्य नहीं है। लेकिन वे भी नाम की शक्ति के माध्यम से धीरे-धीरे भगवान की ओर आकर्षित हो सकते हैं और भगवान के लिए उनके मन में प्रेम पैदा हो सकता है। बालक ध्रुव ने राज्य की कामना से भगवान की पूजा की थी, लेकिन जब उसे भगवान के दर्शन हुए, तो वह कृतज्ञ महसूस करने लगा और बोला, "मैं काँच की खोज में गया था और मुझे दिव्यरत्न की प्राप्ति हुई।" इसलिए गीता में भगवान कहते हैं :

'चतुर्विधा भजन्ते माम् जना: सुकृतिनोर्जुन।
आर्तो जिज्ञासुरर्थार्थी ज्ञानी च भरतर्षभ।'

हे अर्जुन! चार प्रकार के लोग मेरी पूजा करते हैं–रोगी, जिज्ञासु, भौतिकवादी और बुद्धिमान। वे सभी पुण्यवान हैं।

पुनः भक्ति को दो श्रेणियों में विभाजित किया गया है : वैधी और रागानुगा। भगवान श्रीचैतन्यदेव ने सनातन गोस्वामी को मान्य भक्ति के लक्षण इस प्रकार बताए :

---

* [*भागवत में कहा गया है कि भक्ति के नौ प्रकार के लक्षण हैं; जैसे श्रवण, कीर्तन, स्मरण, पाद-सेवन, अर्चना, वन्दना दास्य, सख्य, एवं आत्म-निवेदन।
श्रवणं कीर्तनं बिष्णो: स्मरणं पादसेवनम्।
अर्चनं वंदनं दास्यं सखात्मनिवेदनम्
इति पुंसार्पिता बिष्णौ: भक्तिश्चेन्नवलक्षणा।।]

'रागहीन जने भजे शास्त्र-आज्ञाय।
वैधी भक्ति बलि तारे सर्वशास्त्रे गाय'

यहाँ तक कि जिस व्यक्ति को ईश्वर से कोई प्रेम नहीं है, वह भी अक्सर शास्त्रों के निर्देशानुसार उनकी पूजा करता है। इसे स्वधर्माचरण कहते हैं। इस स्वधर्म पालन के अभ्यास से समय के साथ ईश्वर के प्रति भक्ति उत्पन्न होती है। इस जन्म को वैधी भक्ति (विधि अथवा नियमों के पालन करने से उत्पन्न भक्ति) कहा जाता है। यहीं पर अनुष्ठानों का अर्थ सामने आता है।

यहाँ तक कि वैधी भक्ति भी समय के साथ रागानुगा भक्ति में बदल सकती है। राग का अर्थ है भगवान के प्रति अनुराग (स्नेह, भक्ति) या (श्रीरूप गोस्वामी के शब्दों में) भगवान के प्रति पूर्ण आसक्ति। महाप्रभु ने श्री सनातन से कहा :

"रागमयी भक्ति का नाम रागात्मिका है।"

वृन्दावन में श्रीदामा, सुदामा आदि ने भगवान को मित्र के रूप में, नन्द और यशोदा ने पुत्र के रूप में तथा गोपियों ने पति के रूप में पूजा। उनका लक्ष्य आत्म-प्रीति या आत्म-इन्द्रिय प्रीति नहीं, बल्कि कृष्ण-प्रेम या कृष्ण-इन्द्रिय प्रेम है। उनकी भक्ति को रागात्मिका भक्ति कहा जाता है। परन्तु जीव के लिए इस रागात्मक भक्ति को प्राप्त करना सम्भव नहीं है। जो वृन्दावन से किसी एक ही भाव का शरण लेकर तथा ब्रजवासियों के प्रति निष्ठावान होकर भगवान की आराधना करते हैं, उनकी भक्ति को रागानुगा भक्ति कहा जाता है। महाप्रभु ने सनातन गोस्वामी से कहा है :

'ब्रजवासियों में रागात्मक भक्ति प्रचलित है।
उसकी निष्ठावान भक्ति का नाम ही रागानुगा है।'

जो लोग इस राग (प्रेम) मार्ग में ईश्वर की आराधना करते हैं, वे धार्मिक प्रथाओं, अर्थात् शास्त्रीय नियमों और निषेधों से परे हो जाते हैं।

'जो रागानुगा के मार्ग पर उसकी पूजा करता है।
उस व्यक्ति को ब्रज में ब्रजेन्द्रनन्दन की प्राप्ति होती है।
इसे रागानुगा भक्ति कहते हैं।
कृष्ण के चरणों में उसका प्रेम उत्पन्न होता है।'

जब यह अनुराग और भक्ति गहरी हो जाती है, तो यह प्रेम में बदल जाता है! भगवान के प्रति आसक्ति अथवा ममत्ववृद्धि के बिना, मनुष्य में भावपूर्ण भक्ति नहीं हो सकती। इस लगाव या प्रेम के पाँच प्रकार हैं–शान्त प्रेम, दास्य प्रेम, सख्य प्रेम, वात्सल्य प्रेम और मधुर (माधुर्य) प्रेम। श्री चैतन्य-चरितामृत के लेखक कृष्णदास कविराज गोस्वामी ने प्रेम के इन पाँच प्रकारों पर विस्तार से प्रकाश डाला है।

सुनक आदि ऋषियों ने शान्त भक्ति का अभ्यास किया है। इस भक्ति के लक्षण भगवान कृष्ण के प्रति अटूट भक्ति है। शान्त रस के साधक का मन अविचल है, उसके मन की इच्छाएँ लुप्त हो गयी हैं, उसके मन की अशान्ति भी समाप्त हो गयी है।

दास्य भाव से ग्रस्त भक्त सोचता है, "हे प्रभु, मैं आपका सेवक या दास हूँ।" श्रीमद्‌भागवत के उद्धव और विदुर ने भी दास्य भाव से भगवान की पूजा की। हनुमान जी ने भी अपने स्वामी रामचन्द्र की सेवा की। उसने कहा–

'श्रीनाथे जानकीनाथे अभेद: परमात्मनि।
तथापि मम् सर्वस्व राम: कमललोचन:।'

–श्रीनाथ (विष्णु) और जानकीनाथ (रामचन्द्र) में रूप का कोई भेद नहीं है, फिर भी कमल के समान श्री रामचन्द्र ही मेरे सर्वस्व हैं।

सेवा-प्रेम में भगवान स्वामी हैं और भक्त दास, अत: उनके बीच की दूरी या अन्तर पूर्णत कम नहीं हो सकता है। सख्य रस के उदाहरण हैं श्रीदामा, सुदामा, वसुदामा आदि। वे भगवान कृष्ण के साथ गाय चराने जाते थे, कभी उनके कन्धों पर सवार होकर, कभी उन्हें अपने कन्धों पर बिठाकर। भगवान ने श्री सनातन गोस्वामी से कहा :

'निज सम सखा संग
गो-गण-चरण रंगे
वृन्दावने स्वच्छन्द विहार।
जार बेणु-ध्वनि सुनि
स्थाबर जंगम प्राणी
अश्रु बहे, पुलक, कंप, धार।'

नन्द और यशोदा ने वात्सल्य रस से भगवान की सेवा की। उन्होंने परमेश्वर को बच्चों की तरह पाला है और कभी-कभी तो उसका ताड़न भी किया।

वे भगवान को पहचान नहीं सके, क्योंकि उन्होंने अपने स्वरूप को योगमाया की शक्ति से ढक रखा था। पदकर्ता बलराम दास ने वैष्णव साहित्य में वात्सल्य रस के छन्दों की रचना में असाधारण सफलता प्राप्त की है। उनके कोमल शब्द एक माँ के हृदय के प्रेम से अभिषिक्त प्रतीत होते हैं। प्रेम की भावना को कृष्ण कमल गोस्वामी के एक प्रसिद्ध गीत में भी खूबसूरती से व्यक्त किया गया है; यथा–

'सुनो ब्रजराज
स्वप्न में आज,
गोपाल प्रकट हुआ और जाने कहाँ छिप गया,
जैसे कि आँचल की छाँव में
आँचल पकड़ वह रोया
माखन दे माँ, माखन दे।'

जब भगवान नये रूप में अवतरित होते हैं तो वे अपने रूप को योग माया से ढक लेते हैं। इसीलिए प्राकृत लोग उसे जन्म-मरण के अधीन मानते हैं। वे नहीं जानते कि वे शाश्वत और अमर हैं, यह वही बात है जो उन्होंने भगवद् गीता में अर्जुन से कही थी।

'नाहं प्रकाश: सर्वस्व योगमायासमावृत:।
मुढोहयं नाभिजानाति लोको मामजम्व्ययम्।। 7/25

दूसरे दृष्टिकोण से देखें तो भगवान स्वयं अपने स्वरूप को योग माया से ढककर अपने भक्तों के साथ लीला करते हैं। 'योग' शब्द का एक अर्थ है, अनिर्मित को घटित करने की शक्ति; वह आन्तरिक शक्ति जिसके द्वारा ईश्वर घटनाओं को घटित करता है, उसे योगमाया कहते हैं, अथवा वह भ्रम जिसके द्वारा भक्त ईश्वर से एक हो जाता है, उसे योगमाया कहते हैं। श्रीमद्भागवतम् में रस पंचाध्याय का पहला श्लोक यह है :

'भगवानपि ता रात्रि: शारदोत्फुल्लमल्लिका:।
वीक्ष्य रंतुं मनश्चक्रे योगमायामुपाश्रित:।।'

उन शरद ऋतु की रातों में खिलते हुए कमल के फूलों को देखना। योगमाया* की शरण में आकर भगवान ने गोपियों के साथ क्रीड़ा करने की इच्छा प्रकट की।

भगवान मधुर रस में प्रियतम हैं और सभी भक्त स्त्रियाँ हैं। इस सुख की प्राप्ति में प्रियतम की प्रसन्नता ही एकमात्र वांछित वस्तु है, इसलिए भक्त इन्द्रिय-जनित इच्छाओं का त्याग कर देता है। इन्द्रियों की इस इच्छा को वासना कहते हैं और श्रीकृष्ण के प्रति प्रीति की इस इच्छा को प्रेम कहते हैं। कविराज गोस्वामी कहते हैं :

'आत्मेन्द्रिय-प्रीतिबांछा को कहता हूँ मैं काम।
कृष्णेन्द्रिय-प्रीतिबांछा को कहता हूँ मैं प्रेम।।'

वैकुण्ठ में लक्ष्मी, रुक्मिणी, सत्यभामा आदि देवियाँ मधुर भाव से उनकी पूजा करती हैं। लेकिन उनकी तुलना वृन्दावन की गोपिकाओं से नहीं की जाती। क्योंकि गोपियों ने कृष्ण के लिए सब कुछ त्याग दिया है। कविराज गोस्वामी कहते हैं :

'लोकधर्म वेदधर्म देहधर्मकर्म संसार।
लज्जा धैर्य देहसुख आत्मसुख मर्म।।
सुदुस्त्पज आर्यपथ निज परिजन।
स्वजने करये जत तारण भर्तसण।।
सर्वत्याग करि करें कृष्ण भजन।
कृष्णसुख हेतु करें प्रेम-सेवन।।

गोपियों के इस समूह में सर्वश्रेष्ठ हैं श्रीमती राधिका; वह एक महान विचारक हैं और कृष्ण की प्रसन्नता ही उनके जीवन का एकमात्र अर्थ है, इसलिए वह 'कृष्ण-सुखाय-तत्त्वमयी' हैं। गौड़ीय वैष्णव कहते हैं कि राधा और कृष्ण का स्वरूप एक जैसा है और उन्होंने अपनी लीलाओं के लिए शरीरों के पृथक्करण को स्वीकार कर लिया है। पुन: श्री गौरांग के अवतार में उन्होंने शरीर धारण किया है। भगवान कृष्ण ने स्वयं अपने आनन्द के

---

* [श्री चैतन्य चरितामृत में, श्रीमद्महाप्रभु सनातन गोस्वामी से कहते हैं :
"योगमाया की महाशक्ति का,
शुद्ध सार ही परिणाम है
लोगों को अपनी शक्ति दिखाने के लिए।
वह रूप-रतन है
भक्तों का गुप्त खजाना
जो प्रकट होती है नित्य लीला द्वारा।।"

लिए राधा के रूप में अवतार लिया था। इसलिए, श्री गौरांग को प्रणाम करते हुए कवि कहते हैं, 'राधाभावाद्युति-सुबलितातनुंग नौमि कृष्णस्वरूपम'।

श्रीमद्महाप्रभु और राय रामानन्द के शास्त्रों में कहा गया है कि मधु का रस सब रसों में श्रेष्ठ है; क्योंकि, शहद में सभी रसों के गुण मौजूद होते हैं। यह मधुर रस ही पदबली साहित्य का मुख्य विषय है। दासता, मित्रता या स्नेह जैसे शब्द शायद ही कभी देखने को मिलते हैं।

जिस प्रकार प्रत्येक परवर्ती अतीत में पूर्ववर्ती अतीत के गुण विद्यमान होते हैं, उसी प्रकार मधुर में चारों रसों के गुण विद्यमान होते हैं। उदाहरण के लिए, आकाश के गुण ध्वनि हैं, वायु के गुण ध्वनि और स्पर्श हैं, तेज के गुण ध्वनि, स्पर्श और रूप हैं, जल के गुण ध्वनि, स्पर्श, रूप और रस हैं और पृथ्वी के गुण ध्वनि, स्पर्श, रूप, रस और गन्ध हैं। इसी प्रकार शान्त रस के गुण हैं कृष्ण-निष्ठा (तथा तृष्णा का त्याग), दास्य रस के गुण हैं कृष्ण-निष्ठा और सेवा, सख्य रस के गुण हैं कृष्ण-निष्ठा, सेवा और सौहार्द (आत्मवत् व्यवहार), वात्सल्य रस के गुण हैं कृष्ण-निष्ठा, सेवा, सौहार्द और पालन, तथा मधुर रस के गुण हैं कृष्ण-निष्ठा, सेवा, सौहार्द, पालन और पूर्ण आत्म-समर्पण; इसीलिए एकमात्र मधुर रस में ही सभी भावों का समाहार है। सभी रसों में से मधुर एवं श्रृंगार रस में ही सबसे अधिक माधुर्य होता है। इस मधुर रस में दो और भाव हैं–रूढ़ और अधिरूढ़। कृष्णमहिषीगण का भाव रूढ़ है, तथा गोपिकाओं का अधिरूढ़ है। लेकिन ब्रज वधुओं में श्री राधा का भाव विद्यमान है।

भगवान की मधुर आराधना करने की प्रथा केवल भारत के वैष्णव सन्तों में ही प्रचलित नहीं है; फारस के अनेक सूफी सन्तों तथा ईसाई समुदाय के अनेक सन्तों ने भी मधुर भाव से उनकी आराधना की है। बाइबल का श्रेष्ठगीत "साँग ऑफ सोलोमन" वियोग का एक शाश्वत और मार्मिक गीत है। वैष्णव शब्दावली में इस पृथक्करण को विप्रलम्भ श्रृंगार तथा मिलन को सम्भोग-श्रृंगार कहा जाता है। वैष्णव अलंकारिकता में, विप्रलम्भ के चार प्रकारों का फिर से उल्लेख किया गया है : पूर्व राग, मान, प्रेम-वैचित्र्य और प्रवास। प्रेमी मिलन और विरह में विरह को ही अधिक वांछनीय मानता है।

इसका कारण बताते हुए वे कहते हैं–'जिसे हम मिलन में निकट पाते हैं, उसे विरह में हम सम्पूर्ण जगत में व्याप्त कर देते हैं।' इसीलिए भक्त कबीर ने कहा है, 'विरह के बिना यह शरीर शून्य है, क्योंकि विरह ही इस शरीर का स्वामी है।' "जिस घट में विरह संचारित नहीं होता वह घट मशान समान है।"

श्रीमद्भागवत के रासलीला में गोपिकाओं का जो विरह-गीत कीर्तित हुआ है उसका काव्यात्मक पक्ष अद्वितीय है।

जहाँ रस का चरम प्रवाह होता है, उसे ही 'रास' कहते हैं। श्री चैतन्यचरितामृत में महाप्रभु चैतन्य सनातन गोस्वामी से कहते हैं :

'गोपियों के रथ पर सवार'
जो मन्मथ के मन को मथते हैं
नाम है उनका मदनमोहन।
वे है पंचाशर दर्प
स्वयं नव कन्दर्प
रास रचाए गोपिगण।।'

यह श्रीमद्भागवत की ही प्रतिध्वनि है–

'तासमाविर्भुच्छौरी: स्मयमानमुखाम्बुज:।
पीताम्बरधरा: स्रग्वी 'साक्षान्मन्मथ-मन्मथ:।।'

–श्रीकृष्ण गोपिकाओं के बीच आविर्भूत हुए, वे पीताम्बरधारी थे, उनके गले में माला है, उनका मुखमण्डल दीप्तिमान एवं तेजस्वी है, उनका स्वरूप अत्यन्त अविश्वासी मन को भी मोहित कर लेता है।

जिस मधुर रस की हमने चर्चा की है, वह वैष्णव पदावली साहित्य का मुख्य विषय है। चैतन्य-पूर्व युग के कवि जयदेव, विद्यापति और बरु चण्डीदास और उत्तर-चैतन्य युग के कवि ज्ञानदास, गोविन्ददास आदि ने श्रीकृष्ण की मधुर और सुखद लीलाओं का वर्णन किया है। पदावली साहित्य में मित्रता और स्नेह पर भी कविताएँ हैं। वात्सल्य रस के महान कवि बलराम दास द्वारा चित्रित माता यशोदा की वेदना का चित्र भी मार्मिक है। इन वैष्णव अधिकारियों को महाजन कहा जाता है। संस्कृत साहित्य में महाजन शब्द का अर्थ 'महान व्यक्ति' होता है। इस शब्द का प्रयोग लोगों या जनसमूह के अर्थ में भी किया जाता है। लेकिन वैष्णव साहित्य में 'महाजन' शब्द का विशेष अर्थ है। जो लोग अलौकिक जगत में राधा-कृष्ण की नित्य लीलाओं के साक्षी होते हैं, जिसके फलस्वरूप पृथ्वी पर प्रतिदिन आनन्द की धारा बहती है, वे महाजन हैं। और उनके द्वारा लिखी गयी कविताओं या गीतों को पदबाली कहा जाता है। विद्वानों का मानना है कि गीत गोविन्द के लेखक जयदेव गोस्वामी ने विशेष अर्थ में पदावली शब्द का आविष्कार किया था। इसके प्रमाण के रूप में वे 'गीत गोविन्द' से श्लोक उद्धृत करते हैं;

*'यदि हरिस्मरणे सरसं मन:, यदि विलासकलासु कुतुहलम्'...**

(यदि तुम श्रीहरि के स्मरण में अपने मन को रमाना चाहते हो, यदि विलास की कलाओं में तुम्हारी जिज्ञासा है, तो मधुर, कोमल और मनोहर पदों के रचयिता जयदेव के वचनों का स्मरण करो।)

कवि सत्येन्द्रनाथ ने जयदेव के पद-लालित्य की शोभा की प्रशंसा करते हुए लिखा है :

'बंगाली के रवि जयदेव कवि ने अपने कोमल पदों से संस्कृत के कंचन-कोकनद को मधुर बना दिया है।'

'पदावली' शब्द का एक समय में बहुत गौरवशाली अर्थ था। हम सिर्फ वैष्णव-पदावली की ही बात नहीं करते, हम शाक्त-पदावली, शैव-पदावली आदि की भी बात करते हैं। यह पद्य-साहित्य भक्त के हृदय की भावनाओं से स्वत:स्फूर्त रूप से प्रस्फुटित हुआ है।

हम जिस वैष्णव पदावली पर चर्चा कर रहे हैं वह काव्य की कौन सी श्रेणी है? इसमें कोई सन्देह नहीं कि यह गीतिकाव्य की श्रेणी में आता है। प्राचीन काल में, गीति काव्य से तात्पर्य रचनाओं के एक वर्ग से था जिसे कवि द्वारा 'Lyre' नामक तार वाले वाद्य यन्त्र की संगत के साथ गाया और सुनाया जाता था। बाद में गीतिकाव्य का अर्थ Lyric में बदल गया। आलोचकों ने कविता को दो मुख्य श्रेणियों में विभाजित किया है : वस्तुनिष्ठ कविता और भावप्रधान कविता। (कुछ लोगों ने इस अर्थ में 'तन्मय' और 'मन्मय' शब्दों का प्रयोग किया है, लेकिन यह सही प्रयोग नहीं है।) आख्यान काव्य या महाकाव्य पहली श्रेणी में आता है। गीतिकाव्य में कवि अपनी क्षणिक आशाओं और इच्छाओं अथवा सुखों और दुखों को लय के बन्धनों के माध्यम से शाश्वत रूप प्रदान करता है। भाषा की जादुई शक्ति के माध्यम से वह अपने आन्तरिक भावों को पाठक के मन तक पहुँचा देता है।

---

* अर्थात् यदि हम हरि के स्मरण में लीन है, यदि मन आनन्द से भरा है, यदि विलासकला में कुतुहल है, तो फिर मधुर और कोमल, सुन्दर और मनोहर, जयदेव की वाणी का आनन्द लीजिए:

जब रवीन्द्रनाथ टैगोर ने नववर्ष के समारोह में कहा था :

"हृदय मेरा नाचे रे आज
मयूर की तरह नाचे रे
हृदय नाचे रे।"

फिर, जैसा कि वड्र्सवर्थ ने कहा, कवि के मन की खुशी पाठक के मन को भी प्रभावित करती है–

'My heart leaps up when I behold
a rainbow in the sky.. '

तब हम भी आकाश में इन्द्रधनुष की छटा को देखकर पुलकित हो जाते हैं। गीतकार कवि वह व्यक्ति है जो क्षणभंगुर भावनाओं को शाश्वत बनाने की इस तकनीक में निपुण है। गीतिकाव्य की दो मुख्य विशेषताएँ हैं–(1) विशुद्ध व्यक्तिपरक सुख-दुख या विचारों की अभिव्यक्ति और (2) गीतात्मकता एवं व्यंजना।

बंकिमचन्द्र ने लिखा है– "गीत का उद्देश्य, कविता का उद्देश्य, गीतिकाव्य है। कविता वह है जिसका उद्देश्य केवल वक्ता की भावनाओं के उच्छास को व्यक्त करना है।" बंकिमचन्द्र के शब्दों का महत्त्व यह है कि कवि की जो भावनाएँ विशिष्ट रूप से व्यक्तिगत और अद्वितीय होती हैं, वे गीतिकाव्य में प्रकट होती हैं। लेकिन वैष्णव गीतिकाव्य और आधुनिक गीतिकाव्य में बुनियादी अन्तर है। वैष्णव काव्य और गीत महान ऋषियों के आध्यात्मिक अनुभवों से उत्पन्न हुए हैं। उनके पास अभ्यास की एक अनूठी पद्धति है और यहाँ तक कि उनके सर्वोत्तम अनुभव भी पूरी तरह से व्यक्तिगत नहीं होते, वे सामुदायिक होते हैं। उनकी कविताओं या गीतों का मुख्य विषय राधा और कृष्ण की प्रेम लीला है; ये प्रेम अनन्त वैचित्र्य का प्रेम है–पूर्व राग, रूपानुराग, आक्षेपानुराग, अभिसार संगम, मान, प्रेम-वैचित्र्य आदि रस पर्याय को अवलम्बित कर पदों की रचना की है। चैतन्य के बाद के युग में, पदकर्ता 'उज्ज्वल नील मणि' के मार्गदर्शन का पालन करते हुए, बड़ी निष्ठा के साथ काव्य रचना करने में सक्षम हुए हैं। उन्हें आधुनिक गीति-कवियों की तरह बेलगाम कल्पना में लिप्त होने की स्वतन्त्रता नहीं थी। हालाँकि, जिस तरह वैष्णव पदावली में एक आध्यात्मिक आकर्षण है, उसी तरह इसका एक सार्वकालिक मानवीय आकर्षण भी है।

वास्तव में, यह वैष्णव कविता ही है जिसने स्वर्ग और पृथ्वी के बीच एक सेतु का निर्माण किया है।

श्री चैतन्य-चरितामृत में कहा गया है कि नीलाचल में अपने प्रवास के दौरान, श्रीमद्महाप्रभु चैतन्यदेव विद्यापति और चण्डीदास की पदावली, राय रामानन्द के जगन्नाथ-वल्लव नाटक, जयदेव के गीत गोविन्द और बिल्वमंगल के श्रीकृष्ण-कथामृत का आनन्द लिया करते थे। यहाँ चैतन्य-पूर्व युग के तीन पदकर्ताओं के नाम मिलते हैं–जयदेव, विद्यापति और चण्डीदास। जयदेव ने मुख्य रूप से अपनी अद्वितीय काव्यात्मकता के कारण पूरे भारत में ख्याति प्राप्त की थी और 'गीत गोविन्द' पर लगभग चालीस टीकाएँ लिखी गयीं। यद्यपि जयदेव ने संस्कृत में छन्दों की रचना की, लेकिन उन्होंने विभिन्न लौकिक छन्दों का प्रयोग किया और चैतन्योत्तर युग के कवियों, विशेषकर गोविन्ददास पर विशेष प्रभाव डाला। जयदेव का प्रभाव बरु चण्डीदास के कृष्णकीर्तन पर भी देखा जा सकता है। मैथिली कवि विद्यापति प्राचीन भारत के महानतम कवियों में से एक थे। शब्द चयन, उपमा प्रयोग, शब्द बिम्ब और ध्वनि प्रभाव में विद्यापति जितना महान कोई कवि नहीं है। परवर्ती कवि गोविन्ददास विद्यापति के शिष्य थे।

इस बात पर मतभेद की गुंजाइश है कि भगवान किस चण्डीदास के पदों का रस आस्वादन करते थे। प्रख्यात गवेषक स्वर्गीय वसन्तरंजन विद्वतवल्लभ द्वारा बरु चण्डीदास के 'श्रीकृष्णकीर्तन' की खोज के बाद उत्पन्न हुई चण्डीदास को लेकर समस्या का समाधान आज तक नहीं हो पाया है। हम इस पर यथासमय चर्चा करेंगे।

पन्द्रहवीं शताब्दी के अन्त में चैतन्य महाप्रभु का बंगदेश में आविर्भाव (18 फरवरी, सन् 1486) बंगाल और भारत के इतिहास में एक महत्त्वपूर्ण घटना है। उन्होंने बंगाल और भारत के विभिन्न प्रान्तों में महाभाव का प्लावन ला दी और स्मृति के कठोर अनुशासन से दबे बंगाली जाति को प्रेम और मानवता के धर्म से दीक्षित करके उनकी सुप्त आत्म-चेतना और आत्मविश्वास को जागृत किया। बंगदेश में न केवल श्रीमदमहाप्रभु (चैतन्यदेव के भक्त उन्हें इसी नाम से सम्बोधित करते हैं) की पहली जीवनी लिखी गयी, बल्कि उनके दिव्य जीवन पर आधारित एक उपन्यास 'रस शास्त्र' भी लिखा गया और वेदान्त पर एक नयी टिप्पणी भी तैयार की गयी। इस दौरान साहित्यिक काव्य का वन भी बिहाग वंश की गपशप से भरा हुआ था। संस्कृत नाट्य साहित्य का पुनरुद्धार तथा सत्रहवीं शताब्दी के बाद से पदावली-संकलन के प्रयास भी चैतन्योत्तर युग की स्मरणीय घटनाएँ हैं।

महाप्रभु चैतन्यदेव ने भगवान श्रीकृष्ण की माधुर्य लीला को ही प्राथमिकता दी है। उन्होंने सनातन गोस्वामी से कहा था–

'कृष्ण की जितनी लीलायें हैं
सर्वोत्तम मानव-लीला
नर-वपु उनका स्वरूप,
गोप वेशधारी बेनु-कर
नवकिशोर नटवर
नर-लीला के अनुरूप।
कृष्ण के मधुर रूप सुनो सनातन।
उस रूप का एक कण
डूबाए समस्त त्रिभुवन
सर्व प्राणी को करें आकर्षण।'

महाप्रभु की दृष्टि में भगवान श्रीकृष्ण अद्वितीय हैं, अखिलरसामृतसिन्धु है और चूँकि वे अपनी मधुरता से सभी प्राणियों को आकर्षित करते हैं, इसलिए उनका नाम श्रीकृष्ण है। चैतन्य युग के कवियों की तरह, चैतन्योत्तर युग के कवि भी मुख्यतः इस माधुर्य लीला का वर्णन करते है। हालाँकि, चैतन्य पूर्व युग के कवियों में से एक और श्रीमद्भागवतम् के अनुवादक मालाधर बसु ने श्रीकृष्ण की महिमा और सौन्दर्य को प्राथमिकता दी है। चरितामृत में भगवान के दिव्य स्वरूप के बारे में कहा गया है :

'यह तुम्हारा वैभवामृतसिन्धु।
मेरे मानस मन को गम्य नहीं एक बिन्दु।'

फिर, उसकी मिठास असीम है और उसे मानव भाषा में वर्णित नहीं किया जा सकता।

'उसकी मधुरता आश्चर्य और अनन्तता से भरी है। तीनों लोकों में कोई भी इसकी सीमा तक नहीं पहुँच सकता।'

कुरुक्षेत्र, मथुरा और द्वारका में उनकी गौरवशाली लीलाएँ तथा उनका असीम ऐश्वर्य अर्जुन के ब्रह्माण्ड दर्शन में अभूतपूर्व काव्यात्मक रूप में प्रकट होता है। वे पार्थ-सारथि रूप में, सुदर्शन चक्रधारी मुरारी रूप में, कंस का नाश करने वाले तथा दुष्टों का विनाश करने वाले के रूप में महिमान्वित हुए हैं। श्रीदाम, सुदामा के मित्र के रूप में, नन्द और यशोदा के दुलारे के रूप में तथा गोपिकाओं के वल्लभ के रूप में भी अपनी माधुर्य लीला को प्रकट किया है।

श्रीचैतन्य की जीवनी लिखने वालों (बांग्ला भक्तकवि उन्हें श्रीकृष्ण का अवतार मानते थे) ने भी उनके सौन्दर्य और माधुर्य, दोनों लीलाओं का वर्णन किया है। वृन्दावनदास गोस्वामी के चैतन्य-भागवत में उनके सौन्दर्य गुण प्रमुख हैं और कृष्णदास कविराज गोस्वामी की चैतन्य-चरितामृत में उनके माधुर्य गुण प्रमुख हैं। वृन्दावन दास कहते हैं, "कलियुग के युगधर्म और नाम-संकीर्तन के प्रचार और विधर्मियों के विनाश के लिए (अर्थात् भक्ति-धर्म के विरोधियों के उद्धार के लिए) भगवान कृष्ण, श्री गौरांग अर्थात् श्रीचैतन्यदेव के रूप में प्रकट हुए थे और कविराज गोस्वामी कहते हैं, "भगवान के प्रकट होने की मुख्य आवश्यकता नाम संकीर्तन का प्रचार है।"

संकीर्तन का प्रचार-प्रसार उसी का परिणाम है। आत्म-रसास्वादन का यह विचार एक पद में खूबसूरती से व्यक्त किया गया है :

'यदि गौर न होते
तो कैसा होता
कैसे पकड़ता उन्हें?
राधा की महिमा
प्रेमरस-सीमा
पृथ्वी पर पहचानता कौन?'

श्रीमद्भागवत का अनुसरण करके ही वैष्णव कवियों ने चैतन्यदेव की बाल लीलाओं का भी वर्णन किया है।

बंगाली मन की यह अद्भुत और अभूतपूर्व जागृति सोलहवीं शताब्दी में हुई, जो इस महान आत्मा श्रीचैतन्यदेव (जिनके घर का नाम निमाई था) पर केन्द्रित थी। आधुनिक कवि सत्येन्द्रनाथ ने भी उनपर लिखा है:

"देवता को मेरे आत्मीय जान, आकाश में दीप जलाता हूँ,
अपने इस झोपड़ी में देखा है मैनें, ईश्वर की मनुष्य-काया,
घर के बेटे की आँखों में देखा है, विश्व-भूप की छाया,
बंगालियों का हृदय मथ कर निमाई ने धरी है काया।"

इस जागृति के परिणामस्वरूप संस्कृत और बांग्ला साहित्य का अभूतपूर्व विकास हुआ। विशेष रूप से, बांग्ला साहित्य शब्द-सौन्दर्य और भाव-सौन्दर्य के ऐश्वर्य से सुशोभित होकर एक अद्भुत वैभव प्राप्त कर चुका था। वास्तव में, सोलहवीं शताब्दी, मध्ययुगीन बांग्ला साहित्य का सबसे गौरवशाली युग, स्वर्णयुग था।

1

पश्चिम बंगाल : एक सांस्कृतिक, सामाजिक, भौगोलिक, ऐतिहासिक और साहित्यिक परिप्रेक्ष्य

भारत के पूर्वी छोर पर स्थित पश्चिम बंगाल न केवल भौगोलिक दृष्टि से समृद्ध है, बल्कि इसका ऐतिहासिक और सांस्कृतिक वैभव भी विशिष्ट है। यह राज्य भारतीय उपमहाद्वीप का एक विरल क्षेत्र एक है जहाँ इतिहास, कला, साहित्य, संगीत, शिक्षा और आध्यात्मिकता ने सदियों से एक-दूसरे को पुष्ट किया है। पश्चिम, सांस्कृतिक, भौगोलिक, ऐतिहासिक एवं भाषा-साहित्यिक पक्षों को जानना एक बड़ी परियोजना है। यहाँ पर उसके मुख्य पक्षों को प्रस्तुत किया गया है।

भौगोलिक तथा ऐतिहासिक परिप्रेक्ष्य

पश्चिम बंगाल का भूगोल विविधतापूर्ण है। इसकी उत्तरी सीमा हिमालय की तलहटी में स्थित दार्जिलिंग और कालिम्पोंग की पर्वतीय क्षेत्रों से आरम्भ होती है, जबकि दक्षिणी भाग सुन्दरबन के दलदली वनों और बंगाल की खाड़ी से मिलता है। राज्य की पूर्वी सीमा बांग्लादेश से लगती है और पश्चिमी भाग झारखण्ड, बिहार तथा ओडिशा से जुड़ा हुआ है।

राज्य की प्रमुख नदियाँ हैं—गंगा (हुगली के रूप में), दामोदर, तीस्ता, अजय, रूपनारायण आदि। गंगा का डेल्टा क्षेत्र यहाँ के कृषि, मत्स्य पालन और परिवहन का केन्द्र रहा है। जलवायु उष्णकटिबन्धीय मानसूनी है, जिससे यहाँ धान, जूट, चाय जैसी फसलें उगती हैं। दार्जिलिंग की चाय और सुन्दरबन के मछली उद्योग ने बंगाल को अन्तरराष्ट्रीय ख्याति दिलायी है।

पश्चिम बंगाल की ऐतिहासिक यात्रा विविध सत्ता संरचनाओं, सांस्कृतिक आन्दोलनों और सामाजिक सुधारों की साक्षी रही है। पश्चिम बंगाल की ऐतिहासिक यात्रा अत्यन्त समृद्ध रही है। यह क्षेत्र प्राचीन सभ्यताओं, मध्यकालीन धार्मिक आन्दोलनों, औपनिवेशिक शासन और स्वतन्त्रता आन्दोलन का गवाह रहा है। इसे निम्न चार कालखण्डों में समझा जा सकता है :

प्राचीन काल (ईसा पूर्व 6वीं शताब्दी–12वीं शताब्दी) :

ऐतिहासिक दृष्टि से यह क्षेत्र 'वंग', 'राढ़' और 'गौड़' जैसे नामों से जाना जाता था। यहाँ की भौगोलिक स्थिति, उपजाऊ भूमि और जल सम्पन्नता ने इसे राजनीतिक शक्ति और सांस्कृतिक उन्नति का केन्द्र बनाया। मौर्य, गुप्त, पाल और सेन वंशों के शासनकाल में इस क्षेत्र ने धार्मिक, शैक्षिक और साहित्यिक दृष्टि से उल्लेखनीय प्रगति की।

ईसा पूर्व 6वीं शताब्दी से 12वीं शताब्दी तक के बंगाल के ऐतिहासिक विकास और उसकी सांस्कृतिक विरासत को निम्नलिखित क्रम में समझा जा सकता है।

- **मौर्य वंश (ईसा पूर्व चौथी शताब्दी) : धर्म और नीति का प्रसार**

मौर्य साम्राज्य के अन्तर्गत बंगाल को प्रशासनिक ढाँचे और नीति के क्षेत्र में संगठित रूप मिला। सम्राट अशोक के शासनकाल में बंगाल में बौद्ध धर्म का प्रभाव बढ़ा। अशोक द्वारा स्थापित स्तम्भ, शिलालेख और उनके 'धम्म' सिद्धान्तों ने सामाजिक समरसता, अहिंसा और नैतिक जीवन मूल्यों को जनमानस में स्थान दिलाया। अशोक के प्रभाव से बंगाल में बौद्ध विहारों, स्तूपों और शिक्षण केन्द्रों की आधारशिला पड़ी। यह वह काल था जब धर्म और शासन एक साथ मिलकर समाज के नैतिक उत्थान का माध्यम बने।

- **गुप्त वंश (चौथी–छठी शताब्दी ई.): सांस्कृतिक स्वर्णयुग**

गुप्त काल को बंगाल में ज्ञान, कला और विज्ञान के उत्कर्ष का युग कहा जाता है। इस काल में संस्कृत साहित्य, गणित, ज्योतिष, चिकित्सा और स्थापत्य कला का अभूतपूर्व विकास हुआ। बंगाल के कवियों और लेखकों को गुप्त शासकों का संरक्षण मिला, जिससे : संस्कृत भाषा का प्रचार-प्रसार हुआ, धार्मिक ग्रन्थों की प्रतिलिपियाँ और टीकाएँ तैयार की गयीं, और शिक्षा को समाज का आवश्यक अंग बनाया गया। यह काल बंगाल के लिए *बौद्धिक पुनर्जागरण* का युग था।

- **पाल वंश (8वीं–12वीं शताब्दी) : बौद्ध धर्म और वैश्विक शिक्षा का केन्द्र**

पाल वंश, विशेष रूप से धर्मपाल, देवपाल और महिपाल जैसे शासकों ने बंगाल को बौद्ध धर्म का वैश्विक केन्द्र बनाया। इस काल में : नालन्दा, विक्रमशिला, ओदन्तपुरी और अन्य विश्वविद्यालयों की स्थापना हुई। बंगाल से तिब्बत, नेपाल और दक्षिण-पूर्व एशिया तक बौद्ध ज्ञान का प्रचार हुआ। तन्त्र, योग और महायान परम्पराओं को गहराई से विकसित किया गया। पाल शासकों ने न केवल शिक्षा, बल्कि अन्तरराष्ट्रीय सांस्कृतिक संवाद को भी प्रोत्साहित किया, जिससे बंगाल पूर्वी एशिया के बौद्ध नेटवर्क का अभिन्न अंग बन गया।

- **सेन वंश (11वीं–12वीं शताब्दी) : वैदिक परम्परा की पुनर्स्थापना**

सेन वंश के शासनकाल में बंगाल में ब्राह्मणवादी परम्पराओं का पुनर्जागरण हुआ। शासक बल्लाल सेन और लक्ष्मण सेन ने संस्कृत को राजकीय भाषा के रूप में पुन: प्रतिष्ठित किया, वेदों, उपनिषदों और स्मृतियों के अध्ययन को पुनर्जीवित किया और नवद्वीप को विद्या और धर्म का केन्द्र बनाया। इस काल में बौद्ध धर्म का प्रभाव कम होने लगा और हिन्दू धर्म, विशेष रूप से शैव, वैष्णव और शक्त परम्पराओं को नवजीवन मिला। अत: ईसा पूर्व 6वीं शताब्दी से 12वीं शताब्दी तक का काल बंगाल के इतिहास में राजनीतिक स्थायित्व, धार्मिक विविधता, सांस्कृतिक उत्थान और वैश्विक संवाद का युग था। मौर्य वंश ने बंगाल को धर्म आधारित राज्यनीति का दृष्टिकोण दिया। गुप्त वंश ने विद्या, कला और विज्ञान को प्रश्रय दिया। पाल वंश ने बंगाल को बौद्ध शिक्षण और अन्तरराष्ट्रीय सांस्कृतिक केन्द्र के रूप में प्रतिष्ठित किया। सेन वंश ने ब्राह्मणवादी परम्पराओं के माध्यम से वैदिक विरासत को पुनर्स्थापित किया। इन सबके सम्मिलित प्रभाव से बंगाल एक ऐसा भूगोल बन गया जहाँ

से आगे चलकर भक्ति आन्दोलन, श्रीकृष्ण साहित्य तथा चैतन्य परम्परा जैसी परिघटनाएँ विकसित हुईं। इस कालखण्ड ने बंगाल की सांस्कृतिक और धार्मिक नींव को स्थायी बल दिया।

मध्यकाल (13वीं–18वीं शताब्दी) : धार्मिक सह-अस्तित्व और सांस्कृतिक पुनर्जागरण

भारत के इतिहास में मध्यकाल (13वीं से 18वीं शताब्दी) को अक्सर राजनीतिक अस्थिरता, सांस्कृतिक अन्तर्विरोधों और धार्मिक टकरावों का युग माना जाता है। किन्तु पश्चिम बंगाल के सन्दर्भ में यह समय एक विशेष प्रकार की धार्मिक सहिष्णुता, सांस्कृतिक संवाद और आध्यात्मिक पुनर्जागरण का प्रतीक बनकर उभरता है। इस काल में एक ओर जहाँ बंगाल सल्तनत और मुगल शासन के अन्तर्गत इस्लामी प्रशासनिक प्रणाली का विकास हुआ, वहीं दूसरी ओर सूफी सन्तों और वैष्णव भक्तों ने परस्पर समन्वय और प्रेम का सन्देश दिया। चैतन्य महाप्रभु के नेतृत्व में राधा-कृष्ण भक्ति आन्दोलन ने बंगाल की सामाजिक चेतना को न केवल धार्मिक रूप से, बल्कि सांस्कृतिक और साहित्यिक रूप से भी गहराई प्रदान की।

• बंगाल सल्तनत : एक स्वतन्त्र इस्लामी सत्ता का उद्भव

13वीं शताब्दी में दिल्ली सल्तनत के प्रभाव के बाद, बंगाल में एक स्वतन्त्र मुस्लिम राज्य की स्थापना हुई। जिसे इतिहास में "बंगाल सल्तनत" के नाम से जाना जाता है। स्थानीय शासकों ने प्रशासन में फारसी को राजकीय भाषा बनाया, जिससे बंगाल की साहित्यिक परम्परा में नयी भाषिक धारा प्रवाहित हुई। कृषि, व्यापार और शिल्पकला को राजकीय संरक्षण मिला। ढाका, गौड़ और सत्तग्राम जैसे नगर समृद्ध हुए। मुस्लिम शासकों ने कई मस्जिदें, मदरसे और मकबरें बनवाए, जिनमें गौड़ की अढ़ाई दिन की मस्जिद तथा पंडुआ की अडिना मस्जिद प्रसिद्ध हैं। हालाँकि शासन इस्लामी था, परन्तु स्थानीय हिन्दू, बौद्ध और आदिवासी परम्पराओं को पूर्णतः दबाया नहीं गया। यह काल धार्मिक और सांस्कृतिक सह-अस्तित्व का प्रारम्भिक चरण बनता गया।

• सूफी परम्परा और धार्मिक सहिष्णुता

मध्यकालीन बंगाल में सूफी सन्तों का आगमन और प्रभाव अत्यन्त गहरा रहा। इन सन्तों ने केवल धार्मिक उपदेश नहीं दिये, बल्कि मानवता, प्रेम, करुणा और एकात्मता के भाव को समाज में फैलाया। प्रमुख सूफी सन्तों के नाम निम्नलिखित हैं :

हज़रत निज़ामुद्दीन औलिया : यद्यपि वे दिल्ली में रहते थे, परन्तु उनके शिष्यों ने बंगाल में सूफी विचारधारा को फैलाया।

शाह जलाल (सिलहट) और अलाउद्दीन साबिर कलियरी जैसे सन्तों ने बंगाल में रहकर *दीन-हीनों, शोषितों और पीड़ितों* के साथ सहानुभूति और सेवा का भाव विकसित किया।

प्रभावस्वरूप सूफी दरगाहें सभी धर्मों के लोगों के लिए खोली गयी, सूफी काव्य और संगीत ने बंगाल के लोक भक्ति साहित्य को प्रेरणा दी। उन्होंने ईश्वर की प्राप्ति को साधना, प्रेम और सेवा के माध्यम से जोड़ने की शिक्षा दी।

इस परम्परा ने बंगाल में साम्प्रदायिक सद्भावना और धार्मिक संवाद की संस्कृति को जन्म दिया।

• वैष्णव भक्ति आन्दोलन और चैतन्य महाप्रभु का योगदान

16वीं शताब्दी में चैतन्य महाप्रभु ने बंगाल में राधा-कृष्ण की प्रेममयी भक्ति और संकीर्तन परम्परा को जन-जन तक पहुँचाया। यह आन्दोलन न केवल एक धार्मिक प्रवृत्ति थी, बल्कि सामाजिक और सांस्कृतिक क्रान्ति भी था। चैतन्य महाप्रभु ने भक्ति को जाति, वर्ग, लिंग या धर्म की सीमाओं से ऊपर उठाकर *"सर्वसुलभ"* बना दिया। उनका सन्देश थी : *"नाम-संकीर्तन द्वारा ईश्वर की प्राप्ति सम्भव है।"* उन्होंने श्रीकृष्ण को "प्रेम-पुरुषोत्तम " के रूप में प्रतिष्ठित किया, जो गोपियों के साथ रासलीला करते हैं और राधा के साथ माधुर्य भाव में लीन रहते हैं। आन्दोलन के स्वरूप कीर्तन, भजन, नृत्य और लोकगीत इस आन्दोलन के मुख्य उपकरण बने। नदिया, नवद्वीप, श्रीक्षेत्र (पुरी) और वृन्दावन इसके प्रमुख केन्द्र बने। रूप गोस्वामी, सनातन गोस्वामी, नित्यानन्द प्रभु आदि उनके प्रमुख अनुयायी थे, जिन्होंने इस आन्दोलन को पूरे उत्तर भारत और विशेषत: बंगाल में विस्तारित किया। इस आन्दोलन ने हिन्दी और बांग्ला साहित्य, लोककला और धार्मिक जीवन को अमूल्य योगदान दिया। मध्यकालीन बंगाल में मुस्लिम शासकों ने जहाँ धार्मिक आधार पर शासन किया, वहीं उन्होंने लोक परम्पराओं को खुला रहने दिया। सूफी सन्तों और वैष्णव भक्तों ने परस्पर संवाद और सौहार्द को आगे बढ़ाया। फकीर-सन्त परम्परा, बाउल गीत और कीर्तन-सूफी समागम जैसी परिघटनाएँ इसी सह-अस्तित्व की देन हैं।

बंगाल का यह मध्यकाल भारतीय उपमहाद्वीप में एक धार्मिक सहिष्णुता का मॉडल प्रस्तुत करता है। अत: 13वीं से 18वीं शताब्दी तक का मध्यकालीन बंगाल केवल सत्ता परिवर्तन और विदेशी शासन का इतिहास नहीं है, बल्कि यह एक ऐसा कालखण्ड है जिसमें धार्मिक विविधता, सामाजिक समरसता और सांस्कृतिक उन्नयन का अद्वितीय उदाहरण देखने को मिलता है। बंगाल सल्तनत ने प्रशासनिक सुदृढ़ता और सांस्कृतिक विविधता को स्वीकारा। सूफी सन्तों ने प्रेम और करुणा का मार्ग प्रशस्त किया। चैतन्य महाप्रभु और उनके अनुयायियों ने राधा-कृष्ण भक्ति को एक लोकधर्मी जनआन्दोलन बना दिया।

यह युग बंगाल की उस पहचान को गढ़ता है जहाँ धर्म, कला, प्रेम और दर्शन एक साथ चलते हैं–संवाद के पुल बनाते हुए, संघर्ष की दीवारें नहीं।

औपनिवेशिक युग का बंगाल (1757–1947)

1757 का प्लासी युद्ध बंगाल के इतिहास में एक निर्णायक मोड़ था। इसके पश्चात् बंगाल ब्रिटिश सत्ता के अधीन आ गया और धीरे-धीरे भारतवर्ष की राजनीति, प्रशासन और सांस्कृतिक जीवन का केन्द्र बना। 1772 से 1911 तक कोलकाता ब्रिटिश भारत की राजधानी रहा, जिससे बंगाल को आधुनिकता, शिक्षा और यूरोपीय विचारों का सीधा प्रभाव प्राप्त हुआ। परन्तु इस नये बौद्धिक युग के साथ-साथ बंगाल की भक्ति परम्परा, विशेषकर श्रीकृष्ण भक्ति, ने भी एक नया रंग लिया। आधुनिक युग के शिक्षित बंगाली समाज ने भक्ति को केवल आध्यात्मिक नहीं, बल्कि सामाजिक सुधार और सांस्कृतिक पहचान के उपकरण के रूप में देखा। इस लेख में हम देखेंगे कि किस प्रकार श्रीकृष्ण भक्ति ने बंगाल नवजागरण, आध्यात्मिक चेतना और राष्ट्रीयता को भी प्रेरित किया।

• ब्रिटिश सत्ता का उदय और सांस्कृतिक परिवर्तन

प्लासी युद्ध (1757) के बाद ईस्ट इंडिया कम्पनी ने बंगाल पर अधिकार कर लिया। राजस्व वसूली, प्रशासनिक केन्द्रीकरण और पश्चिमी शिक्षा प्रणाली ने पारम्परिक सामाजिक ढाँचों को हिला दिया। संस्कृत पाठशालाओं और

पारम्परिक मठ-मन्दिरों की आर्थिक स्थिति प्रभावित हुई। शिक्षा और विचारधारा का पश्चिमीकरण हुआ। समाज एक ओर आधुनिक विचारों की ओर झुका, दूसरी ओर श्रीकृष्ण जैसी धार्मिक-सांस्कृतिक छवियों में आत्मरक्षा और सांस्कृतिक अस्मिता की खोज भी शुरू हुई।

• कोलकाता : नवजागरण और श्रीकृष्ण चेतना का समागम केन्द्र

कोलकाता केवल प्रशासनिक नहीं, बौद्धिक और आध्यात्मिक गतिविधियों का भी केन्द्र बना। यहाँ श्रीकृष्ण भक्ति के कई रूपों में पुनरुत्थान देखने को मिला। कुछ महत्त्वपूर्ण केन्द्रो के उदाहरण दिये जा सकते हैं :

- बागबाजार (कोलकाता) में वैष्णव मन्दिर और श्रीकृष्ण लीला की कथाएँ
- रासयात्रा और झूलन उत्सव का नगरवासी समाज में पुनरुद्धार
- कीर्तन-परम्परा का शहरी पुनराविष्कार

यह ध्यान देने योग्य है कि ब्रिटिश शासन की उपस्थिति में भी श्रीकृष्ण भक्ति सामाजिक स्थायित्व और सांस्कृतिक गौरव का प्रतीक बनी रही।

• बंगाल नवजागरण और श्रीकृष्ण भक्ति का आध्यात्मिक आलम्बन

बंगाल नवजागरण एक बौद्धिक, सामाजिक और धार्मिक जागृति थी जिसमें राजा राममोहन राय, ईश्वरचन्द्र विद्यासागर, रवीन्द्रनाथ ठाकुर, केशवचन्द्र सेन आदि ने मुख्य भूमिका निभायी। यद्यपि राजा राममोहन राय ने मूर्तिपूजा का विरोध किया, परन्तु गीता के श्रीकृष्ण को तर्क, धर्म और नैतिकता के प्रतिरूप के रूप में स्वीकार किया। रवीन्द्रनाथ ठाकुर ने अपने *भानुसिंह ठाकुर* के छद्म नाम से रचित पदावली गीतों में श्रीकृष्ण को *प्रेम, सौन्दर्य और आत्मचेतना* का प्रतीक बनाया। उनका कृष्ण धार्मिक प्रतीक न होकर काव्यात्मा और मानव मन का रहस्यमय साथी बनता है। नवजागरण ने श्रीकृष्ण को सामाजिक चेतना और रचनात्मकता के केन्द्र में स्थापित किया।

• क्रान्तिकारी आन्दोलन और श्रीकृष्ण का नैतिक बल

19वीं और 20वीं सदी में बंगाल भारतीय स्वतन्त्रता संग्राम का प्रमुख केन्द्र बन गया। क्रान्तिकारियों ने श्रीकृष्ण को धर्म, नीति और साहस के आदर्श के रूप में देखा।

क्रान्तिकारियों में श्रीकृष्ण का आदर्श :

- सुभाष चन्द्र बोस के विचारों में गीता का 'कर्मयोग' बार-बार प्रकट होता है।
- अरविन्द घोष ने श्रीकृष्ण को राष्ट्र का दिव्य प्रतीक माना।
- खुदीराम बोस, जो मात्र 18 वर्ष की आयु में फाँसी पर चढ़े, उनके जीवन में श्रीकृष्ण की *न्याय के लिए युद्ध करने वाली छवि* प्रेरणादायक थी।

श्रीकृष्ण की छवि ने युवा पीढ़ी में धार्मिक चेतना को क्रान्तिकारी संकल्प में बदलने का कार्य किया।

अत: औपनिवेशिक बंगाल का इतिहास केवल दमन और संघर्ष की कथा नहीं है, बल्कि यह वह काल भी है जब बंगाल ने आध्यात्मिकता, भक्ति, आधुनिकता और राष्ट्रवाद को एक साथ साधने की कोशिश की।

ब्रिटिश शासन के बीच भी श्रीकृष्ण भक्ति की अन्तर्धारा अविरल बहती रही। चैतन्य परम्परा, पदावली साहित्य और आधुनिक रचनाकारों ने कृष्ण को कभी प्रेम का प्रतीक, कभी नैतिकता का आधार और कभी सामाजिक चेतना का स्वरूप बनाकर प्रस्तुत किया। श्रीकृष्ण भक्ति और बौद्धिकता के सन्धि बिन्दु के रूप में नवजागरण और स्वतन्त्रता आन्दोलन दोनों में जीवन्त रहे। इस कालखण्ड में श्रीकृष्ण बंगाल के लिए *एक देवता मात्र नहीं,* बल्कि संघर्ष, सौन्दर्य और सांस्कृतिक पहचान का जीवित प्रतीक बन चुके थे।

स्वतन्त्रता के बाद का पश्चिम बंगाल (1947–वर्तमान) :

1947 का वर्ष भारतीय उपमहाद्वीप के इतिहास में स्वतन्त्रता का प्रतीक है, किन्तु यह विभाजन का भी घाव लेकर आया। बंगाल, जो एक सांस्कृतिक इकाई थी, उसे पूर्वी बंगाल (जो आगे चलकर बांग्लादेश बना) और पश्चिम बंगाल में बाँटा गया। इस विभाजन के सामाजिक, राजनीतिक और धार्मिक प्रभाव गहरे थे।

किन्तु इस समस्त उथल-पुथल के बीच भी श्रीकृष्ण भक्ति की परम्परा बंगाल की सांस्कृतिक चेतना में सजीव रही। चाहे शरणार्थी संकट रहा हो, वामपन्थी शासन या आधुनिक तकनीकी विकास–राधा-कृष्ण की लीला, पदावली की कीर्तन परम्परा और वैश्विक वैष्णव चेतना बंगाल की आत्मा में बनी रही।

• बंगाल का विभाजन (1947) : विघटन के बीच भक्ति की एकता

विभाजन के साथ ही पूर्वी बंगाल (अब बांग्लादेश) से लाखों हिन्दू परिवार पश्चिम बंगाल में शरणार्थी बनकर आये। वे अपने साथ लाये : कृष्ण मन्दिरों की मूर्तियाँ, चैतन्य परम्परा के संकीर्तन मण्डल, और पदावली गीतों की परम्परा। कृष्ण भक्ति ने विस्थापित लोगों को आध्यात्मिक आधार और सांस्कृतिक पहचान प्रदान की। नवद्वीप, कृष्णनगर, बीरभूम, और कोलकाता जैसे क्षेत्रों में श्रीकृष्ण से जुड़ी रासयात्रा, दोल उत्सव और कीर्तन सभाएँ तेजी से पुनर्जीवित हुईं।

श्रीकृष्ण इस दौर में *सांस्कृतिक पुनर्संरचना और मानसिक सन्तुलन* का स्रोत बने।

• शरणार्थी संकट और पुनर्वास : भक्ति और आश्रय का सम्बन्ध

शरणार्थियों के पुनर्वास के दौरान श्रीकृष्ण भक्ति एक धार्मिक सहारा नहीं, बल्कि सामूहिक आत्मबल का प्रतीक बनी। कई शरणार्थी बस्तियों में अस्थायी श्रीकृष्ण मन्दिरों की स्थापना हुई। कीर्तन और झूलन जैसे उत्सवों से समुदायों में सामूहिकता, सहयोग और विश्वास का संचार हुआ। रासलीला जैसे आयोजन पुनः ग्रामीण और नगर क्षेत्र में सक्रिय हुए। यह दौर श्रीकृष्ण भक्ति के *पुनर्निर्माण और जनजागरण* का था।

• आधुनिक बंगाल : वैश्विकरण और श्रीकृष्ण चेतना

आज का पश्चिम बंगाल शिक्षा, विज्ञान, सिनेमा, तकनीक और वैश्विक संवाद में अग्रणी है। फिर भी, श्रीकृष्ण भक्ति : साहित्य, नाट्य कला, चित्रकला और आधुनिक डिजिटल माध्यमों में *नव रूपों* में सजीव है। आधुनिक बंगाल में रवीन्द्रनाथ, नज़रुल और नवान्वेषी कवियों द्वारा श्रीकृष्ण को आधुनिक जीवन-दर्शन से जोड़ा गया। ISKCON मायापुर, आज एक अन्तरराष्ट्रीय तीर्थ बन चुका है, जहाँ श्रीकृष्ण भक्ति योग, पर्यावरण, शिक्षा और विज्ञान से जुड़ती है। सोशल मीडिया पर ऑनलाइन कीर्तन, डिजिटल झूलन और रासलीला लाइव स्ट्रीमिंग–ये सब

दिखाते हैं कि श्रीकृष्ण की भक्ति समय के साथ बदलते माध्यमों में ढल चुकी है। आधुनिक बंगाल में श्रीकृष्ण *भक्ति और बौद्धिकता के अद्भुत संगम* के रूप में जीवित हैं।

1947 के बाद का पश्चिम बंगाल एक सतत सामाजिक पुनर्निर्माण, राजनीतिक परिवर्तन और सांस्कृतिक आत्म-खोज की यात्रा पर रहा है। इस यात्रा में श्रीकृष्ण भक्ति एक ऐसी धारा रही जो समय, सत्ता और समाज के परिवर्तनों के बीच भी *अविच्छिन्न रूप से प्रवाहित* होती रही। विभाजन की पीड़ा हो या शरणार्थी संकट, विचारधारा का टकराव हो या तकनीक का युग–श्रीकृष्ण का प्रेम, लीला, संगीत और दर्शन बंगाल की आत्मा में लगातार गूँजते रहे हैं। आधुनिक बंगाल में श्रीकृष्ण न केवल एक आराध्य हैं, बल्कि संवेदना, सौन्दर्य, समरसता और सांस्कृतिक निरन्तरता का जीवन्त प्रतीक बन चुके हैं।

सामाजिक संरचना

पश्चिम बंगाल की सामाजिक संरचना बहुस्तरीय और सांस्कृतिक दृष्टि से समावेशी रही है। यहाँ हिन्दू, मुस्लिम, ईसाई, बौद्ध और अन्य समुदायों ने परस्पर सहयोग और सह-अस्तित्व के साथ जीवन व्यतीत किया है। जातिगत भेदभाव अपेक्षाकृत कम रहा है और शिक्षा व सामाजिक चेतना को प्रोत्साहन मिला है। यहाँ की जातिगत व्यवस्था अन्य भारतीय राज्यों की अपेक्षा तुलनात्मक रूप से अधिक लचीली रही है। बंगाल नवजागरण और भक्ति आन्दोलनों ने जातिगत भेदभाव को काफी हद तक चुनौती दी। 19वीं सदी में राजा राममोहन राय, ईश्वरचन्द्र विद्यासागर, केशवचन्द्र सेन जैसे समाज सुधारकों ने महिला शिक्षा, विधवा पुनर्विवाह, बाल विवाह उन्मूलन और धर्मनिरपेक्ष मानवता की आधारशिला रखी। राजा राममोहन राय सती प्रथा उन्मूलन और स्त्री शिक्षा के पक्षधर रहे। ईश्वरचन्द्र विद्यासागर ने विधवा पुनर्विवाह और बालिका शिक्षा का समर्थन किया। ब्रह्म समाज और आर्य समाज ने भी सामाजिक पुनर्जागरण में योगदान दिया। ब्रह्म समाज और रामकृष्ण मिशन द्वारा धर्मनिरपेक्ष और मानवतावादी मूल्यों का प्रचार किया गया।

इन आन्दोलनों ने बंगाली समाज को रूढ़ियों से बाहर निकालकर आधुनिक विचारों की ओर प्रेरित किया। आज भी बंगाल की समाजिकता में कला, संगीत, बहस और वैचारिकता का अद्भुत मिश्रण दिखायी देता है। पश्चिम बंगाल में बांग्ला भाषा सामाजिक एकता का मुख्य सूत्र है। यद्यपि हिन्दी, उर्दू, संथाली, राजबंशी, कुडुख, नेपाली जैसी भाषाएँ भी क्षेत्रीय स्तर पर बोली जाती हैं, परन्तु बांग्ला भाषा ने विविध समुदायों को एक साझा पहचान दी है। बंगाल में स्त्रियों ने शिक्षा, राजनीति, साहित्य और सामाजिक कार्यों में अग्रणी भूमिका निभायी है। रवीन्द्रनाथ ठाकुर की रचनाओं से लेकर बेगम रुकैया सखावत हुसैन की शिक्षण पहल तक, बंगाल की स्त्रियाँ सामाजिक परिवर्तन की वाहक रही हैं। इतिहास, परम्परा और आधुनिकता के समागम से यहाँ एक जीवन्त परिदृश्य उपस्थित है। जो न केवल विविधता को समाहित करता है, बल्कि सामाजिक गतिशीलता, सुधार और समरसता की भावना को भी आगे बढ़ाता है। श्रीकृष्ण की भक्ति परम्परा, सामाजिक आन्दोलनों, शिक्षा और सांस्कृतिक आदान-प्रदान ने इस संरचना को समय के साथ और अधिक समावेशी बनाया है।

भाषा और साहित्य

बांग्ला भाषा पश्चिम बंगाल की आत्मा है। इसकी उत्पत्ति प्राचीन मागधी अपभ्रंश से हुई मानी जाती है। बांग्ला लिपि ब्राह्मी लिपि से विकसित हुई है और इसकी अपनी स्वतन्त्र पहचान है। बांग्ला न केवल सम्प्रेषण का माध्यम

है, बल्कि यह संस्कृति, भावना और आत्मानुभूति की भाषा है। बांग्ला साहित्य भारतीय साहित्यिक परम्परा की एक समृद्ध और सजीव धारा है। इसकी यात्रा भक्ति के माधुर्य रस से आरम्भ होकर नवजागरण के बौद्धिक प्रकाश और आधुनिक युग की संवेदनाओं तक फैली हुई है। विशेष रूप से श्रीकृष्ण भक्ति ने बांग्ला साहित्य को एक आध्यात्मिक, सांस्कृतिक और भावनात्मक गहराई प्रदान की है। चाहे वह पदावली काव्य का माधुर्य हो, चैतन्य परम्परा की संकीर्तन शैली हो, या आधुनिक कवियों के काव्य में राधा-कृष्ण के प्रतीकों की पुनर्व्याख्या–श्रीकृष्ण की उपस्थिति एक निरन्तर प्रेरणास्रोत रही है।

• भक्ति युग (14वीं–16वीं शताब्दी) : राधा-कृष्ण भक्ति का उत्कर्ष

भक्ति युग बांग्ला साहित्य की आत्मा का युग है। इस काल में राधा-कृष्ण की प्रेमलीला को केन्द्र बनाकर जो पदावली काव्य रचा गया, उसने न केवल साहित्यिक, बल्कि धार्मिक और सामाजिक चेतना को भी गहराई दी। चण्डीदास की कविता में 'मानुष प्रेम' और 'राधा-कृष्ण का प्रेम' दोनों एकरूप हो जाते हैं। विद्यापति, यद्यपि मैथिली कवि थे, उनकी राधा-कृष्ण पदावलियाँ बंगाल में अत्यन्त लोकप्रिय हुईं। गोविन्ददास ने राधा-कृष्ण के संगीतमय और चित्रात्मक सम्बन्धों को शब्दबद्ध किया। इन कवियों ने श्रीकृष्ण को प्रेम, विरह और आत्म-समर्पण का प्रतीक बनाया।

चैतन्य महाप्रभु (1486–1534) ने श्रीकृष्ण भक्ति को सामूहिक संकीर्तन के माध्यम से जन-जन तक पहुँचाया। उन्होंने राधा के मनोभावों को आत्मसात कर 'राधा भाव में श्रीकृष्ण की उपासना' का मार्ग दिखाया। उनका साहित्यिक योगदान 'चैतन्य भागवत' और 'चैतन्य चरितामृत' जैसे ग्रन्थों में संरक्षित है।

चैतन्य द्वारा प्रवर्तित कीर्तन साहित्य ने भक्ति रस और सामाजिक आन्दोलन दोनों को गति दी। यह साहित्य भक्ति को केवल व्यक्तिगत नहीं, सामूहिक और सामाजिक मुक्ति का मार्ग बनाता है।

• नवजागरण युग (19वीं–प्रारम्भिक 20वीं शती) : भक्ति से राष्ट्रचेतना तक

नवजागरण युग ने बंगाल को शिक्षा, वैज्ञानिक दृष्टिकोण और सामाजिक सुधार की दिशा में अग्रसर किया। फिर भी, इस युग के महान साहित्यकारों की रचनाओं में श्रीकृष्ण और भक्ति की प्रेरणा बार-बार दिखायी देती है।

बंकिमचन्द्र चट्टोपाध्याय

'आनन्दमठ' और 'वंदे मातरम्' ने राष्ट्र को माँ दुर्गा और राधा-कृष्ण की छवि में देखा। 'वन्दे मातरम्' का भाव, जहाँ मातृभूमि भक्ति और बलिदान की देवी बनती है, वहाँ श्रीकृष्ण जैसे लोकदेवता की छाया भी विद्यमान है।

रवीन्द्रनाथ ठाकुर (टैगोर)

'गीतांजलि' में कृष्ण भक्ति का गहन प्रभाव है–परमात्मा से मिलन की आकांक्षा, विरह की वेदना और अधूरी प्रार्थना–ये सभी राधा के मनोभावों की आधुनिक पुनर्व्याख्या हैं। उदाहरणस्वरूप :

> *"तूमी संध्यार मेघमाला तुमी आमार मनेर राधा"*
> ("तुम हो संध्या के मेघों की माला, तुम हो मेरे मन की राधा")

उनके "भानुसिंह" छद्म नाम से विरचित "भानुसिंहेर पदावली" पदों में राधा-कृष्ण की लीलाएँ वैष्णव

परम्परा में रचित हैं। उसमें से एक सुविख्यात पद यहाँ उदाहरण स्वरूप प्रस्तुत है :

"गहन कुसुम कुंज माझ मृदुल मधुर बंसी बाजे
बिसरि त्रास लोकलाज सजनी आओ आओ हो॥
पहन चारु नील बसन, हिय में प्रणय कुसुम राशि
हिरण नेत्र बिमल हास कुंज बन में आओ आओ हो॥
ढाले कुसुम सुरभि धारा, ढाले बिहग सु-रव सार
डारे इन्दु अमृत वारि विमल रजत भाति रे॥
मन्द-मन्द भृंग गूँजे अयुत कुसुम कुंजे-कुंजे
खिलत सजनी पुंजे पुंजे वकुल जूही जाति रे॥
देख हो सखी साँवरा यही नयने प्रेम उथलि धाए
मधुर वदन अमृत सदन यही लजाए इन्दु रे॥
आओ आओ सजन वृन्द हेर हो सखी श्रीगोविन्द
श्याम को पदारविन्द भानुसिंह वन्दे रे॥"

इस प्रकार, टैगोर ने श्रीकृष्ण भक्ति को आधुनिक काव्य-दर्शन और मानवता के भावात्मक स्वरूप में देखने का प्रयास किया।

काजी नज़रुल इस्लाम

उन्हें "विद्रोही कवि" कहा जाता है, परन्तु उनके कई गीतों में कृष्ण भक्ति, राधा की तड़प, और प्रेम की दिव्यता है। उनका गीत :

"मोर गगने के बाजाए बांशी"

("मेरे आकाश में कौन बाँसुरी बजा रहा है")

एक और उदाहरण लीजिए :

"आजो मधुरो बाँसुरी बाजे"

जिसका अर्थ है, आज भी मधुर बाँसुरी बजती है।

यह सीधे श्रीकृष्ण की ओर संकेत करता है।

नज़रुल इस्लाम ने अपने विभिन्न कार्यों में 'कृष्ण' शब्द का विभिन्न अर्थों में प्रयोग किया है। उन्होंने इस शब्द का प्रयोग न केवल धार्मिक या पौराणिक अर्थ में किया, बल्कि राजनीतिक, सामाजिक और व्यक्तिगत भावनाओं को व्यक्त करने के लिए भी किया। जिस तरह नज़रुल ने कृष्ण को एक देवता के रूप में प्रस्तुत किया, उसी तरह उन्होंने इस शब्द का प्रयोग प्रेम, सौन्दर्य और क्रान्ति के प्रतीक के रूप में भी किया। नज़रुल की रचनाओं में कृष्ण के कुछ उदाहरण नीचे दिये गये हैं :

नज़रुल ने 'कृष्ण-कण्ठ' शब्द का प्रयोग शिव की नीली आवाज़ को सन्दर्भित करने के लिए किया है, जिन्होंने समुद्र मन्थन का विष पी लिया था। इस विष के प्रतीकात्मक अर्थ में, वह समाज के भीतर की बुराइयों का संकेत देते हैं।

'आमार नयन कृष्ण-नयनतारा' गीत कृष्ण को प्रेम और सौन्दर्य के प्रतीक के रूप में दर्शाता है। इस गीत में राधा-कृष्ण के भक्त की परम भक्ति प्रस्तुत की गयी है। भक्त अपने कल्पलोक के रूपक के माध्यम से राधा-कृष्ण की लीलाओं और उनसे जुड़ी हर चीज का अनुभव करता है। इसके माध्यम से भक्त राधा-कृष्ण से प्रेम करने का आनन्द पाता है। परम भक्ति में भक्त का तन-मन राधा-कृष्ण से भर जाता है। इस गीत की रचना के समय के बारे में विशेष रूप से कुछ ज्ञात नहीं है। यह गीत पहली बार एचएमवी रिकॉर्ड कम्पनी द्वारा फरवरी 1933 ई. (माघ-फाल्गुन 1339) में जारी किया गया था। उस समय नज़रुल की आयु 33 वर्ष 8 महीने थी। गीत कुछ इस प्रकार हैं :

"आमार नयने कृष्ण नयनतारा हृदये मोर राधा प्यारी।
आमार प्रेम प्रीति भालोबाशा श्याम सोहागी गोप नारी।।
आमार स्नेहे जागे सदा
पिता नन्द माँ यशोदा,
भक्ति आमार श्रीदाम सुदाम आंखि जल यमुना बारि
आमार सुखेर कदम शाखाएँ
किशोर हरि बंशी बजाएँ
आमार दुखेर तमाल छायाय-लुकिये खेले वन-बिहारी
मुक्तो आमार प्रानेर गोठे चराहे धेनू राखाल-किशोर
आमार प्रियोजनें नेई शे होरी, शेई तो नोनी खाए नोनिचोर
राधा कृष्णो कथा सुनाए देहों ओं मोन शूक-शारी।।"

इस गीत का भावार्थ कुछ इस प्रकार है : कृष्ण इस भक्त की आँखों में आकाश के तारों की तरह बसते हैं। और राधा उसके हृदय में बसती हैं। उनका सारा प्रेम, स्नेह और ममता उसे ग्वाल-बालों के प्रेमी पतियों की तरह मोहित कर लेती है। भक्त अपने अटूट स्नेह में कृष्ण के प्रति अपने पालक माता-पिता नन्द और माता यशोदा के प्रेम को महसूस करता है। कृष्ण के अनुयायी के रूप में वह श्रीदाम-सुदाम की पूजा करता है। वह उनकी आँखों के आँसुओं को यमुना के प्रेम के रूप में महसूस करता है। भक्ति की दुनिया के आनन्दमय चरण में, युवा कृष्ण बाँसुरी बजाते हैं। फिर एकाकी श्याम की तरह तमाल दुख की छाया बन जाता है। उसके मन का वन-बिहारी (कृष्ण) लुका-छिपी खेलता है। उसके मन के खुले मैदान में चरवाहा-किशोरी धेनु सवार है। वह नानी को चुराकर खा जाता है, इसलिए वह नानी-चोर कृष्ण है, उसके सभी प्रियजन राधा कृष्ण की इस नानी-चोर के मोह में खोए रहते हैं। ऐसा लगता है मानो उसका शुक-शरीर नामक तन-मन-पक्षी निरन्तर राधा कृष्ण की कथाएँ सुनता रहता है।

'कृष्णकली' नाटक में कृष्ण को एक क्रान्तिकारी के रूप में दिखाया गया है जो समाज में विभिन्न विसंगतिओं के खिलाफ लड़ता है।

नज़रुल ने अपने लेखन में कृष्ण शब्द का अलग-अलग तरह से इस्तेमाल किया है, क्योंकि वह एक शक्तिशाली और प्रभावशाली कवि थे। इसलिए, उन्होंने अपने विचारों को व्यक्त करने के लिए अपने लेखन में कई तरह के शब्दों और प्रतीकों का इस्तेमाल किया। नज़रुल ने भक्ति और विद्रोह को मिलाकर मानवता और करुणा की कविताएँ रचीं।

शरतचन्द्र चट्टोपाध्याय

भले ही उन्होंने सामाजिक यथार्थ पर लिखा, परन्तु उनके कई पात्र–विशेषकर नारी पात्र–में भक्ति, त्याग और प्रेम की भावनाएँ राधा-कृष्ण की लीला से प्रेरित प्रतीत होती हैं। 'देवदास' जैसे पात्रों की त्रासदी में अधूरी भक्ति और विरह का भाव मौजूद है।

- **आधुनिक साहित्य (20वीं शती और आगे) : नूतन संवेदना में कृष्ण की प्रतिछवि**

जीबनानन्द दास : उनकी कविताओं में प्राकृतिक बिम्ब, एकान्त और विरह का सौन्दर्य श्रीकृष्ण की छाया लिए हुए हैं। यद्यपि वे प्रत्यक्ष रूप से भक्ति कवि नहीं थे, परन्तु उनकी 'राधा-भाव की अनुभूति', जैसे 'बनफूलों में छिपे एकान्त प्रेम', हमें कृष्ण साहित्य की स्मृति दिलाते हैं।

इस प्रकार, बांग्ला साहित्य की यात्रा भक्ति से आधुनिकता तक एक संवेदनशील और सांस्कृतिक रूपान्तरण की कथा है। इस यात्रा में श्रीकृष्ण की छवि एक बार भी धुँधली नहीं हुई। भक्ति युग ने उन्हें राधा के प्रेम में बँधे मधुर वंशीधर के रूप में देखा। नवजागरण युग ने उन्हें राष्ट्रप्रेम और आत्मबोध के प्रतीक रूप में ग्रहण किया। आधुनिक साहित्य ने उनकी छवि को विरह, स्मृति और सौन्दर्य की अन्तर्धारा में रूपान्तरित किया।

श्रीकृष्ण बंगाल के साहित्य में केवल एक देवता नहीं, बल्कि मनुष्य की आत्मा, प्रेम, पीड़ा और चेतना के सजीव प्रतीक बन चुके हैं।

समकालीन साहित्य में सुनील गंगोपाध्याय, महाश्वेता देवी, सत्यजीत रे जैसे रचनाकारों ने वैश्विक सोच को लोकजीवन से जोड़ा। सुनील गंगोपाध्याय ने अपने अमर उपन्यास "राधा-कृष्ण" में कृष्ण के मानवीय पक्ष को उजागर किया है। लम्बे समय से भारत में दो सबसे प्रिय नाम हैं राधा और कृष्ण। इन दो लोगों की प्रेम कहानी पूरे विश्व साहित्य में बेजोड़ है। यह प्रेम कहानी विभिन्न पुराण-कथाओं में, लोक-गाथाओं में, लोकगीतों आदि में फैली हुई है। सर्वोच्च विद्वान या भक्त से लेकर सबसे आम व्यक्ति तक, यह कहानी हजारों सालों से अपनी-अपनी गाथा है। हालाँकि, अभी तक इस कहानी का विश्वसनीय, शुद्ध, पूर्ण रूप बांगला गद्य में नहीं लिखा गया है। सुनील गंगोपाध्याय ने सभी स्रोतों को मथ कर अपनी समृद्ध भाषा में इस उपन्यास की रचना की है। कृष्ण की कई पहचान हैं। वृन्दावन के कृष्ण, जो एक साधारण व्यक्ति की तरह हैं, जो एक बहादुर चरवाहे हैं और जो राधा के प्रेमी हैं, यहाँ केवल उनकी कहानी कही जाती है। और राधा किसी और की रचना की तरह नहीं हैं। यहाँ वे देवी-देवता नहीं हैं। कोई अलौकिक प्रभाव नहीं है, वे शाश्वत प्रेमी हैं। पुस्तक समाप्त करने के बाद, आप थोड़ा असन्तुष्ट होंगे, सोचेंगे कि थोड़ा और क्यों नहीं लिखा गया। इस असन्तोष ने इस प्रेम को अमर बना दिया है। एक और कथाकार सृजनी कुंतल ने अपनी कविता 'कृष्ण' में कृष्ण के प्रेम जीवन की आधुनिक सन्दर्भ में व्याख्या की है।

5. शिक्षा और बौद्धिक चेतना

पश्चिम बंगाल भारतीय उपमहाद्वीप का एक ऐसा प्रदेश है जिसकी भूमि ने विचार, विद्रोह और वैचारिक नवोन्मेष की अनेक धाराओं को जन्म दिया हैं। यहाँ की सामाजिक संरचना, ऐतिहासिक विकासक्रम और सांस्कृतिक चेतना ने भारत के आधुनिक इतिहास, साहित्य, कला और विज्ञान को एक गम्भीर, समावेशी और वैश्विक दृष्टिकोण

प्रदान किया है। कोलकाता की चाय की दुकानों से लेकर शान्तिनिकेतन की छाँव तक और गंगा किनारे की कीर्तन परम्परा से लेकर प्रेस और वैज्ञानिक प्रयोगशालाओं तक, पश्चिम बंगाल ने ज्ञान और सौन्दर्यबोध को समान महत्त्व दिया है।

• शिक्षा और बौद्धिकता का केन्द्र : बंगाल की ज्ञान परम्परा

कोलकाता विश्वविद्यालय : आधुनिक उच्च शिक्षा की नींव

कोलकाता विश्वविद्यालय की स्थापना 1857 में हुई और यह भारत के सबसे पुराने विश्वविद्यालयों में से एक है। यहाँ से स्वामी विवेकानन्द, अमर्त्य सेन और सी.वी. रमण जैसे विद्वानों ने शिक्षा प्राप्त की। इस विश्वविद्यालय ने आधुनिक भारतीय शिक्षा व्यवस्था को गहराई और दिशा दी। कोलकाता विश्वविद्यालय सिर्फ़ डिग्री प्रदान करने वाला संस्थान नहीं, बल्कि चिन्तन और आन्दोलन की प्रयोगशाला रहा है।

शान्तिनिकेतन और विश्वभारती विश्वविद्यालय : पूर्व और पश्चिम का संगम

रवीन्द्रनाथ ठाकुर द्वारा स्थापित शान्तिनिकेतन केवल एक शैक्षणिक संस्थान नहीं, बल्कि एक सांस्कृतिक दर्शन था। विश्वभारती विश्वविद्यालय में प्रकृति की गोद में शिक्षा दी जाती है—यह प्राचीन गुरुकुल परम्परा और आधुनिक उदारता का मिश्रण है। यहाँ भारतीय संगीत, कला, दर्शन और विदेशी भाषाओं का अनूठा समन्वय होता है।

शान्तिनिकेतन एक ऐसा स्थल है जहाँ शिक्षा केवल परीक्षा तक सीमित नहीं, बल्कि जीवन को आत्मा से जानने की प्रक्रिया है।

• प्रेस, पत्रकारिता और वैज्ञानिक चेतना

बंगाल भारतीय पत्रकारिता और आधुनिक राजनीतिक चेतना का प्रारम्भिक केन्द्र रहा है। संविधानवाद, स्वतन्त्रता संग्राम और समाज सुधार आन्दोलनों में बांग्ला पत्रकारों की अहम भूमिका रही है—राममोहन राय से लेकर सुभाषचन्द्र बोस तक। संवाद कौमुदी, बंगदूत, आमृत बाज़ार पत्रिका जैसे प्रकाशनों ने ब्रिटिश शासन के विरोध में विचारों को जन-जन तक पहुँचाया। पत्रकारिता का आरम्भ भी कोलकाता से ही हुआ 'उदन्त मार्तंड' नामक पत्रिका के प्रकाशन के साथ। यह पत्रिका सन् 1826 में पहली बार प्रकाशित हुई थी।

विज्ञान और तकनीक बंगाल से निकले कई वैज्ञानिकों ने भारत की वैज्ञानिक आधुनिकता को दिशा दी जैसे प्रो. सत्येन्द्रनाथ बोस, मेघनाद साहा, प्रो. आशुतोष मुखर्जी, कोलकाता विश्वविद्यालय के प्रथम भारतीय बंगाली कुलपति जिन्होंने उच्च शिक्षा में अनुसन्धान की आधारशिला रखी।

विज्ञान, पत्रकारिता और राष्ट्रवाद की त्रयी ने बंगाल को एक बौद्धिक क्रान्ति का केन्द्र बना दिया।

• साहित्य, कला और रचनात्मकता का संगम

बंगाल ने रवीन्द्रनाथ ठाकुर के रूप में भारत को नोबेल पुरस्कार विजेता साहित्यकार दिया। बंकिमचन्द्र चट्टोपाध्याय, शरतचन्द्र, सत्यजीत राय, जिबनानन्द दास और काजी नज़रुल इस्लाम जैसे साहित्यकारों ने बांग्ला को भाव, विचार और क्रान्ति का माध्यम बनाया।

सिनेमा और दृश्य कला : सत्यजीत राय ने विश्व सिनेमा को मानवीय दृष्टि दी। बंगाल के चित्रकारों–अवनींद्रनाथ ठाकुर, जमिनी राय, गणेश पाइन–ने भारतीय कला में नवीनता और गहराई जोड़ी।

पश्चिम बंगाल की साहित्यिक और कलात्मक परम्पराओं ने भारत की आत्मा को आकार दिया है।

• बहुआयामी ज्ञान : विभिन्न अनुशासनों में योगदान

पश्चिम बंगाल से निकले विचारक, अर्थशास्त्री, वैज्ञानिक और दार्शनिकों ने भारत ही नहीं, बल्कि वैश्विक बौद्धिक परिदृश्य को प्रभावित किया।

पश्चिम बंगाल एक ऐसा प्रदेश है जहाँ अतीत और आधुनिकता, परम्परा और प्रयोग, विचार और काव्य का सह-अस्तित्व है। यहाँ की भौगोलिक समृद्धि, ऐतिहासिक परतें, सांस्कृतिक रंग और बौद्धिक ऊर्जा–भारत की आत्मा को समृद्ध करने वाली शक्तियाँ हैं।

यह प्रदेश राष्ट्रीय चेतना का संवाहक है–जो भारत को विचार, सौन्दर्य और संघर्ष की नयी दिशाएँ देता रहा है।

6. आधुनिक बंगाल में सांस्कृतिक परिवर्तन

श्रीकृष्ण भक्ति की परम्परा बंगाल की सांस्कृतिक आत्मा में सदियों से बसी हुई है। चैतन्य महाप्रभु की रास-भक्ति, राधा-कृष्ण केन्द्रित पदावली, बाउल सन्तों की आध्यात्मिक यात्रा और कीर्तन परम्परा ने श्रीकृष्ण को केवल एक देवता नहीं, बल्कि लोकचेतना, प्रेम और करुणा का प्रतीक बना दिया। आज जब हम 21वीं सदी के डिजिटल, वैश्विक और बहुसांस्कृतिक परिवेश की बात करते हैं, तब भी बंगाल श्रीकृष्ण भक्ति को केवल संरक्षित ही नहीं कर रहा, बल्कि उसे नवोन्मेष और तकनीकी माध्यमों से विश्व मंच पर प्रस्तुत कर रहा है।

• रवीन्द्र संगीत और नाट्य परम्परा में श्रीकृष्ण का नवचित्रण

रवीन्द्रनाथ ठाकुर ने अपने काव्य, गीत और नाट्य रचनाओं में श्रीकृष्ण के जीवन, चरित्र और दर्शन को एक आधुनिक संवेदनशीलता से चित्रित किया। भानुसिंह पदावली में उन्होंने राधा-कृष्ण के माधुर्य-रस को छन्दबद्ध किया। गीतिनाट्य जैसे *श्यामा, चित्रांगदा, काल-मृगया* में श्रीकृष्ण की छवि प्रेम, न्याय और आत्मसमर्पण के प्रतीक के रूप में उभरती है। उनके संगीत में श्रीकृष्ण का बाँसुरी वादन, प्रकृति प्रेम और मानवता का भाव गहरे भावनात्मक और सौन्दर्यात्मक प्रभाव उत्पन्न करता है। रवीन्द्रनाथ ने भक्ति को भावुकता से जोड़ते हुए उसे कलात्मक और बौद्धिक ऊँचाई दी।

• बंगाली सिनेमा में श्रीकृष्ण भक्ति और लोक-संस्कृति

सत्यजीत रे, ऋत्विक घटक और मृणाल सेन जैसे विश्वविख्यात फिल्मकारों ने बंगाल की सामाजिक चेतना, ग्रामीण लोकजीवन और धार्मिक प्रतीकों को सजीव रूप में प्रस्तुत किया। सत्यजीत रे की फिल्मों में कृष्ण भक्ति परोक्ष रूप में संगीत, मूर्ति और लोकगीतों के माध्यम से अभिव्यक्त होती है। ऋत्विक घटक की फिल्मों में बँटवारे, विस्थापन और सांस्कृतिक स्मृति के सन्दर्भ में कृष्ण लीला एक सांत्वना और प्रतीकात्मक शक्ति बनकर उभरती है। लोककला आधारित फिल्मों में झूलन, कीर्तन और कृष्ण मन्दिर सांस्कृतिक दृश्य संरचना का हिस्सा बनते हैं। सिनेमा के माध्यम से श्रीकृष्ण की उपस्थिति आधुनिक दृश्य-संवाद का एक सशक्त उपकरण बनी।

• ISKCON का वैश्वीकरण : श्रीकृष्ण भक्ति की अन्तरराष्ट्रीय यात्रा

मायापुर (नदिया) से प्रारम्भ हुआ इस्कॉन (International Society for Krishna Consciousness) आन्दोलन आज दुनिया के 100 से अधिक देशों में सक्रिय है। श्रील प्रभुपाद द्वारा स्थापित यह संस्था भागवद गीता, भागवत पुराण और श्रीकृष्ण भक्ति को योग, पर्यावरण और शिक्षा से जोड़कर प्रस्तुत करती है। मायापुर आज एक वैश्विक तीर्थस्थल है जहाँ प्रतिवर्ष लाखों श्रद्धालु रासलीला, झूलन और कीर्तन महोत्सवों में भाग लेते हैं। ISKCON ने बंगाल की भक्ति परम्परा को विश्व मंच पर एक वैज्ञानिक, समसामयिक और आध्यात्मिक आन्दोलन के रूप में प्रस्तुत किया।

• नयी पीढ़ी, डिजिटल माध्यम और श्रीकृष्ण

आधुनिक तकनीक और डिजिटल माध्यमों ने *भक्ति और अभिव्यक्ति* को एक नया मंच प्रदान किया है। यूट्यूब, इंस्टाग्राम और पॉडकास्ट जैसे प्लेटफॉर्म पर कृष्ण भजन, कीर्तन, प्रवचन और नाट्य प्रस्तुतियाँ लाखों लोगों तक पहुँच रही हैं। ऑनलाइन रासलीला, वर्चुअल झूलन उत्सव, और डिजिटल संकीर्तन ने भक्ति को भौगोलिक सीमाओं से मुक्त कर दिया है। युवा कलाकार रवीन्द्र संगीत, लोकगीत और कृष्ण भक्ति के फ्यूजन रूप तैयार कर रहे हैं जो परम्परा और आधुनिकता का संगम है। टेक्नोलॉजी ने श्रीकृष्ण भक्ति को नवाचार और वैश्विक संस्कृति के साथ जोड़कर जीवन्त रखा है। पश्चिम बंगाल आज भी वह भूमि है जहाँ श्रीकृष्ण के बाँसुरी की धुन, राधा की व्याकुलता और चैतन्य के कीर्तन की अनुगूँज न केवल मन्दिरों, बल्कि सिनेमा, संगीत, साहित्य और डिजिटल स्पेस में भी सुनाई देती है। यहाँ की ऐतिहासिक गहराई, सांस्कृतिक संवेदनशीलता, साहित्यिक चेतना और सृजनशील नवाचार–इन सबका समन्वय श्रीकृष्ण भक्ति के माध्यम से ही सम्भव हुआ है। आधुनिक युग में बंगाल अपनी सांस्कृतिक विरासत को न केवल संरक्षित कर रहा है, बल्कि वैश्विक पटल पर प्रस्तुत भी कर रहा है। पश्चिम बंगाल एक ऐसा राज्य है जहाँ परम्परा और आधुनिकता का अद्‌भुत संगम दिखायी देता है। इसकी ऐतिहासिक विरासत, सांस्कृतिक समृद्धि, सामाजिक चेतना, भाषा-साहित्य की गहराई और भौगोलिक विविधता ने इसे भारत के सबसे विशिष्ट राज्यों में स्थान दिलाया है। आधुनिक बंगाल में श्रीकृष्ण एक देवता नहीं, बल्कि संवेदनशीलता, सौन्दर्यबोध, आत्म-चिन्तन और सामाजिक संवाद का प्रतीक बन चुके हैं।

धार्मिक और सामाजिक उत्सव एवं लोककला : बंगाल की सांस्कृतिक आत्मा का उत्सव

पश्चिम बंगाल की सांस्कृतिक पहचान को समझने के लिए उसके धार्मिक और सामाजिक उत्सवों तथा लोककलाओं की भूमिका को अनदेखा नहीं किया जा सकता। बंगाल में पर्व केवल धार्मिक आस्था के प्रतीक नहीं होते, बल्कि वे सामूहिक चेतना, लोक संस्कृति और सामाजिक समरसता के जीवन्त रूप होते हैं। यहाँ दुर्गा पूजा जैसे पर्व जहाँ शास्त्रीय और लोक परम्पराओं का संगम होता है, वहीं बाउल संगीत, कविगान और पटचित्र जैसी कलायें ग्रामीण जनजीवन को आत्मीयता और सौन्दर्यबोध से भर देती हैं।

• धार्मिक और सामाजिक उत्सव : एक सांस्कृतिक सेतु

बंगाल का सबसे प्रमुख और सर्वाधिक मनाया जाने वाला उत्सव है दुर्गा पूजा। यह केवल एक धार्मिक अनुष्ठान नहीं, बल्कि सांस्कृतिक प्रदर्शनी, सामूहिक भागीदारी, और रचनात्मक नवाचार का उत्सव है। पण्डालों की भव्य

सजावट, थीम आधारित कला, शिल्प, नृत्य, संगीत और रात्रि जागरण–सभी में लोकसंस्कृति और आधुनिक सृजनात्मकता का संगम होता है। यह पर्व सामाजिक एकता और वर्ग-समरसता का प्रतीक बन गया है जहाँ हर वर्ग, जाति और आयु के लोग एक साथ भाग लेते हैं। रासयात्रा और झूलन यात्रा विशेष रूप से श्रीकृष्ण और राधा की लीलाओं से जुड़ी वैष्णव परम्पराएँ हैं। नवद्वीप, कृष्णनगर और शान्तिकेतन जैसे स्थानों में आज भी रासलीला और झूलन उत्सव कीर्तन, नृत्य और सजावट के माध्यम से मनाए जाते हैं। सरस्वती पूजा (ज्ञान की देवी) का उत्सव विद्यार्थियों और शिक्षकों के लिए सांस्कृतिक चेतना और शिक्षा का उत्सव बन चुका है। काली पूजा, जो दीवाली के साथ मनाई जाती है, बंगाल की शक्ति परम्परा, रात्रिकालीन आराधना और लोक आस्थाओं का अद्‌भुत संगम है। ये पर्व धार्मिक भावों के साथ-साथ सामाजिक संगठन, लोकविश्वास और सांस्कृतिक सौहार्द को भी अभिव्यक्त करते हैं।

चैतन्य महाप्रभु और कीर्तन परम्परा

16वीं शताब्दी में चैतन्य महाप्रभु द्वारा प्रवर्तित कीर्तन परम्परा ने भक्ति को सामूहिक, संगीतात्मक और लोकमुखी बना दिया। संकीर्तन के माध्यम से राधा-कृष्ण भक्ति का प्रचार जन-जन तक पहुँचा। आज भी नदिया, मायापुर, वृन्दावन और कोलकाता में संकीर्तन मण्डलियाँ इस परम्परा को जीवित रखे हुए हैं। यह परम्परा बंगाल के धार्मिक लोकगीतों, झाँकियों और नृत्य आधारित उपासना का स्रोत बनी रही है।

• लोककला और संगीत : ग्रामीण आत्मा की अभिव्यक्ति

बाउल संगीत : प्रेम, अध्यात्म और मानवता की धारा

बाउल गायक ग्रामीण क्षेत्र के फकीर, योगी और साधक होते हैं। इनकी रचनाओं में श्रीकृष्ण, मानव-देह मन्दिर, और प्रेम-साधना का वर्णन होता है। लालन फकीर, सबसे प्रसिद्ध बाउल सन्त, ने भक्ति और सूफी परम्पराओं को जोड़कर धर्म के पार जाकर आत्मा से जुड़ने का सन्देश दिया। बाउल गीतों में जाति, धर्म और सम्प्रदाय से ऊपर उठकर मानवता और करुणा की चेतना प्रकट होती है।

भवैया, झुमुर और छऊ नृत्य

भवैया गीत मुख्यत: उत्तर बंगाल में प्रचलित हैं, जिनमें प्रेम, विरह और प्रकृति के चित्र मिलते हैं। झुमुर नृत्य पश्चिमी जिलों (पुरुलिया, बाँकुरा) के प्रमुख आदिवासी लोकनृत्य है, जो ऋतु परिवर्तन, फसल और देवी आराधना से जुड़ा होता है। छऊ नृत्य मुखौटे पहनकर किया जाने वाला नाटकीय लोकनृत्य है, जिसमें महाभारत, रामायण और कृष्ण लीला की झलकियाँ होती हैं। ये कलाएँ न केवल मनोरंजन का माध्यम हैं, बल्कि सांस्कृतिक इतिहास, धार्मिक कथानक और सामाजिक संवाद का भी रूप हैं।

पटचित्र, कविगान और लोकनाट्य

पटचित्र या स्क्रॉल पेंटिंग में कृष्ण लीला, राधा-कृष्ण के प्रसंग और अन्य धार्मिक कथाएँ चित्रित होती हैं। कविगान–दो कवियों के बीच तर्कशील गायन–धार्मिक, सामाजिक और व्यंग्यात्मक विषयों को प्रस्तुत करता है। इन कलाओं में धार्मिक आख्यानों को मनोरंजक रूप में दर्शाया जाता है। ये परम्पराएँ आज भी बंगाल की

लोकस्मृति और सांस्कृतिक धरोहर का जीवन्त अंग हैं। बंगाल के धार्मिक और सामाजिक उत्सव तथा लोककला की परम्पराएँ उसकी संवेदनशीलता, आध्यात्मिकता और सामाजिक चेतना का प्रतिबिम्ब हैं। दुर्गा पूजा से लेकर झूलन यात्रा तक, बाउल से लेकर कविगान और पटचित्र तक, हर एक परम्परा बंगाल की सांस्कृतिक आत्मा को जीवित रखती है। इन उत्सवों और कलाओं में निहित श्रीकृष्ण भक्ति, सामाजिक समरसता और रचनात्मकता ही बंगाल को भारत की सांस्कृतिक राजधानी बनने की ओर ले जाते हैं।

सांस्कृतिक परम्परा

पश्चिम बंगाल की संस्कृति एक जीवन्त मिश्रण है–जिसमें लोक परम्परा, शास्त्रीय कला, धार्मिक आस्था और आधुनिक विचारधारा सम्मिलित हैं। श्रीकृष्ण की भक्ति पक्ष की सांस्कृतिक परम्परा का एक अभिन्न हिस्सा है, जिसने इस क्षेत्र की कला, संगीत, नृत्य, लोक साहित्य और त्यौहारों में गहरा प्रभाव डाला है। श्रीकृष्ण की लीलाएँ और उनकी भक्ति के रंग विभिन्न रूपों में समाहित हैं, जो बंगाल के लोगों के जीवन और उनकी सांस्कृतिक पहचान का आधार बनती हैं।

लोक कला और चित्रकला में प्रभाव

बंगाल की लोक कला में श्रीकृष्ण की कथा को पटुआ चित्रकला के रूप में विशेष स्थान मिला है। पटुआ कलाकार पारम्परिक रंगों और कलात्मक तकनीकों से राधा-कृष्ण की लीलाओं को जीवन्त रूप देते हैं। ये चित्र केवल धार्मिक प्रसंग नहीं बल्कि लोक संस्कृति और जनजीवन का दर्पण भी हैं। ये कला रूप न केवल मनोरंजन का साधन हैं बल्कि भक्ति और सामाजिक शिक्षा का भी माध्यम हैं।

संगीत और कीर्तन

यहाँ की संगीत परम्परा में श्रीकृष्ण भक्ति का स्वर प्रमुख है। गौड़ीय वैष्णव संकीर्तन और भक्ति गीत, जैसे कीर्तन और भजन, ग्रामीण और शहरी दोनों ही क्षेत्रों में गाये जाते हैं। इन गीतों में राधा-कृष्ण के प्रेम, कृष्ण की लीलाओं और उनके दिव्य रूप की स्तुति होती है। श्रीकृष्ण के जन्मोत्सव (जन्माष्टमी) और रास उत्सव के अवसर पर कीर्तन मण्डलियाँ जुटती हैं और पूरे मनोयोग से भक्ति गीत गाती हैं। यह न केवल धार्मिक आयोजन है बल्कि एक सामुदायिक मेलजोल भी है जो सांस्कृतिक जुड़ाव को बढ़ावा देता है।

नृत्य और नाटक

श्रीकृष्ण की लीलाओं पर आधारित नृत्य और नाटक की परम्परा भी गहरी है। रास लीला का मंचन अनेक गाँवों और शहरों में बड़े उत्साह से किया जाता है। पारम्परिक लोक नाटकों में कृष्ण की बाललीला, गोपियों के साथ रासलीला और अन्य प्रसंगों को प्रस्तुत किया जाता है। ये नाट्य प्रस्तुतियाँ न केवल धार्मिक आस्था का प्रदर्शन हैं, बल्कि सांस्कृतिक विरासत के संरक्षण और पीढ़ी दर पीढ़ी हस्तांतरण का जरिया भी हैं।

त्यौहार और सामूहिक उत्सव

श्रीकृष्ण के जन्मदिन, यानी *जन्माष्टमी,* बंगाल में बहुत धूमधाम से मनाया जाता है। यहाँ यह पर्व न केवल धार्मिक रीति-रिवाजों का हिस्सा है, बल्कि सामाजिक एकता का उत्सव भी है। झूलन यात्रा (श्रीकृष्ण और राधा की झूले

पर झूलाने की परम्परा) और रास उत्सव भी बड़े उत्साह से मनाए जाते हैं। इन उत्सवों में लोग न केवल भक्ति भाव से जुड़े होते हैं बल्कि वे आपसी मेलजोल और सांस्कृतिक एकता का भी अनुभव कराते हैं। त्यौहारों के माध्यम से स्थानीय कलाकार, संगीतकार, नर्तक और कथावाचक अपनी कला का प्रदर्शन करते हैं, जिससे सांस्कृतिक जीवन में नवजीवन आता है।

साहित्य और लोककथाएँ

बंगाल के लोक साहित्य में श्रीकृष्ण की कथाएँ और उनकी भक्ति का भाव कहीं गहराई से व्याप्त है। लोकगीत, किस्से और पौराणिक कथाएँ पीढ़ी दर पीढ़ी चली आ रही हैं, जो सामाजिक और सांस्कृतिक मूल्यों को परिभाषित करती हैं। ये कथाएँ प्रेम, त्याग, नैतिकता और आध्यात्मिकता के सन्देश देती हैं, जो समाज के लिए मार्गदर्शन का काम करती हैं। अत: इस प्रकार, श्रीकृष्ण की भक्ति बंगाल की सांस्कृतिक परम्परा की आत्मा है। यह न केवल धार्मिक आस्था का स्रोत है। बल्कि सामाजिक एकता, सांस्कृतिक समृद्धि और कला-साहित्य के विकास का मूलाधार भी है। बंगाल की लोक संस्कृति में श्रीकृष्ण की छवि प्रेम, करुणा और आध्यात्मिक चेतना की पहचान बनी हुई है, जो आज भी जन-जन के जीवन को प्रेरित करती है।

श्रीकृष्ण की भक्ति परम्परा और सामूहिक चेतना

श्रीकृष्ण की भक्ति परम्परा बंगाल में विशेष रूप से मध्यकालीन युग में प्रसिद्ध हुई, जब चैतन्य महाप्रभु ने वैष्णव भक्ति को जन-जन तक पहुँचाया। चैतन्य महाप्रभु ने श्रीकृष्ण के नाम संकीर्तन और प्रेम-भक्ति को एक सामाजिक आन्दोलन में तब्दील किया, जिससे जातिगत भेदभाव कम हुआ और भक्ति सभी के लिए सुलभ हो गयी। उन्होंने भक्ति को जाति, लिंग या वर्ग से ऊपर रखा और सभी को भगवान से प्रेम करने का समान अधिकार दिया। चैतन्य महाप्रभु द्वारा स्थापित गौड़ीय वैष्णव परम्परा में श्रीकृष्ण को 'रस-स्वरूप' यानी प्रेम और आनन्द के स्रोत के रूप में पूजा जाता है। इस परम्परा के अनुसार, भगवान कृष्ण और राधा के दिव्य प्रेम को मानव आत्मा और परमात्मा के बीच प्रेमपूर्ण सम्बन्ध के रूप में देखा जाता है। इस भक्ति मार्ग में हरिनाम संकीर्तन और भागवतम् का अध्ययन मुख्य साधन हैं, जो आज भी बंगाल के ग्रामीण और शहरी क्षेत्रों में गहरे प्रभाव के साथ विद्यमान हैं।

लोकसंस्कृति में श्रीकृष्ण

श्रीकृष्ण की कथाएँ और लीलाएँ बंगाल की लोकसंस्कृति का अभिन्न हिस्सा हैं। ग्रामीण इलाकों में पटर-पेंटिंग्स (पटचित्र) के माध्यम से कृष्ण की कहानियाँ चित्रित की जाती हैं। कीर्तन और भागवतमेला जैसे धार्मिक-सांस्कृतिक आयोजनों में राधा-कृष्ण की लीलाओं का गायन होता है। इसके अलावा, झूलन यात्रा और रास उत्सव जैसे पर्व भी बंगाल के लोगों में गहरी श्रद्धा और उत्साह के साथ मनाए जाते हैं, जो ब्रज की रासलीला और कृष्ण के जीवन की झलक प्रस्तुत करते हैं।

साहित्य में कृष्ण भक्ति

बांग्ला साहित्य में श्रीकृष्ण की भक्ति की छाप बहुत पुरानी और समृद्ध है। 12वीं सदी के कवि जयदेव का 'गीत गोविन्द' राधा-कृष्ण के प्रेम का सशक्त काव्यात्मक चित्रण है, जिसे बंगाल में भक्ति और शृंगार रस का आदर्श माना जाता है।

इसके अलावा, विद्यापति और चण्डीदास जैसी कवियों ने भी कृष्ण भक्ति को मानवीय भावनाओं के साथ जोड़ा। आधुनिक काल में रवीन्द्रनाथ ठाकुर की कविताओं और गीतों में भी श्रीकृष्ण की छवि स्पष्ट रूप से देखी जा सकती है।

संगीत और नृत्य

श्रीकृष्ण भक्ति बंगाल की संगीत और नृत्य परम्परा में भी महत्त्वपूर्ण है। गौड़ीय वैष्णव संकीर्तन और रास नृत्य के माध्यम से कृष्ण की लीलाओं को संगीतमय और नाट्य रूप में प्रस्तुत किया जाता है। विभिन्न कीर्तनिया दल आज भी ग्रामीण और तीर्थ क्षेत्रों में कृष्ण आधारित संगीत और नाट्य प्रस्तुतियाँ करते हैं, जो लोगों को भक्ति की अनुभूति से जोड़ते हैं।

सामाजिक समरसता

श्रीकृष्ण की भक्ति परम्परा ने बंगाली समाज में सामाजिक समरसता को प्रोत्साहित किया। कृष्ण को प्रेम, करुणा और मार्गदर्शक के रूप में देखने की परम्परा ने जाति, वर्ग और लिंग की सीमाओं को पार करते हुए सभी को एक समान धार्मिक पहचान दी। विशेष रूप से चैतन्य महाप्रभु के प्रभाव से दलित, पिछड़े वर्ग और महिलाएँ भी भक्ति के मुख्य प्रवाह में शामिल हुईं। आज भी पश्चिम बंगाल में श्रीकृष्ण की भक्ति जीवन्त है। नदिया जिले के मायापुर में स्थित ISKCON का वैश्विक केन्द्र इस परम्परा को संरक्षित और प्रचारित करता है। इसके अलावा, साहित्य, कला, और फिल्म जगत में भी श्रीकृष्ण की छवि लगातार उपस्थित है, जो बंगाल की सांस्कृतिक चेतना का हिस्सा बनी हुई है।

श्रीकृष्ण भारतीय सांस्कृतिक चेतना के केवल एक धार्मिक प्रतीक नहीं हैं, बल्कि वे प्रेम, करुणा, सौन्दर्य और सामाजिक समरसता के ऐसे जीवन्त प्रतीक हैं, जिनका प्रभाव भारत के हर कोने में महसूस किया गया है। परन्तु यदि हम बंगाल की बात करें, तो श्रीकृष्ण का प्रभाव यहाँ विशेष रूप से गहन, व्यापक और बहुआयामी रहा है।

15वीं–16वीं शताब्दी में चैतन्य महाप्रभु के नेतृत्व में जो राधा-कृष्ण भक्ति आन्दोलन आरम्भ हुआ, उसने बंगाल के जनजीवन को आध्यात्मिक, सांस्कृतिक और सामाजिक दृष्टि से रूपान्तरित कर दिया। यह आन्दोलन धर्म और भक्ति के निजी अनुभव को लोकजीवन से जोड़ता है, जहाँ श्रीकृष्ण केवल आराध्य नहीं, बल्कि लोकनायक और सांस्कृतिक आदर्श बन जाते हैं।

• नवद्वीप और मायापुर : श्रीकृष्ण भक्ति की पवित्र धरा

नवद्वीप, श्री चैतन्य महाप्रभु का जन्मस्थान, आज भी वैष्णव भक्ति का प्रमुख तीर्थ स्थल है। यहाँ हरिनाम संकीर्तन, पदावली गायन, रास उत्सव और कृष्ण कथा जैसी गतिविधियाँ प्रतिदिन के धार्मिक जीवन का हिस्सा हैं। श्रीकृष्ण यहाँ एक आध्यात्मिक साथी, एक प्रेमी देवता, और मानवता के मार्गदर्शक के रूप में देखे जाते हैं।

नवद्वीप से सटे मायापुर में स्थित ISKCON मन्दिर आज विश्वव्यापी श्रीकृष्ण भक्ति आन्दोलन का केन्द्र है। यहाँ प्रतिवर्ष लाखों श्रद्धालु आते हैं और श्रीकृष्ण की लीला, झूलन उत्सव, गौर पूर्णिमा आदि में भाग लेते हैं। मायापुर ने श्रीकृष्ण भक्ति को वैश्विक स्तर पर आध्यात्मिक, सांस्कृतिक और सामाजिक संवाद का माध्यम बनाया है।

• हरिनाम संकीर्तन : भक्ति की लोकधारा

"हरि बोल, हरि बोल!"–यह उद्घोष बंगाल के गाँव-गाँव में आज भी गूँजता है। चैतन्य महाप्रभु द्वारा प्रवर्तित हरिनाम संकीर्तन की परम्परा ने श्रीकृष्ण भक्ति को सामूहिकता और संगीतात्मकता से जोड़ दिया। यह परम्परा जाति, वर्ग, लिंग आदि भेदों को मिटाकर सामूहिक भक्ति की अभिव्यक्ति बन गयी। ढोल, मृदंग, करताल और झाँझ के संग संकीर्तन आज भी बंगाल के मठों, मन्दिरों और घरों में नियमित होता है। संकीर्तन के माध्यम से श्रीकृष्ण लोकजीवन के आत्मिक साथी बन गये।

• साहित्यिक प्रभाव : कृष्ण भक्ति की काव्यात्मक संवेदना

श्रीकृष्ण भक्ति ने बांग्ला साहित्य को रूप, रस और राग की अद्वितीय शक्ति प्रदान की।
गीत गोविन्द और श्रीकृष्ण की प्रेम-लीला है जयदेव का 'गीत गोविन्द', जिसमें राधा-कृष्ण के प्रेम की अनुभूति, मिलन और विरह को काव्य में रुपायित किया गया है, बंगाल में सदैव ही अत्यन्त लोकप्रिय रहा। इसे संकीर्तन परम्परा में गीतों और नृत्य के माध्यम से जनजन तक पहुँचाया गया।

श्रीकृष्णकीर्तन, भक्तमाल और पदावली साहित्य

चण्डीदास, विद्यापति, गोविन्ददास जैसे कवियों की पदावली में राधा-कृष्ण की प्रेमभावना, भक्ति और आत्मसमर्पण की गहराई मिलती है। चैतन्य महाप्रभु से प्रेरित कवियों ने श्रीकृष्ण को मानव जीवन की पीड़ा और प्रेम का प्रतीक बना दिया।

श्रीकृष्ण से जुड़ा साहित्य बंगाल में भावनात्मक और आध्यात्मिक सौन्दर्य का मूल आधार बन गया।

• नाट्य और लोककला में श्रीकृष्ण की सजीव उपस्थिति

कृष्णलीला और रासलीला

गाँवों में रात्रिकालीन कृष्णलीला नाटक आज भी होते हैं, जिनमें श्रीकृष्ण के बालपन, रासलीला और कुरुक्षेत्र प्रसंगों का मंचन होता है। रासलीला, विशेष रूप से झूलन उत्सव के दौरान, नृत्य, संगीत और रंगमंच के माध्यम से जनसमूह को आध्यात्मिकता का अनुभव कराती है।

जात्रा और पटचित्र

बंगाल की लोकप्रिय जात्रा शैली में श्रीकृष्ण कथाएँ विशेष स्थान रखती हैं। पटचित्र (स्क्रॉल पेंटिंग) में श्रीकृष्ण के जीवन की चित्रात्मक कथाएँ ग्रामीण कलाकारों द्वारा पीढ़ियों से बनायी जाती हैं। नाट्य और चित्रकला के माध्यम से श्रीकृष्ण बंगाल की लोक संस्कृति के जीवन्त प्रतीक बने रहे हैं। श्रीकृष्ण बंगाल में केवल एक देवता नहीं हैं, वे लोकमानस के राग हैं, ग्रामीण जीवन की प्रेरणा हैं और सामाजिक समरसता के मार्गदर्शक हैं। नवद्वीप और मायापुर जैसे स्थल भक्ति के भौगोलिक केन्द्र हैं। संकीर्तन परम्परा भक्ति को जन-जन तक पहुँचाने का माध्यम बनी। साहित्य और लोककला में श्रीकृष्ण ने सौन्दर्य, प्रेम और करुणा को काव्यात्मक रूप में जीवित रखा। भक्ति परम्परा ने बंगाल को केवल धार्मिक दृष्टि से ही नहीं, बल्कि सांस्कृतिक और सामाजिक दृष्टि से भी समृद्ध किया।

श्रीकृष्ण का प्रभाव बंगाल के धार्मिक, सांस्कृतिक और सामाजिक जीवन में अत्यन्त गहन है। विशेषकर 15वीं-16वीं शताब्दी में चैतन्य महाप्रभु के नेतृत्व में राधा-कृष्ण भक्ति आन्दोलन ने समूचे बंगाल को आध्यात्मिक चेतना से भर दिया। श्रीकृष्ण बंगाल की सांस्कृतिक और सामाजिक चेतना का एक अनमोल हिस्सा है। वे केवल एक ९धार्मिक देवता नहीं, बल्कि प्रेम, करुणा और सामाजिक समरसता के प्रतीक हैं। उनकी भक्ति परम्परा ने बंगाल के समाज को न केवल आध्यात्मिक दिशा दी, बल्कि सामाजिक एकता और सांस्कृतिक समृद्धि को भी आधार प्रदान किया।

2
बांग्ला साहित्य में श्रीकृष्ण परम्परा एवं दर्शन

चैतन्य पूर्व युग का वैष्णव दर्शन

यह निश्चित रूप से कहना सम्भव नहीं है कि प्राचीन भारत में भगवद्गीता पहली बार कब और किस युग में प्रचलित हुई। हालाँकि, विद्वानों को इसमें कोई सन्देह नहीं है कि यह धर्म ईसा के जन्म से भी पहले का है। यहाँ तक कि 8वीं शताब्दी ईसा पूर्व में भी त्रिविक्रम वामन को वासुदेव के समान माना जाता था और भक्तों द्वारा उनकी पूजा की जाती थी। जिस प्रकार महर्षि पाणिनि के सूत्रों में 'वासुदेव' और 'अर्जुन' शब्दों का उल्लेख है (वसुदेवार्जुनाव्यांग वुन्), उसी प्रकार 'भक्ति' शब्द का भी उल्लेख है। पतंजलि महाभाष्य (लगभग 150 ईसा पूर्व) में भी वासुदेव का उल्लेख है। श्वेताश्वतर उपनिषद में भी 'भक्ति' शब्द का स्पष्ट रूप प्रयोग किया गया है :

> *"यस्य देवे पराभक्ति*
> *यथा देवे तथा गुरौ।*
> *तस्यैते कथिता हृर्था:*
> *प्रकाशंते महात्मन:।'"*

ये सभी अर्थ उस महान आत्मा के लिए व्यक्त होते हैं जिनकी भक्ति परम सत्य में सर्वोच्च है, जो परमेश्वर और गुरु के प्रति समान रूप से समर्पित है।

'विष्णु' शब्द का उल्लेख ऋग्वेद में मिलता है। 'व्याप्नोति इति विष्णु:' अर्थात्, जो सर्वत्र व्याप्त है वह विष्णु है। ऋग्वेद के अनुसार विष्णु सूर्य, ऊषा और अग्नि के पिता हैं।

वैदिक मन्त्र में कहा गया है :

> *"ॐ तद्विष्णो परम पदं सदा पश्यंति सूर्य:*
> *दिवीव् चक्षुराततम्।"*

भगवान विष्णु के चरणकमल आँखों की तरह सदैव ज्ञानीजनों को देखते हैं। यहाँ 'विष्णु' शब्द का अर्थ है परम तत्त्व या परम ब्रह्म का वाचक।

मानव मन स्वाभाविक रूप से महान एवं उत्कृष्ट चीजों की ओर प्रवृत्त होता है। हमारे लिए उन लोगों के प्रति आदर रखना स्वाभाविक है जो ज्ञान, गुण या शौर्य में हमसे बड़े हैं। वह जो समस्त ब्रह्माण्ड का मूल स्रोत है, जो 'सभी प्राणियों में महान' है, हम उसकी पूजा करते हैं, हम उसे भय मिश्रित भक्ति अर्पित करते हैं। लेकिन इससे भी हमारा दिल पूरी तरह सन्तुष्ट नहीं होता। क्योंकि वे न केवल ज्ञान से परिपूर्ण हैं, अपितु आनन्द माधुर्य,

मधुरता और रस से भी परिपूर्ण हैं, अत: हम उन्हें अपने हृदय का प्रेम अर्पित करके, माधुर्य की खोज के माध्यम से उनके साथ एक हो जाने पर, तथा भक्ति और प्रेम के साथ उनकी पूजा करके, प्रभु की शरण में आकर धन्य और कृतज्ञ हो जाते हैं। पूर्व वैष्णव आचार्यों ने इस भावानुरागाश्रित धर्म को दार्शनिक आधार पर स्थापित किया है। यही वैष्णव दर्शन के उद्भव का कारण है।

जिस प्रकार वैष्णव पदावली साहित्य रस-साहित्य है, उसी प्रकार वैष्णव दर्शन उस रस का सैद्धान्तिक रूप है। दिवंगत विद्वान अमूल्यचरण विज्ञानभूषण महाशय ने कहा है :

'जिससे सौन्दर्य की अभिव्यक्ति होती है, उसी को रस कहा जाता है। यही रस सौन्दर्य की अनुभूति का मूल कारण है। पूरा जीवन रसानुसन्धान से अधिक कुछ नहीं। अभाव और असम्पूर्णता ही हमें रसानुसन्धान में व्यस्त रखती है। जो पूर्ण है वह सुन्दर है; जो अपूर्ण है वह कुरूप है। हम अपनी इन्द्रियों की सहायता से जिस सौन्दर्य का अनुभव करते हैं वह खण्डित सौन्दर्य है, क्योंकि सौन्दर्य वास्तव में अखण्ड है। जो पूर्ण और अखण्ड है, वही रस है। यही रसानुसन्धान और रसास्वादन वैष्णव साहित्य का सार है। इसका उचित आनन्द लेने के लिए वैष्णव रस शास्त्र और दर्शन से परिचित होना आवश्यक है। पुन: चैतन्योत्तर गौड़ीय दर्शन पर चर्चा करने के लिए पूर्व-चैतन्य युग के वैष्णव दर्शन विचार करना भी आवश्यक है। अत: इस अध्याय में हम पूर्व-चैतन्य युग के वैष्णव दर्शन पर संक्षेप में चर्चा करेंगे। रामानुज, मध्वाचार्य आदि वैष्णव आचार्यों ने आचार्य शंकर के सिद्धान्त का खण्डन करने का प्रयास किया है, इसलिए पहले मैं संक्षेप में शंकराचार्य के विचारों की व्याख्या प्रस्तुत है।

आचार्य शंकर : अद्वैतवाद

ब्रह्मसूत्र या वेदान्त के व्याख्याताओं में आचार्य शंकर और रामानुज ने विशेष ख्याति प्राप्त की है। आचार्य शंकर अद्वैतवाद और रामानुज विशिष्टाद्वैतवाद के संस्थापक हैं। शंकर का निष्कर्ष यह है कि केवल ब्रह्म ही सत्य है, जगत मिथ्या है, तथा जीव और ब्रह्म एक ही हैं।

'श्लोकार्धेन् प्रबक्षामि यदुक्तं ग्रन्थकोटिभि:।
ब्रह्म सत्यं जगन्मिथ्या जीवो ब्रह्मेव नापर:'

जो सिद्धान्त लाखों पुस्तकों में बताए गये हैं, मैंने उन्हें अर्थश्लोक में व्यक्त किया है। यह तत्त्व है कि–

(क) ब्रह्म ही एकमात्र सत्य है।

(ख) जगत मिथ्या है।

(ग) जीव और ब्रह्म एक ही हैं।

शंकराचार्य के अनुसार ब्रह्म निर्गुण और भेदरहित है तथा उसमें कोई गुण नहीं जोड़ा जा सकता। वह जो संसार का सृजन, पालन और संहार करता है, हम उसे ईश्वर कहते हैं, वह सर्वव्यापी और सगुण है, लेकिन बुद्धिवादियों की दृष्टि में इस मायाकल्पित ईश्वर का कोई अस्तित्व ही नहीं है।

ब्रह्म का स्वरूप शब्दों में व्यक्त नहीं किया जा सकता। जब आप उसके बारे में बात करते हैं तो आपको 'नेति' कहना पड़ता है। यदि मुझे उनका नाम लेना हो तो मैं कहूँगी, वह संसार का रूप हैं, चित्तसार का रूप है, और आनन्द का रूप है।

नाम और रूप का यह संसार मिथ्या है। जैसे रस्सी में सर्प की माया होती है और शुद्ध अवस्था में चाँदी की माया होती है, वैसे ही ब्रह्म में जगत की माया होती है। वह परम जादूगर है, इसलिए वह यह भ्रम पैदा करता है।

जिस शक्ति से वह यह भ्रम पैदा करता है उसे माया कहते हैं। यह माया ब्रह्म की शक्ति है और इसलिए ब्रह्म से भिन्न है। ब्रह्म अपरिवर्तनीय है; वह कभी संसार नहीं बन सकता। ब्रह्म में स्वयं, साथी प्राणियों या पराये प्राणियों के बीच कोई भेद नहीं है। आन्तरिक अन्तर के उदाहरण हैं एक पेड़ में पत्तियों और फूलों के बीच का अन्तर, एक मानव शरीर में हाथ और पैर के बीच का अन्तर और एक प्रजाति के भीतर का अन्तर, जैसे राम और श्याम के बीच का अन्तर, या एक गाय या हाथी और दूसरी गाय या हाथी के बीच का अन्तर, आदि, और विभिन्न प्रजातियों के बीच का अन्तर, जैसे एक घड़े और सुराही के बीच का अन्तर, एक घोड़े और एक गैंडे के बीच का अन्तर, आदि। ब्रह्म परम सत्ता है, बिना किसी भेद के, और क्योंकि ब्रह्म में कोई भेद नहीं है, वह निर्गुण है। लेकिन किंवदंतियों में कई स्थानों पर उन्हें एक पुण्यात्मा व्यक्ति के रूप में क्यों वर्णित किया गया है? इसके उत्तर में शंकर कहते हैं–श्रुति के उन सभी भागों में ब्रह्म शब्द भ्रम नहीं है, अपितु स्वयं ईश्वर को ही सन्दर्भित करता है।

यही एकमात्र सत्य है और इसी ब्रह्म में हमें जगत का भ्रम है, इस सिद्धान्त को विवर्तवाद कहते हैं। हम नदी में लहरें, बुलबुलें आदि देखते हैं, लेकिन उनका नदी से अलग कोई अस्तित्व नहीं है; संक्षेप में, वे नदी से भिन्न नहीं हैं। जहाँ पदार्थ का कोई रूपान्तरण नहीं होता, वहाँ हम अक्सर रूपांतरण प्राप्त करने की कल्पना करते हैं। जैसे हम रस्सी पर साँप की कल्पना करते हैं। ऐसी कल्पना का नाम ही विवर्त है। महाप्रभु चैतन्य ने वैदिक विद्वान प्रकाशानन्द सरस्वती और सार्वभौम भट्टाचार्य के साथ चर्चा में इस विवर्तवाद का खण्डन किया। वे कहते हैं कि ब्रह्म शब्द का अर्थ है सर्वोच्च सत्ता या ईश्वर, और यह ब्रह्म, यद्यपि रूप में अपरिवर्तनीय है, फिर भी वह जगत रूप में परिवर्तित हुआ है। यह गौड़ीय वैष्णव दर्शन का परिणामवाद है, जो सांख्य दर्शन के परिणामवाद से अलग है।

आचार्य शंकर ने यद्यपि इस संसार के परमार्थिक अस्तित्व को स्वीकार नहीं किया, किन्तु उन्होंने इसके व्यावहारिक अस्तित्व को स्वीकार किया। हम अज्ञानता के कारण संसार को सत्य मानते हैं। जब हम संसार का विश्लेषण करते हैं तो हमें नाम और रूप मिलते हैं। यद्यपि हम स्वभावत: ब्रह्म से भिन्न हैं, फिर भी इस सत्य को हम बिना प्रयास के नहीं जान सकते। इस अनुभूति को मुक्ति कहते हैं। इस मुक्ति को हम इसी जीवन में प्राप्त कर सकते हैं; इसे जीवन से मुक्ति कहते हैं। केवल एक स्वतन्त्र व्यक्ति ही संसार की निरर्थकता को समझ सकता है। वेदान्तसार में ब्रह्म की माया शक्ति के विषय में कहा गया है :

'माया तू सद्सद्भ्याम् अनिर्वचनियम् त्रिगुणात्मकं
ज्ञानविरोधी भावरूपम् यतकिंचिदिति वदंति।'

अर्थात्, माया न तो अच्छी है और न ही बुरी, वह अनिर्वाचनीय और त्रिगुणात्मक आत्मा है, वह ज्ञान के प्रतिकूल है, अर्थात् यदि ज्ञान है तो वह नष्ट हो जाता है तथा वह भौतिक वस्तु है।

आचार्य शंकर के अनुसार मोक्ष प्राप्ति के साधन श्रवण, मनन और निदिध्यासन हैं। बृहदारण्यक उपनिषद् में याज्ञवल्क्य मैत्रेयी से कहते हैं, "आत्मा का दर्शन करना होगा तथा उसका श्रवण, चिन्तन और ध्यान करना होगा।" यद्यपि शंकर का निर्गुण ब्रह्म पूजा का विषय नहीं है, कोई भी व्यक्ति परम ब्रह्म या ईश्वर की पूजा कर सकता है। इस पूजा से मन की शुद्धि होती है। गुरु उस शिष्य को 'तत्त्वमसि' (आप ब्रह्मा हैं) कहते हैं जिसका मन शान्त है और जो इन्द्रियों पर विजय प्राप्त कर लेता है। फिर इस महान उक्ति पर मनन और ध्यान के फलस्वरूप शिष्य ब्रह्म और आत्मा के अभेद को अनुभव कर पाते हैं। इसी का नाम मुक्ति है। वैष्णव, विशेषकर गौड़ीय वैष्णव, ऐसी मुक्ति के सख्त विरोधी हैं।

रामानुज : विशिष्टाद्वैवाद

आचार्य शंकर के अनुरूप रामानुज का उदय भी दक्षिण भारत में हुआ। वेदान्त या ब्रह्मसूत्र का जो संस्करण उन्होंने रचा उसे श्रीभाव्य कहा जाता है। उन्होंने आचार्य शंकर के अद्वैत सिद्धान्त का खण्डन किया और विशिष्टाद्वैतवाद की स्थापना की। आचार्य शंकर के विचार दार्शनिक स्पिनोज़ा के विचारों से मिलते जुलते हैं। इसी प्रकार, आचार्य रामानुज के विचार और जर्मन दार्शनिक हेगेल के विचारों में समानता देखी जा सकती है।

आचार्य शंकर कहते हैं, "ब्रह्म में स्वजातीय या विजातीय के बीच कोई भेद नहीं है।" रामानुज के अनुसार, ब्रह्म में एकरूप और भिन्न में कोई भेद न होने पर भी, आत्मा और जीव में भेद है। ब्रह्म एक और अद्वितीय है, लेकिन संसार में जो भी चित् या चेतन पदार्थ और अचित् या जड़ पदार्थ है, वह ब्रह्म का शरीर है। ब्रह्म निर्गुण नहीं है, वह सगुण है। उदासीन नहीं, सर्वसमावेशी है। अनन्त एवं अपरिमेय ब्रह्म से पृथक् कोई अस्तित्व नहीं है। रामानुज का ब्रह्म यद्यपि एक है, फिर भी वह जीव जगत और ब्रह्माण्ड दोनों में द्वैतवादी प्रकृति का है। इसीलिए उनके सिद्धान्त को विशिष्टाद्वैत कहा जाता है। इस दृष्टिकोण के अनुसार जगत मिथ्या नहीं है, क्योंकि यह भी ब्रह्म का शरीर है तथा यह ब्रह्म की तरह शाश्वत सत्य नहीं है।

आचार्य रामानुज कहते हैं कि ब्रह्म या ईश्वर की पूजा और आराधना करना प्रत्येक मनुष्य का कर्तव्य है। भगवान का शरीर हमारा भौतिक शरीर नहीं है, अपितु वह अनन्त गुणों का सार है। रामानुज इन गुणों के निरंतर स्मरण को 'भक्ति' कहते हैं। इस भक्ति या पूजा के माध्यम से ही भगवान प्रसन्न होते हैं और भक्त के बन्धनों को मुक्त करते हैं। मोक्ष प्राप्ति के साधन हैं (1) समर्पण, ईश्वर की इच्छा के प्रति पूर्ण समर्पण, और (2) निष्काम भाव से शास्त्रीय विधि का पालन करना। 'मुक्ति' का अर्थ है ब्रह्म की स्वरूप-प्राप्ति, ब्रह्म में विलीन होना नहीं।

दक्षिण भारत में अलवारों के बीच भक्ति साधना की धारा 'निर्बाध' रूप से बह रही थी। लेकिन रामानुज पहले व्यक्ति थे जिन्होंने भक्ति धर्म को दार्शनिक बुद्धिवाद पर आधारित किया। आचार्य रामानुज के अनुसार चित् और अचित्-विशिष्ट है (चिद्चिद्विशिष्टम् तत्त्वम्), यह ब्रह्म ही परब्रह्म है, सभी दोषों से रहित है, अनन्त गुणों से युक्त है। जीव अल्पज्ञ है, ब्रह्म सर्वज्ञ है। मुक्त अवस्था में जीव वृक्ष पर बैठे पक्षी की तरह ब्रह्म में रहता है। माया भगवान की शक्ति है, यह भगवान की शरण में है, परन्तु यह अवर्णनीय नहीं है। फिर, जगत भी मिथ्या नहीं है, जो अपने को ब्रह्म का शरीर कहता है। जो भगवान की शरण लेते हैं, वे इस माया से पार हो जाते हैं। गीता में भगवान भी कहते हैं :

'मामेव जे प्रपद्यंते मायामेताम् तरंति ते'

–जो मेरी शरण में आते हैं, वे मोह रूपी सागर को पार कर जाते हैं।

माध्वाचार्य : द्वैतवाद

माध्वाचार्य या आनन्दतीर्थ वेदान्त के महान ऋषियों में से एक हैं। वह द्वैतवादी है। उनका दार्शनिक सिद्धान्त "पूर्णप्रज्ञा दर्शन" के नाम से प्रसिद्ध है।

उनका मत न्यायिक मत के समान है। न्यायिक की तरह वे भी कहते हैं कि यद्यपि ईश्वर जगत का कारण है, तथापि वह उपादान कारण नहीं है। उनके अनुसार जीव या प्रकृति ब्रह्म या ईश्वर से पूर्णतः पृथक् हैं। उन्होंने कहा कि भगवान विष्णु ही संसार के रचयिता, पालक और संहारक हैं। वह सर्वज्ञ है। माधवाचार्य ने पाँच प्रकार

के भेद बताए हैं : (1) जीव और ईश्वर का भेद, (2) जीव और जीव का भेद, (3) ईश्वर और जड़ में भेद, (4) जीव और जड़ में भेद, (5) जड़ और जड़ में भेद।

संक्षेप में सिद्धान्त का वर्णन निम्नांकित है–

(1) भगवान विष्णु सर्वोच्च सिद्धान्त हैं।

(2) संसार मिथ्या नहीं है।

(3) ईश्वर, जीव और प्रकृति का भेद अनादि एवं शाश्वत है।

(4) यद्यपि जीव भगवान हरि के अनुयायी हैं, फिर भी उनके अधिकारों में भेद है।

(5) आत्मा के आनन्द की अनुभूति ही मोक्ष है।

(6) इस मोक्ष प्राप्ति का साधन शुद्ध भक्ति है।

(7) साक्ष्य तीन प्रकार का होता है–प्रत्यक्ष, अनुमानात्मक और मौखिक।

(8) श्री हरि ही सभी वेदों के रचयिता हैं।

हमारा बन्धन और मोक्ष ब्रह्म या विष्णु से आते हैं। वह आनन्दमय हैं और उसकी महिमा अनन्त है। माधवाचार्य के अनुसार मुक्त अवस्था में भी ईश्वर और जीव में निरन्तर अन्तर बना रहता है। यह सम्प्रदाय कहता है कि साधना के अठारह प्रकार हैं, अर्थात् वैराग्य, शास्त्रों का ज्ञान, प्राप्ति या समर्पण आदि। इसी अभ्यास के माध्यम से लोग मुक्ति या पुनर्जन्म प्राप्त करते हैं। माधवाचार्य ने कहीं भी श्रीकृष्ण की मधुर लीलाओं का उल्लेख नहीं किया है। उनके अनुसार, जो लोग दुष्कर्म करते हैं, उन्हें नरक में अनन्त काल तक यातना भोगनी पड़ती है। माधवाचार्य ने जो दार्शनिक सिद्धान्त स्थापित किया, वह गौड़ीय दर्शन के कई पहलुओं से असहमत दिखता है। माधवाचार्य ने 'केवलभेदवाद' की स्थापना की, लेकिन गौड़ीय वैष्णव धर्म के दार्शनिक सिद्धान्त को 'अचिंत्यभेदाभेदवाद' कहा जाता है।

निम्बार्क स्वामी : द्वैताद्वैतवाद

दक्षिण भारतीय आचार्य निम्बार्क स्वामी ने ब्रह्मसूत्र पर 'वेदान्त-पारिजात-सौरभ' नामक भाष्य की रचना की। उनके दार्शनिक निर्णय को 'द्वैताद्वैतवाद' कहा जाता है। अपनी पुस्तक 'सिद्धान्तरत्न' में उन्होंने मात्र दस श्लोकों में अपने सिद्धान्त का बहुत ही संक्षेप में सार प्रस्तुत किया है। निम्बार्क स्वामी कहते हैं–ब्रह्म के कारण ही जीव और जगत में भेद और अभेद दोनों एक साथ विद्यमान रहते हैं। यह अन्तर शाश्वत एवं स्वाभाविक है। ब्रह्म सबसे महान् वस्तु है। वह अनन्त और अकल्पनीय है। भगवान कृष्ण परम ब्रह्म हैं। वह समस्त अच्छाई के प्रतीक है। उसमें दोष का लेशमात्र भी नहीं है। परमात्मा अंश है और आत्मा उसका अंश है। जीव दो प्रकार के होते हैं–बद्ध और मुक्त। ब्रह्म कारण है, जगत कार्य है। इसलिए, कार्य और कारण में अन्तर है। ब्रह्म चेतन है, जगत अचेतन है, ब्रह्म सूक्ष्म है, जगत स्थूल है, ब्रह्म अजड़ है, जगत जड़ है, ब्रह्म नित्य शुद्ध है, जगत उसका विपरीत है। प्रकृति ब्रह्म का एक अंश है और जगत इसी प्रकृति का परिणाम है। सृष्टि से पहले संसार रूपी ब्रह्म में भगवान श्रीकृष्ण सूक्ष्म शक्ति के रूप में विद्यमान रहते हैं तथा सृष्टि के समय वे स्वयं ही जगत बन जाते हैं। निम्बार्क स्वामी के अनुसार, मुक्ति का साधन भगवान की शरण में जाने का अभ्यास है, जो अन्त दिनों में उन लोगों को सांसारिक जीवन के बन्धनों से मुक्त कर देते हैं जो उनकी शरण में आते हैं। प्रभु का शरीर अप्राकृतिक है। ईश्वर

परम चेतना है, जीव परम अवचेतन है। कृष्ण की तरह गोपियाँ भी हमारी पूजनीया हैं। मनुष्य को पाँच आधारों में से किसी एक का आश्रय लेकर भगवान की आराधना करनी चाहिए। इस प्रकार, निम्बार्क स्वामी के मतवाद के साथ गौड़ीय वैष्णवों के मतवाद की कई समानताएँ हैं।

वल्लभाचार्य : शुद्धाद्वैतवाद

'शुद्धाद्वैतवाद' के प्रवर्तक वल्लभाचार्य वेदान्त के महानतम विद्वानों में से एक हैं। उन्होंने वेदान्त पर 'अनुभाष्य' नामक ग्रन्थ की रचना की है। उन्होंने कहा, चिंगारी और अग्नि के बीच का सम्बन्ध जीव और ब्रह्म के बीच का सम्बन्ध है। वेदान्त का ब्रह्म ही स्मृति शास्त्र का परमात्मा और भागवत का ईश्वर है। माया परम ब्रह्म की शक्ति है। वह व्यामोह है, अर्थात् जीव को मोहित करने वाला है, और आच्छादित है, अर्थात् सत्य को ढकने वाला है, परन्तु जगत मिथ्या नहीं है। जीव संख्या में असंख्य हैं, किन्तु उनमें ब्रह्म का आनन्द न होने के कारण वे माया के अधीन हैं। जब ईश्वर का आनन्दमय अंश किसी जीव में प्रकट होता है, तो वह ऐसे होता है जैसे वृक्ष में अग्नि प्रवेश कर जाती है; तब जीवात्मा ब्रह्मत्व प्राप्त करता है, किन्तु उसका जीवत्व नष्ट नहीं होता। ब्रह्म जगत का उपादान-कारण भी है और निमित्त-कारण भी। वे स्वयं अविकृत रहकर विश्व बन गये।

श्री वल्लभाचार्य के अनुसार भक्ति दो प्रकार की होती है–मर्यादा का मार्ग और पुष्टि का मार्ग। जो लोग शास्त्रों के उपदेशों का श्रद्धापूर्वक पालन करते हैं, जो लोग भगवान कृष्ण और उनके भक्तों की कृपा चाहते हैं, जो लोग उनका माधुर्य और लीला-रसों का आनन्द लेने की इच्छा रखते हैं, वे ही पुष्टि मार्ग का अनुसरण करते हैं। श्रीरूप गोस्वामी ने अपने 'भक्तिरसामृतसिन्धु' में कहा है कि प्रेम के मार्ग की तुलना वैध भक्ति से की जा सकती है और पुष्टि मार्ग की तुलना रागानुगा भक्ति से की जा सकती है (पोषणं तदनुग्रह:)।

वल्लभाचार्य कहते हैं कि भगवान श्रीकृष्ण का शरीर अलौकिक है। उनकी लीलाएँ दोहरी हैं–सौन्दर्य-लीला और माधुर्य-लीला। उनकी कृपा प्राप्त करने के छह साधन हैं : श्रवण, कीर्तन, स्मरण, सेवा, अर्चना और स्तुति। जब किसी को ईश्वर की कृपा प्राप्त होती है तभी उनके प्रति प्रेम विकसित होता है। तब भक्त भगवान की असीम माधुर्य का आस्वादन करता है। भक्तजन इसी में मुक्ति की कामना करते हैं।

जिज्ञासु पाठकों के लिए हमने यहाँ श्री वल्लवाचार्य द्वारा रचित "मधुराष्टक' का सम्पूर्ण श्लोक उद्धृत किया है–

अधरं मधुरं वदनं मधुरं नयनं मधुरं हसितं मधुरम्।
हृदयं मधुरं गमनं मधुरं मधुराधिपतेरखिलं मधुरम्॥
वचनं मधुरं चरितं मधुरं वसनं मधुरं वलितं मधुरम।
चलितं मधुरं भ्रमितं मधुरं मधुराधिपतेरखिलं मधुरम्॥
वेणुर्मधुरो रेणुर्मधुर: पाणिर्मधुर: पादौ मधुरौ।
नृत्यं मधुरं संख्यं मधुरं मधुराधिपतेरखिलं मधुरम्॥
गीतं मधुरं पीतं मधुरं भुक्तं मधुरं सुप्तं मधुरम्।
रूपं मधुरं तिलकं मधुरं मधुराधिपतेरखिलं मधुरम्॥
करणं मधुरं तरणं मधुरं हरणं मधुरं रमणं मधुरम्।
वमितं मधुरं शमितं मधुरं मधुराधिपतेरखिलं मधुरम्॥

गुञ्जा मधुरा माला मधुरा यमुना मधुरा वीची मधुरा।
सलिलं मधुरं कमलं मधुरं मधुराधिपतेरखिलं मधुरम्॥
गोपी मधुरा लीला मधुरा युक्तं मधुरं मुक्तं मधुरम्।
दृष्टं मधुरं शिष्टं मधुरं मधुराधिपतिरखिलं मधुरम्॥
गोपा मधुरा गावो मथुरा यष्टिर्मधुरा सृष्टिर्मथुरा।
दलितं मधुरं फलितं मधुरं मधुराधिपतिरखिलं मधुरम्॥

पाश्चात्य विद्वान रूडोल्फ ओटो अपनी प्रसिद्ध पुस्तक 'द इड ऑफ द होली' में कहते हैं, "वह परम सत्ता मेरी दृष्टि में न केवल भयावह है, बल्कि वह सुन्दर भी है, इसीलिए वह हमें आकर्षित करती है।"

'It has another aspect in which it shows itself as something uniquely attractive and fascinating. The divine object may appear to the mind an object of horror and dread, but at the same time it is no less something that allures with a potent charm and the creature who trembles before it, has always at the same time the impulse to turn to it, nay, even to make it somehow his own.'

अर्थात्, 'इसका एक और पहलू है जिसमें यह खुद को कुछ अनोखे रूप में आकर्षक और मनमोहक रूप में दिखाता है। यह दिव्य वस्तु मन को डरावनी और खौफनाक लग सकती है, लेकिन साथ ही यह एक ऐसी चीज भी है जो एक शक्तिशाली आकर्षण से आकर्षित करती है और जो प्राणी इसके सामने काँपता है, उसके मन में हमेशा इसकी ओर मुढ़ने, बल्कि इसे किसी तरह अपना बनाने की इच्छा बलवती होती है।'

" श्रीचैतन्यचरितामृत" के "मध्यलीला" में श्री महाप्रभु ने सनातन गोस्वामी से श्रीकृष्ण की माधुर्य रस का वर्णन इस प्रकार किया है :

कृष्ण का मधुर रूप सुन सनातन।
जिस रूप के एक कण में
डूबता है त्रिभुवन
सर्व प्राणी को करता है आकर्षण।।
रूप निहार अपना
चौंक उठे कृष्णा
आस्वादन की इच्छा से मन में जागी कामना।
स्व-सौभाग्य जिनका नाम
सौन्दर्य आदि गुण ग्राम
यहीं पर नित्य उनका धाम।।
भूषण का भूषण अंग
उस पर ललित त्रिभंग
उस पर भौहों का नर्तन
तिरछी नेत्रों का वाण
किसका करे संधान

भेदता है राधा-गोपीनियों का मन।।
चढ़कर गोपी का मनोरथ
मन्मथ का मन मथ
है नाम उसका मदन मोहन।
जो है पंचशर दर्प
स्वयं नव-कंदर्प
रास करता है गोपीगण संग।।

उल्लेखनीय है, कि इस सम्बन्ध में वल्लभाचार्य और गौड़ीय वैष्णवों के विचारों में समानता है, अर्थात् मानव प्रयास का सर्वोच्च उद्देश्य श्रीकृष्ण के माधुर्य का आस्वाद लेना है।

चैतन्य पूर्व युग में पदावली साहित्य की धारा

जयदेव

विलास कलाओं में जिज्ञासु कवि जयदेव पदावली साहित्य के अग्रणी थे। इसलिए गौड़ीय वैष्णव साहित्य में उनका प्रमुख स्थान है।

जयदेव ने पद्य-साहित्य की जो शैली प्रस्तुत की, उसका पोषण चैतन्य-पूर्व युग में विद्यापति जैसे कवियों ने किया और चैतन्य-पश्चात् युग में वह जल की बाढ़ की तरह गतिमान होकर दयालु पाठकों के हृदय को प्रेम के रस से सराबोर कर गयी। उस समय के आलोचक जयदेव के बारे में चाहे जो भी कहें, इसमें कोई सन्देह नहीं कि उन्होंने अखिल भारतीय ख्याति प्राप्त की। इसके प्रमाण के रूप में यह बताना पर्याप्त है कि कवि जयदेव द्वारा रचित 'गीत-गोविन्द' पर लगभग चालीस टीकाएँ लिखी गयीं। मन्दिरों में राग और लय के साथ गीत गोविन्द का गायन किया जाता था। इसके लेखक जयदेव भी एक महान भक्त के रूप में विख्यात थे और उनके बारे में अनेक चमत्कारिक कहानियाँ कही जाती थीं। जैसे, नीलाचल में अपने प्रवास के दौरान भगवान श्री चैतन्यदेव जोकि, सर्वव्यापी थे, उन्हें दर्शन दिया था। जयदेव को चण्डीदास और विद्यापति का काव्य बहुत पसन्द था और इसके परिणामस्वरूप जयदेव को चैतन्य युग के बाद के विद्वानों के बीच विशिष्ट ख्याति प्राप्त हुई।

यद्यपि जयदेव ने संस्कृत में कविता लिखी, लेकिन वे बंगाली पद्य साहित्य के अग्रदूत थे। उन्होंने अपनी कविता में विभिन्न प्राकृत छन्दों का प्रयोग किया तथा बांग्ला की अपनी लयबद्ध शैली 'पयार' और 'त्रिपदी' का भी प्रयोग किया। अपने पद्य और लालित्य की गुणवत्ता में उन्होंने 'नैषध' के रचयिता श्रीहर्ष सहित सभी पूर्ववर्ती कवियों को पीछे छोड़ दिया है। हालाँकि, जयदेव से पहले के कवि क्षेमेन्द्र ने भी शब्दों का चयन कोमलकान्त रखा था और वैष्णव साहित्य में उन्होंने अनुप्रास (उदाहरण–'दशावतार-चरित' में) जैसे अलंकारों के प्रयोग की कला में अपनी निपुणता प्रदर्शित की। जयदेव सम्भवत: क्षेमेन्द्र के राधा-कृष्ण-लीला-वर्णन से प्रभावित थे। 'श्रीकृष्ण कीर्तन'* के लेखक बरु चण्डीदास भी जयदेव की रचनाओं से बहुत प्रभावित थे। जैसा कि मैंने पहले ही कहा है, श्रीमन्महाप्रभु ने स्वरूप दामोदर और रामानन्द के साथ-साथ जयदेव की कविता का भी आनन्द लिया था, इसलिए

* [इस बात पर मतभेद हो सकता है कि 'चण्डीदास' को समर्पित जिस पुस्तक की रचना वसन्तरंजन राय विद्वलभ महाशय ने की है, उसका नाम 'श्रीकृष्णकीर्तन' है या नहीं।]

उन्होंने चैतन्य-उत्तर युग के पदावली-रचनाकारों के बीच एक महान कवि का सम्मान अर्जित किया। इसलिए, चैतन्य-उत्तर युग के सन्त-कवियों ने जयदेव की कविता का एक नए दृष्टिकोण से आनन्द लिया। इनमें विशेष रूप से उल्लेखनीय हैं, गोविन्ददास कविराज जिन्होंने सचेतन रूप से जयदेव का अनुसरण किया।

जयदेव की राधा, विलास कला में निपुण, दीप्तिमान और विदुषी, कृष्ण के दर्शन से मोहित राधा, एक वसन्त के दिन, जब प्रकृति ने युवावस्था का वैभव धारण कर लिया था, भगवान कृष्ण के लिए तरसती है। इस बीच, भगवान कृष्ण ब्रज-वधुओं के साथ रास-लीला में व्यस्त रहते हैं। श्रीमद्भागवत में वर्णित रास-लीला शरद की है, तथा जयदेव के गीत गोविन्द में हमें वसन्ती रास-लीला की कथा मिलती है। यह एक प्रकार का नृत्य है। पूज्यपाद श्रीधर स्वामी कहते हैं :

'अन्योन्यव्यतिषक्तहस्तानां स्त्रीपुंसां गायतां मण्डलीरुपेण
भ्रमतां नृत्यविनोदः रासो नाम।'

अर्थात्, 'पुरुष और महिलाएँ एक-दूसरे का हाथ पकड़कर गाते हुए, समूह में यात्रा करते हुए, नृत्य का आनन्द लेते थे, जिसे 'रास' कहा जाता है।'

जयदेव की राधा, कृष्ण के प्रति अपने प्रेम में आत्मविश्वासी है, लेकिन कृष्ण से वियोग के दर्द से अभिभूत है। बाद के श्लोकों में हम पाते हैं कि राधा अपनी सास, ननद आदि की निन्दा की परवाह न करते हुए कृष्ण से मिलने जाती है। यहाँ राधा के लिए ऐसी कोई दुर्गम बाधा नहीं है। यद्यपि कृष्ण बहुत शक्तिशाली हैं, फिर भी श्रीमती राधा को उनसे कोई गम्भीर शिकायत नहीं है। उन्होंने अपनी सखियों से प्रार्थना करती हैं कि वे उसका कृष्ण से मिलन करा दें। पुनः, श्रीकृष्ण ब्रजांगनाओं को छोड़कर अपनी हृदयवल्लभा श्रीराधा की खोज कर रहे हैं। उन्होंने अपनी सखियां से सुना है कि राधा उनके वियोग से दुखी है। यद्यपि सखियों ने कृष्ण और राधा का मिलन करवाया, तथापि कृष्ण को राधा का मानभंजन करना पड़ा। इस मानभंजन के छन्द अत्यन्त प्रसिद्ध हैं, जैसे:

'स्मरगरलखण्डनं
मम शिरसी मंडनं
देहि पदपल्लवमुदारम्।'
या-
'तमसी मम भूषणं
तमसी मम जीबनम्
तमसी मम भवजलधिरत्नम्।"

यद्यपि जयदेव ने संस्कृत में पुस्तकें लिखीं, वे बंगाली साहित्य के अग्रदूत थे। मनस्वी अक्षय चन्द्र सरकार इसका कारण बताते हैं–

(क) 'जयदेव की भाषा संस्कृत और बांग्ला के मध्यवर्ती भाषा है।' इसके उदाहरण के तौर पर उन्होंने 'गीत गोविन्द' से कुछ उद्धरण दिये हैं। जैसे–

'दिनमणि-मण्डल-मण्डन भवखण्डन मुनिजन-मानस-हंस।
कालिया बिषधर-गंजन जन-रंजन यदुकुल-नलिन-दिनेश।
मधु-मूर-नरक विनाशन गरुड़ासन सुर-कुल-केलि-निदान।

अमल-कमल-दल-लोचन भव-मोचन त्रिभुवन-भवन-निधान।'

या-

'चन्दन-चर्चित-नील-कलेवर पीतवसन-वनमाली।'

या-

'धीर समीरे यमुना तीरे बसति वने वनमाली।'

(ख) बांग्ला के पद में मुख्यत: दो छन्द हैं : पयार और त्रिपदी।

*जयदेव के गीत गोविन्द में इन दो छन्दों का पूर्वाभास स्पष्ट रूप से देखा जा सकता है।

(ग) जयदेव गोस्वामी, कीर्तन के सुप्रसिद्ध संस्थापक हैं। जयदेव के पद आठ सौ वर्षों से उसी प्रकार गाये जाते रहे हैं।

जयदेव का 'गीत-गोविन्द' लय और माधुर्य से परिपूर्ण है।

(घ) ऐसा माना जाता है कि पाँचाली आदि की रचना भी जयदेव के पदों की अनुकरण में की गयी थी।

बांग्ला कविता में एक नये युग के अग्रदूत कवि श्रीमधुसूदन ने जयदेव की प्रशंसा में एक चौदह पंक्तियों की कविता या सॉनेट की रचना की। कवि मधुसूदन जयदेव के मनोहारी एवं आनन्ददायी श्रुतिमधुर पदावली से मुग्ध हो गये। यही कारण है कि 'ब्रजांगना काव्य' में भी जयदेव का प्रभाव देखा जा सकता है। यद्यपि बंकिम चन्द्र ने जयदेव के शब्द चयन कौशल की प्रशंसा की, तथापि उन्होंने उनके काव्य में कामुक वासना की अभिव्यक्ति पाई। (दृष्टव्य, 'कमलाकान्तेर दफ्तर' का लेख 'पतंगा' और अनुशीलन में प्रकाशित लेख 'मानवता क्या है')। बंकिमचन्द्र के एक लेख का अनुवाद 1310 ई. में 'साहित्य' पत्रिका में प्रकाशित हुआ, जिसमें बंकिमचन्द्र ने लिखा :

'जयदेव बांग्ला के कवि थे, बंगालियों के कवि थे। जो उस जमाने में शिक्षित थे, वे संस्कृत में अध्ययन करते थे। विशेषकर जयदेव की कविताएँ सभाओं या जलसों में गायी जाती थीं। इसलिए इसका प्रचार किया गया और जनता ने इसे प्रशंसा के साथ सुना। इसलिए जयदेव को बंगाल की आम जनता का कवि कहा जा सकता है।'*

जयदेव का 'गीत गोविन्द' उस समय के बंगाली चरित्र का दर्पण है। गीत गोविन्द के प्रारम्भ से लेकर अन्त तक मानवता की विशेषता वाली उच्च भावना के विकास का कोई संकेत नहीं मिलता। वहाँ केवल एक कोमल, स्त्रियोचित स्पर्श है। वे निश्चय ही उच्च कोटि के कवि हैं, शब्दों के चयन और शब्दों को व्यवस्थित करने की उनकी क्षमता असाधारण है; शब्द श्रवण मार्ग से होकर गुज़रते हैं तथा वीणा की ध्वनि के समान मधुर स्वर लहरियाँ उत्पन्न करते हैं। प्रत्येक विचार की सूक्ष्मता जिसे वे अपनी शब्द-योजना के प्रभाव से मन पर चित्रित करते हैं, वह बहुत उज्ज्वल, बहुत सुन्दर और बहुत आकर्षक है। लेकिन उनकी अनूठी भाषा और उत्कृष्ट कल्पनाशीलता लोगों को बलपूर्वक स्थूल प्रलोभनों की ओर आकर्षित करती है। यही जयदेव सभी परवर्ती बंगाली कवियों के लिए आदर्श बन गये हैं।

यद्यपि बंकिमचन्द्र ने जयदेव के गीत गोविन्द के काव्यात्मक मूल्य को स्वीकार किया, लेकिन उनका दृष्टिकोण आधुनिक था। उन्होंने गीत गोविन्द में वर्णित राधा और कृष्ण की लीलाओं को न तो अलौकिक माना और न ही उनमें कोई आध्यात्मिक महत्त्व देखा। बंगाल के इस मनस्वी पुत्र ने कहा है, "जयदेव के पदों की शोभा कानों को सुखद लगती है, किन्तु उनकी कविता हमारे हृदय की गहराई तक नहीं पहुँच पाती।" रवीन्द्रनाथ टैगोर ने भी एक लेख में जयदेव और कालिदास की रचनाओं से छन्द उद्धृत किये हैं और दिखाया है कि जहाँ जयदेव

* (नवजीवन, 1299, कलकत्ता विश्वविद्यालय द्वारा प्रकाशित आलोचना संग्रह में पुनर्मुद्रित।)

संगीत प्रतिभा में कालिदास से आगे थे, वहीं कालिदास व्यंजना प्रतिभा में जयदेव से आगे थे। जयदेव के बारे में ऐसा कथन किसी समकालीन पाठक को तर्कसंगत लग सकता है, परन्तु उन्हें केवल रस-श्रष्टा कवि के रूप में आँकना पर्याप्त नहीं होगा। हमें वैष्णव परम्परा और संस्कृति के प्रकाश में 'गीत गोविन्द' की सराहना करनी चाहिए। जयदेव से पहले की कई रचनाओं में राधा और कृष्ण की लीलाओं पर पद पाये जाते हैं, जैसे 'गाथा-सप्तशती' और क्षेमेंद्र की 'दशावतार-चरित'। परन्तु लीला पर आधारित कविता की रचना करने के लिए जयदेव प्रथम और सर्वोच्च सम्मान के हकदार हैं। गीत गोविन्द का पहला श्लोक यहाँ उल्लेखनीय है :

'मेघैर्मेदुरम्बरं बनभुव: श्यामास्तनालद्रुमै:
नक्तं भीरुरयं त्वमेव तदिमं राधे गृहं प्रापय।
ईथुं नन्दनीदेशतश्चलितयो: प्रत्यध्वकुंजद्रुमं
राधामाधवयोर्जयन्ती यमुनाकुले रहकेलय:।'

अर्थात्, 'हे राधे! आकाश बादलों से भरा है, तमाल के वृक्षों से भरे वनभूमि भी श्यामल है, यह भी भीरु है, इसलिए तुम इसे घर ले जाओ। यह आदेश देकर नन्द कुंजवन ओर चल पड़े। (ब्रह्मवैवर्त पुराण में भी यह श्लोक मिलता है, "लीला करने वाले राधा-कृष्ण अर्थात् राधा-माधव की विजय हो।" द्रष्टव्य, बंकिमचन्द्र का 'कृष्णचरित्र', द्वितीय खण्ड, अध्याय दशम)।

आलोचक श्री हरेकृष्ण मुखर्जी ने अपनी 'पदावली-परिचय' पुस्तक में लिखा है :

"संस्कृत काव्य और खण्ड काव्य में, प्राकृत काव्य और लोकगीतों में विचारों की धारा कभी-कभी समाज में फल्गु नदी की धारा की तरह प्रवाहित होती थी, कभी-कभी धीमी, मन्द-प्रवाहित जलधारा की तरह और एक दिन वही वैष्णव पदों के एक विशाल बाढ़ के रूप में फूट पड़ी थी।"

इस प्रकार, हम देखते हैं कि जयदेव ही वैष्णव पदावली के प्रवर्तक कवि रहे हैं।

बरु चण्डीदास

चरित-काव्यों में साक्ष्य मिलते हैं कि नीलाचल में प्रवास के दौरान श्रीमन्महाप्रभु, दामोदर और राय रामानन्द के साथ चण्डीदास के पदावली का रसास्वादन करते थे, इसलिए इसमें कोई सन्देह नहीं है कि चैतन्य-पूर्व युग में कम से कम एक चण्डीदास अवश्य थे।

श्री चैतन्य चरितामृत की अन्त्य-लीला के पाँचवें अध्याय में कहा गया है कि भगवान द्वारा इसका आस्वाद लेने से पहले, स्वरूप दामोदर प्रत्येक पाण्डुलिपि की सावधानीपूर्वक जाँच करता थे, क्योंकि कोई भी पाण्डुलिपि जो त्रुटिपूर्ण थी, अर्थात् जिसमें रस का अपकर्ष हुआ हो, भगवान के मन में क्रोध और नाराजगी पैदा करेगी। इसलिए, महाप्रभु चण्डीदास को जिन पदों का आनन्द मिला, वे एक ऐसे पदकर्ता द्वारा रचित थे, जो राधा और कृष्ण की दैनिक लीलाओं का प्रत्यक्षदर्शी था। अब प्रश्न यह है कि क्या वे आदि या बरु चण्डीदास हैं, जो 'श्रीकृष्ण कीर्तन' के रचयिता हैं या द्विज चण्डीदास हैं, जो 'पदावली' के रचयिता हैं या और कोई चण्डीदास हैं, जिनका कवि-कार्य आज भी अज्ञात है? विद्वान अभी तक इस समस्या का सन्तोषजनक समाधान नहीं ढूँढ़ पाये हैं।

'श्रीकृष्ण कीर्तन' की खोंज से पहले हम केवल एक ही कवि चण्डीदास को जानते थे, जिनके गीत हमारे कानों में गूँजते थे और हमारी आत्माओं को झकझोर देते थे। हम जानते थे कि प्रभु चैतन्यदेव के प्रकट होने

से सैकड़ों वर्ष पूर्व, उन्होंने प्रेम से अभिभूत होकर ध्यान में उनकी दिव्य प्रभा को देखा था। हम जानते थे कि विद्यापति जैसे कलाकार न होते हुए भी, उन्होंने अपने हृदय की गहन समझ को जिस भाषा में व्यक्त किया, वह विश्व साहित्य में अद्वितीय है। हम लोग कभी विद्यापति और चण्डीदास की मुलाकात की कहानी और चण्डीदास और रामी की प्रेम कहानी को ऐतिहासिक सत्य मानते थे। तब वसन्तरंजन रॉय विद्वल्लव महाशय ने चण्डीदास द्वारा लिखित तथाकथित रचना 'श्रीकृष्ण कीर्तन' (साहित्य परिषद द्वारा प्रकाशित, 1323 ई.) नामक एक खण्डित पाण्डुलिपि की खोज के बाद चण्डीदास समस्या की सृष्टि हुई। जबकि पुरातात्विक राखालदास बंद्योपाध्याय ने अनुमान लगाया कि इस ग्रन्थ की रचना 14वीं शताब्दी के अन्त में हुई थी, भाषाविद् सुनीतिकुमार चट्टोपाध्याय ने भी इसमें 'चर्यापद' के बाद की भाषा के साक्ष्य पाये। लेकिन विद्वान इस मामले पर सहमत नहीं हो सकते। विद्वानों में इस बात पर भी बहस हुई कि क्या 'श्रीकृष्ण कीर्तन' काव्य के सभी भाग एक ही युग में रचे गये थे। वसन्तबाबू बेशक यह मानते हैं कि श्रीमन्महाप्रभु ने उनके द्वारा खोंजी गई पुस्तक का ही आस्वाद लिया था, क्योंकि उनकी कविता औपचारिकता के बन्धन से मुक्त थी, लेकिन बाद में, अलंकार-शास्त्र पर कृत्रिम प्रतिबन्धों के कारण, कविता दुर्लभ और व्यापक हो गयी। वसन्तबाबू के निर्णय को स्वीकार करने वालों ने कहा कि वैष्णव कवि सनातन गोस्वामी द्वारा रचित 'श्रीमद्भागवत' के 'वैष्णव-तोषणि' की टीकाओं में चण्डीदास के दान और 'नौकाखण्डों' का उल्लेख करने वाले सनातन गोस्वामी कोई और नहीं, बल्कि 'श्रीकृष्ण-कीर्तन' के रचयिता आदि या बरु चण्डीदास ही थे। यहाँ द्विज चण्डीदास के काल का निर्धारण करना भी एक समस्या बन गयी। विद्यापति और चण्डीदास की मुलाकात की कहानी (बांग्ला पदावली साहित्य में इस मुलाकात के कई उदाहरण हैं। मैथिली कवि विद्यापति के अलावा चण्डीदास की किसी और कवि से क्या मुलाकात हुई होगी?), चण्डीदास और रामी की प्रेम कहानी को भी विद्वान महज लोककथा मानते हैं। इतिहासकार ने राय व्यक्त की है कि चण्डीदास द्वारा रचित पदों की भाषा भी 'चारण-कवियों' के मुँह से काफी बदल गयी है। परिणामस्वरूप, चण्डीदास समस्या अत्यन्त जटिल हो गयी।

'श्रीकृष्ण-कीर्तन' की कथा सामग्री के स्रोत आंशिक रूप से 'ब्रह्माण्डपुराण' नामक उपपुराण के 'राधा-हृदय' (भारखण्ड) में तथा प्राचीन विद्वानों द्वारा रचित कुछ श्लोकों (नौकाखण्ड आदि) में मिलते हैं। लेकिन पूरी कथा किसी पुराण में नहीं मिलती, यह लोककथा है। यह लोक कथा पुन: तेरह भागों या अध्यायों में विभाजित है। हालाँकि, दोनों खण्डों में नाटकीय एकता है। जन्मखण्ड में पृथ्वी के संहारक भगवान कृष्ण का मानव रूप में प्रकट होना तथा देवी लक्ष्मी का राधा के रूप में गोपियों के घर में प्रकट होना वर्णित है। यहाँ भगवान कृष्ण की महिमा और लीलाओं का वर्णन किया गया है। फिर क्रमश: बारह खण्ड हैं–ताम्बूलखण्ड, दानखण्ड, नौकाखण्ड, भारखण्ड, छत्रखण्ड, वृन्दावन-खण्ड, कालियादमनखण्ड, यमुनाखण्ड, हारखण्ड, वाणखण्ड, वंशीखण्ड और राधा विरह। इनमें से अन्तिम दो ने कविता में उत्कृष्टता का प्रदर्शन किया है। विशेष रूप से वंशीखण्ड के एक मार्मिक श्लोक ने रामेन्द्र सुन्दर त्रिवेदी जैसे महान बुद्धिजीवी को भी मोहित किया है। लेकिन 'श्रीकृष्ण-कीर्तन' में द्विज चण्डीदास के पदों जैसी भावना की तीव्रता वाले पदों की संख्या बहुत कम है।

श्रीरूप गोस्वामी ने यहाँ निर्देश दिया है कि पहले श्रीराधा के पूर्व राग का तथा फिर श्रीकृष्ण के पूर्व राग का वर्णन किया जाना चाहिए। लेकिन 'श्रीकृष्ण कीर्तन' में सबसे पहले भगवान कृष्ण के पूर्व राग (अनुराग) का वर्णन किया गया है। जब राधा ग्यारह वर्ष की एक साधारण बालिका थीं, तब कृष्ण उनके सुन्दर रूप की प्रसिद्धि

से मोहित हो गये थे। कृष्ण, राधा को आकर्षित करने के लिए विभिन्न कौशल का प्रयोग करते हैं। पहले उन्होंने वृद्ध महिला बड़ाई (बड़ + आई-वृद्ध आर्या) से सहायता माँगी। यह बड़ाई राधा की माँ की बुआ समान थी, इसलिए राधा उनकी पोती हैं। इस वृद्ध महिला ने राधा और कृष्ण का मिलन कराने के लिए अनेक प्रयास किये हैं। इनकी सहायता से कृष्ण राधा को ताम्बुल भेजते हैं, लेकिन कृष्ण के इरादों के बारे में सुनकर राधा क्रोधित हो गयीं। फिर हम देखते हैं कि 'दानखण्ड' में राधा बड़ाई बूढ़ी के साथ दूध और दही बेचने के लिए मथुरा जा रही हैं और कृष्ण 'दानी' का वेश धारण किये हुए रास्ते में बैठे हैं। कृष्ण ने राधा से एक महान उपहार माँगा। यदि राधारानी अपना शरीर कृष्ण को दे देगी, तो कृष्ण उनका मार्ग छोड़ देंगे। परन्तु राधा के हृदय में तब तक कृष्ण के प्रति कोई स्नेह नहीं था। राधा कभी क्रोध प्रकट करतीं, तो कभी शाप देतीं, तो कभी कंस का उल्लेख करतीं हैं। यहाँ तक कि कृष्ण भी कभी राधा से विनती करते, कभी उनका मजाक उड़ाते, तो कभी डराते। वृद्धा ने कृष्ण को रोकने की कोशिश नहीं की, बल्कि इस प्रकरण का आनन्द लेने लगी। और तब, अपनी अनिच्छा के बावजूद, राधा ने अपना शरीर कृष्ण को समर्पित कर दिया और फिर कृष्ण ने उनके आभूषण अपने पास रख लिए। कृष्ण का यह आचरण किसी देवता जैसा नहीं, अपितु मनुष्योचित है। और जहाँ राधा के मन में कोई पूर्व राग नहीं है, वहाँ राधा और कृष्ण के बीच किसी दैहिक प्रेम का वर्णन सर्वथा अनुचित है। यह व्याख्या रूप गोस्वामी एवं सनातन गोस्वामी जी की है, जो कि चैतन्य देव के दो प्रमुख शिष्य थे।

श्रीकृष्ण ने तब नाव में राधा को बिठाकर यमुना की सैर करवाई। यही नौकाखण्ड का विषय है। फिर, प्रेम की आशा में कृष्ण का दुबारा राधा के दूध और दही का मटका उठाना और उनके सिर पर छाता रखना ही 'भारखण्ड और छत्रखण्ड' का विषय है। जयदेव की तरह, बरु चण्डीदास ने भी रासलीला (वृन्दावन खण्ड) का वर्णन किया है, लेकिन भगवद्गीता में, जहाँ कालियादमन और वस्त्रहरण के बाद रासलीला का वर्णन किया गया है, वहीं बरु चण्डीदास ने रासलीला के बाद कालियादमन और वस्त्रहरण आदि का वर्णन किया है। इस पर काफी समय से विवाद और मतभेद रहा है। यमुना खण्ड में बरु चण्डीदास ने कालिया के दमन की बात कही है! जब कृष्ण यमुना के पानी में लुप्त हो गये तो राधा के मन में भय की लहर उठी। इसके बाद हारखण्ड में देखा जाता है कि यशोदा के पास जाकर राधा श्रीकृष्ण पर हार चोरी का आरोप लगाती है। फिर वाणखण्ड में हम देखते हैं कि भगवान कृष्ण राधा पर सम्मोहन का बाण चलाते हैं। उस समय राधा के हृदय में कृष्ण के प्रति प्रेम का संचार होता है।

हम देखते हैं कि राधिका उस समय एक पूर्ण विकसित युवती हैं ('श्रीकृष्ण कीर्तन' के अनुसार, उस समय राधिका चौदह वर्ष की थीं), लेकिन उनको प्रियतम बहुत दूर चले गये हैं।

वंशीखण्ड में आक्षेप का एक पद कृष्ण के भजनों में सर्वश्रेष्ठ है! यह पद चैतन्य युग परवर्ती किसी भक्त कवि की श्रेष्ठ रचना मानी जाती है। कृष्ण की बाँसुरी की ध्वनि सुनकर राधा कहती है :

'के ना बांशी बाए बड़ायि कालिनी नयी कूले।
के ना बांशी बाए बड़ायि ए गोठ गोकूले।
आकुल शरीर मोर व्याकुल मन।
बांशीर शब्दे मोर आऊलाइलो रांधन।
के ना बांशी बाए बड़ायि से ना कोन जना।

दास हुआ तार पाये निशिबो आपना।।
के ना बांशी बाए बड़ायि चित्तेर हरिषे।
तार पाये बड़ायि मोर कैल कोन दोषे।।
अझर झरये मोर नयनेर पानि।
बांशीर शब्दे बड़ायि हाराइलो पराणी।।
आकुल करिते किबा आम्हार मन।
बजाए सुन्दर बांशी नन्देर नन्दन।।
पाखि नहों तार ठाँई उड़ी पड़ि जाँउ।
मेदिनी बीदार देउ पसिआँ लुकाओ।।
मोन मन पोड़े जेन्ह कुम्भारेर पनी।
आँतर सुखाए कोर कान्हा अभिलाषे।।'

फिर 'राधाविरह' में कृष्ण के विरह में राधा की असीम व्याकुलता है–कृष्ण को मना करने के कारण, पश्चात्ताप से भरी राधा के साथ कृष्ण का मिलन तथा सोती हुई राधा को गले लगाने के बाद कृष्ण का मथुरा के लिए प्रस्थान। यहाँ काव्य खण्डित है (हालाँकि, इस काव्य में राधा-विरह का उल्लेख 'खण्ड' के रूप में नहीं किया गया है)। श्री बिमान बिहारी मजूमदार के अनुसार 'राधाविरह' सम्भवत: एक अलग काव्य है।

बरु चण्डीदास द्वारा रचित कृष्ण कीर्तन के काव्यात्मक मूल्य को नकारा नहीं जा सकता। वे विद्वान थे, पद्य रचना में उनकी अद्‌भुत कुशलता थी। कुछ लोग कहते हैं कि वे जयदेव के 'गीत गोविन्द' से प्रभावित थे। कहीं-कहीं उन्होंने जयदेव के पदों का अनुवाद भी किया है। पुनः, 'श्रीकृष्ण-कीर्तन' के एक पद्य में चर्यापद का प्रभाव भी दिखायी देता है। यह पद्य सहजिया साधना के अभ्यास के गहन रहस्य की ओर संकेत करता है।

'श्रीकृष्ण-कीर्तन' की कथा तीन पात्रों पर आधारित है। कविता का नाटकीय गुण किसी भी रसिक पाठक का चित्त सहज ही आकर्षित करता है। भाषाविज्ञान के विद्वानों का कहना है कि चर्यापद की रचना के लगभग दो वर्ष बाद बंगाली भाषा में जो परिवर्तन आया, वह श्रीकृष्ण की स्तुति में प्रतिबिम्बित हुआ है।

इसीलिए भाषा के इतिहास में 'श्रीकृष्ण-कीर्तन' का विशेष स्थान है। लेकिन इसमें सन्देह की गुंजाइश है कि क्या कृष्ण-कीर्तन का पूरा स्वरूप किसी एक युग या किसी एक कवि की रचना है। फिर दो प्रश्न विशेष रूप से महत्त्वपूर्ण हैं–क्या श्रीमन्महाप्रभु को 'श्रीकृष्ण-कीर्तन' के पदावली का रस आस्वादन करते थे और क्या बरु चण्डीदास और द्विज चण्डीदास एक ही व्यक्ति थे? लेकिन विभिन्न कारणों से यह स्थापित नहीं हो पाया है। चण्डीदास के पदों और 'श्रीकृष्ण-कीर्तन' के बीच भाषा, दृष्टिकोण और रसास्वादन में पद्धतिगत अन्तर इतना अधिक है कि उन्हें एक व्यक्ति के रूप में स्वीकार करना असम्भव है। लेकिन पहले प्रश्न ने विद्वान समुदाय में बहस छेड़ दी है। 'श्रीकृष्ण-कीर्तन' के सम्पादक वसन्तरंजन रॉय और वैष्णव शास्त्रों के विद्वान हरे कृष्ण मुखोपाध्याय जैसे विद्वानों का मानना है कि चैतन्यदेव को यह काव्य बहुत पसन्द था। दूसरी ओर, गौड़ीय वैष्णव समुदाय और कई निष्पक्ष विद्वान इस दृष्टिकोण को स्वीकार्य नहीं मानते हैं। इन विद्वानों में डॉ. बिमान बिहारी मजूम्दार का नाम उल्लेखनीय है। उन्होंने अपनी पुस्तक 'सोलहवीं शताब्दी के पदावली साहित्य' में 'कृष्ण-कीर्तन' के स्वरूप-विचार' लेख में इस विषय पर विस्तार से चर्चा की है। वसन्त रंजन रॉय के अनुसार–

'श्रीकृष्ण-कीर्तन की भाषा बहुत प्राचीन है और इसकी शैली, लय और कथात्मक संरचना गौड़ीय गोस्वामी मॉडल से पूरी तरह भिन्न है। इसलिए बाद के गोस्वामी-शासित समाज में ऐसी कविता का प्रसार अवश्य हुआ। चैतन्य महाप्रभु और उनके अन्तरंग शिष्यों के वचन अद्वितीय हैं, क्योंकि वे समुदाय से बहुत ऊपर हैं। काल के अवसान पर कभी-कभी काव्य की जीवन्त समाधि हो जाती है, लेकिन कवि की प्रसिद्धि कभी कम नहीं होती।'

ऐसा लगता है कि नयी पुस्तक की खोज के उत्साह में वसन्त बाबू ने ऐसी उक्ति की कि कोई भी समझदार पाठक उनके इस कथन से शायद ही सहमत हो। उन्होंने अनावश्यक रूप से गोस्वामी समुदाय की आलोचना की है। यहाँ रूप गोस्वामी भी उनके व्यंग्य का लक्ष्य है। उन्होंने इस सत्य को नहीं समझा कि वैष्णव रसास्वादन पद्धति उनकी साधना का अंग है और श्रीकृष्ण-कीर्तन रसाभास एवं सिद्धान्त-विरोधी दोष से युक्त हैं। चैतन्यचरितामृत में स्पष्ट कहा गया है :

"रसाभास यदि है सिद्धान्त-विरोध।
सह नहीं पायेंगे प्रभु (महाप्रभु चैतन्य) मन में उपजेगा क्रोध।"

श्री हरेकृष्ण मुखर्जी ने बरु एवं द्विज चण्डीदास को एक ही समुदाय के कवि कहा है, लेकिन उन्होंने अपने बयान का कोई कारण नहीं बताया है। उनका कहना है–

'जिन लोगों ने द्विज चण्डीदास के पदों का ध्यानपूर्वक अध्ययन किया है, वे जानते हैं कि द्विज चण्डीदास, बरु चण्डीदास का ही एक संस्करण है। वही लय, वही सुर, केवल दृष्टिकोण का अन्तर! बरु चण्डीदास ने श्री राधा का एक रूप देखा है। श्री महाप्रभु की कृपा से द्विज चण्डीदास को उस महान भावमयी राधारानी को देखने का एक नया दृष्टिकोण प्राप्त हुआ (पदावली-परिचय पृ. 114-15)।

यद्यपि बरु चण्डीदास की काव्य-शक्ति सराहनीय है, फिर भी उनके द्वारा रचित पद सम्भवत: उनके श्रोताओं को पसन्द नहीं आयीं। इसलिए, भागवत पर अपनी टिप्पणी में, दानखण्ड और नौकाखण्ड से सम्बन्धित पदों का उल्लेख करते हुए सनातन गोस्वामी ने जिस चण्डीदास का उल्लेख किया है, अब प्रश्न यह है कि वह चण्डीदास कौन है, बरु या द्विज? कुछ लोगों का मानना है कि संस्कृत काव्य 'राधाप्रेमामृत' में दानखण्ड और नौकाखण्ड का वर्णन है, इसलिए इसके रचयिता कोई एक चण्डीदास हो सकते हैं। वैष्णव पदावली (कलकत्ता विश्वविद्यालय द्वारा प्रकाशित, चतुर्थ संस्करण) की भूमिका में सम्पादक लिखते हैं :

राधा प्रेमामृत में कई स्थानों पर उत्कृष्ट काव्य की रचना हुई है, इसके कवि निस्सन्देह प्रतिभाशाली हैं। पर इनका नाम निश्चित रूप से ज्ञात नहीं है। प्राचीनता के प्रमाण धर्मग्रन्थों में मौजूद हैं। यह सनातन गोस्वामी द्वारा उल्लेखित दानखण्ड-नौकाखण्ड के वैष्णव कवि चण्डीदास भी हो सकते हैं। यह स्वाभाविक है कि संस्कृत टीकाकार और आजीवन संस्कृत लेखक रहे बरु सम्भवत: बंगाली टीकाकार सनातन गोस्वामी के लक्ष्य नहीं थे। इस विषय पर आलोचक श्री बिमान बिहारी मजूमदार ने कहा है :

सनातन गोस्वामी के श्री चण्डीदास कौन हैं? मेरा दृढ़ विश्वास है कि यह साहित्यदर्पण के रचयिता विश्वनाथ कविराज (साहित्यदर्पण, अध्याय 4) द्वारा वर्णित 'कविपण्डितमुख्य श्री चण्डीदासपाद' जी हैं। विश्वनाथ ने उनके नाम के आगे "श्री" उपसर्ग जोड़ा है। सनातन गोस्वामी ने भी चण्डीदास को श्री चण्डीदास कहा है। "श्री" शब्द का प्रयोग सम्मान व्यक्त करने के लिए किया जाता है। अत: सनातन गोस्वामी के लिए भगवान श्रीकृष्ण के चरित्र को साधारण मानव के रूप में चित्रित करने वाले बरु चण्डीदास का इतने सम्मान के साथ उल्लेख करना

असम्भव है (सोलहवीं शताब्दी का पदावली साहित्य, पृष्ठ 283)। अपने 'श्रीकृष्ण-कीर्तन-ए रसाभास' (श्रीकृष्ण कीर्तन में रसाभास) पुस्तक के बारें में कवि शेखर कालिदास राय ने अपनी पुस्तक 'प्राचीन बांग्ला साहित्य, भाग एक' में कहा है :

कृष्ण-कीर्तन में रसभास का एक और उदाहरण श्रीकृष्ण के "बाँसुरी हरण विलाप" में मिलता है। राधा ने सोने हुए कृष्ण की बाँसुरी चुरा ली है। भगवान कृष्ण जागते हैं और बंसी के लिए विलाप करते हैं, जो कि कई प्रकार के रत्नों से सुशोभित थी। (16वीं शताब्दी का बांग्ला साहित्य, पृष्ठ 93)। "चैतन्य चरितमृत" में भगवान महाप्रभु ने सनातन को श्रीकृष्ण के वंशी के बारे में कहा है :

'जार बेनुध्वनि सुनी स्थावर जंगम प्राणी
अश्रु बहे, पुलक, कंप धार।'

अर्थात्, 'जिसकी वेणु-ध्वनि सुन जड़-जंगम-प्राणी, अश्रु बहे सबके पुलकित कंपित धारा समान।'

कवि मालाधर बसु भी अपनी अमर कृति 'श्रीकृष्ण विजय' में कहते हैं :

'जब वृन्दावन के मध्य वंशी की ध्वनि गूँज उठती है।
तरुवर पर भी फूल असमय ही खिल जाते हैं।।
बच्चे भी संग आते हैं बाँसुरी बजाते हुए।
गोकुल की स्त्रियों का हृदय भी हर लेते हैं।
यमुना के तट पर वंशी पे देते तान।
सुन यमुना नदी भी बहती है सीमा लाँघ।'

भगवान कृष्ण की बाँसुरी-ध्वनि के इस जादूई प्रभाव का उल्लेख कई अन्य विद्वानों ने भी किया है, यहाँ तक कि आधुनिक समय में मधुसूदन की "ब्रजांगना" कविता में भी इसका उल्लेख श्रीमती राधा के मुख से हुआ है।

'नाचे कदम्ब तले बजाए मुरली रे
राधिका-रमन।
चल सखी, जल्दी कर प्राणप्रिय हरि के दरस लागी
ब्रज का रतन।।'

कृष्ण कीर्तन के रचना काल को लेकर भी विद्वानों में मतभेद है। कई लोगों ने निष्कर्ष निकाला है कि कृष्ण कीर्तन या इसके कुछ भाग, चैतन्य युग के बाद रचे गये थे। भाषाई और वैचारिक मतभेदों के आधार पर, कुछ लोगों ने यह भी अनुमान लगाया है कि 'आक्षेप अनुराग' के पद एवं 'राधाविरह' वाला अंश अनन्त बरु चण्डीदास की रचना नहीं है। फिर भी, इसमें कोई सन्देह नहीं है कि बरु चण्डीदास की काव्य शक्ति और उपमाओं का प्रयोग सराहनीय है। इसमें कोई सन्देह नहीं है कि बरु चण्डीदास की पाण्डुलिपि की खोज ने हमें एक अज्ञात प्रान्त की खोज दी है; लेकिन वह प्रान्त अभी भी हमारे लिए काफी हद तक अस्पष्ट बना हुआ है।

विद्यापति

मैथिल कवि *विद्यापति* की प्रतिभा यद्यपि विविध थी, फिर भी उन्होंने अपनी पदावली के लिए देश भर में ख्याति प्राप्त की। बांग्लाभाषियों ने सदैव विद्यापति को अपना कवि माना है। बंगाल के कृष्णभक्ति काव्य परम्परा

में विद्यापति पदावली का अत्यन्त महत्त्वपुर्ण स्थान है। चैतन्योत्तर युग के समृद्ध विद्वानों के बीच उन्हें बहुत सम्मानजनक स्थान प्राप्त था, क्योंकि कहा जाता है कि अपने नीलाचल-प्रवास के दौरान महाप्रभु चैतन्यदेव ने विद्यापति की पदावली का आनन्द लिया था। बंगाली पदावली कवि एवं विद्वान विद्यापति की पदावली का न केवल अनुशीलन किया करते थे, अपितु उनकी भाषाई कुशलता और कल्पनाशीलता से भी अत्यधिक प्रभावित थे। विद्यापति के प्रभाव से बांग्ला में 'ब्रजबुलि' नामक एक नवीन भाषा का जन्म हुआ। विद्यापति की काव्य प्रतिभा, शिल्पकला, छन्द एवं अलंकार चयन, बिम्बात्मकता तथा छन्दों की आध्यात्मिक प्रतिध्वनि सहृदय पाठकों के मर्म को छू जाती है। विद्यापति की राधा, कमलिनी की तरह धीरे-धीरे विकसित होकर हमारी आँखों और मन को लुभाती है। किशोरी मन व देह में अभूतपूर्व उत्साह का अनुभव करने वाली तथा स्वयं का रूप-माधुर्य अवलोकन करने वाली राधा का प्रेम ही पूर्व-प्रेम, आसक्ति आदि के माध्यम से धीरे-धीरे अपनी परिणति तक पहुँच रहा है। माथुर से वियोग ने श्री राधा के जीवन में बहुत परिवर्तन ला दिया है तथा श्रीमती राधा कल्पना में ही अपने प्रिय से मिल रही थीं। जो लोग विद्यापति को इन्द्रिय-भोग के कवि मानते हैं, वे भी राधा की तन्मयता एवं भावनाओं की उच्चता को देखकर मुग्ध हो गये हैं। बांग्ला के प्रख्यात विद्वान स्वर्गीय दिनेशचन्द्र सेन महाशय ने विद्यापति की राधा के बारे में कहा है :

"इस राधा का भी जयदेव की राधा की तरह हृदयानुभूति का वर्णन कम एवं रूपवर्णन अधिक है। परन्तु 'विरह' तक पहुँचने के बाद कवि अपनी भक्ति और प्रेम को ही सर्वाधिक महत्त्व देते हैं। उनके फ्रेम में सजी विलासिनी नायिका का चित्र अचानक जैसे जीवन्त राधिका बन गयी। उनकी उपमाओं और कविताओं की सुन्दरता आँखों के आँसुओं में भीगकर, एक नया रूप ले रही थी। वियोग और पुनर्मिलन का वर्णन करने वाले वैष्णव कवियों में विद्यापति इसी कारण अग्रणी हैं।"

हालाँकि, पश्चिमी विद्वान ग्रियर्सन ने विद्यापति की पदावली को रूपक के माध्यम से व्याख्या प्रदान करने का प्रयास किया है। उनके अनुसार राधा जीवात्मा हैं और कृष्ण स्वयं जगदीश्वर हैं। उनके अनुसार–

"I have grouped the songs into classes, according to the subject of which they treat. One class, for instance, treating of the first yearnings of the soul after God, another of the full possession of the soul by love for God, another of the estrangement of the soul and so on."

अर्थात्, 'मैंने विद्यापति की पदावली को उनकी विषय-वस्तु के अनुसार कई श्रेणियों में विभाजित किया है। एक श्रेणी के श्लोकों में आत्मा की ईश्वर से मिलन की प्रथम तड़प का वर्णन है, दूसरी श्रेणी के श्लोकों में हम देखते हैं कि ईश्वर के प्रति प्रेम ने आत्मा को पूरी तरह से अपने वश में कर लिया है तथा तीसरी श्रेणी के श्लोकों में विरह का वर्णन है।'

सांसारिक दृष्टिकोण से विद्यापति एक इन्द्रियों के वशीभूत के कवि प्रतीत हो सकते हैं, जिनका जन्म महाप्रभु चैतन्यदेव के आगमन से लगभग एक शताब्दी पूर्व हुआ था। यह स्वाभाविक है कि उनकी रचनाओं एवं उत्तर-चैतन्य युग के भक्त-कवियों की रचनाओं में दृष्टिकोण और रुचि गत भिन्नताएँ हो, फिर भी उनके द्वारा रचित कुछ पदों में परवर्ती समय के भक्त कवियों की आध्यात्मिक चेतना प्रतिबिम्बित होते हुए दिखायी देती है।

श्री बिमान बिहारी मजूमदार ने विद्यापति के 'विरह' और 'भाव-सम्मेलन' के एक श्लोक को उद्धृत करके दिखाया है कि चैतन्योत्तर युग का राधा-तत्त्व और कृष्ण-तत्त्व विद्यापति के हृदय (16वीं शताब्दी) में भी प्रस्फुटित हुआ था।

यद्यपि उपरोक्त बातों को देखते हुए, कई लोगों ने विद्यापति की तुलना कालिदास से की है तथा रूपकों का उपयोग करने की उनकी असाधारण क्षमता को पहचाना है। विद्यापति ने उपमाओं की एक माला बुनी है, यद्यपि इस मामले में वे निश्चित रूप से पूववर्ती कवियों से आगे हैं और उन्होंने जो भी चित्र बनाए हैं, वे सब प्रत्यक्ष हो गये हैं। इसमें कोई सन्देह नहीं कि जो राधा की लीलाओं को यहाँ तक कि राधा की गमन-भंगिमा को भी हमारे ध्यान में ला सकता है, वह निसन्देह एक सशक्त कवि है।

प्रचलित रीति के अनुसार विद्यापति ने देवी राधा के किशोरी वय का वर्णन किया है। किशोरावस्था और यौवनावस्था के चौराहे पर पहुँचकर, युवा लड़की का मन अपने शरीर के निरंतर बदलते पहलुओं के प्रति सचेतन हो जाता है। राधिका कभी शर्मीली, कभी हँसमुख, कभी लापरवाह, कभी परिहासनिपुणा होती है। युवती होती राधा के हृदय में लज्जा का भाव संचारित होता है। परन्तु प्रेम के सार को पूरी तरह से वह समझ नहीं पायी थी–

सैसव जौवन दुहु मिलि गेल।
स्रवनक पथ दुहु लोचन लेल॥
वचनक चातुरि लहु-लहु हास।
धरनिये चाँद कएल परगास॥
मुकुर हाथ लए करए सिंगार।
सखि पूछए कइसे सुरत-बिहार॥
निरजन उरज हेरत कत बेरि।
बिहुँसए अपन पयोधर हेरि॥
पहिलें बदरि सम पुन नवरंग।
दिन-दिन अनंग अगोरल अंग॥
माधव पेखल अपरूब बाला।
सैसव जौवन दुहु एक भेला॥

ऐसा लगता है, यौवन के अपने वर्णन में विद्यापति, 'सदुक्तिकरणामृत' और 'सारंगधरपद्धति' जैसे संकलन ग्रन्थों में यौवन पर लिखे गये श्लोकों से प्रभावित थे। पहले तो विद्यापति की राधा कृष्ण से प्रेम नहीं करती थी, लेकिन एक दिन उन्हें आमने-सामने देखकर उनके हृदय में प्रेमानुराग जागृत हुई। यह जुनून धीरे-धीरे इतना तीव्र हो गया कि इसने राधारानी का जीवन बदल दिया। उन्हें तो पूरी दुनिया ही कृष्णमय नजर आ रही थी। इधर, कवि ने भगवान कृष्ण की अनुराग आदि भावनाओं का वर्णन करने में भी असाधारण कौशल दिखाया है। कवि विद्यापति ने राधा की गमन, भंगिमा का कुछ इस प्रकार चित्र बनाया है–

'गेलि कामिनी गजहुँ गामिनी
बिहसि पालति नेहारी।
इंद्रजालक कुसुमसायक
कुहकी भेलि बरनारी।
जोरि भुजयुग मोरी बेढल
तत ही बयान सुछन्द।

दाम चंपके काम पूजल
षैछे शरद चाँद।'

विद्यापति के आक्षेप और अनुराग के पद कम संख्या में हैं। एक पद में विद्यापति कहते हैं कि 'राधा का हृदय अपने प्रियतम से मिलने की तीव्र व्याकुलता से भर गया था, और इसलिए राधा की स्थिति पिंजरे में बन्द तोते की तरह थी। बाहर का खुला आकाश उसे बुला रहा है, लेकिन वह नहीं जानती कि उस पुकार का उत्तर कैसे दिया जाये। इसलिए, अपने हृदय की तड़प और बेचैनी के साथ, उसे ऐसा महसूस हुआ मानो वह पिंजरे के भीतर अपने पंख फड़फड़ाना चाहती है।' 'ब्रजांगना काव्य' में भी इस बात के प्रमाण मिलते हैं कि आधुनिक कवि मधुसूदन दत्त विद्यापति के इस दृष्टिकोण से प्रभावित थे।

कुछ विद्वानों ने विद्यापति के बारे में शिकायत की है कि यद्यपि वे शिल्प और कला में सिद्धस्थ हैं, परन्तु चण्डीदास की तरह उनमें अनुभूति की गहराई का अभाव है। हालाँकि, 'माथुर' और 'भावसम्मेलन' के पदों के बारे में ऐसी कोई शिकायत नहीं की जाती है। लेकिन सच्चाई यह है कि कई मामलों में विद्यापति ने वाक-चातुर्य पर ही ध्यान केन्द्रित किया है। अभिसार सम्बन्धित पदों में अलंकार निपुणता पर भी ध्यान केन्द्रित किया गया। उदाहरणस्वरूप–

'कविवर राजहंस जिनि गामिनी चलिलहुँ संकेत गेहा।
अमला तड़ितदण्ड हेम-मंजरी जिनि अति सुन्दर देहा।'

इसलिए चैतन्योत्तर युग के कवियों की रचनाओं में, विशेषकर गोविन्ददास के पदों में, श्रीमती राधा की जो प्रवल उत्कण्ठा प्रकट हुई है, विद्यापति के पदों में वह लगभग अनुपस्थित हैं। हालाँकि, कवि विद्यापति नामांकित एक पद में श्रीमति राधिका कहती हैं–कान्हा के अनुराग स्वरूप बाघ जब मन के घने जंगल में प्रवेश करता है, तो अभिमान रूपी गजराज उसका गन्ध पाकर पलायन करता है। वह बाघ, जो धर्मरूपी मृग को ग्रास करता है, कुल रूपी घोड़े पर सवार होकर भाग जाता है, धैर्य रूपी मेष शरीर त्याग देता है। अर्थात्, राधा कहना चाह रही है कि कृष्णप्रेम उसका मान, धर्म, कुलगौरव, तब धैर्य, पातिव्रत्य आदि सब कुछ नष्ट कर गया। हालाँकि, ऐसा प्रतीत नहीं होता कि यह श्लोक विद्यापति द्वारा रचित है।

प्रेम की गति सर्प समान है, इसलिए विद्यापति की राधा भी कृष्ण को लगभग अस्वीकार करती है।

मानिनी राधा को उसकी सखी कहती है–

'छोड़ल आभरण मुरली विलास।
पदतले लुटाए सो पीतवास।।
जाक दरस बिन झुरए नयन।
अध नाहि हेरसि ताक बयान।।
सुन्दरी तेजह दारून मान।
साधए चरण रसिक बर कान।।
भाग्य मिलाये इह श्याम रसवन्त।
भाग्य मिलाये इह समय वसन्त।।

****

आजू जदी मानिनी तेजवि कान्त।
जनम गोंगाईबी रोई एकान्त।।'

सखी राधा से अपने अभिमान को त्यागने का अनुरोध करते हुए कहती है, "हे मानिनी, यदि तुमने आज कान्त (श्रीकृष्ण) को छोड़ दिया तो तुम्हें सारा जीवन रोते हुए गुजारना पड़ेगा।"

यहाँ उल्लेखनीय है, कि रवीन्द्रनाथ टैगोर ने कहा है, 'विद्यापति की राधिका के प्रेम में पीड़ा से अधिक विलास है। चण्डीदास गम्भीर और व्याकुल हैं, विद्यापति वहाँ मधुर और नवीन हैं' (आधुनिक साहित्य, 'विद्यापति की राधिका')। विद्यापति की राधिका लीलाचंचल और परिहासनिपुण हैं, लेकिन विरह की तपस्या से उनमें भी परिवर्तन आया है। विद्यापति विरह पद की एक पंक्ति में कहते हैं–हर क्षण माधव के बारे में सोचते-सोचते, सुन्दरी राधा माधव बन गयी। कभी वह स्वयं को कृष्ण समझकर राधा से वियोग की पीड़ा सहती है, तो कभी वह स्वयं को राधा समझकर कृष्ण से वियोग की पीड़ा सहती है। आज राधा भी उसी स्थिति में है, जैसे लकड़ी के टुकड़े के दोनों ओर आग लगने से, कीड़े की होती है।

"अनुखन माधव माधव सुमराइत
सुन्दरी, भेली माधाई।"

विद्यापति ने कई बार राधा के वियोग की पीड़ा को कुछ उपमाओं के माध्यम से वर्णित किया है। वियोग के चिन्तन के बाद मन का मिलन होता है।

यद्यपि कृष्ण मथुरापुरी से वापस नहीं लौटे, फिर भी राधा उनसे मिलने का स्वप्न देखती है, कितने ही कल्पना के जाल बुनती है, देहरूपी अर्घ्य के माध्यम से पूजा करती है और जीवन को सार्थक बनाने का प्रयास करती है।

इस प्रसंग में पदावली के 'माथुर' अध्याय के कुछ प्रसिद्ध पदों के अंश-विशेष उद्धृत करना यहाँ आवश्यक है–

अब मथुरा पुरे माधव गेल,
हमर दुख के दिन आब गेल।
जाहि बाटि गेल रसिक रसिकेस,
सत बार बिचार करि देखिअ।

*   *   *   *

जाहि पन्थ जनित रजनि होय,
हमर नयन निरखि थाके ओहि दिस।

*   *   *   *

हमर गाम नगर सब सुन पड़ल,
हमर प्राण रस बिना रसहीन।

*   *   *   *

विद्यापति कह राधिकाय,
उपमा त कहाँ पाइब ए दुख के?
हम सागरे तेजब पराण।
आन जनमे होयब कान।।

कानू होयब जब राधा।
तब जानब बिरहक बाधा।।
अंकुर तपन तापे यदि जाबर
कि करब बारिद मेहे।
ए नव यौवन बिरहे गोंगाइब
कि करब सो पिया लेहे।।
हरि हरि को इह दैब दुराशा
सिन्धु निकटे यदि कण्ठ शुकाइबो
को दूर करब पियासा।।

विरह की तपिश से जलकर राधा अग्नि में तपकर स्वर्ण के समान निर्मल हो गयी हैं तथा अपने प्रियतम का निरन्तर ध्यान करने के कारण उनके मन में तरह-तरह की भ्रान्तियाँ उत्पन्न हो गयी हैं। विद्यापति ने राधिका के इस भावोल्लास का वर्णन विभिन्न लय, विभिन्न छन्दों और विभिन्न शैलियों में किया है। विद्यापति का एक प्रसिद्ध "भावसम्मेलन" का पद :

[२२७]।

पिया जब आओव ई मझुगेहे।
मंगल जतहु करब निज देहे॥ २॥

आलिपना देअव मोतिम हार।
मंगल कलस करब कुचभार।।
बेदी करब हम आपन अंगमे।
झाड़ू करव ताहे चिकुर विछाने॥ ६॥

कदलि रोपव हम गरुअ नित्तम्व।
आम पल्छब ताहे किंकन सुझम्प॥ ८॥
दिसि दिसि आनब् कामिनि ठाठ।
चौदिस पसारब चाँदक हाट॥ १०॥

विद्यापति कहे पूरब आस।
दुइ एक पल्षक मिलवब तुअ पास॥ ११॥

इस श्लोक के सम्बन्ध में कलकत्ता विश्वविद्यालय द्वारा प्रकाशित 'वैष्णव पदावली' के फुटनोट में कहा गया है :

"यहाँ कृष्ण शरीर नहीं हैं–आत्मा का परमात्मा से मिलन है; यहाँ सन्त का शरीर ही शुभ अनुष्ठानों का स्थान है, बाहरी आँगन झाड़ने की आवश्यकता नहीं है, सन्त का शरीर ही वेदी है और वेदी को उसके अपने केशों से ही झाड़ा जायेगा; यहाँ बाह्य अल्पना की आवश्यकता नहीं है, श्वेत मोतियों की माला ही अल्पना होगी।" मानव

शरीर ही भगवान का मन्दिर है' इस कथन की सार्थकता इस कविता में दिखायी देती है। यदि हम इसे गीत के परिप्रेक्ष्य से देखें तो इस पंक्ति में नायिका का अपूर्व भावोल्लास, बहुत दिनों के बाद अपने सखा के आगमन की आशा में अभिव्यक्त हुई है।

कभी-कभी राधा सोचती है कि बहुत भाग्य से उसने अपने प्रियतम का मुखचन्द्र दर्शन किया है, उसका जीवन और यौवन सफल हो गया है, दसों दिशाएँ प्रसन्न हो गयी हैं। कभी-कभी वह अपनी सखी से कहती है, "बहुत दिनों के बाद माधव मेरे घर आये हैं। बैरी सुधाकर ने मुझे जितने दुख दिये हैं, मेरे प्रिय के दर्शन से मुझे उतनी ही प्रसन्नता हुई है।"

'कि कहब रे सखी आनन्द ओर।
चिरदिन माधव मन्दिरे मोर।।
पाप सुधाकर जतो दुख देल।
पिया-मुख-दरशने तत सुख भेल।।'

ऋतुओं का वर्णन करते हुए विद्यापति ने असाधारण कुशलता का परिचय दिया है। एक उदाहरण है कि किस प्रकार ऋतुराज बसन्त की राजसी पोशाक की छवि जीवन्त हो उठती है। यहाँ विद्यापति कहते हैं–

"ऋतुओं का राजा, वसन्त, राजसी पोशाक में, राजसी वैभव के साथ आ गया है। भँवरे यह सन्देश देने के लिए माधवीलता की ओर अग्रसर हो रहे हैं। सूर्यकिरण शैशव की अवस्था पार कर किशोर-अवस्था में पहुँच गयी है। केशर कुसुम ने स्वर्ण दण्ड धारण कर लिया है। राजा का आसन फूलों के नौ पंखुड़ियों के समूह में व्यवस्थित किया गया है, कंचन कुसुम ने सिर पर छत्र धारण किया हुआ है, रसाल का मुकुल मौली (सिर का मुकुट) बन गयी है, कोयल वैतालिक बन राजा के लिए गीत गा रही हैं। पद कुछ इस प्रकार है–

आउल रितुपति राज वसन्त।
धाउल अलिकुल माधवी-पन्थ॥ २॥
दिनकर-किरन भेल पयगंड।
केसर कुसुम धएल हेमदंड॥ ४॥
नृप-आसन नव पीठल पात।
काँचन-कुसुम छत्र धरु माथ॥ ६॥
मौलिक रसाल-मुकुन भेल ताय।
समुखहि कोकिल पंचम गाय॥ ८॥

विद्यापति की प्रार्थना के पदों में गहरी आन्तरिकता और भक्त के हृदय की व्याकुलता अतुलनीय है। कई लोगों का मानना है कि युवावस्था में भोग विलास में लिप्त विद्यापति ने वयस्क होने पर पश्चात्ताप किया और स्वयं को माधव के चरणों में समर्पित कर दिया, जैसा कि प्रार्थना के पद गवाही देते हैं। एक प्रसिद्ध पद में विद्यापति कहते हैं, "हे माधव, मैंने आपको तिल और तुलसी अर्पित करते हुए अपना यह शरीर अर्पित किया है।" मुझमें पुण्य का लेश मात्र भी नहीं है, परन्तु आप जगत के स्वामी हैं और मैं संसार से बाहर नहीं हूँ, यही मेरी आशा है।"

'माधव, बहुत मिनति कर तोय।
देइ तुलसी तिल देह समर्पिलु

दया जनु छाड़बि मोय।

गनइते दोसर गुनलेस न पाउवि
जब तुहँ करबि बिचार।

तुहुँ जगनाथ जगत कहायसि
जग बाहिर नई मुँई छार॥

किये मानुस पसुहि भए जममिए
अथवा कीट पतंग।

करम त्रिपाक गतागत पुनु पुनु
मति रद्द तुभ परसंग॥

भनइ विद्यापति अतिसय कातर
तरइत इंदू भव-सिन्धु।

तुअ प्रनपथ करी अवलम्बन
तिल एक देह दिनबन्धु॥

एक अन्य प्रार्थना पद में विद्यापति कहते हैं, "मैंने पाप कर्मों से जो धन अर्जित किया है, उसका मेरे परिवार के सदस्यों ने उपभोग किया है। अब, मृत्यु के समय, मैं देखता हूँ कि मुझे कोई नहीं पूछता, केवल कर्म ही व्यक्ति के साथ चलता है।" उल्लेख्य पद है–

जतने जनेक धन पाये बटोरलूँ
मेलि परिजन खाए।
मरणक बेरि हेरि कोई न पूछत
करम संगे चलि जाय।।

विद्यापति का एक और श्लोक बहुत मार्मिक है। विद्यापति वहाँ कहते हैं कि 'जैसे ही पानी गर्म रेतीली जमीन पर पड़ता है, वह सूख जाता है। मैं अपने पुत्र, अपने मित्र और अपनी पत्नी से परिवृत्त संसार में रहा हूँ, उस संसार ने मेरे मन को निगल लिया है, इसलिए मैं तुम्हारी आराधना नहीं कर पाया हूँ। मैंने तुम्हें भूलकर उनके प्रति अपना मन समर्पित कर दिया है। अब उपाय क्या है? फिर भी मैं तुम पर विश्वास रखता हूँ, क्योंकि तुम जगत के उद्धारकर्ता और दीन-दयाल हो।'

तातल सेकत बारि-बिन्दु सम, सुत मित रमनि समाज।
तोहं बिसरि मन ताहि समरपिलु अब मझु हब कोन काज॥

माधव, हम परिनाम निरासा।
तुहु जगतारन दीन दयाभय अतए तोहरि बिसवासा॥
आध जनम हम नींद गवायनु जरा सिसु कत दिल गेझ ।
निधुवत्त रमनि रभसरेंग मसातलु तोहे भजब कओन बेला॥

विद्यापति कहते हैं, तुम केवल दीन-दयामय ही नहीं हो, तुम्हारी महिमा अचिंत्य हैं-

कत चतुरानन मरि-मरि जाओत
न तुअ आदि अवसाना।
तोहे जनमि पुन तोहे समाओत
सागर लहरि समाना॥
सुन विद्यापति सेष समन भय
तुअ बिनु गति नहि आरा।
आदि अनादिक नाथ कहाओसि अब
तरन भार तोहार॥

विद्यापति को बंग देश में 'वैष्णव महाजन' के नाम से प्रसिद्धि मिली है। स्वयं महाप्रभु चैतन्यदेव ने भी नीलाचल में उनके पदों का आस्वादन लिया था। लेकिन कुछ विद्वानों का मत है कि वह शैव थे। कुछ लोग कहते हैं कि वह पंचोपासक थे। परन्तु विद्यापति उदारवादी होने के कारण, सभी प्रकार के साम्प्रदायिकता से ऊपर थे।

विद्यापति एक विदग्ध और कुशल कवि थे। चैतन्योत्तर युग के भक्त कवियों पर भी विद्यापति का प्रभाव बहुत अधिक था। विशेष रूप से, गोविन्ददास पर। असाधारण प्रतिभा के धनी होने के बावजूद गोविन्ददास ने अपनी कुछ रचनाओं में बिद्यापति का अनुसरण किया है। वस्तुत: गोविन्ददास चैतन्य देव और उनके अद्वितीय जीवन दर्शन की परम्पराओं के धारक एवं वाहकों में से एक थे, और इसलिए चैतन्य-पूर्व युग के कवि विद्यापति से उनके विचार और दृष्टिकोण में अवश्य ही अन्तर रहा होगा। उदाहरण के लिए, विद्यापति की प्रार्थना में मुक्ति की कामना है, लेकिन गोविन्ददास की प्रार्थना में नवविधा भक्ति के प्रति समर्पण की कामना है। पुन: विद्यापति के पद में सम्भोग-शृंगार प्रमुखता प्राप्त कर चुका है, किन्तु चैतन्योत्तर युग में गोविन्ददास की भाँति कवियों ने विप्रलम्भ श्रंगार को ही प्रमुखता प्रदान की। और यही कारण है कि कई आलोचकों ने विद्यापति को आनन्द और सम्भोग-शृंगार के कवि कहा है। तीसरे, राधा और कृष्ण की लीलाओं का वर्णन करते समय विद्यापति ने व्यक्तिगत अनुभव, अलंकारिक निर्देशों और पूर्ववर्ती कवियों की परम्परा पर भरोसा किया है। लेकिन गोविन्ददास जैसे उत्तर-चैतन्य कवियों की दृष्टि में श्री गौरांग (श्री चैतन्य) ही राधा और कृष्ण के संयुक्त विग्रह थे, और उनका विश्वास था कि भगवान कृष्ण ही स्वयं के रसास्वादन के लिए गौरांग के रूप में अवतीर्ण हुए थे। इसलिए राधा-कृष्ण की लीलाओं के वर्णन के दौरान भी ऐसा लगता था मानो श्री गौरांग की छवि उनके सामने प्रत्यक्ष रूप से प्रकट हो गयी हो। यदि हम चैतन्य-पूर्व युग और चैतन्योत्तर युग के बीच के दृष्टिकोण के इस अन्तर को ध्यान में नहीं रखेंगे, तो हम पदावली साहित्य के सार को समझने में असफल रहेंगे।

विद्यापति के भाव-शिष्य गोविन्ददास

गोविन्ददास को विद्यापति का भाव-शिष्य कहा जाता है। विद्यापति और गोविन्ददास दोनों ही कुशल कवि थे और दोनों में असाधारण प्रतिभा थी, लेकिन विभिन्न कारणों से उनके विचार और दृष्टिकोण भिन्न थे। इस अन्तर का मुख्य कारण यह है कि चैतन्य-पूर्व युग के कवि विद्यापति ने अलंकार के सिद्धान्तों का पालन करते हुए नायक-नायिका के चरित्रों का चित्रण किया है (बेशक, उन्होंने न केवल अलंकार या शब्दों के चयन में, बल्कि चरित्र-चित्रण में भी असाधारण कौशल का प्रदर्शन किया है), जबकि चैतन्य-पश्चात् युग के कवि गोविन्ददास ने ध्यान करते समय 'संचारमान अभिनव हेमकल्पतरु', 'श्री गौरांगदेव' को देखा है, और अनुभव किया है कि भगवान कृष्ण ने स्वयं के रसास्वादन के लिए गौरांगदेव के रूप में अवतार लिया था, और इसलिए राधा-कृष्ण के प्रेम सम्बन्धों ने उनके लिए एक नया और अनूठा महत्त्व प्राप्त कर लिया है। दूसरे, कवि विद्यापति की प्रतिभा बहुमुखी थी। उन्होंने न केवल राधा और कृष्ण के प्रेम सम्बन्धों का वर्णन किया, बल्कि अन्य विषयों पर भी कई ग्रन्थ लिखें। उनकी उदार भावना विभिन्न देवी-देवताओं के लिए रचित उनके भजनों में स्पष्ट दिखायी देती है। अत: पदावली रचना उनकी काव्य प्रतिभा का केवल एक पहलु है।

गोविन्ददास की काव्य प्रतिभा भी विविधतापूर्ण थी, लेकिन वे स्वयं को एक ऐसे भक्त कवि मानते थे, जो राधा-कृष्ण की दैनिक लीलाओं के साक्षी थे और यह बात उनके जीवन में हमेशा प्रासंगिक रही।

उन्होंने जीवन का परमार्थ राधा-कृष्ण के लीला-माधुर्य में ही खोज पाया और इस प्रकार उन्होंने बांग्ला और ब्रजबुली भाषा में असंख्य पद रचकर पदावली-साहित्य को समृद्ध किया।

इस प्रसंग में एक और बात याद रखने योग्य है। बहुत से लोग सोचते हैं कि विद्यापति के कृष्ण और राधा सिर्फ लौकिक नायक और नायिकाएँ हैं। यदि हम इसे स्वीकार भी कर लें, तो भी इस बात से इनकार नहीं किया जा सकता कि सच्चे कवि सत्यद्रष्टा होते हैं और उनकी दैनिक चेतना में समय-समय पर परम सत्य प्रकट होता रहता है। इसलिए, भले ही विद्यापति की कविता ने अपनी यात्रा इस नश्वर भूमि से शुरू की, लेकिन यह धरती की धूल को पार कर स्वर्ग के पारिजात तक पहुँच गयी। पदावली विशेषज्ञ श्री विमान बिहारी मजूमदार महाशय ने कहा है कि उत्तर-चैतन्य युग का कृष्णतत्त्व कवि विद्यापति के कवि-मानस में भी प्रस्फुटित हुआ था। कृष्ण गवेषक डॉ. श्रीकुमार बनर्जी महाशय ने भी कहा है कि विद्यापति के कई श्लोकों में 'वैष्णव धर्म की भविष्यत परिणति का पूर्वाभास' मिलता है। हम विद्यापति के "माथुर" अध्याय के पदों में देखते हैं कि प्रेम की साधना वास्तविक रूपान्तर की ही साधना है। अतएव यह कहा जा सकता है कि गोविन्ददास जिस परम्परा के वाहक हैं, उसकी प्रथम प्रेरणा विद्यापति के काव्य-मानस से ही उत्पन्न हुई थी।

गोविन्ददास ने बंगाली और ब्रजबुलि* दोनों भाषाओं में अनेक पद रचे, लेकिन ब्रजबुलि में उनके रचे गये पद ही सर्वश्रेष्ठ हैं। मुख्यत: इसी उत्कृष्टता के लिए उन्हें बंगाल में द्वितीय 'विद्यापति' की उपाधि से सम्मानित किया गया। पुन: विद्यापति की तरह गोविन्ददास भी एक सचेत कलाकार थे, जो शब्दों के चयन और अलंकार के प्रयोग में अत्यन्त कुशल थे। उन्होंने स्वयं कहा है :

पादटिप्पणी

* ब्रजबुलि भाषा वैष्णव पदावली की भाषा है। विद्यापति के पदों का अनुसारण करते हुए प्राचीन बांग्ला एवं मैथिली भाषा के मिश्रण से ही–ब्रजबुलि भाषा की उत्पत्ति हुई। इस भाषा के माधुर्यगुण से आकर्षित होकर कई बांग्लाभाषी कवियों ने इस भाषा में पदावली -साहित्य की रचना हुई।

'रसना-रोचन श्रवण-विलास।
रचइ रुचिर पद गोविन्ददास।'

यौवन और पूर्व राग के पदों में विद्यापति के चित्रण की निपुणता का परिचय मिलता है, किन्तु 'माथुर' और 'भावसम्मलेन' के पदों में उन्होंने राधा के प्रेम को इन्द्रियलोक से परे दिखाया है। हालाँकि, गोविन्ददास ने गौर चन्द्रिका और अभिसार की पद रचना में अपनी अत्यधिक उत्कृष्टता दिखायी है। उनके गौरचन्द्रिका पद केवल चित्रात्मक ही नहीं है, बल्कि भक्त हृदय की भावनाओं और उत्कंठा को भी अभिव्यक्त करता है। पुनः अभिसार के मार्ग पर गोविन्ददास न केवल वैचित्र लेकर आये, बल्कि संगीत की झंकार और आध्यात्मिक अभिव्यक्ति भी लेकर आये हैं।

यहाँ तक कि जहाँ गोविन्ददास ने विद्यापति का अनुसरण किया, वहाँ भी उन्होंने अपनी विशिष्टता को नहीं त्यागा। और यहीं पर वे अनुकरणकारी नहीं है, बल्कि स्रष्टा है। यदि हम विद्यापति और गोविन्ददास के पदावलियों से श्रीकृष्ण के पूर्व प्रेम के पदों का उदाहरण दें तो हमारा तर्क अधिक स्पष्ट हो जायेगा। विद्यापति द्वारा रचित पद इस प्रकार है :

जहाँ-जहाँ पग-जुग धरई।
तहिं-तहि सरोरुह झरई॥
जहाँ-जहाँ झलकत अंग।
तहिं-तहिं बिजुरि-तरंग॥
कि हेरल अपरुब गोरि।
पहइठल हिय मधि मोरि॥
जहाँ-जहाँ नयनबिकास।
तहिं-तहिं कमल प्रकाश॥
जहाँ लह हास सँचार।
तहिं-तहिं अमिय-बिथार॥
जहाँ-जहाँ कुटिल कटाख।
तहाँ-तहाँ मदन-शर लाख॥
हेरइत से घनि घोर।
अव तिन भुवन अगोर॥
पुनु किये दरसन पाव।
अब मोहे इत दुख जाव॥
विद्यापति कह अब जानि।
तुअ शुन देहबव भआानि॥

अब विद्यापति का अनुसरण करते हुए गोविन्ददास द्वारा श्रीकृष्ण के पूर्व प्रेम पर रचित पद यहाँ उद्धृत हैं :

'जहाँ-जहाँ निकसये तनु तनुज्योति।
तहाँ-तहाँ बिजुरि चमकमय होति॥

जहाँ-जहाँ अरुण चरण चल चलई।
तहाँ-तहाँ खल-कमल-दल खलइ॥
जहाँ-जहाँ भंगुर भांग विलोल।
तहाँ-तहाँ उछलइ कालिंदि हिलोल॥
जहाँ-जहाँ तरल विलोचन पड़ई।
तहाँ-तहाँ नील उत्पल वन भरइ॥
जहाँ-जहाँ हेरिए मधुरिम हास।
तहाँ-तहाँ कुन्द कुमुद प्रकाश॥'

गोविन्ददास के पदों से ऐसे अनेक उदाहरण दिये जा सकते हैं जहाँ कि प्रतिभा के स्पर्श से अनुकरण को भी मौलिक सृजन में बदला जा सकता है। गोविन्ददास ने सिर्फ विद्यापति को (कुछ पदों का) अनुकरण नहीं किया, उन्होंने कई अन्य पूर्ववर्ती कवियों के भावों का भी अनुसरण किया है, लेकिन उनकी प्रतिभा की मौलिकता अक्षुण्ण रही हैं। 'अभिसार-शिक्षा' पर उनके प्रसिद्ध पद ('कण्टक गाड़ी कमल-सम पदतल मंजिर चिरही झाँपी' आदि) का भाव एक प्राचीन श्लोक से लिया गया है, लेकिन काव्यात्मक गुणवत्ता में उनका पद मूल श्लोक से भी आगे निकल जाता है। मूल श्लोक 'कवीन्द्रवचनसमुच्चय' में मिलता है। श्लोक कुछ इस प्रकार है–

'मार्गे पंकिनि तोयदांधतमसे निशब्दसंचारकं।
गन्तव्य दयितस्य मेहद्य बसतिर्मुग्धेति कृत्वा मतिम।'

आलोचकों के अनुसार, (वैष्णव साहित्य आलापन, त्रिपुराशंकर सेन शास्त्री, पृ० २११) गोविन्ददास कई मायनों में विद्यापति को अतिक्रम कर गये थे, लेकिन विद्यापति की प्रार्थना में प्रकट भक्ति हृदय की जो व्याकुलता है, वह वास्तव में दुर्लभ है। प्रार्थना विषयक उनके पदों में आत्मीयता का जो स्वर गूँजता है, वह हमारे मर्म को अनायास छू जाता है। 'वैष्णव पदावली' (कलकत्ता विश्वविद्यालय द्वारा प्रकाशित) की भूमिका में विद्यापति और गोविन्ददास की तुलना करते हुए, सम्पादकों ने लिखा है :

'विद्यापति और गोविन्ददास दोनों ही विद्वान कवि थे-दोनों ही रस-शास्त्र और अलंकार-शास्त्र में अद्वितीय पाण्डित्य रखते थे। अन्तर केवल इतना है कि गोविन्ददास रस के विषय में रूप गोस्वामी के अनुयायी थे एवं विद्यापति दण्डी आदि के साथ वात्स्यायन के प्रति भी निष्ठावान थे। दोनों के अभिव्यक्ति के भाव भिन्न हैं। विद्यापति की रचनाओं में संयुक्त वर्ण का आधिक्य है, अनुप्रास आदि शब्दालंकार तथा दीर्घ समास आदि का अभाव है। जबकि गोविन्ददास ने इनका व्यापक प्रयोग किया है, जिसने गोविन्ददास के लेखन को कई स्थानों पर बोझिल बना दिया है; लेकिन कई मामलों में-ध्वनियों की विविधता, व्याख्याओं की विविधता, संगीत वाद्ययन्त्रों की विविधता ने विषय-वस्तु, यहाँ तक कि अर्थ को भी अधिक आकर्षणीय बना दिया है; 'स्वेद-मकरन्द, बिन्दु बिन्दु चूषत, विकसित भावकदम्ब' या 'त्रिभुवन मण्डन कलियुग-कालभुजग-भव-खण्डन रे' इसके उदाहरण हैं। विद्यापति ने रूपकों, अतिशयोक्ति, समासोक्ति, अनुप्रास, सूक्ष्म संकेत, अप्रस्तुत प्रशंसा आदि अर्थालंकार का प्रचुर प्रयोग किया है और ऐसा प्रतीत होता है कि उन्होंने गोविन्ददास से भी अधिक किया है। फिर भी, इस तथ्य के बावजूद कि विद्यापति की रचना कई स्थान पर व्यंजनाओं के बावजूद कुछ हद तक एक पेय की तरह है, गोविन्ददास जिसका पान नहीं करते, बल्कि चर्बण करते हैं।

विद्यापति की राधा सरल हृदय धर्म का पालन करती है और गोविन्ददास की राधा कठिन दर्शन के मार्ग पर है। विद्यापति का रस तरुण है और गोविन्ददास का प्रौढ़। यद्यपि गोविन्ददास विद्यापति से प्रेरित थे, लेकिन दोनों की प्रकृति भिन्न थी। विद्यापति भक्त नहीं, कवि हैं। गोविन्ददास जितने बड़े कवि हैं, उससे अधिक भक्त हैं। विद्यापति के राधा के पास कोई सिद्धान्त नहीं है, लेकिन गोविन्ददास की राधा में यह गहराई से मौजूद है। विद्यापति की राधा केवल उच्च कोटि की नायिका है, यद्यपि उसका परिवेश वैष्णव है। एक नायिका के रूप में वह कल्पनाशील, बुद्धिमान और प्रतिभा से भरपूर है। गोविन्ददास के राधा-माधव 'अभिसारक लागि, दूतर पन्थ गमन धनि साधए मन्दिरे यामिनी जागि'। विद्यापति की राधा के लिए यह अनावश्यक है।

आलोचकों के ये शब्द समझने योग्य हैं। लेकिन विद्यापति सिर्फ कवि थे, उनके पास राधा की कोई अवधारणा नहीं थी, वह सिर्फ उच्च वर्ग की नायिका थीं, ये शब्द बिना किसी विचार के स्वीकार नहीं किये जा सकते। हम इस मामले पर पहले ही चर्चा कर चुके हैं।

निस्सन्देह, विद्यापति और गोविन्ददास दोनों की प्रतिभा अद्‌भुत है। हालाँकि, चैतन्योत्तर युग के कवि होने के कारण गोविन्ददास, श्रीरूप गोस्वामी की अलंकार शास्त्र से गहराई से परिचित थे। उन्होंने वैष्णव धर्म में दीक्षा ली थी और उनके ध्यान में प्रकट हुए प्रभु श्री चैतन्य की प्रेममयी छवि में, वे 'राधा भाव-द्युति-सुललिततनु श्रीकृष्ण' को देख पाते थे। यही कारण है कि गोविन्ददास के पदों में काव्य और दर्शन अभिन्न रूप से जुड़े हुए हैं। उनकी रचनाओं में सत्य और सौन्दर्य का अतिसुन्दर मिश्रण हुआ है।

द्विज चण्डीदास के भाव-शिष्य ज्ञानदास

जिस प्रकार गोविन्ददास को विद्यापति की विचारधारा का उत्तराधिकारी कहा जाता है, उसी प्रकार ज्ञानदास को द्विज चण्डीदास का भाव-शिष्य कहा जाता है। स्थिति यह है कि गोविन्ददास की तरह ज्ञानदास भी केवल अनुकरणकारी मात्र नहीं थे, वह एक प्रतिभाशाली रचनाकार थे। परन्तु जिन्हें पदावली साहित्य के बारे में थोड़ा बहुत भी ज्ञान है, उन्होंने देखा है कि चण्डीदास के कुछ पद और ज्ञानदास के कुछ पदों में न केवल वैचारिक समानता है, बल्कि भाषायी समानता भी है। चण्डीदास और ज्ञानदास दोनों की रचनाओं में अनुभूति की तीव्रता अनलंकृत भाषा में व्यक्त हुई है। ज्ञानदास ने भी पद रचना में रस के प्रयोग में उस निपुणता का परिचय दिया है जिसमें चण्डीदास उत्कृष्टता का दावा कर सकते हैं, जैसे पूर्व-राग, आक्षेप-अनुराग और निवेदन के पद। पुनः, चण्डीदास और ज्ञानदास दोनों की रचनाओं में कुछ पद मिलते हैं, जैसे 'सुखेर लागिया ए घर बांधिनु आगुने पुरिया गेलो' (सुख की प्राप्ति के लिए जो घर बनाया था, आग से जल गया)। चण्डीदास की शैली के दो पद, थोड़े संशोधित रूप में ज्ञानदास की शैली से समानता रखते हैं। चण्डीदास का पद कुछ इस प्रकार है :

'शोई, जानि कुदिन सुदिन भेल।
माधब मन्दिरे, तुरिते आओब
कपाल कोहिया गेलो।।
प्रभात समये काक कोलाहोलि,
आहार बाँटिया खाय।

पिया आसिबार, नाम शुधाइते,
उड़िया बोशिला ताय।।'

ज्ञानदास द्वारा रचित निम्नलिखित पद उपरोक्त पद से तुलनीय है–

'आजु प्रभाते, काक कलकलि,
आहार बाँटिया खाय।
पिया आसिबार, नाम शुधाइते,
उड़िया बोइशोए ताय।।'
सखि हे, कुदिन सुदिन भेल।
तुरिते माधब मन्दिरे आओब
कपाल कोहिया गेलो।।

ऐसी समानता वास्तव में भ्रामक है। यह बात विश्वसनीय नहीं लगती कि ज्ञानदास की तरह सशक्त कवि ने पूर्व भक्त कवि के पद का लगभग हूबहू अनुकरण किया होगा।

गोविन्ददास की तरह ज्ञानदास भी श्री चैतन्यदेव की परम्परा के उत्तराधिकारी हैं और इसलिए उनकी रचनाओं में रस-सृष्टि के साथ सैद्धान्तिक अन्तर्दृष्टि का संयोजन मिलता है। चण्डीदास के पदों में जिस प्रकार अनुभूति की तीव्रता है, उसी प्रकार आध्यात्मिक व्यंजना भी है। यद्यपि यह सामान्यत: सत्य है कि चण्डीदास और ज्ञानदास दोनों की भाषा अनलंकृत है, फिर भी कुछ पदों में ज्ञानदास ने अलंकरण या श्रृंगार की कला पर ध्यान केन्द्रित किया है। डॉ. श्रीकुमार बनर्जी के अनुसार, ज्ञानदास की श्रेष्ठता उनकी अभिव्यक्ति की विविधता में निहित है, जबकि चण्डीदास की श्रेष्ठता उनकी भावनाओं की गहराई में निहित है। चण्डीदास का प्रसिद्ध 'पूर्व राग' सम्बन्धित पद 'सोई के बा शुनाइल श्यामनाम' (सखी किसने सुनाया श्यामनाम) अपनी अनुभूति की गहराई और आध्यात्मिक प्रतिध्वनि में अद्वितीय है। कई लोग मानते हैं कि चण्डीदास ने महाप्रभु की आगमनी को कुछ पूर्व रागों के छन्दों में गाया था, जैसे–

राधार की होइलो अन्तरे व्यथा।
बोसिया बिरोले थाकोए एकोले
ना शुने काहारो कथा।।
अर्थात्,
'राधा, तुम्हारे हृदय में कैसी पीड़ा है?
निर्जन में बैठी रहती हो अकेली
न सुनती हो किसी की बात।' आदि

ज्ञानदास की एक विशेषता यह है कि कुछ पदों में वे वर्णित विषय के लिए उपयुक्त वातावरण की सृष्टि कर देते हैं, जिससे उनकी रचनाएँ चित्रात्मक हो जाती हैं, जैसा कि 'स्वप्नदर्शन' में पूर्व राग के पद–

'मोनेर मर्म कथा तोमारे कहिए येथा,

सुनो सुनो परानेर सोइ।
स्वपन देखिलु जे, श्यामल वर्ण देह
ताहा बिनू आर कारू नइ।।
रजनी सावन घन, घन देया गरजन,
रिमि झिमि शब्दे वरिषे।
पालंक शयान रंगे, विगलित चिर अंगे,
नींद जाइ मनेर हर्षे।
शिखर शिखण्ड रोल, मत्त दादुरी बोल
कोकिल कुहरे कुतुहले।
झिंझा झिनिकि बाजे डाहुकी से गरजे,
स्वपन देखिलुँ हेन काले।।'

उपरोक्त पद में तेज गर्जन सहित भारी वर्षा, उन्मत्त दादुर (मेंढक) की निरन्तर ध्वनि तथा झींगुरों की ध्वनि मिलकर एक सुरीला संगीत उत्पन्न कर रही है तथा श्रावण के अँधेरे में भी श्याम का श्यामवर्ण शरीर देखा जा सकता है। शब्द झंकार और ध्वन्यात्मक शब्दों का प्रयोग भी इस पद की उल्लेखनीय विशेषता है। यहाँ ज्ञानदास काव्यात्मक गुणवत्ता में चण्डीदास को अतिक्रम कर जाते हैं। ज्ञानदास के कुछ पदों में जैसे अनुभूति की गहराई है, वैसे ही अर्थालंकारों के उचित प्रयोग व व्यंजना है, जैसे श्रीमती राधा की उक्ति है–

रूपेर पाथारे आँखी डूबी से रहिलो।
यौवनेर बने मन हाराइया गेल।।
घरे जाइते पथ मोर हइलो अफुरान।
अन्तरे बिदरे हिया कि जानि करे प्राण।।

अर्थात्,

'वह वहीं खड़ा रहा, उसकी आँखें रूप के सागर पर टिकी रहीं।
यौवन के वन में खोया मेरा मन।।
मेरे घर का रास्ता अन्तहीन है।
जब आत्मा बाहर और भीतर से विभाजित हो जाती है ,तो हृदय भला क्या कर सकती है'।।

ज्ञानदास के एक प्रसिद्ध रूप अनुराग के पद में भाषा अनलंकृत है, लेकिन दो–एक प्रचलित क्रियापदों ने नये अर्थ और महत्त्व प्राप्त कर लिए हैं, जैसे–

'रूप लागि आँखि झुरे गुणे मन भोर।
प्रति अंग लागि काँदे प्रति अंग मोर।।'

अर्थात्,

आँखें सुन्दरता से भर जाती हैं, मन चेहरे की खुशी से भर जाता है। मेरा हर अंग (तुम्हारे) हर अंग के लिए रो रहा है।

यहाँ 'झुरे' और 'कांदे' दो शब्द विशेष रूप से सार्थक हैं। इसे प्राणों की भाषा या अनुभूतियों की भाषा कह सकते हैं।

चण्डीदास और ज्ञानदास के भगवान श्रीकृष्ण के स्वरूप-वर्णन में पर्याप्त समानता है।

उदाहरण के लिए, चण्डीदास के पद में–

"सुधा छानिया केबा ओ सुधा ढेलेछे गो
तेमती श्यामेर चिकन देह।
अंजन गंजिया केबा खंजन आनिलो रे
चाँद निंगारि कोइलो थेहा।
से थेहा निंगारिया केबा मुखानि बनालो रे
जबा निंगारिया कोइलो गंड।'

और ज्ञानदासों के पद में–

'चिकन कालिया रूप मरमे लेगेछे गो
धरणे ना जाए मोर हिया।
कतो चांद निंगारिया मुख खानि माजियाछे
ना जानि कतेक सुधा दिया।।'

ज्ञानदास की पदावली के आरम्भ में एक श्लोक है जो एक पहेली की तरह है। यह श्रीमती राधा का पूर्वराग या पूर्वप्रेम का पद है, जहाँ राधा पूछती है-

'की हेरिलाम नीप मूले धन्द
******
कुन्तिर नन्दन मूले कश्यपनन्दन दोले
मन्मथेर मन मथे ताय।
खगेंद्र निकटे बोशि रसेंद्र बजाए बंसी
योगिन्द्र, मुनीन्द्र, मूर्छाए॥'

(*ये सभी पद 'श्रीपदामृत-माधुरी' के प्रथम खण्ड, पृ० १६३-६४ से हैं, जिसका सम्पादन नवद्वीपचन्द्र ब्रजवासी और खगेन्द्रनाथ मित्र ने मिलकर किया था।)

'कुन्तिर नन्दन मूले' अर्थात् कर्णमूल है। कश्यप नन्दन का अर्थ है सूर्य। कश्यप नन्दन दोले अर्थात् सूर्य की तरह प्रभायुक्त मणिकुण्डल कानों से झूल रहे हैं। खगेन्द्र का अर्थ है गरुड़ या गरुड़ जैसी नाक। रसेन्द्र का अर्थ है अधर यानि होठ।

चण्डीदास और ज्ञानदास ने 'बंशी शिक्षा और नृत्य' अध्याय में कुछ उत्कृष्ट पदों की रचना की हैं। चण्डीदास का प्रसिद्ध पद वास्तव में महाप्रभु चैतन्यदेव के आगमन का गीत है–

'आजु केगो मुरली बजाए।
ए तो कभू नहे श्यामराय।।

इहार गौरबरण करे आल।
चुड़ाटि बांधिया केबा दिलो।।
ताहार इंद्रनील-कान्ति तनु।
ए तो नहे नन्दसुत कानु।।'

इस बीच, ज्ञानदास की राधा श्याम से कहती है :

'कोन रंध्रेते श्याम गाओ कोन तान।
कोन रंध्रेर गाने बहे यमुना उजान।।
कोन रंध्रेते श्याम गाओ कोन गीत।
कोन रंध्रेर गाने राधार हरि लहे चित।।'

प्रेम का अन्तिम परिणाम पारस्परिक आत्मसमर्पण है और इसलिए प्रेम की साधना की पूर्णता अद्वैत की पूर्णता है। निवेदन भक्ति की पद रचना में चण्डीदास और ज्ञानदास दोनों की उत्कृष्टता निर्विवाद है।

चण्डीदास की राधा कहती है–

'बधु, कि आर बोलिबो आमि।
जनमे जनमे जीवने मरणे
प्राणनाथ होइओ तुमि।।'

और श्रीकृष्ण कहते है–

'राई (राधा), तुमि शे आमार गति।'

अर्थात्, 'राधे (राई) तुम्हीं मेरी गति (लक्ष्य) हो।'

पदकर्ता चण्डीदास कहते हैं–

'चण्डीदासे कहे ऐछन पिरीति
जगते आर कि होए।'

(अर्थात्, चण्डीदास कहे, ऐसन प्रीत, जगत में और कहाँ होए।')

पुनः ज्ञानदास की राधा कहती है–

"बधु, तोमार गरबे गरबिनि हम
रुपसी तोमार रूपे।
हेन मने लय ओ दुटि चरण
सदा निया राखि बुके।।"

अर्थात्, 'प्रिये, तुम्हारे गर्व से गर्वित हैं हम तुम्हारे रूप से रूपसी मुझे इच्छा होती है तुम्हारे दोनों चरणों को सदा छाती से लगाएँ रखूँ।'

और श्रीकृष्ण कहते हैं–

"तोमार लागिया बेराई भ्रमिया

गिरि नदी वने वने।
खाइते शुइते आन नाहि चिते
सदाई जागोए मोने।।'

अर्थात्, 'तुम्हारे लिए, फिरता हूँ यहाँ-वहाँ, गिरि-नदी-वन-वन।
खाते-सोते वक्त भी चित्त परेशान, सदा ही मन बेचैन।।

चैतन्योत्तर युग के महान सन्तकवि ज्ञानदास ने कहा है, 'एक ही प्राण, देह भिन्न-भिन्न', अर्थात्, राधा और कृष्ण एक ही प्राण हैं, उन्होंने केवल अपनी लीलाओं का आनन्द लेने के लिए अलग-अलग शरीर धारण किये हैं। इस प्रकार, चण्डीदास और ज्ञानदास दोनों की वाणी में शाश्वत प्रेम के गीत ही ध्वनित हुए है।

वैष्णव छन्दों का साहित्यिक महत्त्व

वैष्णव पदावली न केवल वैष्णव दर्शन का खजाना है, बल्कि गहरी व्यंजना एवं रस से भरपूर काव्य के रूप में भी यह सर्वदेशीय और सर्वकालीन सहृदय पाठकों के लिए एक आस्वादन की वस्तु है। वैष्णव पदावली ने मुख्य रूप से चिरतन प्रेमगीति (जैसे बाइबिल में सोलोमन का गीत या श्रीमद्भगवद् का गोपी-गीत) और वैष्णव भक्त कवियों के सख्य और वात्सल्य रस के पदों की रचना में भी अभूतपूर्व सफलता प्राप्त की है। कभी हम वैष्णव पदावली की सुमधुर संगीत झंकार से मन्त्रमुग्ध हो जाते हैं, कभी विद्वानों के अलंकार-प्रयोग के चातुर्य से आश्चर्यचकित हो जाते हैं, कभी हम उनकी शिल्पकला एवं शब्द-चित्रण की कुशलता की प्रशंसा करते हैं, तो कभी हम उनकी रचनाओं में व्यंजना की गहराई से अभिभूत हो जाते हैं। वैष्णव पद हमारे हृद के सूक्ष्मतम तारों को झंकृत करती हैं। वैष्णव पदों का न केवल काव्य-शास्त्र में पारंगत पाठकों के लिए, बल्कि मनोवैज्ञानिकों के लिए भी विशेष महत्त्व है। जो लोग राधा और कृष्ण को प्राकृत नायिका और नायक मानते हैं, उन्हें भी यह स्वीकार करना होगा कि यह प्रेम लौकिक साहित्य में भी अतुलनीय है। यह प्रेम पूर्ण परिवर्तन, आत्म-विलुप्ति और आत्म-समर्पण में परिणत हुआ है। आलोचक डॉ. शशि भूषण दासगुप्ता महाशय ने अपनी पुस्तक 'श्री राधार क्रमविकास' में विभिन्न उद्धरणों की सहायता से सिद्ध किया है कि वैष्णव विद्वानों ने प्राचीन भारतीय प्रेम काव्य की धारा का ही अनुसरण किया है। उनके मतानुसार–

'राधा-प्रेम की मुख्य संरचना पहले की प्रेम कविताओं से ली गयी है और अभिव्यक्ति की शैली में भी हम उसी भारतीय काव्यधारा का अनुसरण देख पाते है। लेकिन, पूर्व लिखित पृष्ठभूमि पर आध्यात्मिक दृष्टि की ज्योतिर्मय दीप्ति एवं कवि-कल्पना की वर्णन-महिमा ने उन्हें और भी अधिक आनन्दमय बना दिया है। राधिका के यौवन से प्रारम्भ कर हमें वैष्णव काव्य में युवती के प्रेम जीवन, प्रेम की तीव्रता और गहराई, मिलन और वियोग, सम्मान, अभिमान आदि का वर्णन मिलता है। हम इस प्रकार के प्रेम का वर्णन पाते हैं, जिसमें पार्थिव नायिका भी शामिल है तथा उस प्रेम वर्णन में कला-कौशल का जो प्रयोग है, लगभग सभी पूर्ववर्ती कविताओं में मिलता है। और वैष्णव कवियों ने विरह पर ध्यान केन्द्रित करके प्रेम में सूक्ष्मता और स्थिरता पैदा की है। विरह पर आधारित प्रेम की यह सूक्ष्म और गहरी धुन ही राधा-प्रेम को एक आध्यात्मिक उच्चता देने में सहायक रही है। जब हम वैष्णव काव्य को साहित्य के रूप में परखते हैं तो देखते हैं कि उसके राधा-प्रेम में और पूर्ववर्ती कवियों

द्वारा वर्णित प्रेम में जो अन्तर है, वह दो कारणों से है : एक तो सैद्धान्तिक दृष्टिकोण का प्रत्यक्ष प्रभाव और दूसरा प्रेम के स्वरूप में विरह को अपनाकर वृन्दावन के अलौकिक धाम तक की यात्रा (पृ. 144)।

वैष्णव पदों के काव्यात्मक मूल्य का आंकलन करते समय, उनकी भाषा की समृद्धि का भी उल्लेख किया जाना चाहिए। ब्रजबुलि, संस्कृत-मिश्रित ब्रजबुलि, ब्रजबुलि-मिश्रित बांग्ला आदि आचार्यों के रस-सृष्टि का वाहन होने के कारण पदों की भाषा कोमल, मनोहर और गतिशील हो गयी है। जयदेव के बाद गोविन्ददास, जगदानन्द आदि महान आचार्यों ने अपनी रचनाओं में अनेक स्थानों पर सुमधुर ध्वनि तरंगों की सृष्टि की हैं। आचार्य जगदानन्द की एक प्रसिद्ध पद की पहली कुछ पंक्तियाँ इस प्रकार हैं :

'मंजू बिकच कुसुमपुंज
मधुप-शब्द गंजि गुंज
कुंजर-गति गंजि गमन
मंजुल कुलनारि।
घन-गंजन चिकुर-पुंज
मालति-फूल-माल-रंज
अंजन-युत कंज नयनि
खंजन-गति-हारि।।'

उपर्युक्त पद में अनुप्रास की छटा देखने योग्य है। विद्यापति विलास कला के जिज्ञासु कवि हैं। कई आलोचकों ने उन्हें शृंगार का कवि कहा है। लेकिन 'माथुर' और 'भाव सम्मेलन' के पदों में हम देखते हैं कि श्रीमती राधा, रूप का शरण लेकर अरूप अर्थात् निराकार जगत में पहुँच गयी हैं, वस्तु जगत की शरण लेकर भावलोक में पहुँच गयी हैं। विद्यापति के 'माथुर का पद', 'अनुखन माधव माधव सुमिराइ सुन्दरी भेली माधाई' या उनकी 'भावसम्मेलन' कविता 'अजु रजनी हम भागे पोहायलूँ' सर्वकालिक श्रेष्ठ प्रेम गीत के रूप में माने जाने योग्य हैं।

इसी प्रकार, द्विज चण्डीदास के 'शोई, केबा शुनाइलो श्याम नाम', 'राधार की होइलो अन्तरे व्यथा' या 'घरेर बाहिरे दण्डे शतबार' जैसे पदों में विरह-विधुरा राधा की चाहत मर्मस्पर्शी भाषा में व्यक्त हुई है। फिर ज्ञानदास द्वारा रचित 'रूप लगी आँखी झूरे' पद में प्रेममयी राधा के मिलन की व्याकुलता का कैसा अद्भुत रूप प्रकट हुआ है! प्रेम की साधना से ही अद्वैत सिद्धि की प्राप्ति होती है, इसका प्रमाण ज्ञानदास के आत्म-निवेदन के पदों में मिलता है। गोविन्ददास के अभिसार के पद तो काव्यगुणों में विशेष रूप से समृद्ध है। इसके अतिरिक्त श्री राधा की पूर्वराग पद 'रूप भरल दीठि' में हमें अनुरागिनी राधा की ध्यान-तन्मयता देखने योग्य है तथा पुनः अनुक्षण राधा के रूप की चिन्ता करते हुए श्रीकृष्ण ने जो नवीन अन्तर्दृष्टि प्राप्त की है, उसका उदाहरण 'जँहा जँहा निकसये' पद में मिलता है। यद्यपि अंग्रेज़ी या संस्कृत साहित्य में उत्कृष्ट प्रेम काव्य उपलब्ध हैं, तथापि विरह के भावात्मक अनुभूति की यह प्रगाढ़ता कहीं भी उपलब्ध नहीं है।

पदावली साहित्य में *बलराम दास* का एक प्रमुख स्थान है। बलराम दास के पदों में रस-सृष्टि के साथ तत्त्व-दृष्टि का सुन्दर समावेश हुआ है। उदाहरण के लिए, हम एक पंक्ति की उल्लेख कर सकते हैं; "हियार भीतर होइते के कइल बाहिर"। यह अनुभूति प्रेम की खोज की पूर्णता है। मेघदूत की चर्चा के सन्दर्भ में रवीन्द्रनाथ

टैगोर इस पंक्ति का उल्लेख करते हैं और बताते हैं कि यह प्रेमी की विशिष्ट अनुभूति यानि भाव-दृष्टि है। वस्तुतः द्वैताद्वैतवाद ही प्रेम साधना की चरम सिद्धि है।

वात्सल्य रस के पदों की रचना में बलराम की उत्कृष्टता सर्वत्र स्वीकार की जाती है। उन्होंने गोपाल (बाल कृष्ण) की जो छवि अंकित की है, वह गोपाल एक शाश्वत मानव शिशु है। ऐसा लगता है कि मानो उन्होंने अपने हृदय में माता यशोमती के अपने बच्चे के प्रति जो मातृ प्रेम है, उसको महसूस कर लिया हो। निमाई (महाप्रभु चैतन्यदेव के घर का नाम) के दीक्षा लेने के बाद शचीमाता के हृदय में जो असीम पीड़ा उत्पन्न हुई थी, उसे बलराम, वसुदेव आदि पदकर्ताओं ने भी अनुभव किया है। उन्नीसवीं सदी के कवि कृष्णकमल गोस्वामी ने भी वात्सल्य-रस के पदों की रचना में असाधारण सफलता प्राप्त की।

वैष्णव कवियों द्वारा लिखे गये गौरांग विषयक पद या गौरचन्द्रिका के कुछ पद भी काव्य की दृष्टि से अद्वितीय हैं। उदाहरण के तौर पर गोविन्ददास की पंक्तियाँ 'नीरद नयने नीर घन सिंचने' एवं 'चम्पक शोण कुसुम कनकांचल' और कवि परमानन्द की 'परशमणिर साथे कि दिबो तुलना रे' (मैं पारसमणि से किसकी तुलना कर सकता हूँ भला) का उल्लेख किया जा सकता है।

विशेष सन्दर्भ : नज़रुल एवं रवीन्द्रनाथ

नज़रुल इस्लाम एवं कृष्ण भक्ति

भारत के पूर्वी राज्यों, खासतौर पर पश्चिम बंगाल के मशहूर कवि थे काजी नज़रुल इस्लाम। वे कृष्ण भक्त थे और इसीलिए उन्होंने अपने पहले बेटे का नाम कृष्णा मोहम्मद, दूसरे का काजी सब्यसाची, तीसरे का काजी अनिरुद्ध और चौथे का अरिंदम खालिद रखा था। अपने जिले आसनसोल को छोड़कर वे कृष्णा नगर में रहने लगे थे। पश्चिम बंगाल के आसनसोल में पैदा हुए नज़रुल 17 साल की उम्र में ब्रिटिश इंडियन आर्मी में भर्ती हो गये थे। पहले विश्व युद्ध (First World War) के समय इनको मेसोपोटामिया भेज दिया गया था। काजी के पिता स्थानीय मस्जिद के इमाम थे। पिता की जल्दी मौत होने के बाद वे उनकी जगह उस मस्जिद की देखभाल करते हुए मुअज्जिम बन गये थे। लोगों के मन में अक्सर सवाल उठता है कि मकतब और मदरसे में पढ़ाई करने वाले नज़रुल इस्लाम की जिन्दगी में आखिर श्रीकृष्ण भक्ति कहाँ से आ गयी थी? दरअसल उनके एक चाचा थे फजले करीम, जो एक थिएटर ग्रुप चलाया करते थे। पूरे पूर्वी भारत में यह ग्रुप घूम-घूमकर अलग-अलग शहरों में वहाँ की लोककथाओं के ऊपर छोटी-छोटी नृत्यनाटिकाएँ प्रस्तुत करता था। जाहिर है कि इन लोककथाओं में से अधिकांश हिन्दू धर्म से ही जुड़ी होती थीं। नज़रुल ने बंगाली और संस्कृत साहित्य भी पढ़ना शुरू कर दिया था और थिएटर ग्रुप के लिए महाभारत और रामायण के पात्रों पर नाटक व कविताएँ भी लिखते थे। फिर 'जुगान्तर' क्रान्तिकारियों के सम्पर्क में आकर देश पर अंग्रेज़ी राज के खिलाफ उनके मन में लहरें उठनी शुरू हो गयी थीं। पिता की मौत के बाद कई तरह के छोटे-छोटे काम करते हुए वे मैट्रिक तक पढ़े और फिर ब्रिटिश फौज में भर्ती हो गये थे। उन्होंने हिन्दुस्तानी क्लासिकल म्यूजिक (Classical Music) की ट्रेनिंग भी ली थी। विश्व युद्ध खत्म होने के 2 साल बाद उनकी यूनिट ख़त्म कर दी गयी थी और वे नौकरी छोड़कर वापस आ गये थे। फिर उन्होंने अपना पूरा मन साहित्य और संगीत में लगा लिया था। धीरे-धीरे उनकी कविताएँ और उपन्यास छपने लगे थे और वे लोकप्रिय होने लगे थे। 1922 में उनकी लिखी कविता 'विद्रोही' ने उनको मशहूर कर दिया था, जिसमें

अंग्रेज़ी सरकार के खिलाफ एक विद्रोह नजर आता था। 'सविनय अवज्ञा' आन्दोलन के दौरान यह कविता भी काफी इस्तेमाल हुई थी। उन्होंने 'धूमकेतु' नामक एक पत्रिका भी शुरू की थी, जो 15 दिन में एक बार छपती थी। अपने लेखों और कविताओं के चलते उन्हें राष्ट्रद्रोह के आरोप में जेल भेज दिया गया था। जेल से वापिस आने के बाद उनकी एक और किताब 'बिषेर वंशी' भी प्रतिबन्धित कर दी गयी थी। श्रीकृष्ण की वंशी को आधार मानकर लिखी गयी यह किताब अंग्रेज़ी सरकार के खिलाफ काफी पढ़ी गयी थी। हालाँकि नज़रुल खिलाफत आन्दोलन के बेहद खिलाफ थे। उन्होंने इसको समर्थन देने वाली कांग्रेस की भी जमकर आलोचना की थी। एक बार एक मुस्लिम पब्लिशर की बेटी से शादी तय होने जाने के बाद उसी शहर में रहने की शर्त के चलते शादी के दिन ही वे बिना शादी के लौट गये थे। उसके बाद काजी ने एक हिन्दू लड़की प्रमिला से शादी कर ली थी। उसके बाद उन पर कृष्ण भक्ति का ऐसा रंग चढ़ा था कि उन्होंने तमाम भजन और कविताएँ कृष्ण को लेकर लिख डाली थीं। अपने सभी बच्चों के नाम भी उन्होंने श्रीकृष्ण से जोड़ दिये थे और वे रहने के लिए कृष्णा नगर चले गये थे। नज़रुल ने तमाम गज़लें भी लिखी थी। उन्होंने समाज के उपेक्षित वर्ग, जैसे पतिताओं, शोषितों के लिए भी अलग से मार्मिक कविताएँ लिखी थीं। उन्होंने 500 के करीब भजन आदि लिखे, जो न केवल कृष्ण और राधा से जुड़े थे, बल्कि शिव, लक्ष्मी और पार्वती को लेकर भी लिखे गये थे। 1930 में उनकी फिर एक किताब बैन हुई थी और उन्हें फिर जेल भेज दिया गया था। अगले साल जेल से बाहर आने के बाद वे फिल्मी दुनिया से जुड़ गये थे। एक बंगाली फिल्म 'ध्रुव भक्त' (पौराणिक चरित्र ध्रुव और नृसिंह अवतार को लेकर) डायरेक्ट करके वे पहले बंगाली मुस्लिम डायरेक्टर बन गये थे जिन्होंने श्रीकृष्ण पर फिल्म बनायी थी।

रवीन्द्रनाथ और वैष्णव साहित्य

श्री रामकृष्ण परमहंस की शताब्दी के अवसर पर रवीन्द्रनाथ ने लिखा था :

> 'अनेक तपस्वियों के अनेक प्रयासों की धारा, आपकी तपस्या में विलीन हो गयी।'

यह कथन रवीन्द्रनाथ के बारे में भी पूर्णत: सत्य है। वस्तुत: रवीन्द्रनाथ टैगोर के विचारों में अनेक सन्तों के विचार सम्मिलित थे। रवीन्द्रनाथ को उपनिषदों के मन्त्रों की शिक्षा दी गयी थी, लेकिन बौद्ध धर्म में मैत्री की अवधारणा, वैष्णव धर्म का आदर्श 'प्रेम धर्म' और बाउलों का मानवतावादी धर्म ने भी उनके काव्य मन को पोषित किया। विशेष रूप से, रवीन्द्रनाथ टैगोर पर वैष्णववाद और साहित्य का प्रभाव इतना स्पष्ट है कि कई लोग उन्हें वैष्णव कवि कहने में संकोच नहीं करते। फिर भी, यह कहना कि रवीन्द्रनाथ गौड़ीय वैष्णव परम्परा के उत्तराधिकारी हैं, सत्य को गलत तरीके से प्रस्तुत करना है। बल्कि यह कहा जा सकता है कि विचार और व्यवहार की दृष्टि से रवीन्द्रनाथ काफी हद तक बंगाल के साहित्य जगत में फले-फूले भक्तों एवं भारतवर्ष के प्रमुख सन्तों जैसे कबीर, नानक, दादू, रज्जब आदि से समान रूप से प्रभावित थे। लेकिन रवीन्द्रनाथ के प्रयासों को किसी विशेष सम्प्रदाय की सीमाओं तक सीमित नहीं किया जा सकता या किसी विशेष प्रतीक से नहीं जोड़ा जा सकता। कवि रवीन्द्रनाथ ने कवि, विद्वान और भक्त की दृष्टि से वैष्णव साहित्य की साधना की, विद्यापति के पदों का रसास्वादन करने के लिए मैथिली भाषा का अध्ययन किया और उन्हीं का अनुसरण करते हुए 'भानुसिंहेर पदबली' की रचना की, लेकिन उन्होंने गौड़ीय वैष्णव की परम्परा और संस्कृति का अनुकरण नहीं किया। वैष्णव साहित्य के प्रति उनका

दृष्टिकोण गौड़ीय वैष्णव आचार्यों से भिन्न है। गौड़ीय वैष्णववाद के दृष्टिकोण से, राधा कृष्ण का प्रेम और जुनून शाश्वत है। रवीन्द्रनाथ टैगोर के दृष्टिकोण से, वैष्णव विद्वानों ने राधा कृष्ण के प्रेम और जुनून को अपनाते हुए सीमा और असीम के बीच के सम्बन्ध को व्यक्त किया है। इसलिए, रवीन्द्रनाथ ने चण्डीदास के एक छन्द के आध्यात्मिक महत्त्व का विश्लेषण भी किया है।

यथा–

'यह घोर रजनी
मेघों की घटा
कैसे आयी मेरे द्वार
आँगन के बीच
खड़ी सखी भीजै
देख प्राण जाये हार।।'

यहाँ कलकत्ता विश्वविद्यालय द्वारा प्रकाशित वैष्णव पदावली के पाद-टिप्पणियों से रवीन्द्रनाथ का स्पष्टीकरण उद्धृत किया जा सकता है :

रवीन्द्रनाथ टैगोर ने 'भारती' पत्रिका में इस पद की बहुत सुन्दर व्याख्या की थी। इस श्लोक का निहितार्थ इस प्रकार है : 'ईश्वर हमें कभी नहीं छोड़ता; जब हम पाप के अन्धकार में होते हैं, तब भी वह हमारी प्रतीक्षा करता है, पापी के दुख का भार अपने ऊपर ले लेता है। अपनी सांसारिक आसक्ति के कारण हम संसार के हजार तूफानों को छोड़कर उसके पास नहीं जा सकते। वह दुर्गम पथ पर खड़ा होकर हमारी प्रतीक्षा करता है-पापी के पास आते-आते उसके पैर कँटीले पथ पर घिस जाते हैं, पर वह हमें नहीं छोड़ता।'

यद्यपि यह व्याख्या सुन्दर है, किन्तु गौड़ीय वैष्णववाद इसे स्वीकार नहीं करता।

रवीन्द्रनाथ टैगोर ने अपनी अनेक कविताओं और गद्य निबन्धों में सीमा और असीम के बीच के सम्बन्ध के बारे में विभिन्न प्रकार से बात की है। रवीन्द्रनाथ टैगोर की यह दृष्टिकोण उनकी कविता 'आवर्तन' में बहुत सुन्दर ढंग से अभिव्यक्त हुई है।

"धूप आपनारे बिलाइते चाहे गंधे, गंध से चाहे धूपेरे रहिते जुड़े।
सुर आपनारे धरा हिते चाहे छंदे, छंद फिरिया छुटे जेते चाहे सुरे।

* * *

बंध फिरिछे खुजिया आपन मुक्ति, मुक्ति मागिछे बांधनेर माझे बासा।

अर्थात्, 'धूप (अगरबत्ती) तुम्हें अपनी सुगंध से भरना चाहती है और सुगन्ध धूप से जुड़े रहना चाहती है। राग तुम्हें पकड़ना चाहता है, लय भाग जाना चाहती है, राग वापस लौटना चाहता है। भाव, सौन्दर्य के बीच शरीर को खोजना चाहता है और सौन्दर्य, भावों के बीच शरीर को खोजना चाहता है। असीम सीमा का संग चाहता है, सीमा असीम में खो जाना चाहती है। प्रलय की रचना में, पता नहीं ये क्या तर्क है, भाव से सौन्दर्य तक, लगातार आना-जाना, लौटना, बन्धन अपनी मुक्ति तलाशता है, और मुक्ति बन्धनों के बीच घर तलाशती है।'

गौड़ीय वैष्णववाद की परम्परा और साधना तथा रवीन्द्रनाथ टैगोर की परम्परा और साधना में कई प्रमुख अन्तर है।

(1) गौड़ीय वैष्णवों के अनुसार माधुर्य रस सभी रसों में श्रेष्ठ है। भगवान कृष्ण की सौन्दर्य लीला से बेहतर है माधुर्य लीला। लेकिन रवीन्द्रनाथ की दृष्टि में ईश्वर पिता हैं (उपनिषदों के ऋषि उसे जगत के पिता कहते हैं), और वह राजा भी हैं, वह वज्र के समान भयंकर हैं। रवीन्द्रनाथ की कृति में 'ईश्वर के रौद्र रूप' के बारे में एक कहानी है, जहाँ वे राजा को सम्बोधित करते हुए कहते हैं :

'क्षमा एक कमजोरी है, हे रुद्र,
इसलिए मैं क्रूर बन सकूँ,
आपकी आज्ञा से।
मेरे सत्य के वचन
मेरे मुख से तीखी तलवारों के समान चमक उठे,
आपके इशारों पर
ताकि मैं आपका सम्मान बनाए रखूँ
आपके न्याय-पीठ पर अपना स्थान बना पाउँ।
अन्याय जो करें और अन्याय जो सहे
आपकी घृणा उसे घास की तरह जलायें।'

गुरुदेव की अन्तिम दो पंक्तियाँ तो जैसे आज के समाज में एक ज्वलन्त मुहावरा बन गया है।

एक अन्य कविता में भी वे विधाता के रुद्र वज्र की चर्चा करते हैं। यद्यपि वैष्णव धर्म के प्रेम ने रवीन्द्रनाथ को प्रभावित किया था, फिर भी रवीन्द्रनाथ की रचनाओं में कई स्थानों पर इस बात के प्रमाण मिलते हैं कि उन्होंने मुख्य रूप से उपनिषद के मन्त्रों से दीक्षा ली थी।

(2) वैष्णव भक्ति और रवीन्द्रनाथ की भक्ति एक ही बात नहीं है। रवीन्द्रनाथ ने जिस भूमि की पूजा की वह 'शांत शिवमद्वैतम्' है। 'नैवेद्य' के एक 'सॉनेट' में कवि कहता है कि वह भावोन्याद-मत्तता की इच्छा नहीं रखता; वह भक्ति की मादक मदिरा नहीं पीना चाहता जो लोगों को भ्रमित और अज्ञानी बना देती है। वह दुनिया की सुन्दरता को उसके विविध रंगों, गन्धों, गीतों और लय में देखना चाहता है। लेकिन जिसे रवीन्द्रनाथ टैगोर 'भावोन्याद-मत्तता' कहते हैं, वह वैष्णव की दृष्टि में 'सात्विक चेतना' या 'विरह' की स्थिति है। इसलिए, यद्यपि रवीन्द्रनाथ के कुछ गीत और कविताएँ वैष्णव साहित्य के समान प्रतीत होती हैं, फिर भी उनमें गहन अन्तर हैं (देखें वैष्णव पदावली की भूमिका, कलकत्ता विश्वविद्यालय, चतुर्थ संस्करण, 'वैष्णव पदावली का काव्यात्मक मूल्य')। रवीन्द्रनाथ को जो वैष्णव छन्दों का महत्त्व ज्ञात हुआ, वह उनकी भक्ति साधना का परिणाम है। उनके अनुसार, 'असीम और सीमा के मिलन का आनन्द' कविता और साहित्य में अभिव्यक्त हुआ है। 'पंच-भूत' में वे कहते हैं :

'वैष्णव धर्म ने दुनिया के सभी प्रेम सम्बन्धों में ईश्वर को अनुभव करने का प्रयास किया है।'

रवीन्द्रनाथ टैगोर ने एक प्रसिद्ध कविता में कहा है :

"जो कुछ मैं देवताओं को दे सकता हूँ, वह मैं अपने प्रियतम को देता हूँ और जो कुछ मैं अपने प्रियतम को दे सकता हूँ, वह मैं देवताओं को देता हूँ। देवताओं को अपने प्रियतम और प्रियतम को देवता बनाने की क्षमता मुझे और कहाँ से मिलेगी?"

(3) रवीन्द्रनाथ टैगोर ने पूछा है–'क्या सिर्फ वैकुण्ठ पार करने के लिए ही केवल वैष्णव गीत रचे गये हैं?' वैष्णव आचार्य इसे स्वीकार नहीं करते। उनके अनुसार राधा और कृष्ण के बीच का प्रेम सम्बन्ध अलौकिक है और लौकिक दुनिया में स्त्री-पुरुष के बीच का प्रेम इसका प्रतिबिम्ब है।

तो, जब रवीन्द्रनाथ टैगोर वैष्णव कविता के बारे में पूछते हैं–'क्या वैष्णव गीत केवल वैकुण्ठ के लिए ही रचे गये है'?

तब वैष्णव आचार्य सम्भवत: उत्तर दे सकते हैं–'हाँ, केवल वैकुण्ठ के लिए ही वैष्णव के गीत हैं'।

अथवा, वैकुण्ठ में भी, परमेश्वर की दिव्य लीलाएँ महिमामय हैं, किन्तु कृष्ण की मानवीय लीलाएँ सर्वश्रेष्ठ हैं, इसलिए गौड़ीय वैष्णव, वृन्दावन में राधा कृष्ण की जो नित्य लीला हैं, उसी को देखने के लिए लालायित रहते हैं।

(4) वैष्णव रसशास्त्र में नायिका की आठ अवस्थाओं की चर्चा की गयी है। वे आठ अवस्थाएँ श्रीमती राधिका में प्रकट हुईं। इसलिए, वैष्णव कवि खण्डिता और कलहान्तारित पदों की रचना करते हैं। लेकिन रवीन्द्रनाथ टैगोर ने इस खण्डिता नायिका के बारे में कहा है, 'वैष्णव काव्य में प्रेम के विभिन्न रूपों में से राधा की खण्डित अवस्था का वर्णन है। लेकिन इसमें कोई सन्देह नहीं है कि साहित्यिक चरित्र के रूप में श्रीकृष्ण के इस छलनामय प्रेम से राधा-कृष्ण की प्रेम कविताओं की सुन्दरता खण्डित हुई है। राधिका के इस अपमान में काव्यश्री का भी अपमान हुआ है।'

रवीन्द्रनाथ टैगोर के इस उद्धरण की चर्चा करते हुए आलोचक श्रीयुक्त हरेकृष्ण मुखर्जी ने लिखा है, 'इस घटना से श्री राधा की गरिमा कई गुना बढ़ गयी है, और किसी भी अपमान का कोई सवाल ही नहीं उठता। चन्द्रावली की अवतरण भी श्री राधा की महानता को स्थापित करने के लिए ही हुई थी।'

अत: यह देखा जा सकता है कि रवीन्द्रनाथ का दृष्टिकोण और वैष्णव आचार्यों का दृष्टिकोण भिन्न हैं। नि:सन्देह, इससे रवीन्द्रनाथ की महानता कम नहीं होती, क्योंकि, जैसा कि हम पहले ही कह चुके हैं, रवीन्द्रनाथ में आध्यात्मिक साधना की कई धाराएँ एक साथ आ गयी हैं।

हालाँकि, उसी अर्थ में, जिसमें कई आलोचकों ने कबीर, नानक, दादू आदि सन्तों को वैष्णव कवि कहा है, रवीन्द्रनाथ एक वैष्णव कवि हैं, क्योंकि उन्होंने सीमा और असीम के बीच के सम्बन्ध के बारे में एक अनोखे तरीके से बात की है। कवि की दृष्टि में, जिस प्रकार सीमा-असीम को प्राप्त करना चाहती है, उसी प्रकार असीम भी सीमा के माध्यम से पूर्णता पाता है। यह रवीन्द्रनाथ की भक्ति साधना का सार है।

वर्तमान में श्रीकृष्ण साहित्य पर महत्त्वपूर्ण काम किया है पण्डित नृसिंहप्रसाद भादुड़ी (कथा-अमृत समान), सुधा बसु (भागवते श्रीकृष्ण), विमान बिहारी मजूमदार (श्रीचैतन्य चरितेर उपादान), हरेकृष्ण मुखोपाध्याय (कवि जयदेव ओ श्री गीतगोविन्द), विष्णुपद भट्टाचार्य (गौड़ीय वैष्णव सम्प्रदाय : भक्ति-रस ओ अलंकार-शास्त्र) आदि ने इन पुस्तकों में वैष्णव साहित्य के विविध पक्ष पर आलोचना की गयी है।

3

बंगाली लोक साहित्य में श्रीकृष्ण : भक्ति, संस्कृति और सामाजिक चेतना के जीवन्त प्रतीक

लोक साहित्य किसी भी समाज की आत्मा, उसकी स्मृति और उसकी अस्मिता का दस्तावेज होता है। यह न केवल धार्मिक विश्वासों और पौराणिक कथाओं का प्रतिबिम्ब है, बल्कि लोकजीवन की आकांक्षाओं, संघर्षों और भावनात्मक अन्त:प्रवाह का भी संवाहक होता है।

बंगाली लोक साहित्य इस परम्परा में विशिष्ट स्थान रखता है—यह साहित्य *शब्दों की सादगी भरी सुन्दरता, भावनाओं की पारदर्शिता* और *जीवन के यथार्थ* को एक साथ समेटता है। इस साहित्य में जहाँ कई देवी-देवताओं की उपस्थिति होती है, वहीं श्रीकृष्ण एक ऐसे शाश्वत और सर्वव्यापक चरित्र के रूप में सामने आते हैं, जो लोकमानस के देवता, प्रेम के प्रतीक, और मानवीय चेतना के रक्षक हैं। कृष्ण-लीलाओं, प्रेम और भक्ति के विषयों को विभिन्न लोकगीतों, लोकनाट्यों और लोककथाओं में चित्रित किया गया है।

• श्रीकृष्ण, कीर्तन परम्परा और पल्लिगान

बंगाल की लोक भक्ति परम्परा में कीर्तन का अत्यन्त महत्त्वपूर्ण स्थान है। "राधा-कृष्ण कीर्तन" या "पद कीर्तन" में श्रीकृष्ण के प्रेमपूर्ण सम्बन्धों, विरह की व्यथा और रासलीला को काव्यात्मक एवं गायन-नृत्यात्मक रूप में प्रस्तुत किया जाता है। ग्रामीण बंगाल में होने वाले हरिनाम संकीर्तन में कृष्ण को 'दयालु ठाकुर', 'सखा', 'प्रेममय भगवान' के रूप में पुकारा जाता है। ये कीर्तन सामूहिक भक्ति के माध्यम से न केवल धार्मिक भाव को प्रकट करते हैं, बल्कि सामाजिक संवाद, सामंजस्य और उत्सवधर्मिता को भी बढ़ावा देते हैं।

कीर्तन : भक्ति की जीवन्त अभिव्यक्ति

बंगाल की धार्मिक-सांस्कृतिक परम्परा में कीर्तन केवल एक संगीतात्मक धार्मिक क्रिया नहीं, बल्कि जीवन का एक भावात्मक, सामाजिक और आध्यात्मिक उत्सव है। यह गौड़ीय वैष्णव सम्प्रदाय की सबसे सशक्त विधा है, जिसने भक्ति को आत्मा से निकालकर जनसमूह की चेतना में प्रवाहित किया है।

कीर्तन शब्द 'कीर्ति' से बना है, जिसका अर्थ है—ईश्वर के नाम, गुण, लीलाओं और उपदेशों की महिमा का गायन। बंगाल में यह परम्परा विशेषकर राधा-कृष्ण की लीलाओं पर केन्द्रित रही है, जिसे "राधा-कृष्ण कीर्तन" या "पद कीर्तन" कहा जाता है।

'राधा-कृष्ण कीर्तन' या 'पद कीर्तन' की विशेषता

इस परम्परा में कविता, गायन, नृत्य और कथा का अद्‌भुत समन्वय होता है। पदावली साहित्य पर आधारित यह कीर्तन राधा-कृष्ण के मधुर प्रेम, विरह की वेदना और रासलीला की लीला को प्रस्तुत करता है।

प्रमुख विशेषताएँ :

काव्यात्मक संरचना : पदों में सुन्दर अलंकार, भावाभिव्यक्ति और नाद सौन्दर्य होता है।

संगीतात्मक माधुर्य : ढोल, मृदंग, करताल, हारमोनियम के साथ गायन।

नृत्यात्मक सहभागिता : कीर्तन करने वाले भावविभोर होकर भक्ति में झूमते हैं, जिससे दर्शक भी भक्ति-रस में डूब जाते हैं।

यह कीर्तन श्रोताओं के हृदय में श्रद्धा, करुणा और प्रेम की लहरें उत्पन्न करता है।

हरिनाम संकीर्तन : ग्राम्य जीवन में भक्ति का महोत्सव

ग्रामीण बंगाल की गलियों और चौपालों में जब "हरे कृष्ण हरे राम" का संकीर्तन आरम्भ होता है, तो वह धार्मिक क्रिया से अधिक सामाजिक घटना बन जाती है। हरिनाम संकीर्तन वह सामूहिक गायन है जिसमें गाँव के हर वर्ग के लोग शामिल होते हैं। यहाँ कृष्ण को पुकारा जाता है : 'दयाल ठाकुर'–जो सबकी सुधि लेते हैं, 'सखा'–जो हर परिस्थिति में साथ होते हैं, 'प्रेममय भगवान'–जिनकी आराधना केवल भाव से होती है, न कि कर्मकाण्ड से।

इस प्रकार संकीर्तन में ईश्वर का स्वरूप मानवीय, करुणामय और आत्मीय बन जाता है।

कीर्तन और उत्सवधर्मिता का सम्बन्ध

बंगाल में कीर्तन कई धार्मिक पर्वों का अभिन्न अंग है :

- झूलन यात्रा, रथयात्रा, गौर पूर्णिमा, जन्माष्टमी और नन्दोत्सव में संकीर्तन मुख्य क्रिया होती है
- इन पर्वों के माध्यम से गाँव और शहर मिलकर सांस्कृतिक एकता का अनुभव करते हैं
- कीर्तन यहाँ धार्मिक क्रिया से अधिक सामुदायिक उत्सव बन जाता है।

बंगाल की लोक भक्ति परम्परा में कीर्तन एक ध्वन्यात्मक पूजा, एक भावनात्मक नृत्य और एक सामाजिक सेतु है। यह राधा-कृष्ण के माध्यम से भक्ति को भावनाओं और सामाजिक सम्बन्धों के अनुभव में बदल देता है। कीर्तन में श्रृंगार रस, करुणा, और विरह जैसे भावों की सहज और सहजगम्य प्रस्तुति होती है। यह लोकसंस्कृति और अध्यात्म का जीवन्त संगम है।

बंगाल में कीर्तन एक ऐसी परम्परा है जो कृष्ण को मन्दिरों की मूर्ति से निकालकर जनजीवन की आत्मा बना देती है।

इस प्रकार श्रीकृष्ण सामूहिक स्मृति और सामाजिक सौहार्द के प्रतीक बन जाते हैं।

• पदावली काव्य : राधा-कृष्ण प्रेम का आध्यात्मिक रूपक

बांग्ला वैष्णव साहित्य में पदावली काव्य एक अत्यन्त समृद्ध शाखा है, जिसमें राधा और श्रीकृष्ण के मधुर सम्बन्धों के माध्यम से *आध्यात्मिक प्रेम* को चित्रित किया गया है। चण्डीदास, गोविन्ददास, ज्ञानदास और

रामप्रसाद सेन जैसे कवियों के पदों में विरह और मिलन, प्रेम और पीड़ा और भक्ति और आत्मसमर्पण के भाव अद्वितीय ढंग से उकेरे गये हैं। यहाँ कृष्ण मोक्ष और सांसारिक प्रेम के संगम के रूप में आते हैं—वे *केवल ईश्वर नहीं, प्रेम की पराकाष्ठा* भी हैं।

पदावली काव्य में श्रीकृष्ण आध्यात्मिक और सांस्कृतिक सौन्दर्य का केन्द्र बन जाते हैं।

• पालागान और आलेख्य गान (गीति आलेख्य) : लोक रंगमंच में श्रीकृष्ण

बंगाल के ग्रामीण रंगमंचीय परम्पराओं में पालागान (नाट्य गायन) और आलेख्य गान (चित्रों के साथ गीत प्रस्तुति) में श्रीकृष्ण की लीलाओं को अत्यन्त लोकप्रिय रूप में प्रस्तुत किया जाता है। "कृष्णलीला पाला", "राधा-कृष्ण पाला", "कुरुक्षेत्र दर्शन" जैसे प्रसंगों में श्रीकृष्ण का चरित्र नृत्य, अभिनय, संगीत और संवादों के माध्यम से मानवीय और दिव्य दोनों रूपों में चित्रित होता है।

बंगाल की ग्रामीण रंगमंचीय परम्पराएँ और श्रीकृष्ण की लीलाएँ

पश्चिम बंगाल की सांस्कृतिक परम्पराओं में ग्रामीण रंगमंच एक अत्यन्त महत्त्वपूर्ण और जीवन्त स्थान रखता है। यहाँ लोकनाट्य की अनेक विधाएँ समय के साथ विकसित हुई हैं, जिनमें पालागान (नाट्य गायन) और आलेख्य गान (चित्रों के साथ गीत प्रस्तुति) प्रमुख हैं। इन विधाओं की विशेषता यह है कि ये केवल मनोरंजन का साधन नहीं, बल्कि धार्मिक शिक्षा, सामाजिक संवाद और सांस्कृतिक चेतना का भी सशक्त माध्यम हैं।

पालागान : कथा, गायन और अभिनय का समन्वय

'पाला' का अर्थ है एक सम्पूर्ण कथा जो गीत, संवाद, अभिनय और नृत्य के माध्यम से प्रस्तुत की जाती है। बंगाल में "कृष्णलीला पाला", "राधा-कृष्ण पाला", "कुरुक्षेत्र दर्शन", "कंस वध पाला" और "रासलीला पाला" जैसी कथाएँ अत्यधिक लोकप्रिय रही हैं।

प्रस्तुति की विशेषताएँ :

- संगीतात्मक संवाद : श्रीकृष्ण और राधा के संवाद को गायन शैली में प्रस्तुत किया जाता है, जिसमें राग-रागिनियों का संयोजन होता है।
- नृत्य और अभिनय : श्रीकृष्ण के चरित्र को नर्तक अभिनय के माध्यम से जीवन्त करते हैं—बाललीला से लेकर गीता-उपदेश तक।
- कथावाचक (गायक) : पाला में एक सूत्रधार या गायनकर्ता होता है जो नाट्य कथा और दर्शकों के बीच सेतु का कार्य करता है।
- पारम्परिक वेशभूषा : मुरली, मोरपंख, पीताम्बर और मुखौटे श्रीकृष्ण के रूप को सजीव बनाते हैं।

पालागान में कृष्ण केवल एक देवता नहीं, बल्कि लोकमानस के भावनात्मक नायक बन जाते हैं।

आलेख्य गान : चित्रकला और भक्ति का समन्वय

आलेख्य गान बंगाल की एक विशिष्ट रंगमंचीय विधा है, जिसमें चित्रों (पटचित्रों) के माध्यम से कथा को गीतों और व्याख्या द्वारा प्रस्तुत किया जाता है।

पटचित्र में कृष्ण जन्म, वत्सासुर वध, गोवर्धन लीला, कालिय नाग पर विजय, रासलीला, और कुरुक्षेत्र उपदेश जैसे प्रसंग चित्रित किये जाते हैं। चित्रों को स्क्रॉल की तरह क्रम से खोला जाता है, और प्रत्येक चित्र के साथ गीत और कथा सुनाई जाती है। इसमें गायनकर्ता (पटुआ) चित्र को दिखाते हुए गीत गाता है, जिससे दर्शक दृश्य और श्रव्य अनुभवों से जुड़ता है।

यह कला ग्रामीण बंगाल में धार्मिक शिक्षा, सौन्दर्यबोध और सामूहिक भावनात्मक जुड़ाव का एक माध्यम बन चुकी है।

कृष्ण के चरित्र की दोहरी छवि : मानवीय और दिव्य

इन ग्रामीण रंगमंचीय परम्पराओं में श्रीकृष्ण की लीलाओं को इस प्रकार चित्रित किया जाता है कि वे दर्शकों को दो स्तरों पर आकर्षित करते हैं :

- मानवीय स्वरूप : बालकृष्ण के रूप में उनकी शरारतें, माता यशोदा के साथ उनका सम्बन्ध, गोपियों के संग प्रेम–ये सब मनुष्य जीवन के भावनात्मक पक्षों से जुड़ते हैं। ग्रामीण दर्शक श्रीकृष्ण को अपने बेटे, मित्र या प्रेमी के रूप में अनुभव करते हैं।
- दिव्य स्वरूप : रासलीला में उनका *सर्वव्यापक रूप,* गीता में उनका *दर्शन और उपदेश,* कुरुक्षेत्र में उनका *नीति और धर्म का उद्घोष*–ये सब उन्हें परमात्मा, गुरु और ईश्वर के रूप में स्थापित करते हैं।
- यही दोहरा स्वरूप–मनुष्यता और देवत्व का संगम–श्रीकृष्ण को बंगाल की रंगमंचीय लोककला में अति प्रिय और प्रभावशाली पात्र बनाता है।

सामाजिक और सांस्कृतिक प्रभाव

- लोक शिक्षण : ये नाट्य विधाएँ गाँवों में *धर्म, नीति और सामाजिक मूल्यों* का प्रचार करती हैं।
- लोक स्मृति का संवाहक : जिन दर्शकों के लिए ग्रन्थ पढ़ना कठिन है, उनके लिए ये प्रस्तुतियाँ *श्रीमद्‌भागवत और गीता* की जीवन्त पाठशालायें हैं।
- सांस्कृतिक उत्सव : गाँवों में मेलों, रात्रिकालीन उत्सवों और पर्वों पर यह रंगमंच एक *सामाजिक समागम* का रूप लेता है।

ये विधाएँ ग्रामीण बंगाल की सांस्कृतिक चेतना, धार्मिक परम्परा और सामाजिक एकता की पहचान हैं।

बंगाल के ग्रामीण रंगमंचीय परम्पराएँ–पालागान और आलेख्य गान–के माध्यम से श्रीकृष्ण की लीलाओं का चित्रण न केवल एक धार्मिक कार्य है, बल्कि यह लोकसंस्कृति की आत्मा, सामूहिक भावनात्मक अनुभव, और सांस्कृतिक संवाद का सशक्त उपकरण भी है।

इन प्रस्तुतियों में श्रीकृष्ण केवल पुराणों के पात्र नहीं, बल्कि जनमानस के सजीव देवता बनकर उभरते हैं–जो मानवता, प्रेम, नीति, और मोक्ष के मार्गदर्शक हैं।

यहाँ कृष्ण केवल देवता नहीं, बल्कि एक जीवन्त नायक हैं–जो समाज की पीड़ा को समझते हैं और समाधान देते हैं।

लोक रंगमंच में श्रीकृष्ण आम जनमानस के प्रतिबिम्ब और मार्गदर्शक बनकर सामने आते हैं।

• गम्भीरा, भादुगान और क्षेत्रीय लोक गीतों में कृष्ण

बंगाल की क्षेत्रीय संगीत शैलियों में श्रीकृष्ण : एक सामाजिक संवाद की ध्वनि

पश्चिम बंगाल की विविधतापूर्ण लोकसंस्कृति में संगीत केवल मनोरंजन का साधन नहीं, बल्कि समाज-संवाद, सामाजिक चेतना और धार्मिक अनुभूति का भी माध्यम है। कुछ क्षेत्रीय लोकसंगीत शैलियाँ जैसे गम्भीरा (मालदा क्षेत्र) और भादुगान (बीरभूम, मुर्शिदाबाद) इस सांस्कृतिक संवाद की विशिष्ट अभिव्यक्तियाँ हैं। इन शैलियों में श्रीकृष्ण एक पारम्परिक देवता के रूप में नहीं, बल्कि जनजीवन के सक्रिय सहभागी, विवेकशील टिप्पणीकार, और आध्यात्मिक-सामाजिक मार्गदर्शक के रूप में चित्रित होते हैं।

गम्भीरा : गीत, प्रश्न और व्यंग्य का लोकमंच

गम्भीरा पश्चिम बंगाल के मालदा जिले की एक लोकप्रिय लोकनाट्य संगीत शैली है, जिसकी उत्पत्ति मूलतः धार्मिक थी, परन्तु समय के साथ इसने सामाजिक-राजनीतिक आलोचना और जनचेतना के स्वरूप को ग्रहण कर लिया। इसमें दो पात्र होते हैं : नाना (दादा) और नतिन (पोता)। ये दोनों संवाद के माध्यम से समाज, प्रशासन, धर्म, राजनीति, और पारिवारिक मुद्दों पर चर्चा करते हैं। संगीत, हास्य, तर्क और नाटकीय प्रस्तुति इसकी प्रमुख विशेषताएँ हैं।

श्रीकृष्ण की उपस्थिति :

गम्भीरा में श्रीकृष्ण को एक बुद्धिमान प्रश्नकर्ता के रूप में चित्रित किया जाता है–जो नाना या नतिन को धर्म, नैतिकता और सामाजिक सुधार के सन्दर्भ में प्रेरित करता है। कई बार वे न्याय की पुकार, किसानों के दुख, या भ्रष्टाचार के विरुद्ध आवाज बनकर सामने आते हैं।

इस परम्परा में श्रीकृष्ण वर्तमान सन्दर्भ में जीवित देवता हैं–जो जनसंघर्ष के साक्षी और साथी हैं।

भादुगान : नारी भावनाओं में रचा-बसा श्रीकृष्ण

भादुगान पश्चिम बंगाल के बीरभूम और मुर्शिदाबाद जिलों की एक प्रमुख नारी-केन्द्रित लोकगायन परम्परा है। यह संगीत शैली मुख्यतः स्त्रियों द्वारा स्त्रियों के लिए गायी जाती है, और इसमें प्रेम, पीड़ा, विरह, सामाजिक असमानता और आत्मबल की अभिव्यक्ति होती है।

ये गीत अधिकतर विवाह, ऋतुपर्व, या घरेलू आयोजनों में गाये जाते हैं। इनमें एक युवा स्त्री (भादु या उसकी समानान्तर छवि) अपनी भावनाओं, इच्छाओं, सामाजिक सीमाओं को संगीत में व्यक्त करती है।

श्रीकृष्ण का चित्रण :

भादुगानों में श्रीकृष्ण प्रेम के प्रतीक से आगे बढ़कर नारी हृदय की संवेदना के साथी बनते हैं। वे उस नायक की भूमिका निभाते हैं जिससे प्रेम भी किया जा सकता है, और जिससे शिकायत भी की जा सकती है। कभी वे विरह की व्यथा के कारण, तो कभी सांत्वना देने वाले मित्र के रूप में चित्रित होते हैं।

भादुगान में कृष्ण नारी चेतना, आत्मसंवाद और सामाजिक सीमाओं के बीच आध्यात्मिक आश्रय बन जाते हैं।

कृष्ण : सामाजिक टिप्पणीकार और सुधारक के रूप में

इन दोनों संगीत परम्पराओं में एक साझा सूत्र यह है कि श्रीकृष्ण को पौराणिक कथा से निकालकर वर्तमान जीवन की समस्याओं में लाकर प्रस्तुत किया गया है : वे कभी भ्रष्ट शासन व्यवस्था के आलोचक हैं, कभी जातिगत भेदभाव के विरोधी, कभी स्त्री के अन्तर्मन की आवाज, और कभी सामाजिक न्याय की तलाश करने वाला चेतक।

इस दृष्टि से श्रीकृष्ण बंगाल की लोकचेतना में ईश्वर से अधिक एक नैतिक विवेक बन जाते हैं।

सामाजिक और सांस्कृतिक प्रभाव

इन संगीत शैलियों ने धर्म को जनसरोकार से जोड़ा, और भक्ति को व्यावहारिक चिन्तन में रूपान्तरित किया। ग्रामीण जन समुदाय को संगीत के माध्यम से संवाद, प्रश्न और प्रतिरोध का मंच मिला। कृष्ण भक्ति इन परम्पराओं में भावुकता नहीं, बल्कि सक्रिय विवेक और चेतना के रूप में आयी।

इससे यह स्पष्ट होता है कि बंगाल की लोकभक्ति परम्परा सिर्फ पूजा की नहीं, बल्कि परिवर्तन की भी परम्परा रही है।

गम्भीरा और भादुगान जैसी क्षेत्रीय लोकसंगीत शैलियाँ बंगाल की बहुस्तरीय भक्ति संस्कृति की प्रतीक हैं, जिनमें श्रीकृष्ण एक संवेदनशील, संवादशील और समाज-सापेक्ष देवता बनकर प्रकट होते हैं।

वे केवल गोपियों के साथ रास करने वाले नहीं, बल्कि वर्तमान समय के सवालों का उत्तर देने वाले, पीड़ितों के साथ खड़े होने वाले, और लोकसमाज की अन्तरात्मा को स्पर्श करने वाले चरित्र बन जाते हैं।

श्रीकृष्ण की यही सामाजिक उपस्थिति उन्हें बंगाल की लोकस्मृति में जीवित, प्रिय और प्रासंगिक बनाये रखती है।

बंगाल की कुछ क्षेत्रीय संगीत शैलियाँ–जैसे गम्भीरा (मालदा क्षेत्र) और भादुगान (बीरभूम व मुर्शिदाबाद)–में भी श्रीकृष्ण एक सामाजिक संवाददाता के रूप में उभरते हैं। गम्भीर गीतों में कृष्ण को प्रश्नकर्ता, समाज सुधारक, और राजनीतिक टिप्पणीकार के रूप में चित्रित किया जाता है।

गम्भीरा

भादुगान में वे प्रेम और नारी अधिकार के पक्षधर के रूप में सामने आते हैं।

इन गीतों में कृष्ण सामाजिक अन्याय के विरुद्ध खड़े एक जननायक हैं।

• मंगलकाव्य में श्रीकृष्ण की भूमिका

हालाँकि मंगलकाव्य की परम्परा मुख्यत: स्थानीय देवी-देवताओं (जैसे मनसा, चण्डी) पर केन्द्रित है, लेकिन श्रीकृष्ण इनमें अक्सर सहायक देवता, दार्शनिक सलाहकार या सर्वज्ञ ईश्वर के रूप में उपस्थित रहते हैं। मनसामंगल, धर्ममंगल, और चण्डीमंगल जैसे ग्रन्थों में कृष्ण *न्याय, करुणा और मोक्ष का मार्ग* दिखाते हैं। वे संवादों के माध्यम से धर्म और समाज के बीच सन्तुलन स्थापित करते हैं।

मंगलकाव्य में कृष्ण शास्त्र और लोक के संगम बिन्दु हैं।

• बंगाली लोककथाएँ और श्रीकृष्ण का मानवीय स्वरूप

बंगाल की मौखिक परम्परा में श्रीकृष्ण की उपस्थिति लोककथाओं में भी गहराई से दिखायी देती है। इन कथाओं

में वे: कभी गाँव के चरवाहे लड़के होते हैं, कभी बुद्धिमान राजा, तो कभी जन-सामान्य के दुखों को समझने वाले ईश्वर।

लोककथाओं में श्रीकृष्ण *ईश्वर और मानव के बीच की खाई को पाटने वाले सेतु* बनते हैं।

बंगाली लोक साहित्य में श्रीकृष्ण केवल एक पौराणिक पात्र नहीं हैं–वे *'लोकेश्वर'* हैं, *जनदेवता* हैं, *मानवीय भावना के संवाहक* हैं। वे राधा के प्रेमी हैं, गोपियों के नायक हैं, राजनीतिक और सामाजिक न्याय के संरक्षक हैं, और भक्ति की करुणा से भरे मित्र हैं।

श्रीकृष्ण की यह बहुआयामी उपस्थिति यह सिद्ध करती है कि बंगाल की हर लोक परम्परा, साहित्यिक धारा, रंगमंच और संगीत में वे जीवन, प्रेम, दर्शन और संघर्ष के जीवन्त प्रतीक हैं।

बंगाल के लोकसाहित्य में श्रीकृष्ण

'श्रीकृष्ण-कीर्तन' : यह बंगाली साहित्य का एक महत्त्वपूर्ण भाग है, जिसमें श्रीकृष्ण की भक्ति और लीलाओं का वर्णन है। ये लोकगीत वैष्णव साहित्य का एक अभिन्न अंग है।

'श्रीकृष्ण-कीर्तन' काव्य : बोरु चण्डीदास द्वारा रचित एक वैष्णव काव्य-नाट्य है। इसे बंगाली साहित्य के इतिहास में चर्यापद के बाद सबसे महत्त्वपूर्ण कार्यों में से एक माना जाता है। माना जाता है कि ये छन्द 14वीं शताब्दी ईस्वी के उत्तरार्ध के पूर्व-चैतन्य युग में लिखे गये थे।

सन 1909 मे बसन्त रंजन राय विद्वत्बल्लभ ने बाँकुरा के देवेन्द्रनाथ मुखोपाध्याय के गौशाला से इस ग्रन्थ के पोथी (हस्तलिपि) का उद्धार किया था। क्योंकि इस ग्रन्थ के पन्ने फटे हुए थे और इसके प्रथम तथा शेष पन्ने मिले ही नहीं थे, इस ग्रन्थ का वास्तव नाम जाना नहीं जा सका। हस्तलिपि के अन्दर के पर्ची से यह पता चला कि इस हस्तलिपि को पहले बिष्णुपुर के राजकीय ग्रन्थागार में 'श्रीकृष्ण सन्दर्भ' नाम से संचय किया गया था। बाद मे 1916 सन में विद्वत्बल्लभ ने इसको सम्पादित कर वंगीय साहित्य परिषद के माध्यम से 'श्रीकृष्ण-कीर्तन' के नाम से प्रकाशित किया।

श्रीकृष्णकीर्तन लिखते समय बरु चण्डीदास विष्णु पुराण तथा लोककथाओं से प्रभावित हुए थे। तदोपरि, वे जयदेव के गीतागोविन्द से भी प्रभावित हुए थे। पद्म पुराण, ब्रह्म वैवर्त पुराण तथा अन्य वैष्णव साहित्य का प्रभाव भी 'श्रीकृष्ण-कीर्तन' में दिखता है। लेखनशैली उस समय के लोकसाहित्य से मेल खाती है। असमिया शब्द जैसे बाटे बाटे, आसिला, आइ, पेलाइया तथा असमिया लिपि के 'ब' (र) अक्षर का भी प्रयोग देखा जाता है। 'श्रीकृष्ण-कीर्तन' में 418 बंगाली पद (छन्द) और 133 (कुल 161, 28 श्लोक दो बार दोहराए गये हैं) संस्कृत श्लोक हैं, जो सम्भवत: कवि द्वारा रचित हैं। इन 418 छन्दों में से 409 छन्दों में लेखक का नाम है। मौजूदा काम को तेरह खण्डों में विभाजित किया गया है, अर्थात्, जन्म (जन्म), तम्वुला (पिसा हुआ पान जिसे उस समय प्यार का प्रतीक माना जाता था), दान (कर-संग्रह), नौका (नाव), भार (बोझ), वृन्दावन , यमुना , बाण (तीर), वंशी (बाँसुरी) और राधा विरहा (राधा का वियोग) (अन्तिम खण्ड का नाम कवि द्वारा नहीं दिया गया है)। यमुना खण्ड को आगे तीन उप-खण्डों में विभाजित किया गया है। पहला उपखण्ड कालिया दमन खण्ड (कालिया नामक सर्प-राक्षस का बलपूर्वक दमन) है, और तीसरा उपखण्ड हार खण्ड (हार खण्ड) है। दूसरे उपखण्ड का नाम

पाण्डुलिपि में नहीं पाया गया है, लेकिन इसका विषय राधा का वस्त्रहरण (राधा के वस्त्र चुराना) है। भार खण्ड में एक उपखण्ड है, जिसका नाम छत्र खण्ड (छाता खण्ड) है। तीन पात्र, कृष्ण , राधा और सन्देशवाहक बड़ाई बुढ़िया, नाटक के कथानक को आपस में जोड़ते हैं। पयार और त्रिपदी मीटर (छन्द) में संवाद और प्रतिसंवाद ने 'श्रीकृष्ण-कीर्तन' की नाटकीय गुणवत्ता में वृद्धि की है।

कहानी की शुरुआत राधा और कृष्ण से होती है, जो दिव्य प्राणी हैं और जिन्हें धरती पर मनुष्य के रूप में अवतार लेना तय है। राधा अपने मानव रूप में अयान गोप नामक एक किन्नर से विवाह करती है। राधा अपना दिन अयान की मौसी बड़ाई के साथ बिताती है और दूध से बने उत्पाद बेचने के लिए अन्य युवतियों के साथ मथुरा जाती है।

यात्रा के दौरान, बड़ाई राधा को खो देती है और एक आकर्षक युवक कृष्ण से मदद माँगती है। राधा के वर्णन से मोहित होकर, कृष्ण राधा को एक प्रेम प्रस्ताव भेजते हैं, जिसे वह अपनी वैवाहिक प्रतिज्ञाओं का सम्मान करते हुए अस्वीकार कर देती है। फिर कृष्ण राधा के रास्ते में बाधा डालते हैं, और टोल के रूप में एक अन्तरंग अनुग्रह माँगते हैं। राधा, दृढ़ होकर, कृष्ण के कपट आग्रह से बचने के लिए कठोर उपायों पर विचार करती है, लेकिन अरण्य में उसकी दृढ़ता के आगे झुक जाती है।

जैसे-जैसे मौसम बदलता है, राधा अपराधबोध और शर्म से बोझिल होकर खुद को अलग-थलग कर लेती है। कृष्ण, उसके लिए तरसते हुए, उसे वापस खुले में लाने की योजना बनाते हैं। वेश बदलकर, वह राधा से मिलते हैं और उसे फिर से दूध और दही बेचने के लिए राजी करवाते हैं, लेकिन जल्द ही उसकी पहचान प्रकट हो जाती है। कृष्ण पीछा करना जारी रखते हैं, लेकिन राधा कुशलता से उनके प्रयासों को चकमा दे देती हैं।

कृष्ण का प्रेम एक रचनात्मक मोड़ लेता है जब वह राधा को आकर्षित करने के लिए वृन्दावन को मनमोहक बनाते है। उनकी वीरता तब और भी अधिक प्रदर्शित होती है जब वह यमुना नदी में एक (पौराणिक कथानुसार)पाँच सिर वाले साँप कालिया का सामना करते हैं और गायब हो जाते हैं, जिससे गाँव वालों में दहशत फैल जाती है।

कृष्ण की हरकतों से निराश राधा उनकी पालिका माता यशोदा से शिकायत करती हैं। कृष्ण को क्रोध आता है, बड़ाई उन्हें राधा पर प्रेम मन्त्र का वाण प्रयोग करने की सलाह देते हैं। फूल रूपी बाण लगने से राधा कृष्ण से बहुत प्रेम करने लगती हैं। उनका जुनून बढ़ता जाता है, जिससे वह अपने रिश्ते को नियन्त्रित करने के लिए कृष्ण की बाँसुरी चुरा लेती हैं। कृष्ण, जवाब में, उदासीनता का दिखावा करते हैं, जिससे राधा निराशा में डूब जाती है। उसकी मिलने की इच्छा तीव्र हो जाती है, और वह उसे खोजती हैं, अन्ततः उसे वृन्दावन में पाती है। एक टकराव होता है, जहाँ राधा क्षमा माँगती है और कृष्ण, नरम होकर, बड़ाई की सलाह पर सुलह करने के लिए सहमत होते हैं। हालांकि, कहानी में तब दुखद मोड़ आता है जब कृष्ण, थोड़े समय के लिए फिर से मिलने के बाद, कंस से भिड़ने के लिए मथुरा चले जाते हैं, जिससे राधा का हृदय टूट जाता है। बड़ाई के हस्तक्षेप के बावजूद, कृष्ण वृन्दावन लौटने या राधा को फिर से स्वीकार करने से इनकार कर देते हैं, क्योंकि वे राधा से मिले कठोर शब्दों और व्यवहार को सहन करने में असमर्थ होते हैं। यही कृष्ण-कीर्तन का सार है।

चण्डीदास : चण्डीदास एक प्रसिद्ध बंगाली कवि हैं, जिन्होंने श्रीकृष्ण-कीर्तन की रचना की। उनकी रचनाएं बंगाली लोकसाहित्य में श्रीकृष्ण के प्रेम और भक्ति को दर्शाती हैं। उन्हें बरु चण्डीदास के नाम से भी जाना जाता है।

बरु चण्डीदास की लोकप्रियता का श्रेय छन्दों में लिखे गये पौराणिक नाटक 'श्रीकृष्ण-कीर्तन' को जाता है। जयदेव के गीत गोविन्दा के उल्लेखनीय प्रभाव के साथ कृष्णलीला की पौराणिक कथा को लेते हुए और आम जनता के बीच राधा-कृष्ण के बारे में प्रचलित सरल ग्रामीण गपशप पर आधारित, कहानी तीन मुख्य पात्रों-कृष्ण, राधा और बड़ाई के इर्द-गिर्द घूमती है।

चण्डीदास (जन्म 1408 ई.) मध्यकालीन बंगाल के सबसे प्रमुख और प्रशंसित कवियों में से एक थे। यद्यपि, एक ही नाम वाले कुल दो व्यक्ति पाये जाते हैं—बरु चण्डीदास और द्विज चण्डीदास। इसलिए, बंगला साहित्य में यह विवाद हमेशा से रहा है कि क्या दोनों एक ही थे या अलग-अलग पहचान के थे। उनमें से सबसे पहले बरु चण्डीदास हैं, जिनकी पहचान अधिक है। उनका जन्म पश्चिम बंगाल के बीरभूम जिले के नानूर में हुआ था। वह एक उच्च जाति के बारेन्द्र ब्राह्मण परिवार से थे और देवी बिशालक्ष्मी के एक उत्साही भक्त थे। सम्भवत: उनका जन्म का नाम अनन्त था और पारिवारिक उपनाम 'बरु' था।

वह एक निचली जाति की कन्या रामी से बहुत प्रेम करते थे , जो एक कपड़े धोने वाले की बेटी थी, जिसने उन्हें उनकी पहली कविता लिखने के लिए प्रेरित किया था। उनके बीच इस असीम, दिव्य, बेदाग, शुद्ध और आध्यात्मिक बन्धन ने चण्डीदास को समाज से बहिष्कृत कर दिया। ऐसा सुना जाता है कि उन्हें अपनी इस स्थिति के कारण अपने पिता की मृत्यु के संस्कार करने की भी अनुमति नहीं मिली थी।

बरु चण्डीदास की लोकप्रियता पौराणिक नाटक 'श्रीकृष्ण-कीर्तन' के रचयिता के रूप में है। बसन्त रंजन रॉय बिद्वतबल्लभ ने 1916 में बंगाली साहित्य की इस उत्कृष्ट कृति की पाण्डुलिपि खोजी और उसे बंगीय साहित्य परिषद के तहत प्रकाशित किया। श्रीमद् भागवतम् से प्रेरणा प्राप्त करते हुए, यह कविता राधा और कृष्ण के बीच शाश्वत प्रेम कहानी का वर्णन करती है।

जयदेव के गीत गोविन्दा के उल्लेखनीय प्रभाव के साथ कृष्णलीला की पौराणिक कथा को लेते हुए और राधा-कृष्ण के बारे में आम जनता के बीच प्रचलित सरल ग्रामीण गपशप पर आधारित, कहानी तीन मुख्य पात्रों-कृष्ण, राधा और बड़ाई के इर्द-गिर्द घूमती है। ये पद जीवन में संघर्ष और चुनौतियों, प्रेम और क्रोधकी भावनाओं से भरे हुए हैं। यह कहानी के प्रवाह को आगे बढ़ाता है, आकर्षक और नाटकीय बनाता है। साथ ही, इसमें मन्त्रमुग्ध करने वाले गीत भी शामिल हैं। मुख्य विषय श्रृंगार रस के इर्द-गिर्द घूमता है और इसमें पयार और त्रिपदी लय में रचित झुमुर गीतों का प्रभाव है। यहाँ, राधा की प्रेम की भावना को बंगाली दृष्टिकोण और सांस्कृतिक मानसिकता के साथ प्रस्तुत किया गया है और यह आज भी प्रासंगिक है।

काव्य तेरह खण्डों में विभाजित है। चण्डीदास ने राधा के चरित्र को एक तपस्विनी और साधिका के रूप में गढ़ा है, जिसमें प्रेम की कोमल छवि के साथ एक आत्म-त्यागी रूप है। राधा गाँव की एक साधारण लड़की है जिसका सौम्य रूप दैनिक जीवन की जटिलताओं के बावजूद दमकता है। राधा के सहज जीवन में अचानक प्रेम का उदय और उसके प्रेमी के साथ उसके बन्धन छिन्न होने की कहानी इसका मुख्य भावनात्मक हिस्सा है। इस मामले में, चण्डीदास ने प्रेम, भक्ति और विरह को सफलतापूर्वक समाहित किया है और पदों के कुशल प्रयोग से बंगाली जीवन के कोमल भावनाओं और उनके दैनिक संघर्षों को वाणी देने में काफी लोकप्रिय हुए हैं।

इस काव्य के जन्मखण्ड में राधा और कृष्ण के जन्म का वर्णन है। ताम्बूलखण्ड में कृष्ण के प्रथम प्रेम के साथ राधा की असाधारण सुन्दरता का वर्णन है, दानखण्ड से कृष्ण के दाता के रूप में अभिनय और राधा से भेंट

तथा अन्य कथाएँ जैसे राधा कृष्ण की नाव से गोपियों द्वारा यमुना पार करने की कथा और यमुना नदी पर राधा और कृष्ण के समय व्यतीत करने की कथा भी वर्णित है। भारखण्ड में कृष्ण द्वारा दूध और दही का भार ढोते हुए राधा के साथ चलने का उल्लेख है। बरु चण्डीदास ने छत्रखण्ड में भगवान कृष्ण द्वारा राधा के सिर पर छत्र धारण करने की घटना का वर्णन किया है। वृन्दावनखण्ड में भगवान कृष्ण की गोपियों के साथ वन लीलाओं और रसयात्राओं का उल्लेख है।

यमुना खण्ड में गोपियों के वस्त्रहरण और कृष्ण द्वारा जल में मनोरंजन के लिए स्नान करने का वर्णन है। हर खण्ड में कृष्ण द्वारा राधा का हार चुराने और राधा द्वारा माता यशोदा से कृष्ण की शिकायत करने की कहानी है। छन्द आगे राधा के प्रति कृष्ण के जुनून और मदन बाण (प्रेम बाण) से राधा की शिकायत का बदला लेने की कहानी बताते हैं। वंशीखण्ड में कृष्ण की बाँसुरी सुनकर राधा के उत्साहित होने और कृष्ण की बाँसुरी चुराने, उसके बाद कृष्ण द्वारा जोरदार अपील और अन्ततः बाँसुरी लौटाने का उल्लेख है। अन्त में, राधाविरह खण्ड में कृष्ण का राधा से मिलन, मथुरा जाना और राधा में विरक्ति की पीड़ा प्रस्तुत की गयी है। उन्होंने अपनी कविता में कई बार प्रस्तावनाओं का इस्तेमाल किया है।

बंगाल के इस पहले मानवतावादी कवि के नाम से जुड़ी कविताएँ उस समय से बंगाल के लगभग हर घर में जाने-अनजाने में कई बार सुनाई जाती रही हैं। उनके बारे में कई नाटक और फिल्में भी बनी हैं। उनकी प्रसिद्ध कहावत 'सोबार उपोरे मानुष सोत्यो, ताहर ओपोरे नै' (मानवता ही सबसे बड़ा सत्य है, और उससे परे कुछ भी नहीं है) मध्ययुगीन बंगालियों और भारतीयों की मानवता की भावना और दर्शन को समझने के लिए सबसे बेहतरीन उदाहरण मानी जा सकती है।

एक किंवदन्ती के अनुसार, चण्डीदास को बंगाल के गौर प्रदेश के मुस्लिम सुल्तान ने संगीत प्रदर्शन के लिए आमन्त्रित किया था। वहाँ, बेगम चण्डीदास की जादुई धुन सुनकर उनसे प्रेम करने लगी। इस खबर से सुल्तान क्रोधित हो गया और उसने चण्डीदास को हाथी की पीठ पर जंजीर से बाँधकर, हाथी के पैरों तले कुचलवाकर मरवा दिया। बेगम चण्डीदास के लिए यह यातना सहन नहीं कर सकी और उसने भी अपने प्राण त्याग दिये। यहाँ तक कि बेगम के प्रेम के जुनून में रामी भी उनके आगे झुक गयी। हालाँकि, उनके जीवन के बारे में ऐसी कई कहानियाँ मिलती हैं, पर आज भी उनकी सच्चाई पर बहस होती है।

इसमें कोई सन्देह नहीं कि वे चैतन्य युग से पहले के सभी सहानुभूतिपूर्ण और भावुक संगीत कवियों में सबसे महान थे। उनके पदों का रस चखकर चैतन्य महाप्रभु भी मन्त्रमुग्ध हो गये थे, क्योंकि वे दोनों सच्चे प्रेमी थे और राधा के दर्द को किसी और से ज्यादा समझने वाले थे।

चण्डीदास के कुछ पद इस प्रकार हैं :

"सोइ, केबा सुनिला श्याम नाम"–मित्र, जिसने श्याम के नाम का श्रवण किया है। (पूर्व प्रेम यानी अनुराग)

"जतो निबरिये चाय, निबर ना जाये रे"–जितना अधिक मैं अपने आप को प्रतिबन्धित करना चाहता हूँ, उतना ही मैं नियन्त्रित करने में असमर्थ हूँ (प्रेम बैचित्र्य)

"की मोहिनी जानो बधू"–क्या मनमोहक आकर्षण है तुम्हें पता है, हे नयी दुल्हन! (आक्षेपनुराग)

"बधु की आर बोलिबो आमी"–हे दुल्हन, मैं और क्या कहूँ (निवेदन)

बंगाली साहित्य पर चैतन्य महाप्रभु का प्रभाव

चैतन्य महाप्रभु ने बांग्ला में एक भी पद नहीं लिखा है। इसलिए जाहिर है कि बांग्ला साहित्य में उनका योगदान शून्य है। फिर भी मध्यकालीन बांग्ला साहित्य में उनका प्रभाव बहुत मजबूत और निर्विवाद है। उनके अभूतपूर्व आगमन से बंगाल के समकालीन समाज और संस्कृति में एक महान पुनर्जागरण आया था। महाप्रभु ने बांग्ला साहित्य में परम्पराओं के मार्ग को पुनर्निर्देशित किया। विदेशी इस्लामी शासन के तहत पराजित मन की मुक्ति और हिन्दू हृदय को मोक्ष की ओर ले जाने वाली प्रेम और मानवता की भावनाओं ने उनके पदचिह्नों पर चलते हुए हिन्दुओं के लिए जीवन के नये मूल्यों और दिशाओं का निर्माण किया।

निम्नलिखित में हम बांग्ला साहित्य पर श्रीचैतन्य महाप्रभु सन्त के प्रत्यक्ष और अप्रत्यक्ष दोनों प्रभावों को देखेंगे :

वैष्णव पदावली राधाकृष्ण के पूर्व लौकिक प्रेम के स्थान पर आध्यात्मिक सम्बन्ध के प्रवेश ने सम्पूर्ण पदावली साहित्य की नयी और विस्तृत व्याख्या की। इसके अलावा, पदावली के नये खण्ड, अर्थात् "गौरचन्द्रिका" और "गौर पदावली", "गौरचन्द्र" या प्रभु चैतन्य के जीवन को समर्पित किये गये।

वृन्दाबन दास के "चैतन्य भागवत" ने महाप्रभु के ईश्वरीय चरित्र पर विचार करते हुए बायोपिक की एक नयी प्रवृत्ति शुरू की। इधर, जयानन्द के चैतन्यमंगल, लोचन दास के चैतन्य मंगल और कृष्णदास कविराज के चैतन्य चरितामृत के बाद के उदाहरणों ने परिवर्तन की दिशा में नये रास्ते खोले।

पूर्व चैतन्य युग में मंगल काव्य के विभिन्न देवी-देवताओं की संकीर्णता, क्रूरता, निर्दयता और स्वार्थपरता बहुत कम होकर अधिक ईश्वरीय, सुखद और दिव्य महिमा में परिवर्तित हो गयी। उदाहरण के लिए, मुकुन्द चक्रवर्ती और द्विज माधव के हाथों प्रतिशोधी चण्डी की प्रकृति का माँ अभया (रक्षा का आश्वासन देने वाली) में विकास और धर्म मंगल काव्य में धर्म ठाकुर की दयालु छवि पर विचार किया जा सकता है।

वैष्णववाद के प्रभाव में बांग्ला भाषा में रामायण, महाभारत और भागवत के सामाजिक, सांस्कृतिक परिवेश और पात्र यहाँ उल्लेख करने योग्य उदाहरण हैं।

कुछ लोग तर्क देते हैं कि बच्चों के प्रति प्रेम या वात्सल्य रस और उमा संगीत (माँ उमा के गीत) जैसे कि आगमनी और विजया गीतों को दर्शाने वाले पदों में चैतन्य के सौहार्दपूर्ण और विनम्र दृष्टिकोण के कारण परिवर्तन आया।

लोककथाओं में चैतन्य का प्रभाव प्रबल है। बांग्लादेश के मैमनसिंह की लोकगाथाओं का संग्रह मैमनसिंह गीतिका और सबसे उल्लेखनीय रूप से बाउल विचारधारा और संगीत के उदाहरण, जो "मोनेर मानुष" (प्रेम करने के लिए सही व्यक्ति) की खोज करते हैं, बेहतरीन उदाहरण हैं–

'आमार निताई चांदेर बाजारे
गौर चांदेर दरबारे
एकमोन जार सेई जेते पारे
ओरे दुई मोन होले पोरबी फाँदे
पारबी ना पारे जेते (भबा पगला का गीत)...'

अर्थात्,

' मेरे निताई चाँद की सभा में
मेरे गौर चाँद के दरबार में
केवल एक मन वाला ही यात्रा कर सकता है
यदि आप सन्देह में हैं या दो-दिमाग वाले हैं,
तो आप जाल में हैं,
आप किनारे तक नहीं पहुँचेंगे!'

इस प्रकार, कई बंगाली रचनाओं में पाये जाने वाले आध्यात्मिक विषयों में प्रचलित कठोरता धीरे-धीरे अधिक कोमल और विनम्रता में बदल गयी, जैसे कि जब वे कहते हैं 'देवोतारे प्रियो कोरी, प्रियोरे कोरी देबोता' (भगवान को प्रियतम और प्रियतम को मेरा भगवान बनाया), तो महाप्रभु की भक्ति शैली से प्रभावित होकर ही।

लोकगीत : बंगाल में कई लोकगीत श्रीकृष्ण के जन्म, लीलाओं, और उनके भक्तों के जीवन से सम्बन्धित हैं। ये गीत ग्रामीण क्षेत्रों में गाये जाते हैं और श्रीकृष्ण की भक्ति को बढ़ावा देते हैं।

ग्रामीण बंगाल के लोकगीत प्राचीन काल की समृद्ध सांस्कृतिक और ऐतिहासिक विरासत का प्रतिनिधित्व करते हैं। ग्रामीण बंगाल के विभिन्न प्रकार के लोकगीतों की मधुर, लेकिन सरस रचनाएँ श्रोताओं पर जादू कर देती हैं। बंगाल के लोकगीतों ने अपनी मनमोहक धुन और जीवन के सरल दर्शन के कारण वैश्विक चरित्र प्राप्त कर लिया है। लोकगीतों की शानदार रचनाओं ने कवि की कल्पना को आकर्षित किया है और दुनिया भर में प्रसन्नता फैलाने में मदद की है।

ग्रामीण पश्चिम बंगाल के समृद्ध लोकगीतों को बाउल, कीर्तन, भटियाली और सारी गीतों की चार श्रेणियों में वर्गीकृत किया जा सकता है। लोक संगीत की सभी चार अलग-अलग धाराएँ, अपनी अनूठी शैलियों ओर रचनाओं के लिए प्रसिद्ध हैं। लोकगीत ग्रामीण कलाकारों की अन्तर्निहित प्राकृतिक प्रतिभा को दर्शाते हैं जिन्होंने अपने मन को तरोताजा करने और अपनी सृजन क्षमताओं को तलाशने के लिए शानदार संगीत की रचना की।

बाउल गायक

बाउल गायक ग्रामीण बंगाल की समृद्ध लोक परम्पराओं का प्रतिनिधित्व करते हैं। बाउल गायकों का एक समूह है जो अपने गीतों के माध्यम से अपनी अन्तरतम भावनाओं को व्यक्त करने के लिए एक स्थान से दूसरे स्थान पर जाते हैं। पश्चिम बंगाल के पारम्परिक लोक गायक, बाउल इस क्षेत्र की समृद्ध ऐतिहासिक और सांस्कृतिक विरासत के अवशेष हैं।

संस्कृत शब्द 'भातुल' से उत्पन्न बाउल गायक जीवन की रहस्यमय प्रकृति का ही बखान करते हैं। बाउल गायकों का समूह धर्म या जाति के किसी भी प्रकार के सामाजिक विभाजन में विश्वास नहीं करता है। इसके बजाय इस रहस्यवादी कवियों के अनुसार, मनुष्य सर्वोच्च सत्ता का अंश है।

बंगाल की यह अनूठी लोक परम्परा भक्ति आन्दोलन के दौरान विशेष रूप से उभरी। भक्ति आन्दोलन से मध्य युग में भारत के सामाजिक और सांस्कृतिक परिदृश्य में क्रान्तिकारी बदलाव आया। भक्ति आन्दोलन के मुख्य विषय के अनुरूप, जिसने लोगों के बीच सभी प्रकार के सामाजिक विभाजनों को मिटा दिया, बाउल गायकों

ने अपनी अलग पहचान बनायी। उन्होंने अपनी सरल रचनाओं के माध्यम से भक्ति आन्दोलन को लोकप्रिय बनाया। बाउल गायकों ने अपनी सुन्दर रचनाओं के माध्यम से सर्वोच्च सत्ता के प्रति अपनी भक्ति और समर्पण को व्यक्त किया।

महान नोबेल पुरस्कार विजेता रवीन्द्रनाथ टैगोर ने बाउल परम्परा के दर्शन को समझा और अपनी विभिन्न संगीत रचनाओं और साहित्यिक रचनाओं के माध्यम से इसे प्रसिद्ध बनाया। साधारण कपड़े पहने बाउल गायक सत्य की खोज में भटकते हैं। वे अपनी संगीत रचनाओं के माध्यम से समाज में समानता और प्रेम का सन्देश फैलाते हैं।

बाउल गायकों ने अन्तरराष्ट्रीय स्तर पर भी अपने लिए एक महत्त्वपूर्ण स्थान बनाया है। बाउल गायकों ने समानता, भक्ति और साथी के प्रति प्रेम के अपने दृष्टिकोण और दर्शन से पश्चिमी दुनिया में लोकप्रियता हासिल की और उन्हें प्रभावित किया है।

कीर्तन

शास्त्रीय संगीत की ध्रुपद शैली पर आधारित कीर्तन एक भक्ति गीत है जो सर्वोच्च सत्ता की स्तुति में गाया जाता है। भगवान को प्रसन्न करने का एक तरीका, लोकगीतों का यह प्रसिद्ध रूप प्राचीन काल के रहस्यवादी सन्त श्रीकृष्ण चैतन्य महाप्रभु द्वारा आम आदमी के जीवन में पेश किया गया था। तानपूरा और खोल जैसे कई संगीत वाद्ययन्त्रों के साथ कीर्तन वैष्णव समुदाय की समृद्ध ऐतिहासिक और सांस्कृतिक विरासत को दर्शाते हैं। कीर्तन की प्राचीन भाषा लोगों को एकता के सूत्र में बाँधती है।

मुख्य गायक के नेतृत्व में, कीर्तन कई पुरुषों और महिलाओं द्वारा सामूहिक रूप से गाये जाते हैं जो अपने गीतों के माध्यम से प्रेम और समर्पण का सन्देश फैलाते हैं। कीर्तन को चार अलग-अलग श्रेणियों में वर्गीकृत किया जा सकता है जो गायन और रचनाओं की अपनी अनूठी शैली के लिए जाने जाते हैं।

कीर्तन की चार श्रेणियाँ हैं :

1. मनोहरशाही
2. गरानहाटी
3. मन्दारिन
4. रोजा

कीर्तन बंगाल के लोगों की तीव्र धार्मिक भावना को दर्शाता है। ग्रामीण बंगाल के लोकगीतों की मुख्य धाराओं में से एक, कीर्तन मुख्य रूप से भगवान कृष्ण की स्तुति में गाये जाते हैं। मधुर कीर्तन श्रोताओं पर जादू कर देता है। लोकगीतों की मनमोहक धुन कवि की कल्पना को मोह लेती है। कीर्तन की संगीत रचनाओं को गाकर व्यक्ति को दिव्य शान्ति और शाश्वत खुशी का अनुभव होता है। बंगाल की समृद्ध लोक परम्परा का प्रतिनिधित्व करते हुए, कीर्तन दैनिक जीवन की थकान और तनाव से खुद को तरोताजा करने का सबसे अच्छा तरीका है। श्रीकृष्णकीर्तन काव्य बंगाली साहित्य का एक महत्त्वपूर्ण तत्त्व बन गया है। यह काव्य कृति मूलत: बंगाली साहित्य के महानतम महाकाव्यों में से एक है और धार्मिक तथा सांस्कृतिक दृष्टिकोण से विशेष रूप से महत्त्वपूर्ण है। श्रीकृष्णकीर्तन की भूमिका का विश्लेषण कई पहलुओं से किया जा सकता है :

- **धार्मिक चेतना और आध्यात्मिकता** : श्रीकृष्णकीर्तन काव्य भक्ति साहित्य का एक महत्त्वपूर्ण अंग है। यह भगवान कृष्ण के जीवन, उनके कार्यों तथा उनके प्रति भक्तों के प्रेम और सम्मान को व्यक्त करता है। यह काव्य कृति लोगों की आध्यात्मिक चेतना और भक्ति को प्रदर्शित करती है, जिसने उस समय के समाज में एक महत्त्वपूर्ण धार्मिक प्रभाव पैदा किया।
- **काव्यात्मक और संगीतात्मक संरचना** : श्रीकृष्णकीर्तन कविता अपने संगीत और गीत के कारण लोकप्रिय हुई। इसे एक गीत के रूप में प्रस्तुत किया जाता है और संगीत के माध्यम से लोक संस्कृति पर इसका गहरा प्रभाव पड़ता है। जिस प्रकार इसमें कविता का सौन्दर्य है, उसी प्रकार गीत के माध्यम से इसका आकर्षण और अधिक बढ़ जाता है।
- **लोक संस्कृति और भक्ति साहित्य का विकास** : बंगाल की लोक संस्कृति में श्रीकृष्णकीर्तन ने महत्त्वपूर्ण स्थान प्राप्त किया है। भक्ति साहित्य के विकास में इस काव्य ने प्रमुख भूमिका निभायी है। यह काव्यधारा बंगाल के आम लोगों के बीच भगवान कृष्ण की भक्ति और विचारों को फैलाने का एक सशक्त माध्यम था।
- **नयी काव्य शैली प्रकाशित** : श्रीकृष्णकीर्तन काव्य बांग्ला साहित्य में एक नयी काव्य शैली की शुरुआत का प्रतीक है, जहाँ पारम्परिक काव्य शैली से अलग शैली में कविताओं की रचना की जाती है। इसमें विविध लय, धुन और रूप समाहित थे, जिसने बंगाली कविता और साहित्यिक रुचि में नये क्षितिज खोले।

संक्षेप में, 'श्रीकृष्ण-कीर्तन' को धार्मिक, सांस्कृतिक और काव्यात्मक दृष्टिकोण से बांग्ला साहित्य में एक आवश्यक और अमूल्य काव्य कृति के रूप में मान्यता प्राप्त है।

भटियाली

ग्रामीण बंगाल के प्रमुख लोकगीतों में से एक, भटियाली को किसी प्रियजन की याद में विषाद के साथ गाया जाता है। भटियाली गीत बीते हुए स्वर्णिम युग की समृद्ध सांस्कृतिक विरासत का प्रतिनिधित्व करते हैं। भटियाली लोकगीतों की कोमल, लेकिन सुन्दर संगीत रचनाएँ पश्चिम बंगाल के ग्रामीण संगीतकारों की अन्तर्निहित प्रतिभा को दर्शाती हैं। मूल रूप से नाविकों द्वारा गाये जाने वाले भटियाली गीतों की शानदार संगीत रचनाओं ने आधुनिक युग के कवियों और श्रोताओं की कल्पना को भी आकर्षित किया है। भटियाली गीत अपनी सरल भाषा और मधुर रचनाओं के माध्यम से प्रेमी के शुद्ध और गहरे प्रेम को व्यक्त करते हैं। भटियाली गीत प्रेमी की भक्ति और समर्पण को दर्शाते हैं। भटियाली लोकगीतों की संगीत रचनाओं को सुनकर कोई भी अपने किसी प्रियजन को खोने के गहरे दर्द को महसूस कर सकता है। प्राचीन काल में, जब अपने प्रेम को व्यक्त करने के बहुत से तरीके नहीं थे, भटियाली गीतों ने प्रेमी को अपने प्रेम का इजहार करने का एक जरिया प्रदान किया। भटियाली गीतों की मधुर संगीत रचनाएँ हृदय को छूती हैं तथा उसे गहन एवं तीव्र भावनाओं से भर देती हैं। हालाँकि, प्रचार-प्रसार के अभाव में भटियाली गीतों की संगीत रचनाएँ वर्तमान पीढ़ी के लिए लुप्त हो गयीं। हाल के वर्षों में विभिन्न संगीत समूहों और कम्पनियों के सम्मिलित प्रयासों के कारण भटियाली गीत फिर से प्रमुखता में उभरे हैं। भटियाली गीतों की कोमल रचनाएँ दर्शकों पर जादू बिखेरती हैं और पश्चिम बंगाल के अतीत के सांस्कृतिक गौरव को पुनर्जीवित करती हैं।

सारी

ग्रामीण बंगाल के प्रमुख लोकगीतों में से एक, सारी नाविकों द्वारा समुद्री यात्रा पर जाते समय गाया जाता है। सारी लोकगीत नाविकों की समृद्ध कलात्मक प्रतिभा को दर्शाता है जो अपनी लम्बी समुद्री यात्राओं पर खुद को व्यस्त और खुश रखने के लिए मधुर गीत लिखते और बनाते हैं।

पुराने दिनों में ग्रामीण बंगाल के नाविक मछली की तलाश में लम्बी समुद्री यात्राएँ किया करते थे। ऐसे अभियानों के दोरान नाविक अपनी अन्तरतम भावनाओं और भावनाओं को व्यक्त करने के लिए गीत लिखते और रचते थे। सारी को आमतौर पर नाविकों द्वारा एक समूह में एक साथ गाया जाता है। सुन्दर लयबद्ध रचना और सारी गीतों की धुन नाविकों को नाव के पतवार खींचने के लिए आवश्यक ऊर्जा और जोश देती थी।

सारी लोकगीत नाविकों को कई दिनों तक घर से दूर रहने के तनाव और तनाव से राहत देते थे। ग्रामीण बंगाल के सारी लोकगीतों की शानदार संगीत रचनाओं ने नाविकों के नीरस और उबाऊ जीवन को आनन्द और उल्लास से भर दिया। नाविकों के सारी लोकगीतों की संगीत रचनाओं में खुशी और गम ही मिश्रित भावनाओं का अनुभव किया जा सकता है। आज भी ग्रामीण बंगाल के नाविकों के सारी गीत सुने जा सकते हैं, जिन्होंने इस क्षेत्र के बीते दिनों की सदियों पुरानी परम्परा को जीवित रखा है। ग्रामीण बंगाल के सारी लोकगीतों की सुन्दर, लेकिन सरल रचनाओं ने आधुनिक समय के संगीतकारों और गायकों की कल्पना को प्रेरित किया है। इस आधुनिक युग में, साड़ी गीतों ने एक बार फिर से लोकप्रियता हासिल कर ली है क्योंकि उनकी कोमल और उदासी भरी रचना हर श्रोता के दिल को छू जाती है।

लोक साहित्य आम तौर पर पूर्व-साक्षर समुदायों द्वारा रचा जाता है और एक पीढ़ी से दूसरी पीढ़ी तक मौखिक रूप से पारित किया जाता है। हालाँकि एक क्षेत्र के लोक साहित्य में दूसरे क्षेत्र के साहित्य के साथ समानताएँ हो सकती हैं, लेकिन यह एक निश्चित भौगोलिक और पर्यावरणीय परिवेश में पनपता है। हालाँकि व्यक्तियों द्वारा रचित, लोक साहित्य, अपनी रचना और संरक्षण की प्रकृति के कारण, एक सामूहिक उत्पाद बन जाता है और समुदाय की परम्पराओं, भावनाओं, विचारों और मूल्यों को ग्रहण करता है। चूँकि लोक साहित्य मूल रूप से मौखिक होता है, इसलिए यह भाषा और शैली के कुछ उपकरणों और प्रतिमानों पर निर्भर करता है। फिर भी, यह कलात्मक सुन्दरता, बुद्धि और आनन्द से भरा हुआ है।

लोक साहित्य, अपनी प्रकृति से, भूमि और उसके पर्यावरण से प्रभावित होता है। बंगाल की समशीतोष्ण जलवायु, जहाँ लोगों को जीवनयापन के लिए बहुत संघर्ष नहीं करना पड़ता, लोगों को सहज बनाती है। साथ ही प्रकृति उन्हें प्रकृति और उसके बदलते चेहरों की सराहना करने, भूमि और नदियों के बारे में गाने, बारिश या उसके अभाव के बारे में, विभिन्न मौसमों के सुख या दुख के बारे में गाने के लिए तैयार करती है। बंगाल के समृद्ध लोक साहित्य में लोकगीत, गाथाएँ, लोक कथाएँ , लोक नाटक, तुकबंदियाँ, मन्त्र, पहेलियाँ और कहावतें शामिल हैं जो इस भूमि की स्वदेशी संस्कृति से प्रेरित हैं, लेकिन सदियों से, जिसने विदेशी संस्कृतियों को भी आत्मसात किया है और इस प्रक्रिया में संशोधित भी हुए हैं।

लोकगीतों को धुन के अनुसार तैयार किया जाता है और पीढ़ी दर पीढ़ी मौखिक रूप से आगे बढ़ाया जाता है। लोकगीत ग्रामीण लोगों की जीवनशैली को व्यक्त करते हैं, जिसमें उनकी सारी उम्मीदें, अपेक्षाएँ, दुख और सपने शामिल होते हैं। व्यक्ति से लेकर समाज और धर्म से लेकर व्यवसाय तक, हर चीज लोकगीतों के स्वरूप

को प्रभावित करती है। प्रकृति, पर्यावरण, मौसमी विविधता लोकगीतों की खूबसूरती में चार चाँद लगा देती है। बारामासी (बारह महीनों का गीत) बंगाली वर्ष के बारह महीनों में ग्रामीण महिलाओं के सुख-दुख का वर्णन करता है। नाविकों का जीवन और पतवारों, नदियों, नावों, पालों, लहरों, तटों की दुनिया लम्बे समय से चली आ रही भटियाली (नदी का गीत) को प्रेरित करती है, जबकि भूमि का विशाल विस्तार, दूर क्षितिज, सूरज और बादल, थका देने वाली दोपहरें और दिन भवैया (भूमि का गीत) को सूचित करते हैं। लोकगीत भी बाउल गीतों की तरह सामाजिक अस्तित्व और साम्प्रदायिक सद्भाव की खोज से प्रेरित होते हैं। वे एक खुशहाल, अधिक सामंजस्यपूर्ण वैवाहिक जीवन की इच्छा से भी प्रेरित होते हैं, जो व्रतगान (प्रतिज्ञाओं का गीत) को जन्म देता है। मुस्लिम संस्कृति ने जरीगान (दुख का गीत, ज़री से, फारसी में दुख के लिए) को जोड़ा, जो मुहर्रम से जुड़े दुखों और पीड़ाओं का वर्णन करता है। अन्य लोक गीतों में सारी, झुमुर, घाटु, मुर्शिदी और गम्भीरा शामिल हैं।

लोकगीत पेशेवर या शौकिया गायकों द्वारा गाये जा सकते हैं। गायेन या बयाती पेशेवर गायक होते हैं जो समूहों में गाते हैं, जबकि कवियाल गीत प्रतियोगिताओं में भाग लेते हैं। अलकप में छोकरा और घाटु गीतों में घाटु पेशेवर गायक और नर्तक होते हैं। उदास (तपस्वी) बाउल अपनी रहस्यमय खोज के हिस्से के रूप में गाते हैं, जबकि वैरागी और वैरागिनी या बोस्तम और बोस्तमी भिक्षा माँगते समय गाते हैं। गिदल नामक पेशेवर गायक विवाह समारोहों में गाते हैं, हालाँकि शौकिया महिला गायक भी विवाह गीतों में भाग लेती हैं। लगभग हर गाँव की महिला इन गीतों को गा सकती है। किसान, कामकाजी लोग, चरवाहे, नाविक सभी काम करते या आराम करते समय गीत गाते हैं।

आशुतोष भट्टाचार्य ने लोकगीतों को पाँच श्रेणियों में वर्गीकृत किया है : क्षेत्रीय, व्यावहारिक, अनुष्ठान, काम-सम्बन्धी और भक्ति। लेकिन विषय-वस्तु को ध्यान में रखते हुए, लोकगीतों की सात श्रेणियाँ हैं : प्रेम, अनुष्ठान, दर्शन और भक्ति, काम और श्रम, पेशा और व्यवसाय, व्यंग्य और मौज-मस्ती, और मिश्रित।

सांसारिक प्रेम लोकगीतों का केन्द्र बिन्दु है, जिसमें पुरुष और स्त्री के बीच प्रेम का वर्णन किया गया है। दिव्य प्रेम भक्ति गीतों का विषय है। राधा और कृष्ण के प्रेम पर आधारित अलकप, कविगान, घाटु गान, झुमुर, बारामासी, मेयेली गीत, जात्रा गान, साड़ी गान, होली गान आदि जैसे गीतों में शारीरिक प्रेम, वासना, पुरुष और स्त्री के बीच अनबन, फिर मिलन और अलगाव प्रकट होते हैं। कुछ उदाहरण हैं बने कानूर बंशी बाजिला रे (कृष्ण वन में बाँसुरी बजाते हैं, अलकप), की हेरिली जमुनाय असिया गो सजनी (मैंने यहाँ जमुना में क्या देखा है! घाटु गान), शुना गो राय, बाली तोरे (मैं तुमसे कहता हूँ राधा, झुमुर), माघ न मासेते माधव मथुराय गमना (मैं माघ आने से पहले मथुरा जाता हूँ, बारामासी), तुई मोर निदय कालिया रे (तुम, मेरे क्रूर प्रेमी, भवैया), मन दुखे मोरिबे सुवल सखा (मैं मर जाऊँगा सुबल सखा), (बाहर आओ, प्रिये, और देखो, श्याम बाँसुरी बजा रहा है, सारी गान), निधुबोने श्याम किशोर सने खेलबो होली ऐ (हम मिल कर होली की रस्मों में मौज-मस्ती करेंगे, होली के गीत), आदि। राधा, कृष्ण, सुबल, मथुरा, जमुना, बंशी आदि जैसे शब्दों से भरे होने के कारण, धार्मिक या आध्यात्मिक भाव के साथ- साथ ये मानवता और सांसारिक ज्ञान से भी सम्बन्धित हैं।

गंगा के पश्चिमी तट पर राधा क्षेत्र के भादू, टुसू और जावा नामक गीत भी भक्ति प्रकृति के हैं। बीज बोने के समय जावा गीत गाये जाते हैं और फसल कटने के समय भादू गीत गाये जाते हैं। लोक धर्म में, जो आज भी प्रचलित धर्म का आधार है–भूमि की उर्वरता, महिलाओं की उर्वरता से जुड़ी है। इसलिए युवतियाँ सफल वैवाहिक जीवन की आशा में भादू व्रत रखती हैं।

एक अन्य प्रकार का गीत नवान्न गीत (भोजन अर्पण के लिए गीत) है, जिसे बच्चे, चरवाहे और खेत के मजदूर तब गाते हैं जब वे घर-घर जाकर शिरनी के लिए सामग्री माँगते हैं, जो गोआला और कृष्ण को चढ़ाए जाने वाले मीठे चावल का एक रूप है। ऐसा माना जाता है कि यह अर्पण देवताओं को प्रसन्न करेगा और मवेशियों को सुरक्षित रखेगा। चूँकि खेती में मवेशी महत्त्वपूर्ण हैं, इसलिए लोग अपने मवेशियों की सुरक्षा सुनिश्चित करने के लिए देवी-देवताओं को शिरनी चढ़ाते हैं।

हिन्दू चित्रकार जो कागज पर चित्र बनाते हैं और मिट्टी के बर्तनों पर पेंटिंग करते हैं, वे काम करते समय या बिक्री के लिए अपने सामान को प्रदर्शित करते समय भी गाते हैं। चित्रकारों के गीत राधा और कृष्ण, रामचन्द्र और सीता, निमाई संन्यासी, गाजी पीर आदि के चित्रों पर आधारित हैं। मैमनसिंह से प्राप्त पंचकल्याणी नामक मिट्टी के बर्तन में शिव, कृष्ण, सीता, निताई और एक पतिता को दर्शाया गया है।

जगह-जगह घूमकर कठपुतली शो आयोजित करने वाले कठपुतली कलाकार पंचाली, कीर्तन और मालसी की धुन पर गीत गाते हैं। इन गीतों में कथाएँ और संवाद शामिल होते हैं। फेरीवाले और भिखारी भी अपना सामान बेचते या भीख माँगते समय ये गीत गाते हैं।

कविगान एक तरह का प्रतिस्पर्धी लोकगीत है जिसे गायकों के दो समूहों द्वारा गाया जाता है। प्रत्येक समूह के प्रमुख को कवियाल या सरकार कहा जाता है। साथ देने वाले गायकों को दोहर कहा जाता है। गायकों के दो समूह मंच पर बारी-बारी से गाते हैं। कविर लड़ाई (कवियों के बीच लड़ाई) में कवियों के दो समूह अचानक सवाल-जवाब करते हैं। कविगान उन्नीसवीं सदी में कोलकाता में विकसित हुआ, लेकिन बाद में देश के सभी हिस्सों में फैल गया।

सारी गान नावों और नाविकों से सम्बन्धित गीत हैं, लेकिन आम तौर पर नाव खेने की प्रतियोगिता के दौरान गाये जाने वाले गीतों को सन्दर्भित करते हैं। विषय राधा और कृष्ण, से लेकर ऐतिहासिक घटनाओं और प्राकृतिक घटनाओं तक हो सकती है। गीतों में विभिन्न प्रकार की धुनें, ताल और छन्द पायी जाती हैं जैसे "असाड़िया नया पानी ऐलो रे भाई देशते/ आय रे ओ भाई आये रे सबाई, नौका बाई (बरसात के मौसम में नदियों में ताजा पानी भर गया है, चलो नाव चलाना शुरू करें), मन पबने बेग उठथ्याछे भक्तिर पाल दाओ नौकाय (मन-पवन बहने लगा है, भक्ति का पाल लगाओ), श्याम कालिया तोर पिरित मलम ज्वालिया/नौको सजाओ माझीभाई जमुनाते याई (मैं तुम्हारे प्यार से बहुत आहत हूँ, हे नाविक, अपनी नाव यमुना नदी पर जाने के लिए तैयार करो) आदि। सारी गान अभी भी लोकगीत का एक लोकप्रिय रूप है।

गीतिका के दो प्रकार हैं : पुर्वबंगा-गीतिका, जो मुख्य रूप से मैमनसिंह से हैं और इसमें 'महुया', 'मलुया', 'चन्द्रावती', 'कमला', आदि शामिल हैं। नाथ गीतिका राजकुमार गोपी चन्द्र (माणिक चन्द्र राजार गण, गोविन्दा चन्द्रेर गीत, मयनामतिर गान, गोपी चन्द्रेर संन्यास) के रूपान्तरण की कहानियों पर केन्द्रित है तथा गोपी चाँदेर पाँचाली) और नाथ गुरु (गोरक्षविजय , मिनचेतन) के चमत्कारों पर।

गीतिकाएँ मध्यकालीन रचनाएँ हैं और सामन्ती समाज के मानदण्डों, रीति-रिवाजों, संघर्षों, संकटों और धार्मिक तथा जातिगत भेदभावों को दर्शाती हैं। नाथ गीतिकाओं के अलावा, वे धर्मनिरपेक्ष कविताएँ हैं, जो पृथ्वी पर मानव जीवन से प्रेरित हैं, न कि परलोक के विचारों से। इसमें राधा-कृष्ण प्रेमकथा का वर्णन है।

लोकनाट्य : बंगाल में कई लोकनाट्य श्रीकृष्ण की लीलाओं और कथाओं को दर्शाते हैं। इन नाटकों में श्रीकृष्ण के जीवन के विभिन्न पहलुओं को प्रस्तुत किया जाता है।

लोक नाटक मनोरंजन या शैक्षणिक उद्देश्यों के लिए नृत्य , गीत, संगीत और अभिनय से सम्बन्धित विभिन्न प्रकार के प्रदर्शनों को सन्दर्भित करता है। लोक नाटक के कुछ उदाहरण हैं भासान, जात्रा, पाला गान, घाटु, गम्भीरा, अलकप, कविगान, पुतल-नाच आदि। जहाँ कुछ लोक-नाटक गीतों पर जोर देते हैं, वहीं अन्य नृत्य या अभिनय पर जोर देते हैं।

लोकनाट्य में आम तौर पर दो भाग होते हैं। पहले भाग में भूमिका, वाद्य-संगीत और देवताओं की प्रार्थना होती है, जबकि दूसरे भाग में अभिनय, गीत, नृत्य, वर्णन, संवाद, वाद्य-संगीत, तमाशा आदि होते हैं। लोकनाट्यों में सबसे आम विषय हैं राम और सीता, अर्जुन और द्रौपदी, राधा और कृष्ण, निमाई संन्यास, बेहुला और लक्ष्मीधर, ईशा खाँ दीवान, फिरोज दीवान, ज़ैनब और हसन, सखीना और कासिम, हनीफा और जैगुन, रहीम बादशा, रूपबान, बैद्यानी आदि। लोकनाट्य आम तौर पर पौराणिक, ऐतिहासिक, धार्मिक और राजनीतिक होते हैं। इनमें काल्पनिक घटनाएँ, सांसारिक ज्ञान और हास्य तत्त्व होते हैं। सुख-दुख, दमन, संघर्ष, द्वन्द्व, प्रेम और लोभ आदि के वर्णन के अलावा लोकनाट्य मनोरंजन के साथ-साथ लोगों को अच्छाई और बुराई के बारे में भी शिक्षित करते हैं।

जात्रा आम तौर पर मिथक, इतिहास और लोक कथाओं पर आधारित होते हैं, जो गीत और नृत्य के साथ मेलोड्रामा का मिश्रण होते हैं। वे पूरे देश में लोकप्रिय हैं। पहले, लड़के महिलाओं की भूमिका निभाते थे, लेकिन अब उनकी जगह अभिनेत्रियों ने ले ली है। राजशाही और मालदा क्षेत्रों का गम्भीरा एक छोटा, दो-चरित्र वाला नाटक है जिसमें एक आदमी और उसके पोते को दिखाया जाता है, जिसे संवाद, गीत, नृत्य और संगीत के साथ निभाया जाता है। अलकप, घाटु और लेटो में गीत और नृत्य शामिल होते हैं, जो लोकप्रिय मनोरंजन के लिए होते हैं। इनमें राधा-कृष्ण प्रमुख दो चरित्र होते हैं। इन प्रदर्शनों में महिलाओं की पोशाक पहने लड़के महिलाओं की भूमिका निभाते हैं।

लोककथाएँ : बंगाल में कई लोककथाएँ श्रीकृष्ण के जीवन और लीलाओं से सम्बन्धित हैं। ये कथाएँ श्रीकृष्ण के प्रति भक्ति और प्रेम को दर्शाती हैं।

बंगाल की लोककथाओं में, श्रीकृष्ण एक महत्त्वपूर्ण और प्रिय देवता हैं। कृष्ण की कहानियाँ, विशेष रूप से राधा के साथ उनकी प्रेम-कथा, बंगाली संस्कृति में गहरी जड़ें रखती हैं। इन कहानियों में कृष्ण को ग्वालों के नेता, बाँसुरी बजाने वाला, और प्रेम और भक्ति का प्रतीक दिखाया गया है।

4

श्रीकृष्ण भक्ति की परम्पराएँ : सम्प्रदाय, उपासना पद्धति, मन्दिर, मठ और इस्कॉन

भारतवर्ष में श्रीकृष्ण केवल एक धार्मिक आराध्य नहीं हैं, बल्कि वे लोकमानस, कला, संस्कृति, साहित्य और दर्शन के सजीव प्रतीक हैं। विशेष रूप से पश्चिम बंगाल में श्रीकृष्ण भक्ति ने एक विशिष्ट और भावपूर्ण स्वरूप प्राप्त किया है। यहाँ कृष्ण भक्ति केवल पूजा तक सीमित नहीं रही, बल्कि सामाजिक चेतना, लोक संस्कृति, और साहित्यिक परम्पराओं को भी प्रभावित किया है। बंगाल की भूमि पर चैतन्य महाप्रभु जैसे सन्तों ने इस भक्ति को लोकव्यापी आन्दोलन का रूप दिया। यहाँ उनकी भक्ति केवल एक धार्मिक परम्परा नहीं, बल्कि समाज, लोक-संस्कृति और कला का भी अभिन्न अंग है। यहाँ श्रीकृष्ण के प्रति भक्ति ने कई रूपों में विकास पाया–सम्प्रदायों के माध्यम से, मठों और मन्दिरों की स्थापना से, कीर्तन और नाटक की परम्पराओं से, और आधुनिक युग में ISKCON (इस्कॉन) जैसे अन्तरराष्ट्रीय संगठनों के माध्यम से।

श्रीकृष्ण भक्ति के प्रमुख सम्प्रदाय

गौड़ीय वैष्णव सम्प्रदाय

पश्चिम बंगाल की सांस्कृतिक और धार्मिक चेतना को जिन परम्पराओं ने गहराई से प्रभावित किया है, उनमें गौड़ीय वैष्णव सम्प्रदाय एक प्रमुख और अत्यन्त प्रभावशाली भूमिका निभाता है। यह सम्प्रदाय 16वीं शताब्दी में श्री चैतन्य महाप्रभु द्वारा स्थापित हुआ, जिनके जीवन और सन्देश ने बंगाल ही नहीं, सम्पूर्ण भारत और विश्व को भी श्रीकृष्ण भक्ति के माधुर्य रस से सराबोर किया।

गौड़ीय परम्परा में श्रीकृष्ण केवल आराध्य नहीं हैं, वे प्रेम के परम आदर्श, आत्मा के प्रियतम, और जीवन के गूढ़ रहस्यों के उद्घाटक हैं। इस सम्प्रदाय की भक्ति परम्परा ने धर्म को आन्तरिक प्रेम और लोककल्याण की अनुभूति में परिवर्तित किया।

- **गौड़ीय वैष्णव सम्प्रदाय का उद्भव और दार्शनिक आधार**

श्री चैतन्य महाप्रभु : प्रेमावतार और लोकभक्ति के प्रवर्तक

श्री चैतन्य महाप्रभु (1486–1534) का जन्म नवद्वीप (नदिया) में हुआ था। उन्हें श्रीकृष्ण का प्रेममय अवतार माना जाता है, जो राधा के भाव और कृष्ण के स्वरूप के संगम के रूप में पृथ्वी पर अवतरित हुए। उन्होंने वैदिक कर्मकाण्ड, जातिगत भेदभाव, और ब्राह्मणवादी आधिपत्य से ऊपर उठकर भक्ति को सभी के लिए सुलभ बनाया।

दर्शन की प्रमुख अवधारणा : *अचिन्त्य भेदाभेद*

चैतन्य महाप्रभु ने "अचिन्त्य भेदाभेद तत्त्व" का प्रतिपादन किया, जिसका अर्थ है : जीव और ईश्वर, भिन्न भी हैं और एक भी–एक ऐसा अद्वैत भाव जो प्रेम और सेवा में अभिव्यक्त होता है।

इस सम्प्रदाय का दर्शन तर्क से अधिक हृदय और अनुभव की भाषा में रचा गया है।

• गौड़ीय भक्ति की साधना और अभ्यास

नवद्वीप : चैतन्य महाप्रभु की जन्मभूमि एवं भक्ति आन्दोलन की धरा

नवद्वीप, जो पश्चिम बंगाल के नदिया जिले में स्थित है, गौड़ीय वैष्णव सम्प्रदाय का हृदयस्थल है। यही वह पावन भूमि है जहाँ श्री चैतन्य महाप्रभु का जन्म हुआ था, जिन्होंने श्रीकृष्ण भक्ति की एक ऐसी धारा प्रवाहित की जो प्रेम, समर्पण और आध्यात्मिकता से पूर्ण थी। नवद्वीप आज भी हज़ारों वैष्णव भक्तों, संकीर्तन मण्डलियों और सन्तों का निवास स्थान है। यहाँ प्रतिवर्ष गौर पूर्णिमा जैसे महोत्सव भव्य रूप से मनाए जाते हैं, जहाँ भारत ही नहीं, दुनिया भर से श्रद्धालु पहुँचते हैं। इस नगरी में हर गली, हर मन्दिर, हर मठ से श्रीकृष्ण के नाम की गूँज सुनाई देती है, जो इसे एक जीवन्त तीर्थ में परिवर्तित कर देती है।

मायापुर : अन्तरराष्ट्रीय श्रीकृष्ण चेतना का केन्द्र

नवद्वीप के समीप स्थित मायापुर, आज विश्व स्तरीय आध्यात्मिक आन्दोलन–ISKCON (International Society for Krishna Consciousness) का मुख्यालय है, जिसकी स्थापना भक्तिवेदान्त स्वामी प्रभुपाद ने 1966 में की थी। मायापुर अब एक अन्तरराष्ट्रीय तीर्थ क्षेत्र बन चुका है, जहाँ प्रतिवर्ष लाखों भक्त आते हैं। विशाल श्रीमन्दिर परिसर, श्रीमद्भागवत संस्थान, कीर्तन सभाएँ, गोशालाएँ, वैदिक संस्कृति केन्द्र और अध्यात्मिक विश्वविद्यालय मायापुर को ग्लोबल श्रीकृष्ण संस्कृति का केन्द्र बनाते हैं।

नवद्वीप और मायापुर मिलकर पश्चिम बंगाल को गौड़ीय वैष्णव परम्परा की जन्मस्थली और प्रचारस्थली दोनों बनाते हैं।

• मुख्य साधना विधियाँ : श्रीकृष्ण भक्ति का जीवन्त अभ्यास

गौड़ीय वैष्णव सम्प्रदाय की विशेषता इसकी प्रेममयी, सजीव और सामूहिक भक्ति परम्परा है, जिसमें भक्ति केवल एक रीति नहीं, बल्कि जीवन का उत्सव है। इसके प्रमुख साधन हैं :

हरिनाम संकीर्तन

संकीर्तन गौड़ीय भक्ति की मूल आत्मा है। इसमें भजन, नृत्य और नाम-स्मरण को एकत्रित करके सामूहिक रूप से किया जाता है। सबसे प्रमुख मन्त्र है :

"हरे कृष्ण हरे कृष्ण कृष्ण कृष्ण हरे हरे
हरे राम हरे राम राम राम हरे हरे"।

यह संकीर्तन गाँवों की गलियों, नगर के चौकों, मन्दिरों, कीर्तन मण्डपों, और अब तो ऑनलाइन माध्यमों में भी निरन्तर गूँजता है। ढोल, मृदंग, करताल, हारमोनियम के साथ श्रद्धालु भक्तगण नृत्य करते हुए भक्ति में लीन हो जाते हैं। हरिनाम संकीर्तन भक्तों को एकता, करुणा और परमानन्द की अवस्था तक पहुँचाता है।

रासलीला और कृष्ण कथा

रासलीला, गौड़ीय सम्प्रदाय में राधा और कृष्ण के दिव्य प्रेम और लीला का संगीतमय नाट्य मंचन है। इसमें राधा-कृष्ण का प्रेम-विरह, मिलन, गोपियों के साथ रास, और वृन्दावन की लीलाओं को नाट्य शैली में प्रस्तुत किया जाता है। साथ ही, श्रीमद्भागवत कथा, चैतन्य चरितामृत, और लीलावृत्तान्तों का गायन भी किया जाता है। रासलीला और कथाओं के माध्यम से भक्तगण स्वयं को लीलाओं में तल्लीन कर परमात्मा से एकात्म अनुभव करते हैं।

भागवत पाठ और नाम-जप

श्रीमद्भागवत महापुराण, गौड़ीय वैष्णवों के लिए आध्यात्मिक ग्रन्थों में सर्वोच्च है। इसके दशम स्कन्ध में वर्णित कृष्ण लीला, एकादश स्कन्ध में उद्धव संवाद, और भागवत दर्शन का भक्तगण नियमित रूप से श्रवण और मनन करते हैं। माला (जपमाला) के माध्यम से प्रतिदिन हरे कृष्ण महामन्त्र का नाम-जप किया जाता है। एक सामान्य वैष्णव साधक प्रतिदिन कम से कम 16 माला (एक माला में 108 बार नाम) जप करता है।

यह अभ्यास भक्त को मन की स्थिरता, आत्मा की शुद्धता और प्रभु से निकटता प्रदान करता है।

• विशेष दृष्टिकोण : आन्तरिक प्रेमभाव की भक्ति

गौड़ीय सम्प्रदाय की भक्ति पद्धति बाह्य आडम्बरों या कर्मकाण्डों पर आधारित नहीं है। बल्कि यह पूरी तरह से "आन्तरिक प्रेमभाव" की सक्रिय, आत्मीय और सजीव भक्ति है। यहाँ पूजा का अर्थ है–सेवा, प्रेम, स्मरण और समर्पण। भक्तों के लिए भगवान कृष्ण केवल आराध्य नहीं, बल्कि मित्र, प्रेमी, और जीवनसाथी के समान होते हैं। इस परम्परा में राधा-कृष्ण का सम्बन्ध परम आदर्श प्रेम का रूपक है, जिसे साधक अनुभव की तीव्रता से जीते हैं। इसलिए गौड़ीय भक्ति, केवल पूजा नहीं, एक जीवन-पथ है जो आत्मा को माधुर्य रस में पिघला देता है। नवद्वीप और मायापुर जैसे तीर्थ स्थलों से निकलकर, गौड़ीय वैष्णव सम्प्रदाय ने न केवल पश्चिम बंगाल में, बल्कि सम्पूर्ण भारत और विश्व में श्रीकृष्ण भक्ति की माधुर्य परम्परा को पुनः जागृत किया है। इसकी साधनाएँ–संकीर्तन, रासलीला, कथा, भागवत पाठ और जप–आज भी हजारों-लाखों भक्तों के जीवन का आधार बनी हुई हैं। चैतन्य महाप्रभु का यह आन्दोलन आज भी सद्भाव, समरसता और आध्यात्मिक एकता का सन्देश देता है। इस सम्प्रदाय की विशिष्टता यही है कि यह ईश्वर को केवल पूज्य नहीं, अनुभूति योग्य प्रेम-रूप मानता है। और यही कारण है कि यह परम्परा आज भी जन-जन में जीवन्त है।

• राधा-कृष्ण की माधुर्य भक्ति : प्रेम का आध्यात्मिक उत्कर्ष

माधुर्य भक्ति : प्रेम की परम साधना

गौड़ीय वैष्णव सम्प्रदाय की सबसे विशेष और मौलिक देन है इसकी 'माधुर्य भक्ति' की अवधारणा। यह भक्ति पद्धति पारम्परिक वैष्णव सम्प्रदायों से हटकर एक अद्वितीय और भावनात्मक आध्यात्मिक दृष्टिकोण प्रस्तुत करती है, जिसमें राधा और श्रीकृष्ण के दिव्य प्रेम को साधना का सर्वोच्च रूप माना गया है। माधुर्य भक्ति केवल ईश्वर की उपासना नहीं है; यह ईश्वर के साथ आत्मा के प्रेममय मिलन की सजीव आकांक्षा है। इसमें भक्ति भय या कर्तव्य नहीं, बल्कि प्रेम, तन्मयता और पूर्ण समर्पण के रूप में प्रकट होती है।

राधा : प्रेम की परम मूर्ति

गौड़ीय भक्ति परम्परा में राधा को केवल एक पौराणिक पात्र नहीं, बल्कि प्रेम की साक्षात मूर्ति माना गया है। वे आत्मा की सर्वोच्च स्थिति हैं–जहाँ भक्त स्वयं को राधा के प्रेमभाव से जोड़कर ईश्वर से जुड़ने का प्रयास करता है। उनका प्रेम निस्वार्थ, निस्सीम, और समर्पणपूर्ण है–जो मानवीय प्रेम की सीमाओं को लाँघकर आध्यात्मिक प्रेम की ऊँचाई पर पहुँचता है। राधा का चरित्र स्त्रीत्व, सौन्दर्य और आत्मिक शक्ति का ऐसा संगम है, जो भक्त के अन्त:करण को भावविभोर कर देता है।

कृष्ण : प्रेम के परम आश्रय

श्रीकृष्ण को इस परम्परा में प्रेम के मूल स्रोत, परम प्रियतम और अन्तिम लक्ष्य के रूप में देखा जाता है। वे रसस्वरूप हैं–एक ऐसे देवता जो रास, लीला, और सम्बन्धों में उपस्थित रहते हैं। कृष्ण, इस भक्ति में, राजा नहीं, मित्र भी नहीं, बल्कि प्रेमी होते हैं–ऐसे प्रेमी जिनसे आत्मा मिलन के लिए व्याकुल रहती है।

कृष्ण यहाँ "ईश्वर" कम, और "प्रेममय जीवन" अधिक प्रतीत होते हैं–जो उन्हें जन-जन के हृदय से जोड़ता हैं।

भक्त की भूमिका : गोपिका, दासी, या सखी

गौड़ीय परम्परा की भक्ति केवल बाह्य पूजन या अनुष्ठान पर आधारित नहीं है, बल्कि यह भावनात्मक और कल्पनात्मक तादात्म्य पर केन्द्रित है। इस परम्परा में भक्त स्वयं को गोपिका, सखी या दासी के रूप में कल्पना करता है–जो राधा-कृष्ण की सेवा, संगति और सौन्दर्य का अनुभव करती हैं। इस प्रकार की उपासना को 'मानस सेवा' कहा जाता है, जहाँ बाह्य साधनों की अपेक्षा आत्मा की अन्त:क्रिया अधिक महत्त्व रखती है। भक्त का समर्पण इतना पूर्ण होता है कि वह अपने अस्तित्व को भी ईश्वर के भाव में विलीन कर देता है।

- **बंगाल की धार्मिक और सांस्कृतिक चेतना में माधुर्य भक्ति का प्रभाव**

साहित्य पर प्रभाव

चण्डीदास, गोविन्ददास, विद्यापति, और जयदेव जैसे कवियों ने अपने पदावली साहित्य में माधुर्य भक्ति को काव्यात्मक रूप में प्रस्तुत किया। राधा-कृष्ण के मिलन-विरह, प्रेम की पीड़ा, और आत्मिक आनन्द को कवियों ने अत्यन्त कोमल भाषा और रसात्मक शिल्प में उकेरा। 'गीत गोविन्द' जैसी कृतियाँ केवल काव्य नहीं, बल्कि भक्ति की अनुभूति बन गयीं।

संगीत और नृत्य पर प्रभाव

बंगाल की कीर्तन परम्परा, रासलीला, और झूलन उत्सव जैसी विधाओं में माधुर्य भक्ति की छाया स्पष्ट दिखायी देती है। संकीर्तन मण्डलियों द्वारा गाया जाने वाला राधा-कृष्ण का प्रेम गीत, भक्तों को आत्मविस्मृति की स्थिति तक पहुँचा देता है।

लोकसंस्कृति पर प्रभाव

पालागान, जात्रा, और लोकगीतों में राधा-कृष्ण की कथाएँ माधुर्य रस के साथ मंचस्थ होती हैं। ग्रामीण जनजीवन में राधा-कृष्ण की पूजा एक आन्तरिक और पारिवारिक अनुभूति का हिस्सा बन गयी है। माधुर्य भक्ति ने बंगाल को एक ऐसा धार्मिक-सांस्कृतिक क्षेत्र बना दिया जहाँ आत्मा, प्रेम और सौन्दर्य एक साथ प्रकट होते हैं। गौड़ीय

वैष्णव सम्प्रदाय की 'माधुर्य भक्ति' केवल एक धार्मिक मार्ग नहीं, बल्कि जीवन की उच्चतम सौन्दर्य-भावना का प्रतीक है। इसमें राधा और कृष्ण का प्रेम एक अलौकिक अनुभूति, एक मुक्ति की राह, और एक आत्मिक समर्पण का दर्शन बन जाता है। इस परम्परा में ईश्वर और आत्मा का सम्बन्ध सामाजिक डर या कर्तव्य पर नहीं, बल्कि मुक्त प्रेम और सहज समर्पण पर आधारित है और यही कारण है कि बंगाल की भक्ति परम्परा, कला, साहित्य और जनचेतना में माधुर्य भक्ति की छवि आज भी जीवन्त और प्रेरणादायक बनी हुई है।

- **सामाजिक और सांस्कृतिक प्रभाव**

संकीर्तन सभाएँ और उत्सव : भक्ति का सामाजिक पर्व

गौड़ीय वैष्णव सम्प्रदाय की एक विशेषता यह है कि इसकी भक्ति परम्परा केवल व्यक्तिगत साधना तक सीमित नहीं रहती, बल्कि यह सामूहिकता, सामंजस्य और उत्सवधर्मिता को आत्मसात् करती है। गाँवों, कस्बों और महानगरों में नियमित रूप से कीर्तन सभाएँ आयोजित होती हैं, जिनमें लोग संकीर्तन के माध्यम से सामूहिक भक्ति का निवेदन करते हैं। रथयात्रा (विशेषकर नवद्वीप, मायापुर, माहेश और कोलकाता में), झूलन यात्रा, गौर पूर्णिमा, नन्दोत्सव, और जन्माष्टमी जैसे पर्व गौड़ीय परम्परा के गहरे प्रभाव को दर्शाते हैं। इन उत्सवों में, भक्ति संगीत, नृत्य, भजन, और धार्मिक झांकियाँ होती हैं जिनमें बच्चों, युवाओं, वृद्धों और महिलाओं–सभी की सक्रिय सहभागिता देखी जाती है।

धार्मिक से सामाजिक और सांस्कृतिक रूपान्तरण

ये उत्सव केवल पूजा और व्रत के निमित्त नहीं होते, बल्कि ये सामाजिक समरसता, आत्मीय संवाद और सांस्कृतिक साझा अनुभव का मंच बन जाते हैं। एक गाँव में रात्रिकालीन झूलन उत्सव हो या कोलकाता के माहेश (हुगली) की सड़कों पर भव्य रथयात्रा–हर आयोजन में एक लोक-उत्सव की आत्मा होती है। इस प्रकार, गौड़ीय परम्परा ने भक्ति को अन्तरंग साधना से जन-सांस्कृतिक समारोह में रूपान्तरित कर दिया है।

जाति और वर्ग-भेद के विरुद्ध चैतन्य भक्ति की क्रान्तिकारी चेतना

श्री चैतन्य महाप्रभु के युग में भारत सामाजिक असमानताओं और जाति-पाति के गहरे जाल में उलझा हुआ था। ब्राह्मणवादी परम्परा में केवल उच्च वर्गों को धार्मिक और आध्यात्मिक अधिकार प्राप्त थे, जबकि शूद्रों, दलितों और महिलाओं को हाशिये पर रखा गया था।

'नाम में समता' की अवधारणा : श्री चैतन्य ने घोषणा की कि ईश्वर के नाम में कोई भेद नहीं होता।

उनका सिद्धान्त था कि–

"न जाति, न कुल, न वर्ण–केवल प्रेम ही भक्ति की कसौटी है।"

उन्होंने सभी वर्णों और वर्गों को संकीर्तन, कथा, और सेवा में समान भागीदारी का अवसर दिया।

उनके प्रमुख सहयोगी–हरिदास ठाकुर, दामोदर, रूप-सनातन गोस्वामी, आदि इसी समता के उदाहरण हैं।

भक्ति की लोकतान्त्रिक चेतना

गौड़ीय सम्प्रदाय की भक्ति गुरु-शिष्य, कृष्ण-भक्त, और सखी-सखा सम्बन्धों पर आधारित है, न कि जन्म और कुल पर। इसने धर्म को समाज सुधार के एक शक्तिशाली उपकरण के रूप में रूपान्तरित किया। यह परम्परा भक्ति को मानवाधिकार, आत्मसम्मान और आध्यात्मिक समानता से जोड़ने वाली विचारधारा बन गयी।

गौड़ीय सम्प्रदाय : आध्यात्मिक लोकतन्त्र की अवधारणा

गौड़ीय वैष्णव सम्प्रदाय को 'आध्यात्मिक लोकतन्त्र' कहना अतिशयोक्ति नहीं है। इस परम्परा में : कोई पुरोहितीय एकाधिकार नहीं। हर भक्त को ईश्वर से सीधा सम्बन्ध बनाने की छूट है। सामूहिक संकीर्तन में सबकी आवाज बराबर होती है–यह ध्वनि में समता की मिसाल है। प्रेम और भावना, न कि जाति और कुल, भक्ति का आधार हैं। इस परम्परा ने यह सिद्ध किया कि धार्मिक अनुभव का लोकतन्त्रीकरण ही समाज में मानवता और करुणा की स्थापना कर सकता है। गौड़ीय वैष्णव सम्प्रदाय न केवल एक धार्मिक आन्दोलन था, बल्कि यह सामाजिक जागरूकता और सांस्कृतिक क्रान्ति का भी प्रतीक बना। इसकी संकीर्तन सभाएँ और उत्सव आज भी बंगाल की आत्मा में उत्साह और सौहार्द्र की भावना भरते हैं। इसके जातिविहीन भक्ति सिद्धान्त ने भारतीय समाज में आध्यात्मिक समानता और सामाजिक न्याय की नयी चेतना उत्पन्न की। चैतन्य महाप्रभु की परम्परा ने यह स्पष्ट किया कि ईश्वर की भक्ति पर सबका अधिकार है–वह न तो जाति देखती है, न लिंग, न वर्ग। वह केवल हृदय की भावना और आत्मा की पुकार पर उत्तर देती है।

शान्तिपुर के प्रसिद्ध 'बड़ा गोस्वामी' घराने का संक्षिप्त परिचय :

श्रीधाम शान्तिपुर का प्राचीन नगर सदाशिव और महाविष्णु के अवतार श्री अद्वैत आचार्य की साधना स्थली है। कहा जाता है कि लगभग साढ़े पाँच सौ वर्ष पूर्व अपने माता-पिता की मृत्यु के पश्चात श्री अद्वैत आचार्य ने भारत की यात्रा की और वर्तमान नेपाल में गण्डकी नदी से एक पवित्र नारायण शिला प्राप्त की। वे उस नारायण शिला को अत्यन्त आदर के साथ शान्तिपुर ले आये थे और वे प्रतिदिन उसकी पूजा करते थे। उनकी मृत्यु से पूर्व आचार्य ने उस नारायण शिला की पूजा का भार अपने प्रिय पुत्र बलराम को सौंप दिया। तब से आचार्य देव द्वारा सेवित उस नारायण शिला की पूजा शान्तिपुर के बड़ा गोस्वामी घराने में प्रतिदिन होती आ रही है। बड़ा गोस्वामी घराने की स्थापना अद्वैत आचार्य के पुत्र बलराम ने की थी, लेकिन इस घराने का नाम बलराम के पुत्र मधुरेश के ज्येष्ठ पुत्र के नाम पर पड़ा। इस नारायण शिला के अलावा इस मन्दिर का मुख्य आकर्षण श्री राधारमण की हजार वर्ष पुरानी मूर्ति है। किंवदन्ती है कि कष्टि (पारस) पत्थर से बनी इस कृष्ण मूर्ति की पूजा पुरी में राजा इन्द्रद्युम्न के शासनकाल में होती थी। बाद में बारो भुइयाँ के बसन्त राय इसे जेसोर ले गये और इसकी स्थापना की। लेकिन जब मानसिंह ने लगभग 1588 ई. में बंगाल पर आक्रमण किया तो बारो भुइयाँ परिवार ने मूर्ति की पवित्रता की रक्षा के लिए इसे अपने गुरुदेव श्री अद्वैत के पोते मधुरेश गोस्वामी को सौंप दिया। मधुरेश मूर्ति को अपने घर शान्तिपुर, इस 'बड़ा गोस्वामी' के घर में ले आये और श्री राधारमण के नाम से इसकी स्थापना की। बाद में, लगभग 375 वर्ष पूर्व, इस कृष्ण मूर्ति के साथ अष्टधातु से बनी 38 किलो की श्रीमती (राधा) की मूर्ति के स्थापना समारोह का जुलूस शान्तिपुर के 'भांगा रास' जुलूस के रूप में प्रसिद्ध हुआ। शोधकर्ताओं के अनुसार, यह राधा रमण श्रीमती बंगाल की पहली युगल मूर्ति है शान्तिपुर के इस प्राचीन गोस्वामी मन्दिर में श्री राधा रमण और श्रीमती के अलावा अद्वैत आचार्य के प्रिय मदनमोहन मूर्ति, श्री जगन्नाथ-बलभद्र-सुभद्रा मूर्ति, श्री षड्भुजा महाप्रभु जी की मूर्ति, श्री रामचन्द्र जी की मूर्ति और अन्य राधा कृष्ण मूर्तियों की प्रतिदिन पूजा की जाती है। इसके अलावा, इस वंश के पूर्वज वैष्णव चूरामनी श्री अद्वैत आचार्य, पत्नी सीता देवी और पुत्र अच्युतानन्द की काष्ठ मूर्तियों की भी इस मन्दिर में पूजा की जाती है। यहाँ के प्रमुख उत्सव रास यात्रा और आचार्यदेव की आगमन तिथि

मकर सप्तमी के अवसर पर अद्वैत उत्सव हैं। इसके अलावा, वैष्णव धर्म के हर त्यौहार को यहाँ पूरी गरिमा के साथ मनाया जाता है।

• गौड़ीय सम्प्रदाय का वैश्विक प्रसार

20वीं शताब्दी में भक्तिवेदान्त स्वामी श्रील प्रभुपाद ने ISKCON (इस्कॉन) की स्थापना कर इस सम्प्रदाय को अन्तरराष्ट्रीय आन्दोलन का रूप दे दिया। अमेरिका, यूरोप, अफ्रीका, रूस, जापान सहित 100 से अधिक देशों में हरे कृष्ण कीर्तन, भगवद्‌गीता प्रचार, और श्रीकृष्ण भक्ति का अध्ययन चल रहा है। यह सम्प्रदाय भारतीय भक्ति परम्परा को वैश्विक संवाद और सांस्कृतिक सेतु में रूपान्तरित करने का कार्य कर रहा है।

गौड़ीय वैष्णव सम्प्रदाय न केवल पश्चिम बंगाल की धार्मिक चेतना का वाहक है, बल्कि यह सम्प्रदाय बंगाल की सांस्कृतिक समरसता, सामाजिक न्याय, और आध्यात्मिक सौन्दर्यबोध का भी प्रबल प्रतीक है। श्री चैतन्य महाप्रभु ने श्रीकृष्ण भक्ति को केवल एक पूजा-पद्धति नहीं, बल्कि एक जीवित जीवन-दर्शन में परिवर्तित किया। उन्होंने यह सिद्ध किया कि प्रेम, सेवा, और संगीत–ये तीन तत्त्व मानव आत्मा को परमात्मा से जोड़ सकते हैं। गौड़ीय वैष्णव सम्प्रदाय की भक्ति परम्परा आज भी बंगाल में सांस्कृतिक एकता, सामाजिक समरसता, और आध्यात्मिक मानवता की लौ जलाये हुए है।

गौड़ीय मठ परम्परा : शास्त्रीयता, संगठन और वैश्विक विस्तार की दिशा में श्रीकृष्ण भक्ति

• गौड़ीय मठ की स्थापना और पृष्ठभूमि

गौड़ीय वैष्णव सम्प्रदाय की पारम्परिक भक्ति परम्परा को एक संगठित, अनुशासित और विद्वत्तापूर्ण रूप प्रदान करने का कार्य 20वीं शताब्दी में श्रील भक्तिसिद्धान्त सरस्वती ठाकुर ने किया। वे श्रील भक्ति विनोद ठाकुर के पुत्र और चैतन्य परम्परा के एक महान आचार्य थे। 1918 में भक्तिसिद्धान्त सरस्वती ने श्री गौड़ीय मठ की स्थापना की, जिसका उद्देश्य था श्री चैतन्य महाप्रभु के उपदेशों को पुनर्जीवित करना, गौड़ीय भक्ति को शास्त्रीय एवं संगठित रूप में प्रस्तुत करना, जाति, वंश और बाह्याचार से ऊपर उठकर भक्ति को ज्ञान, तर्क और प्रचार की शक्ति देना। यह मठ परम्परा गौड़ीय सम्प्रदाय के पुनर्जागरण की तरह थी, जिसने उसे केवल लोक परम्परा से निकालकर शास्त्र आधारित और वैश्विक आन्दोलन बनाया। कोलकाता (बागबाजार) का मठ 20वीं सदी में गौड़ीय विचारधारा का प्रमुख प्रचार केन्द्र बना।

मायापुर, चैतन्य महाप्रभु की लीलास्थली और वैश्विक तीर्थ के रूप में विकसित हुआ तथा श्रीधाम नवद्वीप आध्यात्मिक साधना, तीर्थयात्रा और विद्वत्तापूर्ण शिक्षा का केन्द्र बना। इन केन्द्रों से मठ ने सैकड़ों शाखाओं, शिक्षालयों और प्रचार केन्द्रों की स्थापना की जो देश-विदेश में फैल गये हैं।

• मुख्य कार्य : शास्त्राधारित भक्ति का प्रचार-प्रसार

भक्ति साहित्य का प्रकाशन

मठ ने श्रीमद्‌भागवत, चैतन्य चरितामृत, ब्रह्मसंहिता, और अन्य वैष्णव ग्रन्थों का प्रकाशन किया। उन्होंने 'सज्जन तोषण', 'गौड़ीय पत्रिका', 'हरिकथा' जैसी पत्रिकाओं के माध्यम से श्रीकृष्ण भक्ति का तर्कसंगत, दार्शनिक और सामाजिक रूप प्रस्तुत किया। मठ की लेखनी ने श्रीकृष्ण भक्ति को सिर्फ भावना नहीं, बौद्धिक विमर्श का हिस्सा बनाया।

प्रवचन एवं प्रचार

संन्यासी और विद्वानों द्वारा भागवत कथा, श्रीमद्भागवत सप्ताह, हरिकथा प्रवचन के माध्यम से भक्ति को व्यापक जनसमुदाय तक पहुँचाया गया। भजन मण्डलियें, रथयात्रा आयोजन, और संकीर्तन यात्राएँ इसके प्रचार माध्यम बने।

विद्वत् संगोष्ठियाँ और वैदिक शिक्षा

मठों में नियमित रूप से वैष्णव सिद्धान्त, संस्कृत साहित्य, और वेदान्त पर आधारित संगोष्ठियाँ, परीक्षाएँ और शोध संगठित किये जाते हैं। नवद्वीप और मायापुर में आज भी वैदिक पाठशालायें, गुरुकुल, और शोध संस्थान सक्रिय हैं।

इस परम्परा ने वैष्णव धर्म को केवल भक्तों के बीच सीमित न रखकर, शास्त्रज्ञ, शिक्षक और शोधकर्ताओं के लिए भी एक अनुशासित मंच दिया।

• गौड़ीय मठ की विशिष्टता और विरासत

श्रील भक्तिसिद्धान्त सरस्वती ठाकुर ने वैष्णव संन्यास परम्परा को पुनर्जीवित कर संन्यासी प्रचारकों की परम्परा शुरू की। उन्होंने बाह्याचार (जैसे जाति आधारित ब्राह्मणवाद) को चुनौती देकर, गुरु-दीक्षा में योग्यता को प्राथमिकता दी। गौड़ीय मठ ने यह सिद्ध किया कि भक्ति केवल आस्था नहीं, बल्कि शास्त्र-संगत साधना, सामाजिक संवाद और सांस्कृतिक मिशन है। गौड़ीय मठ परम्परा ने श्रीकृष्ण भक्ति को स्थायित्व, संगठन और शास्त्रीय वैभव प्रदान किया। यह परम्परा भावना और विवेक, साधना और सेवा, शास्त्र और समाज के समन्वय का उत्कृष्ट उदाहरण है। भक्तिसिद्धान्त सरस्वती ठाकुर का यह योगदान आज भी गौड़ीय सम्प्रदाय की वैश्विक पहचान में प्रतिबिम्बित होता है। गौड़ीय मठ न केवल एक संस्था है, बल्कि भक्ति के बौद्धिक पुनरुत्थान और वैश्विक चेतना का जीवन्त प्रतीक है।

अन्य सम्प्रदायों का प्रभाव :

हालाँकि वल्लभ, निम्बार्क और राधावल्लभ सम्प्रदाय बंगाल में उतने प्रमुख नहीं हैं, फिर भी उनके अनुयायी यहाँ मिलते हैं, विशेषकर शहरी क्षेत्रों में।

उपासना पद्धतियाँ

बंगाल की कृष्ण भक्ति की उपासना पद्धति अत्यन्त भावप्रधान एवं सौन्दर्यपूर्ण है। गाँवों और शहरों में कीर्तन मण्डलियाँ, मृदंग-करताल के साथ "हरे कृष्ण हरे राम" का संकीर्तन करती हैं। यह संकीर्तन न केवल धार्मिक अनुष्ठान है, बल्कि सामाजिक एकता और आध्यात्मिक ऊर्जा का भी स्रोत है।

रासलीला, झूलन, दोल और राधा-कृष्ण नाटक जैसी लोककलायें ग्रामीण क्षेत्रों में विशेष रूप से लोकप्रिय हैं। बंगाल की पदावली काव्य परम्परा, जिसमें विद्यापति, चण्डी दास, गोविन्द दास आदि कवियों ने राधा-कृष्ण के प्रेम को चित्रित किया है, उपासना का एक सशक्त माध्यम रही है।

पश्चिम बंगाल में श्रीकृष्ण की भक्ति केवल मन्दिरों तक सीमित नहीं, बल्कि वह लोक जीवन और लोक कलाओं में भी रची-बसी है।

हरिनाम संकीर्तन : लोकभक्ति की सामूहिक आवाज़

हरिनाम संकीर्तन पश्चिम बंगाल की श्रीकृष्ण भक्ति परम्परा का केन्द्रीय स्तम्भ है। यह न केवल धार्मिक क्रिया है, बल्कि ग्राम्य जीवन, जनसम्पर्क और सामाजिक सौहार्द का जीवन्त माध्यम भी है।

कीर्तन मण्डलियाँ बंगाल के गाँव-गाँव में सक्रिय रहती हैं, जो पारम्परिक वाद्ययन्त्र–ढोल, मृदंग, करताल–के साथ "हरे कृष्ण हरे राम" का सामूहिक गान करती हैं। विशेष पर्वों जैसे दोल यात्रा (होली), रथयात्रा, नामयज्ञ आदि में रातभर चलने वाला कीर्तन लोगों को भाव-विभोर करता है। यह संकीर्तन जाति, वर्ग, लिंग की सीमाओं को मिटाकर सामूहिक भक्ति और आध्यात्मिक आनन्द का अवसर प्रदान करता है।

हरिनाम संकीर्तन बंगाल में भक्ति और लोक जीवन के मधुर संगम का प्रतीक बन चुका है। गौड़ीय परम्परा में हरिनाम संकीर्तन को मोक्ष का मार्ग माना गया है। श्री चैतन्य महाप्रभु ने स्वयं संकीर्तन को युगधर्म बताया।

कीर्तन मण्डलियाँ संगीत, भजन, नृत्य और भक्ति भाव के साथ पूरे क्षेत्र में घूमकर श्रीकृष्ण नाम का प्रचार करती हैं। यह परम्परा केवल गायन नहीं, बल्कि भावनात्मक संक्रमण और आध्यात्मिक सामूहिकता का माध्यम है।

संकीर्तन आज भी बंगाल की सामाजिक-धार्मिक संस्कृति की धड़कन बना हुआ है।

पूजा और सेवा : गृहस्थ जीवन में श्रीकृष्ण

पश्चिम बंगाल में श्रीकृष्ण भक्ति केवल मन्दिरों तक सीमित नहीं, बल्कि हर घर में एक लड्डू गोपाल की उपस्थिति जीवन का हिस्सा है। लड्डू गोपाल (बाल कृष्ण) की प्रतिमा को घरों में स्थापित किया जाता है और प्रतिदिन स्नान, वस्त्र, भोग और आरती के साथ सेवा की जाती है। श्रीकृष्ण को माखन-मिश्री, दही, खीर, फल और तामसी रहित भोजन अर्पित किया जाता है। गृहस्थ भक्त प्रात: और सायं आरती, भजन और गीता पाठ करते हैं, जिससे घर का वातावरण भक्तिमय बना रहता है। यह सेवा परम्परा भक्ति को आत्मीयता और पारिवारिक जीवन में आत्मसात करने का एक उत्कृष्ट उदाहरण है।

लोककला और नाट्य परम्परा : रंगमंच पर श्रीकृष्ण

पश्चिम बंगाल की लोकनाट्य और चित्रकला परम्पराओं में भी श्रीकृष्ण के चरित्र और लीलाओं का गहरा प्रभाव है। रासलीला, झूलन उत्सव, ब्रजरूप नाट्य जैसे कार्यक्रम ग्रामीण और नगर दोनों क्षेत्रों में लोकप्रिय हैं। इनमें श्रीकृष्ण के जीवन प्रसंगों को गीत, नृत्य और अभिनय के माध्यम से प्रस्तुत किया जाता है। पटचित्र पर श्रीकृष्ण की बाललीला, गोवर्धन लीला, रासलीला आदि की चित्रकथाएँ लोक गायकों द्वारा प्रस्तुत की जाती हैं। राधा-कृष्ण की भावभक्ति को पदों और संगीत (पदावली कीर्तन) के माध्यम से गाने की परम्परा, जिसे आम जनता भी आत्मसात करती है। यह कला परम्परा भक्ति को दृश्य, ध्वनि और अभिनय के माध्यम से गहराई से अनुभव कराने में सक्षम है।

नवधा भक्ति का स्वरूप

श्रीमद्भागवत के अनुसार, नवधा भक्ति श्रीकृष्ण भक्ति का दर्शनशास्त्रीय आधार है। इसके नौ रूप हैं :

- श्रवण (भगवान की कथा सुनना)
- कीर्तन (भगवान का नाम गाना)

- स्मरण (ध्यान करना)
- पादसेवन (चरण सेवा)
- अर्चन (पूजन)
- वंदन (प्रणाम करना)
- दास्य (भगवान को सेवक भाव से देखना)
- सख्य (सखा रूप में सम्बन्ध)
- आत्मनिवेदन (पूर्ण समर्पण)

बंगाल की भक्ति परम्परा में ये सभी रूप ग्रामीण जीवन, कथा-संस्कृति और पारिवारिक पूजा पद्धति में समाहित हैं।

मन्त्र-जप और ध्यान : एकान्त भक्ति की साधना

हरे कृष्ण महामन्त्र "हरे कृष्ण हरे कृष्ण कृष्ण कृष्ण हरे हरे, हरे राम हरे राम राम राम हरे हरे" को गौड़ीय सम्प्रदाय में मोक्षदायक मन्त्र माना जाता है। इसे जपमाला (108 मणियों की माला) पर जपते हुए भक्त ध्यान की अवस्था में पहुँचते हैं। ध्यान साधना में श्रीकृष्ण की मूर्ति, लीलाएँ और नाम-स्मरण के साथ मन को एकाग्र किया जाता है, जो वैदिक योगमार्ग और भक्ति योग दोनों का समन्वय करता है। मन्त्र-जप और ध्यान, बंगाल के भक्तों में आन्तरिक साधना की शक्ति और मानसिक शुद्धता का साधन है।

कला, नाट्य और नृत्य के माध्यम से उपासना

श्रीकृष्ण की उपासना बंगाल में कला के प्रत्येक रूप में समाई हुई है :

- **रासलीला :** राधा-कृष्ण की प्रेम-लीला का मंचन
- **कथक नृत्य :** वैष्णव संगीत पर आधारित भाव-नृत्य
- **भजन गायन :** भावात्मक और काव्यात्मक गीतों द्वारा उपासना

उपासना यहाँ केवल पूजा नहीं, बल्कि कलात्मक आत्मसमर्पण का रूप ले लेती है।

लोक परम्पराएँ और उत्सव

श्रीकृष्ण भक्ति पश्चिम बंगाल में लोक उत्सवों और परम्पराओं के रूप में भी विद्यमान है :

- जन्माष्टमी–श्रीकृष्ण के जन्म का उल्लास
- रथयात्रा–श्रीजगन्नाथ जी की नगर परिक्रमा
- होली (दोल)–राधा-कृष्ण के रंगों का उत्सव
- झूलन यात्रा–राधा-कृष्ण के झूले का उत्सव
- गोवर्धन पूजा–श्रीकृष्ण के गोवर्धन उठाने की लीला की स्मृति।

ये उत्सव केवल धार्मिक क्रियाएँ नहीं, बल्कि सामूहिक संस्कृति, एकता और आध्यात्मिक चेतना का प्रतीक हैं। पश्चिम बंगाल में श्रीकृष्ण भक्ति की परम्परा लोकजीवन की आत्मा, कला का आधार, समाज का सेतु और आध्यात्म का प्रकाश बन चुकी है। यहाँ भक्ति केवल मन्दिरों में नहीं, घरों, गलियों, नाट्यशालाओं, चित्रों और लोकगीतों में व्याप्त है। हरिनाम संकीर्तन से लेकर पटचित्र तक, और रासलीला से लेकर लड्डू गोपाल की सेवा तक–

श्रीकृष्ण जनमन के जीवित देवता हैं। यह समग्र परम्परा एक जीवन शैली है, जो प्रेम, समर्पण, संगीत, सेवा, और समाज की भावना को श्रीकृष्ण भक्ति में रूपान्तरित करती है।

श्रीकृष्ण के प्रमुख मन्दिर

मन्दिर और मठ : आध्यात्मिकता के केन्द्र

पश्चिम बंगाल में अनेक **राधा-कृष्ण मन्दिर** और **वैष्णव मठ** हैं जो कृष्ण भक्ति के जीवन्त केन्द्र हैं। विशेष रूप से **नवद्वीप, मायापुर, कोलकाता, बर्दवान**, और **हुगली** जैसे क्षेत्रों में प्राचीन मन्दिरों और आश्रमों की परम्परा है।

मायापुर चन्द्रोदय मन्दिर (ISKCON का मुख्यालय)

नवद्वीप के समीप स्थित मायापुर को गौड़ीय वैष्णवों का पवित्र तीर्थ माना जाता है। यह चैतन्य महाप्रभु की जन्मस्थली भी मानी जाती है। आज मायापुर में ISKCON (इस्कॉन) द्वारा स्थापित श्रीचैतन्य चन्द्रोदय मन्दिर न केवल भारत, बल्कि दुनिया भर के कृष्ण भक्तों का केन्द्र बन चुका है।

राधा-गोविन्द मन्दिर, कोलकाता (ISKCON)

यहाँ स्थित राधा-गोविन्द ISKCON मन्दिर शहरी भक्तों के लिए आध्यात्मिक साधना का प्रमुख केन्द्र है। यहाँ नियमित रूप से भागवत कथा, गीता प्रवचन, भजन-कीर्तन और महाभोग प्रसाद का आयोजन होता है।

अन्य पारम्परिक मन्दिर

कोलकाता में कालीघाट क्षेत्र में स्थित है "**कृष्ण काली मन्दिर**"। यह संयोजन काफी भिन्न है, क्योंकि कृष्ण और काली एक दूसरे से एकदम अलग हैं। कृष्ण शान्ति के साक्षात स्वरूप हैं जबकि काली *'मुण्ड माला विभूषितम'* हैं, जो हमेशा विनाश मोड़ पर रहती हैं। यदि हम श्रीकृष्ण और माँ काली की तुलना करते रहें तो दोनों को एक करना असम्भव लगता है। मन्दिर के भीतर मूर्ति लगभग 4-5 फीट लम्बी, नीले रंग की, चार भुजाओं वाली है जो एक हाथ में खड्ग लिए हुए है, दूसरा अभय मुद्रा में भक्तों को आशीर्वाद दे रही है और दो हाथों में कृष्ण की बाँसुरी लिए है। मूर्ति त्रिभंग मुद्रा में खड़ी हैं, बिल्कुल जिस तरह कृष्ण खड़े होते हैं। चेहरा पर चमक है और लाल जीभ बाहर निकली हुई है। रूप वास्तव में भव्य और मन्त्रमुग्ध करने वाला है।

अब प्रश्न यह है कि यदि कृष्ण और काली एक हैं यानी कृष्ण काली हैं और काली कृष्ण हैं, तो कैसे? कथित है कि व्रज में, हर रात कृष्ण जंगलों में अपनी बाँसुरी बजाते थे और राधारानी कृष्ण से मिलने के लिए अपने घर से निकल जाती थीं। राधारानी के पति अयान इस बात से अनजान थे और राधारानी की ननद जटिला और कुटिला ने उनके पति अयान को पूरी घटना की जानकारी दी। इससे अयान क्रोधित हो गया और वह राधारानी को रंगे हाथों पकड़ने चला गया। भविष्य के बारे में जानते हुए कृष्ण ने राधारानी से जंगली फूल और फल इकट्ठा करने और इस तरह बैठने को कहा जैसे कि वह पूजा कर रही हों। राधारानी ने वही किया जो कृष्ण ने उनसे करने को कहा। इसके बाद कृष्ण ने अयान की कुल देवी काली का रूप धारण किया। जब अयान जंगल में आया और उसने राधारानी को देखा तो उसने देखा कि वह काली की पूजा कर रही हैं और राधारानी को काली की पूजा करते देख वह बहुत प्रसन्न हुआ।

कहा जाता है कि कृष्ण और काली के इस संयुक्त रूप की पूजा शक्ति साधकों और बीरभूम के वैष्णव बाउलों द्वारा लगभग 500 वर्षों से लोकप्रिय रूप से की जा रही है। यह विचित्र संयोजन न केवल दो मान्यताओं का संगम है, बल्कि दो संप्रदायों, वैष्णव और शाक्त का भी संगम है।

बंगाल में काली की पूजा के क्षेत्र के सांस्कृतिक इतिहास में बहुत महत्त्व है। बंगाल हमेशा से मातृ देवी की पूजा का केन्द्र रहा है, जिसमें दक्षिणेश्वरी काली मन्दिर और तारापीठ जैसे प्रमुख शक्तिपीठ हैं। वैष्णववाद की उपस्थिति 14वीं शताब्दी के उत्तरार्ध में ही प्रमुखता से उभरी। चैतन्य महाप्रभु के उपदेशों की कृपा के कारण, जिसने बंगाल और देश के कुछ हिस्सों में वैष्णववाद को महत्त्वपूर्ण रूप से पेश किया, जिसमें सनातन आन्दोलन भी शामिल था। महाप्रभु ने कृष्ण की पूजा और ईश्वर के प्रति प्रेम को लोकप्रिय बनाया, जिससे कई लोग वैष्णववाद को अपनाने के लिए प्रभावित हुए। चैतन्य महाप्रभु ने गौड़ीय वैष्णववाद की स्थापना की, जो वैष्णववाद के ब्रह्म माधव संप्रदाय के भीतर एक विचारधारा है।

बंगाल में देवी काली की पूजा 18वीं शताब्दी में पुनर्जीवित हुई जब राम कृष्ण परमहंस जैसे भक्तों ने काली की पूजा का प्रचार किया और बंगाल एक बार फिर शाक्त पंथ का केन्द्र बन गया। देवी काली बंगाली भक्ति साहित्य का एक महत्त्वपूर्ण हिस्सा बन गयीं। दक्षिणेश्वरी काली मन्दिर, एक शक्तिपीठ भी सदियों से आकर्षण का केन्द्र रहा है। बंगाल के तांत्रिक ग्रन्थों में इस अविभाज्य रूप का बहुत अधिक उल्लेख मिलता है। 'तन्त्रराजतन्त्र' के चौथे अध्याय में जो ललिता की महिमा का बखान करता है, ऐसा कहा जाता है कि ललिता ने पुरुषों को मोहित किया और महिलाओं को मोहित करने के लिए ललिता ने कृष्ण का रूप धारण किया। 'कालीविलास' तन्त्र के बंगाली ग्रन्थ में कृष्ण का उल्लेख देवकी के पुत्र के रूप में किया गया है जो सुनहरे रंग के थे और जब वे कामातुर होते थे तो काले हो जाते थे।

'बृहद्योनि' तन्त्र में, कृष्ण को देवी काली का अवतार कहा गया है। वह धरती पर उतरीं, अपनी योनि (योनि) को मोर की पूँछ के पंखों की आँख में रखा, और फिर कृष्ण की सांसारिक माँ देवकी के गर्भ में अवतरित हुईं। एक दिन, जब कृष्ण गोपियों और राधा के साथ अपनी दिव्य क्रीड़ा में थे, तो उन्होंने मोर की पूँछ के पंखों में योनि को पहचान लिया, एक पंख तोड़ लिया, और उसे अपने सिर पर रख लिया, ताकि यह उनकी दिव्य स्त्रीत्व की याद दिला सके। भीतर की दिव्य स्त्री और पुरुषत्व का यह प्रतीकात्मक मिलन हमारे भीतर दिव्य सन्तुलन और पूर्णता की अपनी खोज का एक शक्तिशाली अनुस्मारक है।

यदि हम समझना चाहे कि काली कौन है और कृष्ण कौन है, तो कहा जा सकता है कि काली नाम स्त्रीलिंग शब्द है जिसका अर्थ समय है और इसका पुल्लिंग शब्द काल है। काल संस्कृत में समय के लिए शब्द है और कुछ मामलों में मृत्यु के लिए भी। समय वह तत्त्व है जो ब्रह्माण्ड को नियन्त्रित करता है, यह शाश्वत और हमेशा विद्यमान है। समय निर्दयी है और किसी का इन्तजार नहीं करता। समय अजन्मा, अनिर्मित, अमर वास्तविकता है। जीव जन्म, बुढ़ापा, बीमारी और मृत्यु के रूप में समय के चक्र में फँसा हुआ है, ब्रह्माण्ड भी सृजन और विनाश के निरन्तर चक्र में फँसा हुआ है। चक्र निरन्तर चलता रहता है और कभी नहीं रुकता, यह हमेशा गति में रहता है, इसलिए मूल शब्द *'काल'* का अर्थ है 'गिनना', 'मापना' या 'गति में लाना', इसलिए 'समय'। काली देवी हैं जो समय के इस कभी न खत्म होने वाले चक्र का प्रतीक हैं। हम आम तौर पर शिव को समय के पुरुष समकक्ष *'महाकाल' के रूप में देखते हैं,* तान्त्रिक ग्रन्थों और शैव पुराणों के अनुसार शिव महाकाल हैं, लेकिन भगवद गीता और श्रीमद्भागवतम जैसे वैष्णव ग्रन्थों के अनुसार, काल कृष्ण हैं।

भगवद् गीता में कृष्ण स्वयं घोषणा करते हैं कि वे काल हैं। भगवद् गीता (10.33) में कृष्ण कहते हैं *'अहम् एवाक्षय: कालो'* अर्थात् वे काल हैं। वे इसे (11.32) में दोहराते हैं जहाँ वे फिर से पुष्टि करते हैं कि वे काल हैं जो संसारों का महान संहारक हैं, *"कालोऽस्मि लोका-क्षय-कृत प्रवृद्धो लोकान् समाहर्तुं इहा प्रवृत्त:"।* श्रीमद्भागवतम् का 10वाँ स्कन्ध कृष्ण और उनकी लीलाओं को समर्पित है और इस स्कन्ध में कृष्ण को *'काल-रूपस्य'* (10.37.21), *'कालात्मना'* (10.24.31), *'कालस्यारूपिणस'* (10.71.8), *'कालं ईश्वरम्'* (10.84.23), 'काल: प्रधानं पुरुषो' (10.59.29), *कालो भगवान्* (10.10.30-31) के रूप में महिमामण्डित किया गया है।

इस प्रकार हम यह स्थापित कर सकते हैं कि काली पुरुष काल या कृष्ण की स्त्री प्रतिरूप है।

वेदों में कहा गया है कि सर्वोच्च भगवान शक्ति से उत्पन्न हुए हैं, और शक्ति सर्वोच्च शक्ति सर्वोच्च पुरुष ऋग्वेद से उत्पन्न हुई है *'तस्माद् विरदजायत विराजो आदि पुरुष:'* (10.7.90.1-16)। पुरुष और प्रकृति अविभाज्य रूप से एक हैं, शक्ति और शक्तिमान भी एक हैं, इसलिए अगर काल और काली एक हैं तो इसमें आश्चर्य नहीं होना चाहिए। काली को सर्वोच्च पुरुष की शक्ति या शक्तिमान भी कहा जाता है। इसके अलावा, काली और कृष्ण एक समान रंग साझा करते हैं, काली को *'श्यामा'* और कृष्ण को *'श्याम'* कहा जाता है।

जिस तरह हरि-हर मूर्ति शिव और विष्णु की दिव्य एकता है उसी तरह काली और कृष्ण भी दिव्य एकता है। यह एकता कई कारणों से हुई होगी जैसे वैष्णव धर्म से शक्ति धर्म में आस्था का परिवर्तन और सह-अस्तित्व, दृश्य समानताएँ, वैष्णव धर्म में काली को अपनाना या शक्ति पूजा में कृष्ण को अपनाना। जो भी कारण हो, हम एक ही में कृष्ण काली का दिव्य रूप देखते हैं।

कृष्णाय कालीरूपाय कालीरूपाय कृष्णवे..
कृष्णाय कालीरूपाय, कालीरूपाय कृष्णवे...

श्रीकृष्ण भक्ति में मठों की भूमिका

ISKCON (International Society for Krishna Consciousness) की स्थापना 1966 में ए.सी. भक्तिवेदान्त स्वामी प्रभुपाद ने अमेरिका में की, परन्तु इसका आध्यात्मिक और सांस्कृतिक आधार पश्चिम बंगाल में ही है। मायापुर ISKCON का वैश्विक मुख्यालय है।

ISKCON ने श्रीकृष्ण भक्ति को आधुनिक सन्दर्भ में प्रस्तुत किया। इसके केन्द्रों में : गीता और भागवत का शिक्षण, भव्य मन्दिर निर्माण, अन्नदान, गौसेवा, संस्कार व सामाजिक सेवा, संगीत, कला और दर्शन के कार्यक्रम जैसी गतिविधियाँ की जाती हैं। रथयात्रा, झूलन उत्सव, गौर पूर्णिमा आदि उत्सव वैश्विक स्तर पर मनाए जाते हैं।

ISKCON की स्थापना सन् 1966 में ए.सी. भक्तिवेदान्त स्वामी प्रभुपाद द्वारा अमेरिका में हुई, परन्तु इसका हृदयस्थल पश्चिम बंगाल में ही है—मायापुर धाम।

प्रमुख योगदान : श्रीकृष्ण भक्ति को अन्तरराष्ट्रीय स्तर पर पहुँचाना, भागवद्गीता और भागवत पुराण के शुद्ध भाष्य और प्रचार, प्रसादम् वितरण, गौ सेवा, गुरुकुल, और योग/ध्यान केन्द्र, रथयात्रा, झूलन उत्सव, गौर पूर्णिमा जैसे उत्सवों का आयोजन।

मठों और आश्रमों की भूमिका

• गौड़ीय मठ और मिशन : संगठनात्मक भक्ति का केन्द्र

पश्चिम बंगाल में श्रीकृष्ण भक्ति की सबसे संगठित अभिव्यक्ति गौड़ीय मठ और मिशन परम्परा के माध्यम से होती है। ये मठ न केवल धार्मिक साधना के केन्द्र हैं, बल्कि वेदान्त अध्ययन, कीर्तन परम्परा, और सामाजिक सेवा के संगठित मंच भी हैं।

प्रमुख केन्द्र :

- नवद्वीप : श्री चैतन्य महाप्रभु की जन्मभूमि, जहाँ कई प्रमुख गौड़ीय मठ स्थित हैं।
- कोलकाता (भगबाजार) : भक्तिसिद्धान्त सरस्वती ठाकुर द्वारा स्थापित मुख्य मठ और प्रचार केन्द्र।
- मायापुर : ISKCON का अन्तरराष्ट्रीय मुख्यालय और संस्कृत शिक्षा व कीर्तन साधना का केन्द्र।

प्रमुख गतिविधियाँ : भागवत सप्ताह, श्रीमद्भागवत पाठ, चैतन्य चरितामृत का अध्ययन, नियमित हरिनाम संकीर्तन और भावनात्मक कीर्तन सभाएँ, संस्कृत पाठशालाओं और वेदान्त शिक्षा केन्द्रों का संचालन–जहाँ छात्र वेद, उपनिषद, भागवत, गीता और भक्ति ग्रन्थों का अध्ययन करते हैं।

गौड़ीय मठ परम्परा ने भक्ति को शिक्षा, साधना और प्रचार के साथ जोड़ा है।

• स्थानीय वैष्णव आश्रम : ग्रामीण भक्ति की जीवन्त इकाइयाँ

शहरों में गौड़ीय मिशनों के समान ही गाँव-गाँव में छोटे आश्रम स्थानीय सन्तों और साधकों द्वारा चलाये जाते हैं। स्थानीय भक्तों और सन्तों द्वारा संचालित, नित्य पूजा, भागवत कथा, भजन संध्या, और संकीर्तन की व्यवस्था, भक्तों के लिए रसोई सेवा (प्रसादम), रात्रि विश्राम, जल आदि सुविधाएँ। त्यौहारों जैसे रथयात्रा, झूलन यात्रा, जन्माष्टमी आदि के दौरान आश्रम सामुदायिक उत्सव का केन्द्र बन जाते हैं। ये आश्रम गाँवों में भक्ति, एकता और सेवा की आत्मा को बनाए रखते हैं।

• प्राचीन वैष्णव मठ : परम्परा की ऐतिहासिक जड़ें

पश्चिम बंगाल में गौड़ीय मठों से पहले भी अनेक वैष्णव परम्पराओं के मठ सक्रिय रहे हैं :

- **रामानन्दी मठ :** भगवान राम के उपासक परन्तु श्रीकृष्ण लीला के गायन में भी सहभागी।
- **माध्वाचार्य मठ (द्वैत वेदान्त आधारित) :** कृष्ण को सर्वश्रेष्ठ पुरुषोत्तम मानने वाले मठ।
- **निम्बार्क मठ (द्वैताद्वैत वेदान्त) :** राधा-कृष्ण की संयुक्त उपासना पर आधारित।

इन मठों ने गौड़ीय परम्परा के उदय से पूर्व भक्ति की नींव को मजबूत किया।

• गौड़ीय मठ की स्थापना और कार्य

भक्तिसिद्धान्त सरस्वती ठाकुर ने 1918 में श्री गौड़ीय मठ की स्थापना की। उनका उद्देश्य था : श्री चैतन्य महाप्रभु की उपदेश परम्परा को शास्त्रीय, संगठित और तार्किक रूप में प्रस्तुत करना, जातिवादी भेदभाव को समाप्त कर भक्ति को सबके लिए सुलभ बनाना, मठों को शिक्षा, प्रचार, साहित्य, और सेवा का केन्द्र बनाना।

प्रमुख कार्य :

- श्रीमद्भागवत, गीता, चैतन्य चरितामृत का प्रकाशन।
- गौर पूर्णिमा, रथयात्रा, हरिनाम सप्ताह जैसे महोत्सवों का आयोजन।
- देश-विदेश में प्रचारक संन्यासियों की नियुक्ति।

मठों ने भक्ति को केवल भावना नहीं, बल्कि गम्भीर दार्शनिक अभ्यास के रूप में प्रस्तुत किया।

• मठों में शिक्षा, दीक्षा और सेवा परम्परा

गौड़ीय मठ केवल पूजन स्थल नहीं, बल्कि गुरुकुल परम्परा का आधुनिक स्वरूप हैं।

शिक्षा और दीक्षा : गुरु-शिष्य परम्परा के माध्यम से दीक्षा दी जाती है। शिष्य भागवत, वेदान्त, संस्कृत और भक्ति दर्शन का गहन अध्ययन करते हैं।

सेवा और साधना : स्वच्छता, रसोई सेवा, अतिथि सेवा, गौसेवा–सेवा को साधना माना जाता है। शिष्य भक्ति के साथ अनुशासन, त्याग और समाज-सेवा का जीवन जीते हैं।

यह परम्परा साधक को ज्ञानी, सेवक और प्रचारक तीनों रूपों में विकसित करती है।

• मठ और सामाजिक-सांस्कृतिक कार्य

गौड़ीय मठ और आश्रम न केवल आध्यात्मिक केन्द्र हैं, बल्कि वे सामाजिक सेवा और लोकसंस्कृति के संवाहक भी हैं।

प्रमुख सामाजिक पहल :

- अन्नदान (विशेषत: पर्वों पर)
- गौशाला (गायों की सेवा और संरक्षण)
- वेद पाठशालाएँ और संस्कृत शिक्षा केन्द्र
- ग्राम स्वच्छता, चिकित्सा सेवा और शिक्षा अभियान
- गरीब छात्रों के लिए भोजन व पुस्तक वितरण

इस सेवा कार्य ने मठों को सामाजिक पुनरुत्थान और सांस्कृतिक नेतृत्व के मंच में परिवर्तित कर दिया है।

पश्चिम बंगाल में श्रीकृष्ण भक्ति के मठ और आश्रम केवल आध्यात्मिक साधना के स्थल नहीं, बल्कि शिक्षा, सेवा, संस्कृति और सामाजिक एकता के केन्द्र भी हैं। गौड़ीय मठ परम्परा ने भक्ति को शास्त्र-संगत, वैश्विक और संगठित रूप में प्रस्तुत किया। स्थानीय आश्रमों ने गाँवों को भक्ति और सेवा की सजीव प्रयोगशाला में बदला। मठों के शिक्षा, दीक्षा और सामाजिक कार्यक्रमों ने इस परम्परा को स्थायित्व और व्यापकता प्रदान की।

यह परम्परा आज भी बंगाल की आध्यात्मिक चेतना, सांस्कृतिक समृद्धि और सामाजिक उत्थान की रीढ़ बनी हुई है।

ISKCON–एक वैश्विक कृष्ण भक्ति आन्दोलन

• स्थापना और उद्देश्य

ISKCON (इस्कॉन) की स्थापना ए.सी. भक्तिवेदान्त स्वामी प्रभुपाद द्वारा 1966 में न्यूयॉर्क, अमेरिका में

की गयी। यह संस्था गौड़ीय वैष्णव परम्परा पर आधारित है और इसका उद्देश्य है : श्रीमद्भगवद्गीता और श्रीमद्भागवत महापुराण जैसे शास्त्रों के सिद्धान्तों का वैश्विक प्रचार करना, आधुनिक समाज में श्रीकृष्ण की भक्ति, नाम-संकीर्तन, वैदिक जीवनशैली और आध्यात्मिक शिक्षाओं को पहुँचाना, ऐसा एक अन्तरराष्ट्रीय समुदाय तैयार करना जो समर्पण, सेवा, संयम और साधना के मूल्यों पर आधारित हो।

प्रभुपादजी का मानना था कि "हर व्यक्ति भगवान का शाश्वत सेवक है, और भक्ति ही मुक्ति का मार्ग है।"

• गौड़ीय वैष्णव परम्परा से सम्बन्ध

ISKCON की जड़ें पूरी तरह से श्री चैतन्य महाप्रभु की गौड़ीय वैष्णव परम्परा में स्थित हैं।

श्री चैतन्य ने 16वीं शताब्दी में हरिनाम संकीर्तन को युगधर्म घोषित किया था। प्रभुपादजी ने चैतन्य के सिद्धान्त–नाम की शक्ति, माधुर्य भक्ति, और राधा-कृष्ण उपासना–को पश्चिमी समाज तक पहुँचाया।

मूल स्रोत : चैतन्य चरितामृत, भागवत, भगवद्गीता, भक्ति-रसामृत सिन्धु (रूप गोस्वामी द्वारा रचित)

इस्कॉन ने गौड़ीय सिद्धान्तों को शास्त्र-संगत, विज्ञान-संगत और आधुनिक समाज के अनुकूल बनाकर प्रस्तुत किया।

• वैश्विक विस्तार

आज ISKCON एक वैश्विक भक्ति आन्दोलन है, जो संसार के 100+ देशों में फैला हुआ है।

प्रमुख क्षेत्रों में विस्तार :

- अमेरिका : न्यूयॉर्क (स्थापना स्थल), लॉस एंजेलिस
- यूरोप : लन्दन, फ्रांस, जर्मनी
- रूस और पूर्वी यूरोप : जहाँ यह अत्यन्त लोकप्रिय हुआ।
- ऑस्ट्रेलिया और न्यूजीलैंड : विशेष रूप से युवा वर्ग में।
- अफ्रीका : दक्षिण अफ्रीका, केन्या, नाइजीरिया आदि

भारत में प्रमुख केन्द्र :

- मायापुर (पश्चिम बंगाल)–श्रीचैतन्य जन्मस्थली, ISKCON का अन्तरराष्ट्रीय मुख्यालय
- वृन्दावन, मुम्बई, बैंगलोर, पुणे, नोएडा–मन्दिर, गुरुकुल, गोशाला, प्रकाशन केन्द्र

ISKCON अब न केवल धार्मिक संस्था, बल्कि सांस्कृतिक, शैक्षणिक और सेवा मिशन के रूप में भी प्रतिष्ठित है।

• शिक्षा, सेवा और संस्कृति

ISKCON की व्यापकता का कारण केवल भक्ति नहीं, बल्कि उसका व्यावहारिक योगदान भी है।

शिक्षा : गुरुकुल व्यवस्था के माध्यम से बच्चों को संस्कार, शास्त्र, और वैदिक जीवन सिखाना, भागवत विद्यालय, गीता पाठशाला, संस्कृत कक्षाएँ, भक्ति वेदान्त इंस्टीट्यूट के माध्यम से विज्ञान और वेदान्त का संवाद।

सेवा कार्य :

- गौशालाएँ (गायों की सेवा व संरक्षण)

- अन्नदान (Food for Life जैसी योजनाएँ)
- आपदा राहत, गरीबों को भोजन, वस्त्र, दवाइयाँ प्रदान करना आदि।

संस्कृति के माध्यम से भक्ति प्रचार :

- संगीत (कीर्तन-मण्डली), नृत्य (रासलीला, कथक), रंगमंच (लीलानाटक), रसोई सेवा (प्रसाद वितरण)
- योग, ध्यान, सत्संग और नैतिक शिक्षा

ISKCON ने भक्ति को जीवनशैली, कला, शिक्षा और सेवा से जोड़कर एक सम्पूर्ण संस्कृति का रूप दे दिया है।

ISKCON ने श्रीकृष्ण भक्ति को गाँवों की चौपाल से निकालकर विश्व के नगरों के मंच तक पहुँचाया है। यह संगठन गौड़ीय परम्परा की वैश्विक व्याख्या है–जहाँ भक्ति, सेवा, संस्कृति और शिक्षा का अद्भुत सन्तुलन है। प्रभुपादजी की दृष्टि, संगठन की संरचना, और शिष्यों की निष्ठा ने मिलकर इसे 21वीं सदी की भक्ति क्रान्ति बना दिया है। इसके मन्दिर आज ध्यान, शान्ति, प्रेम, कला और सेवा के केन्द्र बन चुके हैं।

ISKCON केवल एक संस्था नहीं, बल्कि एक विश्वव्यापी चेतना है–जो श्रीकृष्ण के नाम, रूप, लीला और प्रेम को समय और भूगोल की सीमाओं से परे ले जा रही है।

श्रीकृष्ण भक्ति का सांस्कृतिक प्रभाव

बंगाल में श्रीकृष्ण भक्ति ने केवल धर्म नहीं, बल्कि साहित्य, संगीत, चित्रकला, और लोकजीवन को भी प्रभावित किया है। पटचित्रों में राधा-कृष्ण, लोकगीतों में प्रेम और वियोग, और कथाओं में नैतिकता की शिक्षा– यह सब बंगाल के सांस्कृतिक परिदृश्य में श्रीकृष्ण की उपस्थिति को दर्शाता है।

आज भी ग्रामीण महिलाएँ माखन-मिश्री का भोग लगाती हैं, कीर्तन मण्डलियाँ सड़कों पर हरिनाम संकीर्तन करती हैं, और युवा पीढ़ी ISKCON के माध्यम से कृष्ण भक्ति से जुड़ रही है। श्रीकृष्ण की भक्ति बंगाल में एक जीवन्त परम्परा है।

श्रीकृष्ण भक्ति की परम्पराएँ भारत की सांस्कृतिक आत्मा में रची-बसी हैं। विभिन्न सम्प्रदायों, उपासना पद्धतियों, मन्दिरों, मठों और संगठनों ने इसे समय के साथ पुष्ट किया है। यह परम्पराएँ केवल धार्मिक नहीं, बल्कि लोकसंस्कृति, साहित्य, कला और सामाजिक एकता के सशक्त साधन हैं। वर्तमान युग में ISKCON जैसे संगठनों के माध्यम से यह परम्परा वैश्विक स्तर पर भी अपनी पहचान बना चुकी है। अत: यह कहना उपयुक्त होगा कि श्रीकृष्ण भक्ति बंगाल की सनातन परम्परा की एक जीवन्त और सार्वभौमिक धारा है। पश्चिम बंगाल में श्रीकृष्ण भक्ति केवल धार्मिक उपासना नहीं है, वह एक जीवन्त सांस्कृतिक विरासत है। चैतन्य महाप्रभु की संकीर्तन परम्परा से लेकर ISKCON के वैश्विक मंच तक, यह परम्परा समय के साथ और भी समृद्ध हुई है। बंगाल की मिट्टी में कृष्ण भक्ति की गूँज लोकगीतों, मन्दिरों की घण्टियों, कीर्तन की स्वर-लहरियों और भक्तों की अन्तरात्मा में आज भी सुनायी देती है। यह भक्ति परम्परा न केवल अध्यात्म का स्रोत है, बल्कि समाज को जोड़ने वाली प्रेम की डोर भी है।

5
श्रीकृष्ण के कथावाचकों की परम्पराएँ

श्रीकृष्ण के सन्देश और भक्ति मार्ग को लोक-जीवन का अंग बनाने में कथा का महत्त्वपूर्ण योगदान रहा। कथावाचन ने भक्तों को कृष्ण-लीला, गीता-दर्शन और भगवद पुराण के उपदेशों से जोड़ा। कथा में श्रोताओं को नैतिक, धार्मिक और दार्शनिक मूल्य सुलभ भाषा में समझाए जाते हैं।

कथा वाचन, विशेष रूप से श्रीकृष्ण की लीलाओं, उपदेशों और जीवन-दर्शन को जन-जन तक पहुँचाने का सबसे प्रभावी तरीका रहा है। प्राचीन काल से ही कथा के माध्यम से धार्मिक ग्रन्थों और पुराणों के ज्ञान को सरल, आकर्षक और जीवन्त तरीके से प्रस्तुत किया जाता रहा है। इससे जटिल दार्शनिक विचार भी आम जनता के लिए सहज और समझने योग्य बन जाते हैं।

श्रीकृष्ण की कथाएँ न केवल उनके जीवन की घटनाओं का वर्णन करती हैं, बल्कि उनमें छिपे नैतिक और आध्यात्मिक सन्देशों को भी स्पष्ट रूप से सामने लाती हैं। उदाहरण के लिए, भगवद गीता के उपदेश को कथा के माध्यम से सुनने वाले को कर्म, भक्ति और ज्ञान के योग की समझ सरलता से प्राप्त होती है।

कथा को सुनने से श्रोताओं के मन में भगवान के प्रति श्रद्धा और भक्ति की भावना जागृत होती है। कथावाचन में न केवल शब्दों का महत्त्व होता है, बल्कि संगीत, नाट्य और भाव-प्रवणता के माध्यम से भक्तों के हृदयों में भक्ति की अग्नि प्रज्वलित होती है।

श्रीकृष्ण का रासलीला, गोपियों के प्रेम और उनकी दैविक लीलाओं का चित्रण श्रोताओं को आध्यात्मिक आनन्द और प्रेम की अनुभूति कराता है। इससे भक्ति एक व्यक्तिगत और सामूहिक अनुभव बन जाती है, जो सामाजिक एकता और सांस्कृतिक समरसता को भी प्रोत्साहित करती है।

कथावाचन केवल धार्मिक कथा तक सीमित नहीं रहता, बल्कि वह एक सामाजिक आयोजन भी होता है जहाँ विभिन्न वर्गों, समुदायों और आयु समूहों के लोग इकट्ठे होते हैं। इस तरह कथा सामूहिकता और सामाजिक मेलजोल को बढ़ावा देती है। बंगाल में विशेषकर कृष्ण-भक्ति कथा के दौरान कीर्तन, भजन और नाटक का समावेश होता है, जिससे यह आयोजन एक उत्सव का रूप ले लेता है। इससे सांस्कृतिक विरासत संरक्षित रहती है और आने वाली पीढ़ियों को पारम्परिक ज्ञान और संस्कृति से जोड़ा जाता है। कथा के माध्यम से शिक्षा का लोक-स्तर पर प्रसार होता है। जो लोग पढ़-लिख नहीं सकते वे भी कथा सुनकर धर्म, नीति और जीवन-मूल्यों को समझ पाते हैं। यह जन-भागीदारी धार्मिक शिक्षाओं को व्यापक बनाती है। विशेषकर ग्रामीण और दूर-दराज के क्षेत्रों में कथा का यह महत्त्व अत्यन्त है, जहाँ पुस्तकों और शिक्षकों की पहुँच कम होती है। कथा से लोक जीवन की समस्याओं के समाधान भी मिलते हैं क्योंकि कथा में जीवन के व्यावहारिक पक्षों पर भी प्रकाश डाला जाता है।

कथावाचन से श्रोता मानसिक और आध्यात्मिक रूप से सशक्त होते हैं। श्रीकृष्ण की कथाएँ जीवन में आने वाली कठिनाइयों का सामना धैर्य और विश्वास से करने की प्रेरणा देती हैं। भगवान श्रीकृष्ण के उपदेश जैसे कि "कर्म कर, फल की चिन्ता मत कर" आदि मानसिक शान्ति और स्थिरता का सन्देश देते हैं। कथा सुनने से व्यक्ति के भीतर चिन्ता, तनाव और नकारात्मक भावनाएँ कम होती हैं, जिससे मानसिक स्वास्थ्य बेहतर होता है।

कथावाचन परम्परागत कला, संगीत और साहित्य का भी संवाहक है। यह परम्परा पीढ़ी दर पीढ़ी हस्तान्तरित होती है। बंगाल में कथा के साथ जुड़े कीर्तन, भजन, लोकगीत और नाटकों ने श्रीकृष्ण भक्ति को अमर बनाये रखा है।

इस प्रकार कथावाचन धार्मिक, सांस्कृतिक, सामाजिक, और मानसिक विकास का एक समग्र माध्यम है, जिसकी महत्ता न केवल अतीत में रही है, बल्कि वर्तमान और भविष्य में भी इसकी गरिमा और प्रभाव बना रहेगा।

भगवद पुराण और कथा परम्परा

भगवद पुराण में श्रीकृष्ण के जीवन, लीलाओं और भक्ति सिद्धान्तों का विस्तार है। इसे "पूजा का ग्रन्थ" भी कहा जाता है क्योंकि यह भक्ति और नैतिकता का मार्गदर्शन करता है।

पश्चिम बंगाल में भगवद पुराण का बंगाली में अनुवाद और इसका लोक कथाओं में समावेश, कृष्ण भक्तों के बीच गहन प्रभाव छोड़ता है। 17वीं शताब्दी के बाद बंगाली भाषी समाज में इस अनुवाद ने भक्ति आन्दोलन को तीव्र गति दी।

भगवद पुराण और कथा परम्परा : बंगाली अनुवादकों का योगदान

भगवद पुराण भारतीय धार्मिक साहित्य का एक अनमोल ग्रन्थ है, जिसमें भगवान श्रीकृष्ण के जीवन, लीलाओं, उपदेशों और भक्ति मार्ग की विस्तृत कथाएँ निहित हैं। यह पुराण भक्तों के लिए आध्यात्मिक ज्ञान का स्रोत है। भगवद पुराण की कथाएँ धार्मिक शिक्षा के साथ-साथ सांस्कृतिक और सामाजिक जागरूकता का भी माध्यम रही हैं। बंगाल में इस पुराण के बंगाली अनुवाद ने धार्मिक भक्ति आन्दोलन को नये आयाम प्रदान किये और कथा परम्परा को समृद्ध किया।

भगवद पुराण में श्रीकृष्ण की बाल्य लीलाएँ, गोकुल-वृन्दावन की कथाएँ, महाभारत युद्ध के उपदेश और भक्तों के प्रति भगवान की दया का उल्लेख मिलता है। यह ग्रन्थ भक्ति मार्ग का सर्वोत्तम दर्शन प्रस्तुत करता है, जिसमें भगवान को सर्वोच्च रूप में मानकर प्रेम और समर्पण का अभ्यास किया जाता है।

प्रारम्भिक अनुवाद : बंगाली भाषा में भगवद पुराण के अनुवाद की शुरुआत 16वीं-17वीं शताब्दी में हुई, जब बंगाल में भक्ति आन्दोलन जोर पकड़ रहा था। इस समय के प्रमुख कवि और भक्ति संचारक जैसे कृष्णदास कण्ठ और मुक्तिबोध ने भगवद पुराण की कथाओं को सरल बंगाली भाषा में अनुवादित किया।

उनका उद्देश्य था कि यह पवित्र ग्रन्थ जन-जन तक पहुँचे ताकि वे भगवान श्रीकृष्ण के प्रेम और भक्ति से जुड़ सकें। इन अनुवादों ने कथावाचन की परम्परा को गहराई से प्रभावित किया।

प्रमुख चारण कवि (कथावाचक) और उनके योगदान

कृष्णदास कण्ठ : उन्होंने भगवद पुराण के श्लोकों को छन्दबद्ध रूप में बंगाली भाषा में प्रस्तुत किया,

जिससे भक्ति गीतों और कीर्तन का सृजन हुआ। उनके अनुवादों ने कथा-संगीत को स्थानीय जनजीवन में जीवन्त किया। इन्होंने श्रीमद्भागवत पुराण के श्लोकों को बंगाली छन्दबद्ध भाषा में अनूदित किया। उनके पदों में कीर्तन योग्य भाव, लय और माधुर्य होता था, जिससे कथा गायन और रासलीला में इनका प्रयोग सहज हो गया। उन्होंने लोकभाषा के माधुर्य और शास्त्रीय गहराई का सुन्दर समन्वय प्रस्तुत किया।

वृन्दावनदास ठाकुर : श्री चैतन्य महाप्रभु के प्रमुख शिष्य और अनुयायी थे। उनके द्वारा रचित ग्रन्थ 'चैतन्य भागवत' चैतन्यदेव के जीवन और लीलाओं का प्रथम महाकाव्य है। उनकी भाषा सरल बांग्ला है तथा शैली कथा वाचक है। उनकी रचनाएँ गौड़ीय वैष्णव परम्परा की आध्यात्मिक धरोहर मानी जाती हैं। वृन्दावनदास ने श्रीकृष्ण और श्रीचैतन्य को एक रूप में प्रस्तुत किया, जो भक्तिवादी दृष्टिकोण में बहुत प्रभावशाली सिद्ध हुआ।

कमलाकान्त भट्टाचार्य : प्रसिद्ध शक्ति और कृष्ण भक्ति कवि थे। उनके कीर्तन गीतों में राधा-कृष्ण की प्रेमानुभूति अत्यन्त भावमयी होती है। उनकी रचना "कमलाकान्त गीतावली", ग्रामीण बंगाल में पदावली-कीर्तन का आधार बनी। उनकी शैली में विरह, अनुराग, सेवा और समर्पण का भाव प्रकट होता है। उदाहरणस्वरूप :

"तुमि कारे भालोबाशो, बोलो राधा नाकि आमि?"
("तुम किससे प्रेम करते हो–राधा से या मुझसे?")

यह प्रश्न रूपक के रूप में आत्मा और परमात्मा के बीच प्रेमपूर्ण संवाद को दर्शाता है।

कबियाल विजय सरकार : कबियाल बिजॉय कृष्ण सरकार एक कवि, गायक, गीतकार, संगीतकार और देहाती कवि हैं। 19 फरवरी 1903 को नरैल (यह स्थान वर्तमान में बांग्लादेश में है) के डुमडी गाँव में जन्मे। उनका असली नाम विजय कृष्ण अधिकारी है। कवि अपने प्रशंसकों और स्थानीय लोगों के बीच 'पागल बिजॉय' के नाम से अधिक प्रसिद्ध हैं।

उनके कई लोकप्रिय गीतों में शामिल हैं, "यह दुनिया बस ऐसी ही है, मुझे इस खूबसूरत दुनिया को छोड़ना है", "मेरा पालतू पक्षी उड़ जायेगा, मेरे प्रिय, मैंने कभी इसके बारे में नहीं सोचा था एक दिन", "तुम्हें नहीं पता, मेरे प्रिय, तुम जीवन की खोज हो", "आषाढ़ की किसी भी गीली राह पर", आदि।

उनके पिता का नाम नवकृष्ण बैरागी, माता का नाम हिमालय कुमारी था और दादा गोपालचन्द्र बैरागी। उन्होंने स्थानीय तबरा प्राइमरी स्कूल में पढ़ाई की। प्राथमिक विद्यालय में रहते हुए उन्होंने नेपाल बिस नामक शिक्षक से जात्रागान के लिए उपयुक्त नृत्य, गायन और अभिनय सीखा। उन्होंने प्राथमिक और माध्यमिक शिक्षा के लिए कई स्कूल बदले। उन्हें लगभग हर जगह एक से अधिक शिक्षक मिले और उन्हें साद से संगीत सीखने का अवसर भी मिला। उनकी शिक्षा में अधिक प्रगति नहीं हुई क्योंकि उन्होंने छोटी उम्र में ही अपने माता-पिता को खो दिया था। उन्होंने दसवीं कक्षा तक पढ़ाई की। उन्होंने कुछ समय तक एक स्थानीय स्कूल में शिक्षक के रूप में काम किया। उन्होंने कुछ दिनों तक डिप्टी के रूप में काम किया। उन्होंने नियमित रूप से विभिन्न प्रकार के लोक और आधुनिक गीतों का भी अभ्यास किया। 1925 में उन्होंने गोपालगंज के कवि मनोहर सरकार से कविता सीखी। कुछ दिनों बाद वे राजेन्द्रनाथ सरकार के संपर्क में आये और उनसे कविता की शिक्षा भी ली। 1929 में बिजॉय सरकार ने अपना स्वयं का गायन समूह बनाया और एक कवि के रूप में मान्यता और लोकप्रियता प्राप्त की। उन्होंने गीत और धुनें लिखीं। उन्होंने भटियाली धुनों पर आधारित धुँआ गीतों से अपार लोकप्रियता हासिल

की। उन्होंने बांग्ला अकादमी, बांग्लादेश शिल्पकला अकादमी और बेतार टेलीविजन में भी श्रीकृष्ण गायन का प्रदर्शन किया।

चारण कवि श्री नरोत्तम दास— इनके द्वारा रचित वैष्णव पदावली बांग्ला भाषियों का अत्यन्त प्रिय है। उनकी श्री श्रीकृष्ण-अष्टोत्तर शतनाम का हर श्रीकृष्ण मन्दिर में गायन किया जाता है, जिसका उल्लेख बहुत आवश्यक हो जाता है। यह अष्टोत्तर शतनाम निम्नलिखित है–

जय जय गोविन्द गोपाल गदाधर।
कृष्ण चन्द्र कीजे कृपा करुनासागर।।
जय राधे गोविन्द गोपाल वनमाली।
श्री राधा प्राणधर मुकुन्द मुरारी।।
हरीनाम बिनु रे भाई गोविन्द नाम बिने।
विफल मनुष्य जन्म बीते दिने दिने।।
दिन बीते मिथ्या काम में रात्रि गये नींद में।
न भजिनु राधा कृष्ण चरणार वृन्दे।।
कृष्ण कीर्तन हेतु संसार में जन्म लूँ।
मिथ्या माया के बन्धन में वृक्षसम बनूँ।।
फलस्वरूप पुत्र-कन्या शाखाओं से गिरे।
कालरूपी संसार में पक्षी बने रहे।।
कृष्ण ने जब जन्म लिया देवकी के कोख में।
मथुरा में देवगण पुष्प वर्षा करें।।
वासुदेव रख आये नन्द के मन्दिर में।
नन्द के आलय में कृष्ण दिन दिन बढ़े।।

श्रीनन्द ने नाम रखा नन्द का नन्दन। 1।
यशोदा ने नाम रखा जादू बाछाधन।। 2।
उपनन्द ने नाम रखा सुन्दर गोपाल। 3।
ब्रजबालक ने नाम रखा ठाकुर राखाल। 4।
सुबल ने नाम रखा ठाकुर कानाई। 5।
श्रीदाम ने नाम रखा राखाल राजा भाई।। 6।
ननीचोरा नाम दिया सभी गोपिनियों ने। 7।
राधा-बिनोदिनी ने नाम रखा कालासोना।। 8।
कुब्जा ने नाम रखा पतित पावण हरी। 9।
चन्द्रबली ने नाम रखा मोहन बंशीधारी। 10।
अनंन्त ने नाम रखा अन्त ना पाकर। 11।
कृष्ण नाम रखा गर्ग ने ध्यान के माध्यम से। 12।

कन्वमुनि ने नाम रखा चक्रपाणि। 13।
वनमाली ने नाम रखा वन की हिरणी। 14।
गजदन्ती ने नाम रखा श्रीमधुसूदन। 15।
अजामिल ने नाम रखा देवनारायण। 16।
पुरन्दर ने रखा नाम देव श्री गोविन्द। 17।
द्रौपदी ने नाम रखा देव दीनबन्धु। 18।
सुदामा ने नाम रखा दरिद्रभंजन। 19।
ब्रजवासी ने नाम रखा ब्रज का जीवन। 20।
दर्पहारी ने नाम रखा अर्जुन सुधीर। 21।
पशुपति ने नाम रखा गरुड़ महावीर।। 22।
युधिष्ठिर ने नाम रखा देव यदुवर। 23।
विदुर ने नाम रखा कंगाल का ईश्वर।। 24।
वासुकि ने नाम रखा देव-सृष्टि स्थिति। 25।
ध्रुवलोक में नाम पड़ा ध्रुव का सारथी।। 26।।
नारद ने नाम रखा भक्त प्राणधर। 27।
भीष्मदेव ने नाम रखा लक्ष्मी-नारायण।। 28।
सत्यभामा ने नाम रखा सत्य के सारथी। 29।
जाम्बूवती ने नाम रखा देव योद्धापति।। 30।।
विश्वामित्र ने नाम रखा जगत के सार। 31।
अहल्या ने नाम रखा पाषाण-उद्धार।। 32।
भृगु मुनि ने नाम रखा जगत के हरि। 33।
पंचमुख से रामनाम गाए त्रिपुरारि।। 34।
कुंजकेशी ने रखा नाम बोल सदाचारी।। 35।।
प्रह्लाद ने रखा नाम नृसिंह-मुरारी।। 36।
वसिष्ठ ने नाम रखा मुनि-मनोहर। 37।
बिश्ववासु ने नाम रखा नव जलधर। 38।
सम्बर्तक ने नाम रखा गोवर्धन धारी। 39।
नाम रखे प्राणपति सब ब्रजनारी।। 40।।
अदिति ने नाम रखा आरती-सुदन। 41।
गदाधर ने नाम रखा यमला-अर्जुन।। 42।
महान योद्धा ने नाम रखा भीम महाबल। 43।
दयानिधि नाम रखे दरिद्र सकल।। 44।।
वृन्दावनचन्द्र नाम रखे वृंदाद्युति। 45।
बिरजा ने नाम रखा यमुना के पति।। 46।।

गुरु बृहस्पति ने नाम रखा वाणीपति। 47।
लक्ष्मीपति नाम रखे सुमन्त्र सारथि।। 48।।
संदीपनि नाम रखे देव अन्तर्यामी। 49।
पराशर नाम रखे त्रिलोक के स्वामी। 50।
पद्मयोनि नाम रखे अनादि के काल के आदि। 51।
नट-नारायण ने नाम रखा प्रिय सम्पाति। 52।
हरे कृष्ण ने नाम रखा प्रिय बलराम। 53।
ललिता ने नाम रखा दुर्बादल श्याम।। 54।
विशाखा ने रखा नाम अनंगमोहन। 55।
सुचित्रा ने नाम रखा श्रीवंशीबदन।। 56।
आयान ने नाम रखा 'क्रोध-निवारण'। 57।
चन्दकेशी ने नाम रखा कृतान्त-शासन।। 58।
ज्योतिष्क ने नाम रखा नीलकान्तमणि। 59।
गोपीकंठ ने नाम रखा सुदामा घरणि।। 60।
भक्तगण ने नाम रखा देव जगन्नाथ। 61।
दुर्वासा ने नाम रखा अनाथों के नाथ।। 62।
राशेश्वर नाम रखे सभी मालिनी। 63।
शिवानी ने नाम रखा सर्वयज्ञेश्वर। 64।
उद्धव ने नाम रखा नित्य हितकारी। 65।
अक्रूर ने नाम दिया भव-भयहारी।। 66।
गुंजामालि ने नाम रखा नील-पीतवास। 67।
सर्वबेत्ता नाम रखे द्वैपायन व्यास। 68।
अष्टसखी नाम रखे ब्रज के ईश्वर। 69।
सुरलोक ने नाम रखा अखिल का सार।। 70।।
वृषभानु ने नाम रखा परम-ईश्वर। 71।
स्वर्गवशी ने नाम रखा सर्व परात्पर। 72।
पुलोमा ने नाम रखा अनाथों का सखा। 73।
रससिन्धु नाम रखा सखी चित्रलेखा।। 74।
चित्ररथ ने नाम रखा अराती दमन। 75।
पुलस्त्य ने नाम रखा नयन-रंजन ।। 76।।
कश्यप ने नाम रखा रस-रासेश्वर। 77।
भाण्डरीक ने नाम रखा पूर्ण शशधर। 78।
सुमाली ने नाम रखा पुरुष प्रधान। 79।

पुरञ्जन ने नाम रखा भक्तजन-प्राण। 80।
रजकिनी ने नाम रखा नन्द का दुलाल। 81।
आह्लादिनी ने नाम रखा ब्रज का गोपाल।। 82।।
देवकी ने नाम रखा आँखों का तारा। 83।
ऋषि याज्ञवल्क्य ने नाम रखा ज्योतिर्मय। 84।
ऋषि अत्रि ने नाम रखा कोटि चन्द्रेश्वर। 85।
गौतम ने नाम रखा विश्वम्भर।। 86।।
मरीचि ने नाम रखा अचिन्त्य-अच्युत। 87।
ज्ञानातीत ने नाम रखा शौनकादि-सुत। 88।
रुद्रगण ने नाम रखा देव महाकाल। 89।
बसुगण ने नाम रखा ठाकुर दयाल।। 90।।
सिद्धगण ने नाम रखा पूतना-नाशन। 91।
सिद्धार्थ ने नाम रखा कपिल तपोधन।। 92।
भागुरि ने नाम रखा अगति की गति।। 93।।
मत्स्यगन्धा ने नाम रखा त्रिलोकों के पति। 94।
शुक्राचार्य ने नाम रखा अखिल बान्धव। 95।
विष्णु लोक में नाम पड़ा श्रीमाधव।। 96।
यदुगण ने नाम रखा यदुकूलपति। 97।
अश्विनी कुमार ने नाम रखा सृष्टि-स्थिति। 98।
अर्यमा ने नाम रखा काल-नाशन। 99।
सत्यवती ने नाम रखा अज्ञान-नाशन। 100।
पद्माक्ष ने नाम रखा भ्रमर-भ्रमरी। 101।
त्रिभंङ्ग ने नाम रखा जत-सहचरी। 102।
बंकचन्द्र नाम रखा श्रीरूपमंजरी। 103।
माधुरी ने नाम रखा गोपी-मनोहारी। 104।
मंजुमाली ने नाम रखा अभिष्ट-पूरण। 105।
कुटिला ने नाम रखा मदनमोहन। 106।
मंजूरी ने नाम रखा कर्मबन्ध-नाश। 107।
ब्रजवधू ने नाम रखा पूर्ण अभिलाष। 108।

दैत्यारि द्वारकानाथ दरिद्र-भंजन।
दयनीय द्रौपदी लज्जा-निवारण।
स्वरुप सबका हो गोलोक में स्थिति।

बैकुण्ठ मे बैकुण्ठनाथ कमला के पति।
रसमय रसिक नागर अनुपम।
निकुंजबिहारी हरि नवघनश्याम।
शालग्राम दामोदर श्रीपति श्रीधर।
तारकब्रम्ह सनातन परम-ईश्वर।
कल्पतरु कमललोचन ऋषिकेश।
पतित-पावन गुरू ज्ञान उपदेश।
चिन्तामणि चतुर्भुजदेव चक्रपाणि।
दीनबन्धु देवकीनन्दन यदुमणि।
अनन्त कृष्ण के नाम अनन्त हैं महिमा।
नारदादि व्यासदेव है नही कोई सीमा।
नाम भज नाम चित नाम किजिए सार।
अनन्त कृष्ण के महिमा है अपार।
शतवार सुवर्ण करे कोटि कन्यादान।
फिर भी ना हो यह कृष्ण नाम समान।
जोहि नाम वो ही कृष्ण भजे निष्ठा सहित।
स्वयम् श्रीहरि नाम में ही है समाहित ।
सुनो सुनो ओ भाइ नाम संकीर्तन।
जो नाम सुमिरन से होइ पाप विमोचन।
कृष्णनाम हरिनाम बड़ा ही मधुर।
जो भजे कृष्ण नाम वो बड़ा चतुर।
ब्रम्हा-आदि देव जिन्हें ध्यान मे नहीं पाये।
उस धन से वंचित होने से क्या हो उपाय।
हिरण्यकशिपु का उदार-विदारण।
प्रह्लाद की रक्षा की देव नारायण।
बली को सिख देने हेतु लिया वामण अवतार।
द्रोपदी लज्जा हरि करे निवारण।
एक सौ-आठ नामों का जो करे वाचन।
भक्तइच्छा पूर्ण करे नन्द के नन्दन।
मथुरा में कंस–ध्वंस, लंका में रावण।
बकासुर वध आदि कालिया दमन।
नरोत्तम कहे एहि नाम संकीर्तन।।

कथा परम्परा में अनुवादों का प्रभाव

भगवद पुराण के बांग्ला अनुवादों ने न केवल आध्यात्मिक पथ को सुगम बनाया, बल्कि बंगाल की सामाजिक चेतना, साहित्यिक संवेदना और सांस्कृतिक अभिव्यक्ति को भी गहराई से प्रभावित किया। विशेषकर श्रीकृष्ण पर केन्द्रित दशम स्कन्ध की कथाओं ने बंगाल के भक्ति आन्दोलन को शक्ति, दिशा और संवाद प्रदान किया।

भक्ति आन्दोलन का प्रसार

भगवद पुराण का अनुवाद, विशेषत: श्रीकृष्ण-लीला से सम्बन्धित अंशों का, बंगाल में भक्ति आन्दोलन की गति और पहुँच को नया विस्तार मिला। चैतन्य महाप्रभु की संकीर्तन परम्परा और राधा-कृष्ण की माधुर्य भक्ति की भावभूमि में इन अनुवादों ने संजीवनी का कार्य किया। श्रीकृष्ण की बाल लीलाएँ, रासलीला और भगवद गीता का उपदेश जब बंगाली पदों में प्रस्तुत हुए, तो वे जन-जन की समझ और अनुभूति में प्रवेश कर सके। चैतन्य महाप्रभु स्वयं भागवत श्रवण और कीर्तन को भक्ति का मूल तत्त्व मानते थे; अत: इन अनुवादों ने सुनने योग्य, गाने योग्य और समझने योग्य भक्ति साहित्य को जन्म दिया। कृष्णदास कण्ठ जैसे कवियों ने जब भागवत कथा को छन्दबद्ध बांग्ला में प्रस्तुत किया, तब कीर्तन और कथा परम्परा में भावनात्मक गहराई और लोकसुलभता आयी।

इस प्रकार, अनुवादों ने भक्ति आन्दोलन को सैद्धांतिक, भाषायी और भावनात्मक स्तर पर व्यापक जनाधार प्रदान किया।

लोकजीवन में कथा का समावेश

भगवद पुराण की कथाएँ, अनुवादों के माध्यम से, धार्मिक आयोजन से निकलकर लोकजीवन के विविध सामाजिक और सांस्कृतिक क्षेत्रों में समाहित हो गयीं। वृन्दावनी कथा, भागवत सप्ताह, रासलीला और हरिनाम संकीर्तन के माध्यम से ये कथाएँ गाँवों और नगरों में आयोजित होने लगीं। मन्दिरों के अतिरिक्त, ये कथाएँ अब चौपालों, घरों, उत्सवों और लोकमेलों में भी गूँजने लगीं। कथा के मंच पर कृष्ण सिर्फ ईश्वर नहीं, बल्कि लोक जीवन के साथी, मित्र, प्रेमी और मार्गदर्शक बनकर उभरे। भजन मण्डलियाँ, ग्राम्य कथा-पारायण और काव्यात्मक कीर्तन ने श्रीकृष्ण की लीलाओं को सांस्कृतिक अनुभव का हिस्सा बना दिया। इससे बंगाल में श्रीकृष्ण न केवल पूजे जाने लगे, बल्कि जीवन का अंग बन गये–एक ऐसा अंग जो प्रेम, करुणा, हास्य, नीति और अध्यात्म से जुड़ा था।

साहित्यिक और संगीतात्मक विकास

भगवद पुराण के अनूदित रूपों ने बंगाली साहित्य में भक्ति काव्य, गीत, नाट्य और कथा साहित्य को न केवल समृद्ध किया, बल्कि नयी शैलियों और भावों की प्रेरणा भी दी।

चण्डीदास, गोविन्ददास, कमलाकान्त भट्टाचार्य, वृन्दावनदास ठाकुर आदि कवियों की रचनाएँ भागवत के कथानकों से अनुप्राणित रहीं। पदावली कीर्तन की परम्परा में श्रीकृष्ण की कथाएँ संगीत, नृत्य और नाट्य के माध्यम से जनमानस में रच-बस गयीं। लोककलाओं–जैसे पालागान, पटचित्र, भादुगान, गम्भीरा–में भागवत कथा के प्रसंगों का समावेश हुआ, जिससे भक्ति का सांस्कृतिक विस्तार हुआ। लोकभाषा में रचित कथाएँ पाठकों और श्रोताओं के लिए सुगम बनीं, जिससे निरक्षर जनसमुदाय भी श्रीकृष्ण की लीलाओं से आत्मीय सम्बन्ध बना सका।

इस प्रकार, अनुवादों ने केवल धर्म नहीं, बल्कि कला, साहित्य, भाषा और समाज—चारों क्षेत्रों में भक्ति का नवसृजन किया।

भगवद पुराण के बंगाली अनुवादों ने कथा परम्परा को केवल शास्त्र से जुड़ा नहीं रखा, बल्कि उसे लोक की वाणी, जीवन की धड़कन, और संस्कृति की पहचान बना दिया। इन अनुवादों के माध्यम से श्रीकृष्ण मूर्ति से मानव, और देवता से लोकनायक बन गये।

कथा अब केवल सुनने या समझने की नहीं रही—वह जीने, गाने, रचने और निभाने की क्रिया बन गयी।

बंगाली अनुवादों की विशिष्टताएँ

- **सरल भाषा** : जटिल संस्कृत श्लोकों को सरल और जन-समझ भाषा में रूपान्तरित करना।
- **छन्दबद्ध प्रस्तुति** : अनुवाद को छन्द और संगीतात्मकता के साथ प्रस्तुत करना जिससे वे कथावाचन और कीर्तन में सहज समाहित हो सकें।
- **सांस्कृतिक अनुकूलन** : बंगाल के लोकजीवन, रीति-रिवाज और सांस्कृतिक सन्दर्भों को ध्यान में रखते हुए अनुवाद करना।
- **व्याख्या एवं टिप्पणी** : पाठकों और श्रोताओं के लिए कठिन शब्दों और अवधारणाओं की स्पष्ट व्याख्या करना।

भगवद पुराण के बंगाली अनुवादकों ने न केवल धार्मिक ग्रन्थों का भाषांतरण किया, बल्कि एक सांस्कृतिक क्रान्ति भी लायी। उनकी मेहनत और समर्पण से बंगाल में श्रीकृष्ण भक्ति की परम्परा जीवन्त हुई और लोकजीवन में गहरा प्रभाव पड़ा। कथा परम्परा में उनका योगदान बंगाल की धार्मिक चेतना और सांस्कृतिक पहचान का अभिन्न हिस्सा बन गया है।

भगवद् गीता की भूमिका : भक्ति को व्यावहारिक दिशा प्रदान

भगवद गीता को श्रीकृष्ण का दार्शनिक, नैतिक और आध्यात्मिक उपदेश कहा गया है। यह केवल एक शास्त्र नहीं, बल्कि एक जीवनशैली का मार्गदर्शन है, जो जीवन के संघर्षों, धर्मसंकटों और आंतरिक द्वंद्वों में मनुष्य को स्पष्ट दिशा प्रदान करता है।

श्रीकृष्ण के गीता उपदेश के तीन प्रमुख स्तम्भ :

1. कर्मयोग—निष्काम कर्म की भावना, यानी कर्म करते रहो लेकिन फल की चिन्ता मत करो।
2. भक्तियोग—भगवान के प्रति पूर्ण समर्पण, प्रेम और श्रद्धा के माध्यम से मुक्ति।
3. ज्ञानयोग—आत्मा, ब्रह्म और संसार के सत्य स्वरूप की अन्तर्दृष्टि।

इन तीनों मार्गों को गीता समन्वित दृष्टिकोण के रूप में प्रस्तुत करती है, जो विभिन्न मानसिक प्रवृत्तियों वाले लोगों के लिए उपयुक्त है।

कथा के माध्यम से गीता का प्रसार :

कथा मंचों, भागवत सप्ताहों और कीर्तन मण्डलियों में श्रीकृष्ण के जीवन से जुड़े प्रसंगों के माध्यम से गीता के

उपदेशों को सहज भाव में प्रस्तुत किया जाता है। अर्जुन की मानसिक उलझन और श्रीकृष्ण का मार्गदर्शन–यह प्रसंग प्रत्येक सामान्य मनुष्य के जीवन संघर्ष का प्रतीक बन जाता है। कथावाचक गीता के श्लोकों को बंगाली में सरल अनुवाद के साथ समझाते हुए आमजन को आध्यात्मिक जीवन जीने की प्रेरणा देते हैं। गीता ने भक्ति को केवल पूजा-पाठ तक सीमित नहीं रखा, बल्कि जीवन के व्यावहारिक संघर्षों में धर्म और नीति की चेतना दी।

बांग्ला अनुवाद और प्रचार : गीता का जनसंवाद

बंगाल के महान सन्तों, समाज सुधारकों और दार्शनिकों ने भगवद गीता का अनुवाद, भाष्य और व्याख्यान द्वारा इसे बंगाली जनमानस का अंग बना दिया। काली प्रसन्न सिंह द्वारा कृत अनुवाद इस दृष्टि से अत्यन्त महत्त्वपूर्ण है।

बांग्ला अनुवादों ने गीता के जटिल श्लोकों को सरल और भावपूर्ण भाषा में प्रस्तुत किया। कथा-कीर्तन और धार्मिक संगोष्ठियों में गीता के श्लोकों की व्याख्या लोकगीत, भजन और संकीर्तन के साथ होती है। श्रीकृष्ण के कुरुक्षेत्र के द्वार पर अर्जुन को दिया गया उपदेश अब कृषक, गृहस्थ, स्त्री, विद्यार्थी–हर किसी के लिए प्रेरणा स्रोत बन चुका है। इस प्रचार और अनुवाद की प्रक्रिया ने गीता को बंगाल की सांस्कृतिक चेतना और आध्यात्मिक धरोहर का अमूल्य हिस्सा बना दिया। भगवद गीता बंगाल में केवल एक धार्मिक ग्रन्थ नहीं, बल्कि आध्यात्मिक संवाद, सामाजिक सुधार और नैतिक व्यवहार का मार्गदर्शक ग्रन्थ बन चुकी है। बंगाली अनुवादकों और सन्तों के प्रयासों से यह जनजन की चेतना में रच-बस गयी है। स्वामी लोकेश्वरनाथ द्वारा अनूदित गीता बांग्ला में सर्वाधिक लोकप्रिय है। कथा, कीर्तन और भाष्य के माध्यम से गीता आज भी बंगाल के हर कोने में प्रेम, ज्ञान और कर्म की आवाज बनकर गूँजती है।

4. प्रमुख श्रीकृष्ण कथावाचक परम्पराएँ

वृन्दावनी कथा परम्परा

- कृष्ण की लीलाओं का विस्तृत वर्णन, विशेष रूप से रासलीला, गोपियों के प्रेम और भक्तिभाव को प्रस्तुत करती है।
- इस परम्परा में कथा कहते समय संगीत, नृत्य और नाटक का प्रयोग भी होता है।
- बंगाल में चैतन्य महाप्रभु के प्रभाव से इस कथा परम्परा का विशेष विकास हुआ।

भागवत कथा परम्परा

- भागवत पुराण के श्लोकों का वाचन और उनका सरल भाष्य।
- कथा में नैतिक और दार्शनिक शिक्षाओं को भी जोड़ा जाता है।
- लोक जनों के बीच भक्ति और श्रद्धा की भावना को जगाना मुख्य उद्देश्य।

गीता प्रचारक परम्परा

- गीता के उपदेशों को जीवन में उतारने पर जोर।
- कर्म, भक्ति और ज्ञान के सन्तुलन की शिक्षा।
- बंगाली समाज में गीता की व्याख्या के लिए आयोजित सत्संग और प्रवचन।

बंगाल में श्रीकृष्ण कथावाचन की सामाजिक भूमिका

- आम लोगों में धार्मिक ज्ञान का प्रसार
- भक्ति संगीत, कीर्तन और नाटकों के माध्यम से सांस्कृतिक एकता
- सामाजिक सुधारों के लिए प्रेरणा और नैतिक शिक्षाएँ

श्रीकृष्ण के कथावाचन की परम्पराएँ भगवद पुराण और भगवद गीता के बंगाली अनुवादों से गहरा सम्बन्ध रखती हैं। बंगाल की लोक संस्कृति और धार्मिक चेतना में इन कथाओं ने व्यापक प्रभाव डाला है। ये परम्पराएँ न केवल धार्मिक ज्ञान का माध्यम हैं, बल्कि सामाजिक-सांस्कृतिक जागरूकता और भक्ति की जीवन्त धारा भी हैं।

श्रीकृष्ण के कथावाचकों की परम्पराएँ

(भगवद पुराण और भगवद गीता के बंगाली अनुवादों के सन्दर्भ में)

श्रीकृष्ण की शिक्षाएँ और जीवन लीला भारतीय धार्मिक एवं सांस्कृतिक चेतना के महत्त्वपूर्ण स्तम्भ हैं। श्रीकृष्ण के सन्देशों को जनता तक पहुँचाने में **कथावाचन** (धार्मिक कथा-वाचन) का विशेष योगदान रहा है। कथा न केवल धार्मिक उपदेश का माध्यम रही, बल्कि यह लोकजीवन, साहित्य और संगीत से जुड़ी सांस्कृतिक प्रक्रिया भी रही है। विशेषत: बंगाल क्षेत्र में भगवद पुराण और भगवद गीता के बंगाली अनुवादों के कारण कथावाचन की परम्पराएँ और अधिक समृद्ध हुईं।

कथा परम्परा का धार्मिक एवं सांस्कृतिक महत्त्व

भारतीय धार्मिक परम्परा में कथा का स्थान अत्यन्त पूजनीय रहा है। कथा से धार्मिक ग्रन्थों, पुराणों और उपदेशों को लोक जन-समूह तक पहुँचाया जाता है। श्रीकृष्ण की कथाएँ–उनकी बाल लीलाएँ, रासलीला, युद्ध और उपदेश–भक्तों के हृदय में भक्ति और श्रद्धा की ज्योति प्रज्वलित करती हैं। कथा का रूप सरल, संगीतमय और आकर्षक होता है, जिससे श्रोता सहज ही भगवान के प्रति समर्पित हो जाते हैं।

भगवद पुराण और बंगाली कथावाचन

भगवद पुराण में श्रीकृष्ण के जन्म, बाल्यकाल, युवावस्था, गोकुल-वृन्दावन की लीलाएँ, महाभारत युद्ध के उपदेश तथा अन्य अनेक कथाएँ विस्तार से वर्णित हैं। यह पुराण भक्ति मार्ग का उत्कृष्ट ग्रन्थ है, जिसमें भगवान की महिमा और भक्त की प्राप्ति की प्रक्रिया वर्णित है।

पश्चिम बंगाल में 17वीं-18वीं शताब्दी से भगवद पुराण के बांग्ला अनुवाद शुरू हुए, जिनमें प्रसिद्ध कवि-भक्त कृष्णदास कण्ठ जैसे साहित्यकारों का योगदान उल्लेखनीय है। बांग्ला भाषा में यह अनुवाद आम जनता के लिए धार्मिक ज्ञान को सुलभ बनाते हुए भक्ति आन्दोलन को गति प्रदान करने में सहायक साबित हुए।

इस अनुवाद के माध्यम से भगवद पुराण की कथाएँ कीर्तन, कथा और नाट्य रूपों में लोकप्रिय हुईं। विशेषकर चैतन्य महाप्रभु की भक्ति परम्परा में इन कथाओं का महत्त्वपूर्ण स्थान रहा।

भगवद् गीता और उसके बंगाली अनुवाद

भगवद गीता कर्म, भक्ति और ज्ञान के योगों का मार्गदर्शन करती है। यह ग्रन्थ जीवन की कठिनाइयों में सही मार्गदर्शन प्रदान करता है, जिसे श्रीकृष्ण ने अर्जुन को महाभारत युद्ध के मैदान में दिया। बंगाल में भगवद गीता

के अनेक अनुवाद हुए हैं, जिन पर रामकृष्ण परमहंस और उनके शिष्य स्वामी विवेकानन्द के प्रवचन एवं लेखन अत्यन्त प्रभावशाली रहे। उन्होंने गीता को केवल धार्मिक ग्रन्थ न मानकर एक जीवन-दर्शन के रूप में प्रस्तुत किया।

उनके द्वारा आयोजित गीता प्रवचन, सत्संग और भजन समारोहों में गीता के उपदेशों को सरल भाषा में समझाकर आम लोगों तक पहुँचाने का प्रयास हुआ। इससे गीता का सन्देश न केवल धार्मिक समुदाय तक, बल्कि बंगाली समाज के व्यापक वर्गों तक भी पहुँचा।

बंगाल की प्रमुख श्रीकृष्ण कथावाचक परम्पराएँ

वृन्दावनी कथा परम्परा–वृन्दावनी कथा परम्परा में श्रीकृष्ण की बाल लीलाएँ, रासलीला और गोपियों के साथ उनके प्रेम को अत्यन्त मार्मिक एवं सजीव रूप में प्रस्तुत किया जाता है। यह कथा संगीत, नृत्य और नाट्य कला से युक्त होती है। बंगाल में चैतन्य महाप्रभु की भक्ति परम्परा ने वृन्दावनी कथा को बड़े पैमाने पर लोकप्रिय बनाया।

भागवत कथा परम्परा–भागवत पुराण के श्लोकों का वाचन और उनका सरल भाष्य कथा के माध्यम से प्रस्तुत किया जाता है। भागवत कथा का उद्देश्य भक्तों को नैतिक, धार्मिक और दार्शनिक शिक्षाएँ देना है। बंगाली भागवत कथा समाज में श्रद्धा और भक्ति की भावना उत्पन्न करने का प्रमुख साधन है।

गीता प्रचारक परम्परा–गीता के उपदेशों को आम जन-जीवन से जोड़ने वाली यह परम्परा सत्संगों, प्रवचनों और भजनों के माध्यम से अपने सन्देश को प्रसारित करती है। बंगाली समाज में इसके कई नामी प्रचारक हुए, जिन्होंने कर्मयोग, भक्ति योग और ज्ञान योग की व्याख्या सरल भाषा में की।

बंगाल के प्रमुख कथावाचक और उनके योगदान

मुकुन्ददास

17वीं सदी के इस प्रसिद्ध कथा-वाचक ने भागवत कथा को बंगाली में लोकसंगीत और नाटक के रूप में प्रस्तुत कर जनता के बीच श्रीकृष्ण भक्ति का प्रचार किया। उनकी कथाओं ने बंगाल की लोक संस्कृति को भक्ति संस्कृति से जोड़ दिया।

रामकृष्ण परमहंस

श्रीकृष्ण भक्ति और भगवद गीता के उपदेशों के जीवन्त प्रचारक। उनकी वाणी में कथा, प्रवचन और भजन का समन्वय था, जो श्रोताओं को आध्यात्मिक जागरूकता से जोड़ता था।

स्वामी विवेकानन्द

उन्होंने गीता को विश्वव्यापी दर्शन के रूप में प्रस्तुत किया। उनकी कथाएँ और प्रवचन बांग्ला भाषी समाज के लिए गीता की गूढ़ शिक्षाओं को सरलता से समझाने का माध्यम बनीं।

श्रीकृष्ण के कथावाचन की परम्पराएँ भगवद पुराण और भगवद गीता के बंगाली अनुवादों से गहरा जुड़ा हुआ है। बंगाल में यह परम्परा धार्मिक, दार्शनिक और सांस्कृतिक रूप से एक जीवन्त और गतिशील संस्था रही है। कथावाचक न केवल आध्यात्मिक शिक्षकों के रूप में कार्यरत रहे, बल्कि समाज के नैतिक और सांस्कृतिक जागरूकता के वाहक भी बने। बंगाली समाज में श्रीकृष्ण भक्ति की यह परम्परा आज भी जीवित है और आने वाले समय में भी इसका प्रभाव जारी रहेगा।

6
श्रीकृष्ण और बंगाल के तीर्थस्थान, संग्रहालय, पर्व और उत्सव

श्रीकृष्ण भारतीय धर्म, दर्शन और संस्कृति के एक बहुआयामी व्यक्तित्व हैं। जैसे वे पुराण, उपनिषद, महाभारत और भगवद्गीता के पृष्ठों पर गंभीरता से विराजमान हैं, वैसे ही लोक साहित्य और परम्पराओं में वे एक सजीव, आत्मीय और अत्यन्त प्रिय रूप में उपस्थित हैं। विशेष रूप से बंगाल में कृष्ण-संवेदना केवल धार्मिक सन्दर्भ में नहीं, बल्कि सांस्कृतिक, सामाजिक और ऐतिहासिक संरचनाओं में भी एक सशक्त उपस्थिति के रूप में विकसित हुई है।

चैतन्य महाप्रभु के वैष्णव आन्दोलन के बाद, कृष्ण भक्ति बंगाल की जनमानस में एक स्थायी चेतना में परिवर्तित हो गयी। यह चेतना कीर्तन, पदावली काव्य, लोकसंगीत, चित्रकला और उत्सवों के माध्यम से अब तक जीवित है।

बंगाल के कृष्ण तीर्थस्थल जैसे नवद्वीप, मायापुर, शान्तिपुर, एकचक्रा या कृष्णनगर केवल धार्मिक उपासना के केन्द्र नहीं हैं, बल्कि ये कृष्णचेतना की बहुरंगी सांस्कृतिक अभिव्यक्तियों के सशक्त स्थल हैं। साथ ही, संग्रहालयों में उपलब्ध कृष्ण-सम्बन्धी पुरावशेष केवल अतीत की स्मृतियाँ नहीं, बल्कि आधुनिक दर्शकों के लिए कृष्णचेतना से संवाद का सेतु भी हैं।

जन्माष्टमी, दोलयात्रा और रासपूर्णिमा जैसे पर्व कैलेंडर में केवल धार्मिक अनुष्ठान नहीं, बल्कि सामाजिक समागम, सांस्कृतिक सक्रियता और पारिवारिक भावना के केन्द्र बन चुके हैं।

यह शोध आलेख इस बात का विश्लेषण करता है कि श्रीकृष्ण की अवधारणा बंगाल के समाज में केवल उपासना के विषय न रहकर, एक व्यापक सांस्कृतिक और समाज-ऐतिहासिक यथार्थ में कैसे रूपांतरित हो गयी है। साथ ही यह विश्लेषण करता है कि बंगाल के तीर्थस्थान, संग्रहालय और उत्सवों के माध्यम से यह कृष्णचेतना किस प्रकार निर्मित, संरक्षित और प्रसारित हो रही है।

इस लेख का उद्देश्य केवल कृष्ण को एक धार्मिक देवता के रूप में देखना नहीं, बल्कि यह समझना है कि उनके माध्यम से बंगाल की परम्परा और संस्कृति की जटिल बुनावट कैसे तैयार हुई है। हमारा विश्वास है कि यह शोध पाठकों को बंगाल की कृष्णचेतना को एक नयी दृष्टि से समझने का मार्ग दिखायेगा, और भविष्य में गहन अनुसंधान की संभावनाओं को भी जन्म देगा।

श्रीकृष्ण और बंगाल : ऐतिहासिक एवं सांस्कृतिक सन्दर्भ

बंगाल में भक्ति आन्दोलन के दौरान, विशेष रूप से चैतन्य महाप्रभु के प्रभाव में, कृष्ण भक्ति ने एक विशाल जन आन्दोलन का रूप ले लिया। वैष्णव साहित्य, पदावली कीर्तन और राधा कृष्ण की कहानियों ने बंगाल के लोगों के मन पर अमिट छाप छोड़ी। कृष्ण को न केवल भगवान के रूप में, बल्कि एक प्रेमपूर्ण नायक, एक

मानवतावादी देवता के रूप में भी माना जाता था। बंगाल और पूर्वी भारत में कृष्ण चेतना ने मुख्य रूप से वैष्णव आन्दोलन के माध्यम से व्यापक लोकप्रियता हासिल की। चैतन्य महाप्रभु के नेतृत्व में, कृष्ण भक्ति ने बंगाल के विभिन्न क्षेत्रों में एक शक्तिशाली जन आन्दोलन का रूप ले लिया।

चैतन्य देव ने खुद को कृष्ण और राधा की जोड़ी के रूप में कल्पना की। उनके अनुयायियों ने विभिन्न मठ, आश्रम और संगठन बनाये, जहाँ कृष्ण की पूजा, कीर्तन, पदगान आदि का अभ्यास किया जाता था। यहाँ कृष्ण को केवल एक देवता नहीं माना जाता है, बल्कि उन्हें 'घर के बेटे'-एक करीबी रिश्तेदार के रूप में महसूस किया जाता है।

श्रीकृष्ण से सम्बन्धित बंगाल के प्रमुख तीर्थ स्थल

बंगाल के विभिन्न जिलों में कृष्ण की लीलाओं की स्मृति से जुड़े कई मन्दिर और तीर्थ स्थल हैं। कुछ महत्त्वपूर्ण स्थानों पर नीचे प्रकाश डाला गया है :

नवद्वीप (जिला : नदिया)–नवद्वीप चैतन्य महाप्रभु की जन्मभूमि है। यद्यपि यह कृष्ण का प्रत्यक्ष जन्मस्थान नहीं है, लेकिन यह कृष्ण भक्ति आन्दोलन का हृदय है। कृष्ण की मूर्तियों की पूजा गोविन्द मन्दिर, गौरांग महाप्रभु की लीला भूमि और विभिन्न वैष्णव मठों में की जाती है। चैतन्य देव ने श्रीकृष्ण के नाम का प्रचार करके बंगाल और भारत के धार्मिक जगत में क्रान्तिकारी परिवर्तन लाये। उल्लेखनीय है, कि कुछ वर्ष पूर्व, कोलकाता के २०० वर्ष प्राचीन संस्कृत विश्वविद्यालय एवं कॉलेज के कुलपति का पदभार संभालते हुए, मुझे नवद्वीप में 'महाप्रभु श्री चैतन्यदेव गवेषणा केन्द्र' नाम से एक गवेषणा केन्द्र की स्थापना करने का सौभाग्य प्राप्त हुआ, जो संस्कृत साहित्य एवं श्रीकृष्ण भक्ति पर शोध करने के विशेष उद्देश्य से ही निर्मित किया गया था।

मायापुर (नदिया)–इस्कॉन (अन्तर्राष्ट्रीय कृष्ण चेतना समिति) मन्दिर यहाँ स्थित है, जो श्रीकृष्ण और राधा की पूजा का आधुनिक केन्द्र है। यह वर्तमान में अन्तरराष्ट्रीय कृष्ण भक्तों के लिए तीर्थ स्थलों में से एक है।

मायापुर आज विश्व प्रसिद्ध इस्कॉन का अन्तरराष्ट्रीय मुख्यालय है। यहाँ एक विशाल 'चैतन्य चन्द्रोदय मन्दिर', राधा माधव की मूर्ति और कृष्ण की पूजा के विभिन्न रूप हैं। यह एक अन्तरराष्ट्रीय तीर्थ स्थल बन गया है।

एकचक्रा (बीरभूम)–कथित है, पंच-पांडव भीम के भाई श्री नित्यानन्द प्रभु का जन्मस्थान है। यह यहाँ कृष्ण और राधा के कई स्मारक मन्दिर हैं।

यह श्री नित्यानन्द प्रभु का जन्मस्थान है-जो चैतन्य देव के अनुयायियों में से एक और कृष्ण चेतना के प्रचारकों में से एक थे। यहाँ कृष्ण और राधा के कई प्राचीन मन्दिर हैं।

कृष्णनगर (नदिया)–इस शहर का नाम कृष्ण के नाम को समर्पित है। यहाँ कई कृष्ण मन्दिर हैं और पारम्परिक रूप से श्रीकृष्ण की पूजा की जाती है। शहर का नाम ही कृष्ण पूजा के महत्त्व को दर्शाता है। 17वीं शताब्दी में राजा कृष्ण चन्द्र राय के समय से यहाँ कृष्ण पूजा का प्रचलन शुरू हुआ। ऐतिहासिक राजबाड़ी मन्दिर में आज भी नियमित रूप से राधा कृष्ण की पूजा की जाती है।

शान्तिपुर और फुलिया (नदिया)–यहाँ वैष्णव कवि चण्डीदास और विद्यापति का प्रभाव स्पष्ट है। यहाँ कृष्णकीर्तन और रासलीला का व्यापक प्रचलन है।

श्रीकृष्ण संग्रहालय और सांस्कृतिक केन्द्र

मायापुर इस्कॉन संग्रहालय–यहाँ कृष्ण के जीवन, भगवद गीता, वैष्णव दर्शन और दुनिया भर में कृष्ण चेतना

के इतिहास के विभिन्न पहलुओं को चित्रों, मूर्तियों और दृश्य-श्रव्य के माध्यम से प्रस्तुत किया गया है। यह आधुनिक संग्रहालय श्रीकृष्ण की जीवनी, लीलाएँ, शिक्षाएँ (जैसे भगवद गीता) और दुनिया भर में कृष्ण भक्ति के इतिहास को इंटरैक्टिव डिस्प्ले, ऑडियो-विजुअल प्रस्तुतियों और मॉडल मूर्तियों के माध्यम से प्रदर्शित करता है।

शान्तिनिकेतन-रवि कला संग्रहालय-यद्यपि यह मुख्य रूप से रवीन्द्रनाथ टैगोर की कला पर आधारित है, लेकिन यहाँ वैष्णव साहित्य और कृष्ण भक्ति से सम्बन्धित विभिन्न सामग्रियाँ संरक्षित हैं।

रवीन्द्रनाथ टैगोर की विभिन्न कृतियाँ कृष्ण-राधा अवधारणा को दर्शाती हैं। संगृहित कलाकृतियों और पाण्डुलिपियों में कृष्ण भक्ति का प्रभाव स्पष्ट है।

जोरासाँको ठाकुरबाड़ी (कोलकाता)-यहाँ कृष्ण भक्ति और वैष्णव संस्कृति से सम्बन्धित पाण्डुलिपियाँ और कलाकृतियाँ हैं, विशेष रूप से टैगोर परिवार के सदस्यों द्वारा रचित भक्ति संगीत।

टैगोर परिवार वैष्णव विचारों से बहुत प्रभावित था। कृष्ण भक्ति संगीत और साहित्य को संरक्षित करने की दृष्टि से यह एक महत्त्वपूर्ण संग्रहालय है।

श्रीकृष्ण से सम्बन्धित प्रमुख त्यौहार और उत्सव

बंगाल में कृष्ण भक्ति केवल मन्दिरों की सीमा तक ही सीमित नहीं है; इसे त्यौहारों, लोकगीतों, नाटक, संगीत और सामाजिक समारोहों के रूप में एक विशेष रूप मिला है। बंगाल के विभिन्न क्षेत्रों में मनाये जाने वाले कृष्ण-केन्द्रित त्यौहार कई पीढ़ियों से धार्मिक आस्था, आनन्द और सामाजिक चेतना के वाहक रहे हैं।

इस अध्याय में, हम कुछ प्रमुख कृष्ण त्यौहारों के धार्मिक आधार, उनके सामाजिक और सांस्कृतिक महत्त्व और क्षेत्रीय विविधताओं का विश्लेषण करेंगे।

जन्माष्टमी

सनातन धर्म अनुयायियों द्वारा भगवान कृष्ण की जन्मतिथि भाद्र माह की शुक्ल अष्टमी को जन्माष्टमी मनायी जाती है। उनका मानना है कि जब-जब क्रूर ताकतें सच्चे, सुन्दर और शुद्ध को निगलने के लिए फन उठाती हैं, तो धर्म की स्थापना के लिए भक्त की प्रार्थना के जवाब में भगवान अवतार लेते हैं। कृष्ण शौर्य, वीर्य, तेज, ज्ञान, श्री और वैराग्य के छह रूपों में प्रकट हुए थे। भगवान कृष्ण का जन्म भाद्र मास की कृष्ण अष्टमी तिथि को मथुरा में कंस की जेल में हुआ था। उसी पवित्र दिन की याद में पूरे भारतवर्ष में जन्माष्टमी मनायी जाती है। बंगाल में भी बहुत उत्साह के साथ यह पावन पर्व मनाया जाता है। यहाँ सनातन धर्म के अनुसार यह माना जाता है कि जब-जब संसार में अधर्म बढ़ता है और धर्मनिष्ठ तथा आम आदमी का जीवन कष्टमय हो जाता है, तब-तब भगवान श्रीकृष्ण अवतार के रूप में अवतरित होकर दुष्टों का दमन और अनुशासन का पालन करते हुए धर्म की रक्षा करते हैं। इस दिन पूरे बंगाल में सनातन धर्म के अनुयायी, भगवान श्रीकृष्ण की पूजा सहित विभिन्न आयोजन करते हैं।

कृष्ण के अनन्त सर्वशक्तिमान अस्तित्व में, शाश्वत सत्य के रूप में विष्णु का सबसे सुन्दर अवतार माना जाता है। परम्परावादियों का मानना है कि जन्माष्टमी पर भगवान कृष्ण की पूजा करने से दुनिया की सारी खुशियाँ मिलती हैं; परिवार, देश और समाज के लिए यह परम सिद्धिदायक है। इसलिए मथुरा ही नहीं, भगवान कृष्ण की

लीलाक्षेत्र वृन्दावन से लेकर दुनिया भर के सनातन धर्म अनुयायी इस तिथि को श्रद्धापूर्वक मनाते हैं। बंगाल में नवद्वीप को मथुरा-वृन्दावन के बाद कृष्ण भक्ति के केन्द्र के रूप में सर्वाधिक महत्त्व दिया जाता है।

यह प्रदेश कृष्ण भक्त महाप्रभु श्रीचैतन्य का जन्मस्थान और बंगाल में कृष्ण भक्त वैष्णव भक्तों का गढ़ है। भक्तिकाल के प्रमुख सन्तों में से एक चैतन्य महाप्रभु ने सिर्फ देश ही नहीं, अपितु सम्पूर्ण विश्व को कृष्ण भक्ति के रस में सराबोर किया। यह अट्ठारह शताब्दी में रचित कीर्तन महामन्त्र चैतन्य महाप्रभु द्वारा ही दिया गया था, जिसे 'तारकब्रह्ममहामन्त्र' कहा गया। चैतन्य महाप्रभु को उनके अनुयायी श्रीकृष्ण भगवान का अवतार मानते हैं। चैतन्य महाप्रभु का जन्म फाल्गुन मास शुक्ल पक्ष की पूर्णिमा को हुआ था। उनका जन्मस्थान पश्चिम बंगाल का 'नवद्वीप या नदिया' गाँव था। इनके पिता का नाम जगन्नाथ था एवं माता का नाम शचि देवी था। बाल्यकाल में चैतन्य प्रभु का नाम विश्वभर था, किन्तु घर और आस-पड़ोस के लोग इन्हें निमाई कहते थे। निमाई बाल्यावस्था से ही विलक्षण प्रतिभा के धनी थे। वो अत्यन्त सरल, सुन्दर व भावुक प्रवृत्ति के थे। गौरवर्ण होने के कारण उन्हें गौरांग, गौर हरि, गौर सुन्दर आदि भी कहा जाता था। चैतन्य महाप्रभु ने ही गौड़ीय वैष्णव संप्रदाय की आधारशिला रखी। कुछ जानकार बताते हैं कि माधवेंद्र पुरी इनके गुरु थे। जबकि कवि कर्णपुर कृत 'चैतन्य चन्द्रोदय' के अनुसार निमाई ने केशव भारती नामक संन्यासी से शिक्षा ली, जिसके पश्चात् उनका नाम कृष्ण चैतन्य देव' हो गया। बाद में वो 'चैतन्य महाप्रभु' के नाम से प्रसिद्ध हुए। चैतन्य महाप्रभु का विवाह लक्ष्मी देवी नाम की कन्या के साथ हुआ। उस समय उनकी आयु मात्र 16-15 वर्ष की थी। दुर्भाग्यवश विवाह के कुछ वर्ष के पश्चात् ही सर्पदंश से पत्नी की मृत्यु हो गयी, जिसके उपरांत वंश चलाने की विवशता को देखते हुए इनका दूसरा विवाह नवद्वीप के राजपंडित सनातन की पुत्री विष्णुप्रिया के साथ कराया गया। जब निमाई किशोरावस्था में थे, तभी इनके पिता की मृत्यु हो गयी। सन् 1501 में चैतन्य महाप्रभु अपने पिता का श्राद्ध करने के लिए गया गये, जहाँ उनकी मुलाकात ईश्वरपुरी नाम के सन्त से हुई। उन्होंने चैतन्य को कृष्ण कृष्ण रटने का उपदेश दिया। इसके पश्चात् 24 वर्ष की उम्र में उन्होंने गृहस्थ आश्रम का त्याग कर दिया और पूरी तन्मयता से कृष्ण भक्ति में लीन रहने लगे। श्रीकृष्ण के प्रति इनकी गहरी निष्ठा एवं अपार भक्ति देखकर इनके असंख्य अनुयायी हो गये। नित्यानन्द प्रभु व अद्वैताचार्य महाराज चैतन्य महाप्रभु के प्रमुख शिष्य थे, जिन्होंने उनके भक्ति आन्दोलन को जनमानस तक पहुँचाने में महत्त्वपूर्ण भूमिका निभायी। चैतन्य अपने इन दोनों शिष्यों के संग ढोल, मृदंग आदि वाद्य यंत्र बजाते हुए नाच-गाकर हरिनाम संकीर्तन करने लगे। चैतन्य महाप्रभु की जीवनलीला समाप्त होने को लेकर आज तक कोई सटीक जानकारी नहीं मिल सकी है। इसको लेकर लोगों में मतभेद देखने को मिलते हैं। इतिहासकारों का मानना है कि चैतन्य महाप्रभु की मृत्यु मात्र 48 वर्ष की आयु में 1534 ई. में उड़ीसा के पुरी शहर में हुई। मृत्यु का कारण मिर्गी का दौरा पड़ना बताया जाता है। कुछ जानकार बताते हैं कि उनकी हत्या कर दी गयी थी। वहीं, कुछ लोगों का मानना है कि चैतन्य महाप्रभु रहस्यमय तरीके से इस दुनिया से अदृश्य हो गये थे।

उनकी मान्यता है कि जन्माष्टमी का व्रत करने से मन की अशुद्धियाँ दूर हो जाती हैं; धर्म की जीत होती है और परिणामस्वरूप मृत्यु के बाद आत्मा मुक्त हो जाती है। वे श्रीमद्भगवद्गीता के बड़े प्रचारक थे। श्री चैतन्य ने गीता के निम्नलिखित उपदेशों को अपने जीवन दर्शन का आधार मान लिया था। श्रीमद्भगवद्गीता में कहा गया है, 'जो कोई मेरी पूजा करता है, मैं उसे उसी प्रकार कृपा प्रदान करता हूँ।' इसी मान्यता के तहत विश्व के सनातन धर्मावलम्बी ब्रह्माण्ड और ब्रह्माण्ड में व्याप्त भगवान कृष्ण की भक्ति में मग्न हैं। गीता में भगवान कृष्ण कहते हैं,

'यदा यदा हि धर्मस्य ग्लानिर्भवति भारत। अभ्युत्थानं धर्मस्य तदात्मानंग सृजाम्यहम्। मोक्षं साधुनांग विनाशाय च दुष्कृतम्।' अर्थात् धर्म और अधर्म की वृद्धि का महत्त्व नास्तिकों, पापियों, दुष्कर्मियों, शक्तिशाली लोगों द्वारा ईश्वर-प्रेमी, धार्मिक, सदाचारी, निर्दोष लोगों पर अत्याचार की वृद्धि है। लोगों में सदाचार और सद्गुण बहुत कम हो गये हैं तथा कदाचार और दुर्गुण अत्यधिक बढ़ गये हैं। और जब-जब संसार में ऐसी दुष्टता शुरू होती है, तब-तब श्रीकृष्ण अवतार लेकर दुष्टों का नाश करते हैं, सन्तों की रक्षा करते हैं, धर्म की स्थापना करते हैं। भगवान कृष्ण ने अपने जन्म के बारे में कहा था, 'मेरा जन्म और मृत्यु सामान्य लोगों की तरह नहीं है। लोग जन्म लेते हैं और मर जाते हैं, लेकिन मैं जन्महीन के रूप में प्रकट होता हूँ और अविनाशी के रूप में गायब हो जाता हूँ। प्रकट होना और गायब हो जाना-दोनों ही मेरी चमत्कारी लीलायें हैं।' गीता में, भगवान कृष्ण अर्जुन से कहते हैं, 'मैं अजन्मा, शाश्वत आत्मा, असहायों का भगवान हूँ, लेकिन मैं अपने प्रतीक में आश्रय लेकर आत्ममाया में पैदा हुआ हूँ।' वह जो सबसे बड़ा है, वह ईश्वर है। वेदों में उनकी पहचान ब्रह्मा के रूप में होती है। वह हमारी सोलह इन्द्रियों, हमारे छोटे मन, हमारी संकीर्ण बुद्धि से बहुत ऊपर है। वह हमारी पहुँच से बाहर है, परन्तु भक्त की उसे पाने की निरन्तर उत्कण्ठा विधाता के मन को भी विचलित किये बिना नहीं रहती। नित्या की प्रेरणा और कृपा से उन्होंने इस समस्या को स्वयं हल कर लिया।

गीता के अध्याय 10/7 में श्रीकृष्ण अर्जुन से कहते हैं, 'हे पार्थ, मुझे सभी प्राणियों का शाश्वत आत्मा जानो। मैं बुद्धिमानों की बुद्धि और प्रतिभाशाली लोगों की कान्ति हूँ।'

अध्याय 11/4 में श्रीकृष्ण कहते हैं, 'जो कोई मुझे भजता है, मैं उसी प्रकार उस पर कृपा करता हूँ।'

पुराणों के अनुसार भगवान श्रीकृष्ण का जन्म भाद्र माह के शुक्ल पक्ष में रात्रि बारह बजे रोहिणी नक्षत्र में हुआ था। इस मान्यता के अनुसार, गृहस्थ लोग 6 सितम्बर को जन्माष्टमी का व्रत कर सकते हैं, लेकिन वैष्णव समुदाय के नियमों के अनुसार, वे 7 सितम्बर को जन्माष्टमी का व्रत रखते हैं।

इसी प्रसंग में बंगाल के सन्त साहित्य के गवेषक पण्डित नृसिंह प्रसाद भादुरी जी के "कथा अमृतसमान" ग्रन्थ के यह पंक्तियाँ उल्लेखनीय है–"श्रावण मास की वह रात बार-बार याद आती है। एक महाकाव्य नायक, जो ब्राह्मणवादी संस्कृति में एक देवता है, का जन्म होने वाला है। यह एक ऐसी तिथि है, जब देवता प्रिय हो जाते हैं। देवता की पूजा हमेशा की तरह गम्भीरता से या श्रद्धा की दूरी से नहीं की जाती है। इस रात भक्त महाकाव्य के किसी महान नायक को प्रेम और सेवा, त्याग और भक्ति से छूना चाहते हैं। यह रात जन्माष्टमी की रात होती है"।

श्रीकृष्णपुरुषोत्तम युगों-युगों से भक्तों को आकर्षित करते रहे हैं। वह महाकाव्य के नायक हैं। इस देश के लोग अवतारवाद में विश्वास करते हैं। उसी मान्यता के चलते यह उत्सव जन्माष्टमी जैसी तिथियों पर आयोजित किया जाता है। लेकिन जन्माष्टमी का त्यौहार उनकी महानता का उत्सव नहीं है। वीरता का महिमामंडन नहीं। वात्सल्य रस की अविरल धारा में इसी रात्रि को भगवान श्रीकृष्ण ने भक्तों के घर नन्हें बालक के रूप में जन्म लिया था। मथुरा से मायापुर तक, नन्दपुरी से नवद्वीप तक उनके प्रकट होने की प्रतीक्षा करना समयपूर्व कोजागरी की तरह है।

गंगा के पश्चिमी तट पर नवद्वीप या पूर्वी तट पर मायापुर के लोग श्रावण की बरसात की रात में आँखें नहीं मूँदते। वे कहते हैं, "सुबह से तैयार हो जाओ, सुन्दर आज घर आयेगा"। उसकी तैयारी में रविवार से मन्दिर में श्रीकृष्ण की बाल्यलीला का मंचन या जन्म कथा का वाचन होता है। वह कीर्तन के 'महाजन पद' या 'अखरे' में

पड़कर परम तक पहुँचने की लालसा रखता है। मल्हार या जय-जयंती राग से बँधे उस कीर्तन की धुन बरसात के मौसम में भागीरथी और जलंगी नदी के घाटों पर पूरी रात तैरती रहती है। हर किसी को मन्त्रमुग्ध कर देती है। चमेली के बेलों की खुशबू कस्तूरी चन्दन के साथ मिश्रित हो जाती है। मनमोहक श्रावण का संगीत देर रात तक हवाओं में ध्वनित होती रहती है। मन्दिर का प्राँगण भक्तों की भीड़ से हुई होती हैं। फिर कई रातें जब अष्टमी तिथि रोहिणी नक्षत्र में प्रवेश करती है, वह माहेन्द्र क्षण होता है। मन्दिर में महाभिषेक शुरू हो जाता है। असंख्य शंखों की ध्वनि आधी रात के सन्नाटे को तोड़ देती है। 'वह महान पुरुष आ गये है।' मृदंग, मंजीरा, झाँझ की ध्वनि में नाटमन्दिर से नदी के तट को छूता हुआ सन्देश गृहस्थ ठाकुर के घर तक पहुँच जाता है। कृष्ण का जन्म होता है। डेढ़ सौ से अधिक मठों में एकत्र हजारों भक्तों का सारा उन्माद केवल और केवल भगवान कृष्ण पर केन्द्रित होता है।

हालाँकि अवसर एक ही है, अलग-अलग मठों में उत्सव बनाने की विधि अलग-अलग होती है। लेकिन श्रीकृष्ण के साथ हर जगह ऐसा नहीं है। उदाहरण के लिए, नबद्वीप के महाप्रभु मन्दिर में कृष्ण को विष्णुप्रियादेवी द्वारा सेवित महाप्रभु की मूर्ति मानकर जन्माष्टमी मनायी जाती है। इसी प्रकार राधारमण बाग समाजबाड़ी में भी यह उत्सव शुद्ध वृन्दावनीय शैली में मनाया जाता है। हरिसभा मन्दिर, गोविन्दबाड़ी, देवानन्द गौड़ीय मठ या केशवजी गौड़ीय मठ इस त्यौहार को अपने-अपने तरीके से मनाते हैं। फिर, गंगा के पूर्वी तट पर अवस्थित मायापुर के इस्कॉन मन्दिर में जन्माष्टमी समारोह विभिन्न देशों के भक्तों के साथ अन्तर्राष्ट्रीय बन गया है।

नवद्वीप के महाप्रभु भवन में, प्राचीन परम्परा का पालन करते हुए, जन्माष्टमी पर भगवान कृष्ण के साथ-साथ महाप्रभु विग्रह की प्रतिष्ठा की जाती है। कहा जाता है कि इस मूर्ति का निर्माण महाप्रभु के जीवनकाल में स्वयं विष्णुप्रिया ने किया था। विष्णुप्रियादेवी अपनी तपस्या के बाद चैतन्यदेव से कभी नहीं मिलीं। ऐसा कहा जाता है कि विष्णुप्रियादेवी ने स्वप्न में चैतन्य की इस मूर्ति का निर्माण किया था। उन्होंने अपना शेष जीवन उस मूर्ति की सेवा में बिताया। चैतन्य देव ने 1510 ई. में संन्यास ले लिया और तीन साल बाद 1513 में मूर्ति का निर्माण किया गया। ऐसा कहा जाता है कि चैतन्य देव का दारु विग्रह उसी नीम के पेड़ की लकड़ी से बनाया गया था जिसके नीचे उनका जन्म हुआ था। मूर्ति के आसन पर '1435 शकाब्द (बांग्ला सन्), वंशीवदन' अंकित है। ऐसा अनुमान है कि वंशीवदन नामक कलाकार ने इस मूर्ति का निर्माण किया था। वर्तमान में, विष्णुप्रिया देवी द्वारा सेवित भगवान धामेश्वर को आकर्षित करने के लिए दुनिया भर से वैष्णव भक्त नबद्वीप में आते हैं। महाप्रभु मन्दिर की ओर से प. लक्ष्मीनारायण गोस्वामी ने कहा है, "इस प्राचीन मूर्ति पर महाभिषेक या महास्नान करना सम्भव नहीं है। उनके स्थान पर जगन्नाथ मिश्रा ने राजराजेश्वर नारायण शिला की सेवा की और इस शिला को भगवान कृष्ण के प्रतिनिधि के रूप में कल्पना करके अभिषेक किया। अभिषेक के दौरान महाप्रभु को लाल चेली पहनाई गयी। केवल इसी दिन के लिए महाप्रभु बंशीधारी बने थे।"

समाजबाड़ी में वृन्दावन की तरह ही त्यौहार मनाये जाते हैं। यहाँ कृष्ण, भगवान से कहीं अधिक प्रिय बालक हैं। इस मन्दिर के भक्त, वात्सल्य प्रेम के साथ शहद के रस से भगवान कृष्ण की पूजा करते हैं। यहाँ उत्सव के दो भाग हैं। यह त्यौहार दो दिनों तक मनाया जाता है। पहले दिन व्रत और दूसरे दिन नन्दोत्सव। नवद्वीप में चैतन्य जन्मस्थान आश्रम सहित अन्य मन्दिरों में उत्सव की शैली समान है। मठ के प्रमुख और गौड़ीय वैष्णव समाज के सचिव अद्वैत दास कहते हैं, "जहाँ भी आस्था का पालन किया जाता है, मंगलारती, कृष्ण जन्म लीला, विशेष कीर्तन, अभिषेक, भोगराग-ये सभी उसी त्यौहार के हिस्से के रूप में मनाये जाते हैं।"

इस्कॉन मन्दिरों में भी इसी तरह से जन्माष्टमी का त्यौहार मनाया जाता है। महास्नान की तैयारी के दौर के साथ उत्सव की शुरुआत होती है। हजारों की संख्या में देशी-विदेशी श्रद्धालु गंगा से महाभिषेक का जल लाते हैं। जन्माष्टमी के ठीक पूर्व क्षण में दूध, घी, शहद, दही आदि के साथ 1000 घड़े गंगा जल से महाभिषेक पर्व पूरा किया जाता है। हालाँकि, जन्माष्टमी पर इस्कॉन का एक प्रमुख आकर्षण 'पुष्प वर्षा' है। गुलाब-जुही -बेली-कामिनी-चम्पा के फूलों की पंखुड़ियाँ बारिश की तरह मूर्ति पर गिरने लगती हैं। चार फुट की यह मूर्ति फूलों से ढकी हुई होती है। ऐसा कहा जाता है कि इस त्यौहार के लिए दिशानिर्देश स्वयं भगवान कृष्ण द्वारा बनाये गये हैं। कुरुक्षेत्र के अन्त में, युधिष्ठिर के मित्र ने कृष्ण का जन्मदिन धूमधाम से मनाने की इच्छा व्यक्त की थी। तब श्रीकृष्ण ने बताया कि उनका जन्म दिन कैसे मनाया जाये। उसी के अनुसार आज तक यहाँ जन्माष्टमी मनायी जा रही है।

"यदा यदा हि धर्मस्य ग्लानिर्भवति भारत।
अभ्युत्थानमधर्मस्य तदात्मानं सृजाम्यहम्॥"

अर्थात्, हे भारत! जब-जब धर्म की हानि और अधर्म की वृद्धि होती है, तब-तब ही मैं अपने रूप को रचता हूँ अर्थात् साकार रूप से लोगों के सम्मुख प्रकट होता हूँ।

अत: धर्म की स्थापना के लिए वे पृथ्वीलोक पर बार-बार प्रकट हुए। वह बंगाल में प्रेम के ईश्वर हैं। बंगाली लोगों का मनोरंजन बाँसुरी और हँसी से किया करते है। बंगाल कृष्ण प्रेम में बह जाता है। काली की भूमि में, श्याम और श्यामा कालीकृष्ण के रूप में एकजुट हैं। वह आयान घोष को काली के रूप में दिखायी दिये। उस कथा को याद करके कालीप्रेमी बंगालियों ने कृष्ण को अपने हृदय में बसा लिया। मथुरा वृन्दावन श्रीकृष्ण की जन्मस्थली और बचपन का घर है। और नदिया के निमाई की भूमि में, वह महाप्रभु की महिमा है। महाप्रभु चैतन्य श्याम विरह में रोते थे। उनकी "हा-कृष्ण" ध्वनि ने लोगों को घर छोड़कर अपनी राह लेने पर मजबूर कर दिया। भक्त के हृदय में मीठी वेदना से बाँसुरी बज उठी। वह धुन आज भी बज रही है।

वैष्णवतीर्थ नदिया के विभिन्न मन्दिरों में जन्माष्टमी का त्यौहार मनाया जाता है। यह त्यौहार दो भागों में मनाया जाता है। पहला दिन है जन्माष्टमी, दूसरा दिन नन्दोत्सव।

शान्तिपुर के बड़ा गोस्वामीबाड़ी में श्री राधारमण की एक हजार वर्ष से अधिक पुरानी मूर्ति है। ऐसा सुना जाता है कि यही कृष्णमूर्ति राजा इन्द्रद्युम्न के शासनकाल में पुरी में दोलगोविन्द के नाम से पूजी जाती थीं। बाद में जेस्सोर के राजा वसन्त रॉय इस मूर्ति को जेस्सोर (वर्तमान में बांग्लादेश) ले आये और इसकी स्थापना की। लेकिन वह भी मूर्ति नहीं रख सके। जब मानसिंह ने बंगाल पर आक्रमण किया, तो वसन्त रॉय के परिवार ने इसकी रक्षा के लिए मूर्ति को अपने गुरुदेव श्री अद्वैत के पोते मथुरेश गोस्वामी को सौंप दिया। मथुरेश गोस्वामी ने शान्तिपुर में अपने घर पर मूर्ति स्थापित की। श्रीमती राधा की मूर्ति की स्थापना भी लगभग तीन सौ वर्ष पूर्व की गयी थी।

नबद्वीप शान्तिपुर में जन्माष्टमी उत्सव शाम को चन्द्रमा के दर्शन के साथ शुरू होता है। भगवान कृष्ण का जन्म, नाड़ी काटना आदि अनुष्ठान किये जाते हैं। पूजा देर रात ख़त्म होती है। मूर्ति को स्नान कराकर उसका अभिषेक किया जाता है। अगले दिन नन्दोत्सव है। सुबह जल्दी उठकर राधारमण को भोग लगाया गया। दिन भर तरह-तरह के मनोरंजन के कार्यक्रम चलते रहते हैं। घर में शुद्ध दूध से छेना, खीर मिठाइयाँ बनायी जाती हैं। यहाँ का झालनाडु (मिर्च का लड्डू) जन्माष्टमी का एक और आकर्षण है जोकि चावल का पाउडर, घी, काली मिर्च आदि से बनाया जाता है।

जन्माष्टमी के अवसर पर प्राचीन श्यामचन्द मन्दिर में बड़ी संख्या में श्रद्धालु जुटते हैं। दिनभर पदावली पाठ और नाम संकीर्तन किया जाता है। इस दिन राधारानी को दोपहर के समय भोजन कराने के बाद अलग रख दिया जाता है। अन्त में भगवान कृष्ण के जन्म के बाद विशिष्ट विधियों और अनुष्ठानों के बाद नाड़ी काटने का आयोजन किया जाता है। पुरानी परम्परा के अनुसार नवजात भूमिष्ठा के जन्म के बाद नवजात की नाड़ी काटी जाती है, उसी प्रकार चाचरी से गृह देवता के लिए पीला धागा काटा जाता है। नवजात शिशु को चाँदी से बने विभिन्न खिलौने दिये जाते हैं। भगवान को चंदन से सने हुए 1008 तुलसी के पत्ते चढ़ाये जाते हैं। जन्माष्टमी के विशेष व्यंजनों में ताल के वड़े, लूची, सूजी का हलुवा, खीर, मालपुआ, नारियल के लड्डू आदि शामिल हैं। अगले दिन सवेरे नन्दोत्सव मनाया जाता है।

इस दिन सामुदायिक भवन में वात्सल्य और शहद के रस से भगवान कृष्ण की पूजा करते हैं।

इस प्रकार सम्पूर्ण बंगाल पावन पर्व जन्माष्टमी के अवसर पर झूम उठता है चैतन्य द्वारा रचित इस कीर्तन-मन्त्र के साथ–

"हरे कृष्ण, हरे कृष्ण, कृष्ण-कृष्ण, हरे-हरे।
हरे राम, हरे राम, राम-राम, हरे-हरे॥"

रासपूर्णिमा (रास उत्सव)

यह दिन कृष्ण और राधा की रासलीला के उपलक्ष्य में मनाया जाता है। बंगाली वैष्णव समुदाय में इसका महत्त्व बहुत अधिक है। यह नदिया, मायापुर और शान्तिपुर में बड़े पैमाने पर मनाया जाता है। रास पूर्णिमा वह रात है जब कृष्ण ने वृन्दावन में गोपियों के साथ रासलीला की थी। यह लीला कृष्ण और उनके भक्तों के बीच आध्यात्मिक मिलन के अन्तिम रूप को दर्शाती है।

बंगाल में उत्सव प्रथाएँ :

नवद्वीप, शान्तिपुर, राधाकुण्ड, नदिया, बाँकुड़ा, केन्दुली आदि स्थानों पर रासमेला और रास नृत्य का आयोजन किया जाता है। बाँकुड़ा के बिष्णुपुर में टेराकोटा मण्डप में रस चक्र बनाया जाता है और कृष्ण-राधा की लीला प्रस्तुत की जाती है। रास की रात को विभिन्न स्थानों पर कीर्तन, खोल-करताल महोत्सव और गीति-नट का प्रदर्शन किया जाता है।

रास का प्रतिबिम्ब :

रास उत्सव में भक्ति रस, श्रृंगार रस और शान्ति रस को एक साथ व्यक्त किया जाता है। शास्त्रीय दृष्टिकोण से, यह आनन्दलीला की अन्तिम अनुभूति है।

दोलजात्रा

ब्रज और वैष्णव धर्म से प्रभावित बंगाल के इस त्यौहार में रंग, कीर्तन और आनन्दमय वातावरण होता है। यह राधा कृष्ण के होली खेलने का त्यौहार है। यह बंगाल की होली है। पर्व के दौरान, डोलंचपा फूल और अबीर फैलाते हुए कीर्तन गाये जाते हैं। शान्तिनिकेतन में रवीन्द्रनाथ के 'बसन्त उत्सव' में भी कृष्ण चेतना निहित है। दोलजात्रा बंगाल का एक महत्त्वपूर्ण वैष्णव त्यौहार है। होली की पूर्णिमा के दिन दोलपूर्णिमा मनायी जाती है, जो चैतन्यदेव

की जन्म तिथि भी है। राधा-कृष्ण के जोड़े को दोलना (झूले) पर बिठाया जाता है और झुलाया जाता है। भक्त रंग छिड़कते हैं, अबीर खेलते हैं और कीर्तन गाते हैं। कीर्तन समूह के नृत्य गीत दोल उत्सव को सामूहिक उत्सव में बदल देते हैं। दोल उत्सव बंगाल की एकता और सहिष्णुता की एक रंगीन अभिव्यक्ति है। यह वर्ग, जाति और समुदाय के पार एक साथ त्यौहार मनाने का एक सामाजिक उदाहरण है।

झूलनजात्रा

यह श्रावण-भाद्रपद के महीनों में मनाया जाता है। कृष्ण और राधा को झूले पर बिठाकर उन्हें झुलाया जाता है, मन्दिर में तरह-तरह की सजावट की जाती है। यह मूल रूप से गर्मियों का त्यौहार है।

राधा कृष्ण को झूले पर बिठाकर उत्सवी माहौल में झुलाया जाता है। घरों और मन्दिरों में अच्छी तरह से सजाये गये झूले बनाए जाते हैं।

श्रावण के महीने में झूलनजात्रा राधा कृष्ण के साथ झूलने की याद में मनायी जाती है। नवद्वीप, शान्तिपुर, कृष्णनगर आदि क्षेत्रों में, राधा कृष्ण को एक सुसज्जित झूले पर बिठाकर गीत, नृत्य और कीर्तन के साथ झूलन उत्सव मनाया जाता है। यह विशेष रूप से वैष्णव आश्रमों और मठों में मनाया जाता है। पर गाँव-घरों में भी यह मनाया जाता है।

गोपाष्टमी और गोपाल पूजा

गोपाष्टमी पर, कृष्ण की चरवाहे के रूप में पूजा की जाती है। घरेलू और कृषक समुदाय गाय-माताओं की पूजा करते हैं। गोपालों को चरवाहे-लड़कों के प्रतीक के रूप में सजाया जाता है। ग्रामीण समाज में 'गोपाल भोग' की परम्परा का पालन किया जाता है।

जयदेव मेला (केंदुली)

जयदेव मेला माघ महीने में बीरभूम के केंदुली में जयदेव के जन्मस्थान पर मनाया जाता है, जहाँ गीत गोविन्दा के पदचिन्हों पर एक विशाल कीर्तन-सम्मेलन आयोजित किया जाता है।

एक लाख से अधिक वैष्णव भक्त एकत्रित होते हैं।

पदकीर्तन, धमैल और लोक संगीत कृष्ण भक्ति की जड़ें हैं।

चैतन्य महाप्रभु के उत्सवों में कृष्ण चेतना की अभिव्यक्ति

गौर पूर्णिमा : चैतन्य महाप्रभु का जन्मदिन है। यह उत्सव कृष्ण भक्ति की गौर चेतना को दर्शाता है-प्रेम और सद्भाव का सन्देश।

रथ यात्रा (गुंडिचा उत्सव) : यद्यपि जगन्नाथ पर केन्द्रित है, यह चैतन्य महाप्रभु के अनुयायियों के लिए कृष्ण चेतना का एक विशेष रूप है। बंगाल के कृष्ण उत्सव न केवल धार्मिक अनुष्ठानों के प्रतीक हैं–वे सांस्कृतिक विरासत, सामाजिक सामंजस्य, आनन्द और मानवीय प्रेम के वाहक हैं। कृष्ण कभी चरवाहे, कभी प्रेमी, तो कभी सर्वोच्च देवता होते हैं। उनके उत्सव लोक धर्म, आध्यात्मिकता और कलात्मक अभ्यास के मिलन स्थल बन गये हैं।

बंगाल में कृष्ण संग्रहालय और गैलरी : इतिहास, कलाकृतियाँ और सौन्दर्यशास्त्र

जिस तरह साहित्य, संगीत और तीर्थ स्थल बंगाल की कृष्ण चेतना से जुड़े हैं, उसी तरह एक महत्त्वपूर्ण पहलू चित्रकला, मूर्तियाँ, टेराकोटा कला, लोक नृत्य और संग्रहालयों में संरक्षित कलाकृतियाँ हैं। कृष्ण के विभिन्न रूप-गोपाल, केशव, माधव, भगवान आदि-बंगाल के विभिन्न संग्रहालयों, कला दीर्घाओं और दीर्घाओं की प्रदर्शनियों में परिलक्षित होते हैं।

भारतीय संग्रहालय (भारतीय संग्रहालय, कोलकाता)

कोलकाता में 1814 में स्थापित भारतीय संग्रहालय भारत के सबसे पुराने और सबसे बड़े संग्रहालयों में से एक है। इसमें कई मूल्यवान कृष्ण मूर्तियाँ, पाल और सेन काल की कलाकृतियाँ और टेराकोटा मूर्तियाँ हैं।

कृष्ण से सम्बन्धित महत्त्वपूर्ण कलाकृतियाँ :

क) पूर्वी भारत के पाल काल (9वीं-10वीं शताब्दी) की काले पत्थर की कृष्ण प्रतिमा।
ख) अष्ट सखी के साथ राधा-कृष्ण की मूर्ति।
ग) गीत गोविन्दा की सचित्र पाण्डुलिपि।
घ) राजस्थानी लघु चित्रकला में कृष्ण लीला।

सौन्दर्यबोध और कलात्मक पहलू :

इन मूर्तियों और कलाकृतियों में, कृष्ण को कभी मुरली वाले प्रेमी के रूप में, कभी गोवर्धन वाले के रूप में, कभी भक्तों के उद्धारकर्ता के रूप में दिखाया जाता है। राधा कृष्ण की रास-लीलाओं को यहाँ नृत्य की मुद्राओं एवं भंगिमाओं में सौन्दर्यपूर्ण रूप से व्यक्त की गयी है।

रवीन्द्र भारती संग्रहालय और अभिलेखागार

कृष्ण चेतना का सांस्कृतिक संरक्षण :

रवीन्द्रनाथ टैगोर के जीवन और काव्य अभ्यास का एक बड़ा हिस्सा कृष्ण चेतना से जुड़ा हुआ है। भानुसिंह की पदबली, श्यामा, चित्रांगदा आदि उनकी कृतियाँ राधा-कृष्ण की अवधारणा को दर्शाती हैं।

इस संग्रह में संरक्षित हैं–

क) रवीन्द्रनाथ टैगोर द्वारा लिखित कृष्ण से सम्बन्धित कविताओं की पाण्डुलिपियाँ।
ख) रंगमंच की वेशभूषा, कृष्ण-राधा से सम्बन्धित तस्वीरें।
ग) कृष्ण से सम्बन्धित लोक नाटकों की पेंटिंग।

विश्वभारती विश्वविद्यालय संग्रह (श्रीनिकेतन और कला भवन)

विश्वभारती के कला संग्रह में कृष्ण-लीला से सम्बन्धित कलाकृतियाँ हैं–

क) नन्दलाल बसु, विनोद बिहारी मुखर्जी, रामकिंकर बेज की पेंटिंग और मूर्तियाँ।
ख) वैष्णववाद के लोक तत्त्वों (पटचित्र, अल्पना) से बनी लोक कला।

विश्वभारती के ये संग्रह न केवल कला पर आधारित हैं, बल्कि आधुनिक कला के रूप में कृष्ण चेतना के विचारों को प्रस्तुत करने का एक अनूठा प्रयास हैं।

मायापुर इस्कॉन संग्रह और कृष्ण पेंटिंग विजुअल गैलरी

- **वैश्विक कृष्ण संग्रह :**

इस्कॉन के मायापुर केन्द्र के संग्रह में शामिल हैं :

क) कृष्ण चेतना आन्दोलन का इतिहास।

ख) कृष्ण पेंटिंग और 3डी प्रदर्शनी।

ग) कृष्ण के दस अवतारों की दृश्य प्रस्तुति।

यह संग्रह भक्ति कला और प्रौद्योगिकी के संयोजन के माध्यम से आधुनिक कृष्ण संस्कृति को दर्शाता है।

बाँकुरा टेराकोटा कला और लोक नृत्य संग्रहालय

बिष्णुपुर और बाँकुरा लोक संस्कृति केन्द्र और लोक कला संग्रहालय में संरक्षित कृष्ण-केन्द्रित सामग्री :

क) टेराकोटा मूर्तियाँ : गोपाल, राधा-कृष्ण, कृष्ण लीला।

ख) राधा कृष्ण लोकगीतों और धम्सा-मदल की लय पर नृत्य करते हैं।

ग) कुम्हारों के बर्तनों पर कृष्ण के जन्म, बाल लीला और कंस वध के दृश्य।

कांथी लोक संस्कृति संग्रहालय और कृष्ण से सम्बन्धित कुम्हार

मेदिनीपुर क्षेत्र के कुम्हारों के द्वारा बनाये गये बर्तनों में कृष्ण के जीवन के विभिन्न क्षणों के चित्रण एवं मुर्तियाँ :

क) यशोदा के साथ कृष्ण।

ख) कालिया नाग का दमन।

ग) रास लीला और तैरते कमल पर कृष्ण।

यहाँ कुम्हार बंगाली लोक कला में कृष्ण को दो भूमिकाओं में चित्रित करता है-भगवान और लोक नायक।

बंगाल में कृष्ण चेतना का प्रवाह मन्दिरों या तीर्थ स्थलों तक सीमित नहीं है; यह चित्रकला, मूर्तिकला, लोक कला, संगीत और नाटक के हर स्तर पर फैला हुआ है। आज विभिन्न संग्रहालयों और संग्रहों में संरक्षित कलाकृतियाँ अनुसंधान, कला और भक्ति का एक संवेदनशील मिश्रण हैं। वे केवल इतिहास नहीं हैं–वे कृष्ण चेतना के जीवित स्मारक हैं। श्रीकृष्ण बंगाल के धार्मिक और सांस्कृतिक क्षेत्र में एक अपरिहार्य स्थान रखते हैं। तीर्थ स्थलों, संग्रहालयों, उत्सवों और साहित्य में उनकी उपस्थिति बंगाल के हृदय में कृष्ण चेतना की गहराई को साबित करती है। कृष्ण भक्ति आन्दोलन ने बंगाली समाज और संस्कृति को एक नया आयाम दिया है, जो आज भी प्रवाहित है।

बंगाली संस्कृति और समाज में, कृष्ण केवल एक धार्मिक व्यक्ति नहीं हैं; वे एक भावना, एक प्रेम, एक आध्यात्मिकता हैं। तीर्थ स्थलों, संग्रहालयों, उत्सवों और साहित्यिक संस्कृति में कृष्ण चेतना की गहरी छाप ने

बंगाली समाज को हमेशा के लिए एक विशेष आध्यात्मिक आयाम दिया है। यदि भविष्य के शोध और संरक्षण कार्यक्रमों में इस पहलू को और अधिक मजबूत स्थान दिया जाये, तो बंगाल में नयी पीढ़ी के बीच कृष्ण भक्ति और अधिक जीवन्त हो जायेगी।

श्रीकृष्ण बंगाली भूमि में एक बहुआयामी चरित्र हैं। जिस तरह वे धार्मिक अनुभव के केन्द्र हैं, उसी तरह वे सामाजिक, सांस्कृतिक और दार्शनिक चेतना के स्रोत भी हैं। इस अध्ययन में, हमने चरण दर चरण विश्लेषण किया है कि कैसे श्रीकृष्ण बंगाल के तीर्थ स्थलों, संग्रहालयों, उत्सवों, साहित्य, रंगमंच और फिल्मों के माध्यम से प्रवाहित एक जीवन्त सांस्कृतिक इकाई बने हुए हैं।

7
बांग्ला ललित-कलाओं में श्रीकृष्ण

श्रीकृष्ण बांग्ला ललित-कलाओं में महत्त्वपूर्ण स्थान रखते हैं। कृष्ण को कला के विभिन्न रूपों, जैसे टेराकोटा मन्दिर, पटचित्र और आधुनिक चित्रकला में विभिन्न रूपों और लीलाओं में दर्शाया गया है।

कृष्ण को भारतीय परम्परा में कई तरीकों से दर्शाया गया है, जिसमें कुछ सामान्य विशेषताएँ हैं। उनकी प्रतिमा विज्ञान में, कृष्ण को आमतौर पर विष्णु की तरह काले, गहरे या नीले रंग के साथ दर्शाया जाता है। कुछ ग्रन्थों में, कृष्ण की त्वचा को काव्यात्मक रूप से जामुन (जाम-एक बैंगनी फल) के रंग के रूप में वर्णित किया गया है।

कृष्ण की मूर्तियाँ और चित्र आसानी से पहचाने जा सकते हैं। कृष्ण की अधिकांश मूर्तियों में, उनका रंग काला है; चित्रों में, उनका रंग मुख्य रूप से गहरा नीला है। उनकी रेशमी धोती आमतौर पर पीली होती है और एक मोर की पूँछ उनके सिर के मुकुट को सुशोभित करती है। कृष्ण के पारम्परिक चित्रण में उन्हें आमतौर पर एक लड़के या युवा व्यक्ति के रूप में दिखाया जाता है जो बाँसुरी बजाते हैं। इस मुद्रा में, वह एक पैर पर थोड़ा झुका हुआ है और बाँसुरी उसके होठों तक उठाई हुई है। वे गायों के झुंड से घिरे हुए हैं। कुछ चित्रणों में, उन्हें अपनी प्रिय राधा के साथ एक गोपी-रूपांतरित अवस्था में भी दर्शाया गया है। राधा कृष्ण की आंतरिक ऊर्जा हैं।

बंगाल के शिल्पियों ने मिट्टी का यह मर्म सातवीं सदी में ही जान लिया था कि यदि देह मिट्टी की है तो फिर मन्दिर जो ईश्वर की देह हैं वे पत्थर के क्यों हों? इसलिए बिशनपुर से लेकर चंदननगर और नारायणपुर से गोकुलनगर तक बंगाल के महान शिल्पियों ने मिट्टी के अर्थात् टेराकोटा के मन्दिर निर्मित किये।
टेराकोटा अर्थात् पकी मिट्टी से बर्तन और खिलौनों से लेकर विभिन्न उपादानों के निर्माण की बड़ी पुरानी परम्परा विश्व की विभिन्न सभ्यताओं में रही। मोहनजोदड़ो, सिंधु घाटी और मिस्र की प्राचीन सभ्यताओं से लेकर मेसापोटेमिया की सभ्यताओं तक (1950 ईसा पूर्व) में टेराकोटा शिल्पों के प्रचुर प्रमाण हैं। टेराकोटा शब्द का उदभव लेटिन से हुआ जो मिट्टी के बर्तन का पर्याय था लेकिन कालान्तर में इसकी व्यंजना विराट हो गयी। सफेद मिट्टी को पकाकर उससे उपादानों के निर्माण की परम्परा बंगाल में प्राचीन काल से विद्यमान रही है लेकिन समय के साथ स्थानीय रूप से उपलब्ध मिट्टी को पकाकर शिल्प और मन्दिरों का निर्माण हुआ। टेराकोटा मन्दिरों के निर्माण का श्रेय बंगाल के मल्ल शासकों को है जिन्होंने बांकुरा जिले के बिशनपुर (विष्णुपुर) में सत्रहवीं से लेकर 18वीं सदी के बीच सुन्दर टेराकोटा मन्दिरों का निर्माण करवाया।

बंगाल में सबसे पुराना टेराकोटा मन्दिर मृण्यमयी मन्दिर है जिसे 997 ईस्वी में जगतमल्ल ने बिष्णुपुर में बनवाया था लेकिन बाद में इन मन्दिरों का अस्तित्व हमें 17वीं सदी से मिलता है जब पूर्वी भारत में भी कृष्ण भक्ति की वह उत्ताल तरंग उठी जिसने बंगाल को कुछ इस तरह आप्लावित किया कि यहाँ के मल्ल शासकों ने एक अनूठा वृंदावन बिशनपुर में रच दिया।

शान्तिनिकेतन से लगभग 112 किलोमीटर की दूरी पर अवस्थित बिशनपुर के टेराकोटा शिल्प से सजे मन्दिरों की शोभा और उनकी भित्तियों पर उत्कीर्ण कृष्णलीला की सजीवता हमें गोकुल और वृंदावन में खड़ा कर देती है और लगता है जैसे चैतन्य महाप्रभु ने अपने भाव को छेनी में मूर्त कर उसे बिशनपुर के शिल्पियों के हाथ में थमा दिया हो।

बिशनपुर में चार समूहों में कुल बीस मन्दिर हैं। इनमें से प्रमुख मन्दिर हैं, रासमंच, जोरबंगला, मदनमोहन, लालजी, राधाश्याम, नंदलाल, कलाचंद, राधविनोद, मुरलीमोहन, मदनगोपाल, राधागोविंद, राधामाधव और कृष्ण बलराम। वैसे यह कहा जाता है कि वहाँ अधिकतम 450 मन्दिरों का निर्माण हुआ था।

इन मन्दिरों के सम्बन्ध में बड़े विस्तार से चर्चा की जा सकती है किन्तु यह एक स्थापित तथ्य है कि ये मन्दिर उन अनपढ़ लेकिन राधा-कृष्ण को समर्पित उन कारीगरों ने स्थानीय मिट्टी से निर्मित किये जिनके पास कृष्णलीला की केवल वाचिक विरासत थी, जिन्होंने न भागवत पढ़ी थी न गीता , उन्होंने गोकुल और वृंदावन सुने भर थे जिन्हें उन्होंने अपने अनगढ़ कौशल से बंग भूमि पर वहाँ की स्थानीय शैलियों में खड़ा कर दिया जिनका अपना रोचक इतिहास है।

मूर्तिभंजकों के भय से ग्रामीण अंचलों में फूस की झोपड़ियों में मूर्तियों को स्थापित कर दिया गया और फिर इन झोपड़ियों की दीवारों को टेराकोटा के अलंकृत फलकों से सजाया जाने लगा।धीरे धीरे यह एक नई स्थापत्य शैली बन गयी जिसे चाला शैली कहा गया। फूस की झोपड़ी की ढालू छतों को बांग्ला में चाला कहा जाता है। अधिकतर मन्दिरों में चारों दिशाओं में इस प्रकार की ढालू छतें बनायी गयीं जिन्हें चारचाला कहा गया,दो मंजिलो वाले मन्दिरों में आठचाला ,तीन परतों में बनी छत बाराचाला और दो दिशाओं में बनी छत वाली शैली दोचाला कहलाई तथा जब दो संरचनाओं को आपस में जोड़ दिया गया तो उसे जोरबांगला कहा गया।

इन शैलियों के जो मन्दिर बने उनके शिखर, रत्न कहे गये। इन रत्नों की संख्या के आधार पर इनका वर्गीकरण हुआ जैसे एकरत्न, पंचरत्न, नौरत्न। वर्धमान के कलना में पच्चीस रत्नों का भी कृष्ण मन्दिर निर्मित हुआ। ओडिशा की तत्समय प्रचलित शैली के सामंजस्य से रेख देउल स्थापत्य शैली के भी टेराकोटा मन्दिर बनवाये गये। कृष्ण भक्ति की धारा में डूबे मल्ल राजा वीर हरवीर ने पिरामिडनुमा रासमंच का भी निर्माण 17वीं सदी में करवाया जहाँ कृष्ण मूर्तियों की सामूहिक पूजा की जाती थी।

कृष्ण भक्ति में डूबे शिल्पियों ने उस समय केवल बिशनपुर अपितु चंदननगर से लेकर सियुरी तक में इन मन्दिरों का निर्माण किया। बंगाल के इन महान कलाप्रेमी और भक्त शासकों ने बंग धरती पर न केवल वृंदावन को साकार किया अपितु यहाँ काशी को भी वे उतार लाये। मुर्शिदाबाद के बड़नगर में नटोर की रानी भवानी (1716 से 1795) ने 108 शिवमन्दिरों का निर्माण करवाया जिनमें गंगेश्वर मन्दिर प्रसिद्ध है जो जोरबंगला शैली में निर्मित है। इन मन्दिरों की भित्तियों पर कृष्णलीला, महाभारत, राम की जीवन यात्रा के प्रसंग, देवी दुर्गा और पौराणिक प्रसंगों सहित मनोहारी बेलों और पुष्पों को उकेरा गया है। इन टेराकोटा मन्दिरों पर भारत शासन ने डाक टिकिट भी जारी किया है।

हम अधिकतर उत्तर भारत के मन्दिर स्थापत्य की शैलियों और भक्ति परम्परा के विभिन्न कलात्मक स्वरूपों से परिचित हैं लेकिन पूर्वी भारत के इस अप्रतिम और मनोहारी मन्दिर स्थापत्य और भक्ति परम्परा से साक्षात करना यह अनुभव करना है।

टेराकोटा के इन शिल्पों को देखकर अभिभूत हो जाना होता है। बंगाल में जहाँ टेराकोटा में कृष्ण लीला के अंकन की परम्परा उत्तर मध्यकाल में दिखायी देती है वहीं दूसरी ओर चित्रांकन में भी कृष्णलीला के प्रभूत अंकन हुए किन्तु बंगाल की चित्रशैली ने भारत में लघुचित्रांकन का आरंभिक इतिहास लिखा तथा पाल शैली के रूप में यह शैली विख्यात हुई जिसके बारे में संक्षिप्त विवरण दिया जा रहा है।

पाल पटचित्र

सुप्रसिद्ध बौद्ध इतिहासकार लामा तारानाथ का यह निष्कर्ष है कि नवीं शताब्दी में एक नयी चित्रशैली का जन्म पूर्वी भारत में हुआ। यह शैली उस पश्चिम भारतीय शैली से भिन्न थी, ज़ो पश्चिम भारत में सातवीं सदी में जन्मीं। इस पूर्वी शैली का केन्द्र बंगाल था तथा यह पाल राजाओं के समय पनपी। धर्मपाल तथा देवपाल नामक पालराजाओं के संरक्षण में एक ऐसी चित्रशैली जन्मी जिसका विकास तिब्बत तक हुआ। पाल शैली के प्रमुख चित्रकार धीमान तथा उसके पुत्र वितपाल थे। नेपाल की चित्रशैली भी यद्यपि पूर्व में पश्चिम भारत की शैली से प्रभावित थी, लेकिन बाद में वह इस शैली से प्रभावित रही। महायान बौद्ध ग्रन्थ, जिनमें प्रमुख प्रज्ञापारमिता है, के अंकन प्रसिद्ध हैं।

पाल राजाओं के समय की पोथियाँ ताल पत्रों पर हैं। पाल शैली के प्रमुख केन्द्र बंगाल, बिहार तथा नेपाल थे। पाल राजाओं का काल (750-1250 ई.) अंतिम रूप से भारत में बौद्ध धर्म तथा बौद्ध कला का अंतिम साक्ष्य रहा। नालन्दा, ओदन्तपुरी, विक्रमशिला तथा सोमरूप के महाविहार बड़े प्रसिद्ध रहे तथा उनका प्रभाव अत्यधिक रहा। ये महाविहार राजा और प्रजा दोनों के द्वारा संरक्षित थे तथा ये दर्शन के ऐसे विश्वविद्यालय थे, जहाँ पोथियाँ चित्रित की जाती थीं तथा कांस्य मूर्तियों को ढाला जाता था।

ये वे महान विश्वविद्यालय थे, जहाँ दक्षिण-पूर्व एशिया के समस्त विद्यार्थी तथा धार्मिक यात्री विमर्श के लिए इकट्ठे होते थे और जब वे अपने देश लौटते थे, तो उनके पास बौद्ध कला और हस्तलिखित पोथियों के अविस्मरणीय उदाहरण साथ होते थे। यही यात्री और विद्यार्थी पाल शैली की विशेषताओं को नेपाल, तिब्बत, बर्मा, लंका और जावा ले गये।

पाल शैली की सबसे बड़ी विशेषता यह है कि इस काल के ग्रन्थ तालपत्रों पर बने हैं तथा इन ग्रन्थों में जातक कथाओं को उरेहा गया है। यह भी एक विशिष्ट तथ्य है कि यह शैली भौगोलिक दृष्टि से अजन्ता से बहुत दूर होने के बावजूद, उससे प्रभावित है। उसका बड़ा कारण यह है कि अजन्ता कला के विषय तथा पाल कला के विषय, इन दोनों का उत्स बौद्ध धर्म है।

चौकोर अधरोष्ठ, लंबी व संकरी आँखें तथा नुकीली भौहें दोनों शैलियों में प्रायः एक जैसी हैं, किन्तु सबसे अधिक चैंकाने वाला साम्य आकृतियों की भंगिमा है। एक ओर झुका हुआ सिर एवं बंकिम देहयष्टि दोनों शैलियों में दिखायी देती है तथा ऐसी प्रतीत होता है कि ये आकृतियाँ समान कलाकारों के द्वारा बनायी गयी होंगी।

प्रख्यात कलाविद रायकृष्णदास का पाल शैली के सम्बन्ध में यह भी मानना है कि ये चित्र प्रज्ञापारमिता तथा अपभ्रंश के प्रसंगों पर आधारित हैं। उनका यह भी मानना है कि, "इस शैली में अजन्ता की परम्परा की विशेषताएँ सजीव रूप में पायी जाती हैं फिर भी ह्रास की विशेषताएँ भी दिख पड़ती हैं–ध्यानों का एक निश्चित रूप, अंगों, मुद्राओं और ठवन के अकड़-जकड़ के अतिरिक्त लम्बी नाक, सवाचश्म चेहरों की अधिकता।"

डॉ. आर.दासगुप्ता के अनुसार, "हम पहली बार पाल शैली में बंगाल में एक भारतीय कला की अभिव्यक्ति पाते हैं, जिसमें भारत के नक्शे में अपना स्थान सुनिश्चित किया। इस कला की विशेषता यह थी कि इसमें तालपत्रों पर व कागज पर भी सचित्र ग्रन्थ बनाए गए तथा पुस्तकों के मुखपृष्ठों को भी तैयार किया गया। जो सचित्र ग्रन्थ इस शैली में बनाए गए, उनमें प्रमुख हैं–अष्टसहार्सिका, प्रज्ञापारमिता, पंचराक्ष तथा महामयूरी जो दुर्लभ ग्रन्थ माने जाते हैं।

डॉ. आर. दासगुप्ता ने ऐसे 19 हस्तलिखित ग्रन्थों का उल्लेख किया है, जो पाल शैली में बनाए गए हैं तथा विभिन्न संग्रहों में सुरक्षित हैं।

इस प्रकार निष्कर्ष रूप में यह कहा जा सकता है कि पाल शैली की विशिष्टता इस तथ्य में निहित है कि वह एक ऐसी शैली है, जिसमें बनाये गये सचित्र ग्रन्थ हमें इस्लाम के आगमन के पूर्व की चित्रांकन परम्परा के सम्बन्ध में अवगत कराते हैं। पाल शैली की सचित्र पोथियों में बौद्ध प्रभाव स्पष्ट है।

पाल शैली में कृष्णलीला के अंकन नहीं हुए. वैसे भी मध्यकाल की चित्रांकन शैलियों में कृष्णलीला के अंकन 11वीं सदी के बाद ही हुए तथा वे भी अल्प रूप से सल्तनत काल में हुए क्योंकि इस्लाम में चित्रांकन का निषेध है। पालम भागवत के कुछ पन्ने इस काल के उपलब्ध हुए हैं, लेकिन बाद के समय में लगभग उसी काल में जिस काल में कृष्णलीला उत्तर भारत की विभिन्न चित्रशैलियों में चित्रित की गयी। बंगाल में इस लीला को बंगाल शैली में तथा विशेष रूप से १९ वीं सदी में कालीघाट शैली में चित्रित किया गया। ये अंकन पटचित्र कहलाए।

कालीघाट शैली

प्रख्यात कलाविद डॉ. डब्ल्यू.जी. आर्चर ने कालीघाट शैली के लघुचित्रों पर वर्ष 1971 में अपना प्रसिद्ध ग्रन्थ लिखा था। इस ग्रन्थ में विक्टोरिया एण्ड अलबर्ट म्यूजियम में संरक्षित कालीघाट शैली के चित्रों का विवरण है। बंगाल में कालीघाट चित्रांकनों का प्रमुख केन्द्र रहा है। आर्चर ने इस शैली तथा इसमें बनाये गये चित्रों का विशद उल्लेख किया है। बंगाल में अन्य हिन्दू देवी-देवताओं की तुलना में देवी पूजा अत्यधिक महत्त्वपूर्ण रही है, किन्तु कालीघाट शैली के चित्रकारों ने कृष्ण-लीला के प्रसंगों को अपने चित्रांकन का विषय बनाया। भोलानाथ भट्टाचार्य ने अपनी पुस्तक, "कृष्णा इन दि ट्रेडिशनल पेंटिंग ऑफ बंगाल" में इस परम्परा पर, उसके सभी पहलुओं पर विचार करते हुए विस्तार से प्रकाश डाला है।

वर्ष 1973 में प्रकाशित इस पुस्तक में बंगाल के सुन्दर पटचित्र हैं। इन पटों में राधा और कृष्ण को एक छाते में बरसात से बचते हुए दिखाया गया है। मार्को पोलो गैलरी पेरिस में बीकानेर शैली का एक सुन्दर अंकन इस प्रकार का है। संभवत: राजपूत शैली में किये गये इस प्रकार के अंकन कालीघाट के चित्रकारों की प्रेरणा के मूल में रहे। इस चित्र में राधा परम्परागत बंगाली वेशभूषा में है, किन्तु कृष्ण के मस्तक पर मुकुट है और उनका अंकन राजस्थानी शैलियों में किये गये अंकन से साम्य रखता है। इन पटों में लयात्मक किन्तु मोटी रेखा का उपयोग है, जो प्राय: सीधी तथा स्पष्ट है।

वर्ष 1999 में "कालीघाट पेंटिंग" शीर्षक से ज्योतिन्द्र जैन का ग्रन्थ प्रकाशित हुआ है, जिसमें उन्होंने विस्तार से इस शैली के लक्षणों का विवरण दिया है तथा ऐतिहासिक परिप्रेक्ष्य में इसके उद्‌भव का विवरण भी दिया है। उनके अनुसार कालीघाट शैली की कहानी वहां की लोककला के रूपांतरण का प्रतीक है, जिसने जनसामान्य में

लोकप्रियता प्राप्त की तथा यह शैली उस आभिजात्य बंगाल कलम से भिन्न है, जिसके कलाकारों ने कलकत्ता में चित्र बनाये।

ज्योतिन्द्र जैन ने अपने ग्रन्थ में आर्चर तथा अन्य विद्वानों के दृष्टिकोणों पर भी विचार किया है तथा यह निष्कर्ष दिया है कि ब्रिटिश संस्कृति का प्रभाव इन चित्रों पर दिखायी देता है, किन्तु चित्रकारों ने विषयों के चयन के सम्बन्ध में परम्परा का ही आश्रय लिया है। कालीघाट शैली के चित्रकार ने देवी, राम, रामलीला, कृष्णलीला तथा विभिन्न अवतारों को चित्रित किया है। उन्होंने शिव को उनके परम्परागत रूप में तथा कृष्ण के वेणु वादन पर मोहित होती हुई राधा के सुन्दर चित्रांकन उरेहे हैं।

कालीघाट शैली के चित्रों में महन्त की कथा तथा एक अंग्रेज़ के द्वारा शेर के शिकार को भी चित्रित किया गया है। एलोकेशी की कहानी, गणेश, राम का सिंहासनारोहण, बंगाली बाबू, नायिका, सितार वादक, गुलाब के पुष्प को सूँगती नायिका के चित्र जैसे चित्र इस शैली में बने। दूसरी शैलियों में चित्रकारों ने जिन रंगों का उपयोग किया है, कालीघाट शैली के रंग उनसे भिन्न हैं। ये रंग बड़े आकर्षक हैं तथा रेखाएँ यद्यपि मोटी हैं किन्तु उनका अनुपात सन्तुलित है। पटचित्र शैली की प्रतिनिधि शैली के रूप में कालीघाट शैली का अपना अलग स्थान है।

आधुनिक चित्रकला

जहाँ तक आधुनिक चित्रांकन का प्रश्न है अवनींद्रनाथ ठाकुर ने जिस शैली का बीजारोपण किया वह शैली भारतीयता को प्रतिबिम्बित करने वाली शैली थी। उन्होंने 1905, में भारतमाता का सुप्रसिद्ध चित्र बनाया था। उन्होंने पूरी कृष्ण श्रृंखला चित्रित की। उन्हें अपने घर की भित्तियों पर बने कृष्णलीला के अंकनों को देखकर चित्रांकन की प्रेरणा मिली।उनके आरंभिक चित्रांकन कृष्णलीला के ही हैं।

उन्होंने अपना पहला प्रयोग वर्ष 1895 के आसपास आरम्भ किया। वर्ष 1897 में उन्होंने कवि गोविंददास की पंक्तियों के आधार पर राधा की छवियों के साथ उकेरा। वर्ष 1900 में उनकी कृष्ण केंद्रित चित्रावली कोलकाता के कला विद्यालय में प्रदर्शित हुई। उसके बाद अन्य अंकनों के साथ ये चित्र भी अन्य स्थानों पर प्रदर्शित हुए।

अवनीन्द्रनाथ ठाकुर की ठाकुर शैली ने अजन्ता की रेखा को अपने आप में जहाँ एक ओर आत्मसात किया, वहीं दूसरी ओर मुग़ल, पहाड़ी तथा राजपूत शैलियों के तत्त्व भी इस शैली में समाविष्ट हुए। अपने आरंभिक काल में इस शैली ने परम्परागत विषयों का उपयोग चित्रांकन के लिए किया, किन्तु बाद की अवधि में इसका फलक विस्तीर्ण हुआ। गगनेन्द्र ठाकुर तथा रवीन्द्रनाथ ठाकुर ने इस शैली में सुन्दर अंकन किये। रवीन्द्रनाथ ठाकुर के द्वारा बनाये गये चित्रों पर काव्यात्मक प्रभाव दिखायी देता है। अवनीन्द्रनाथ के प्रमुख शिष्य नंदलाल बोस थे, जिनके चित्र शान्ति निकेतन में प्रदर्शित हैं तथा जिनकी अपनी विशिष्टताएँ हैं।

यह परम्परा आगे बढ़ी तथा शैलेन्द्र डे, असित हालदार, यामिनी रॉय, सुधीर खास्तगीर, देवी प्रसाद रायचौधुरी, पुलिन बिहारी दत्त, के. वैकटप्पा, हकीम मोहम्मद तथा शारदाचरण उकील जैसे चित्रकारों ने इस शैली को विस्तृत फलक दिया। यामिनी रॉय के चित्र विशेष रूप से कृष्णलीला के सम्बन्ध में महत्त्वपूर्ण हैं। उनकी अपनी शैली जो मोटी रेखाओं में अंकन करने तथा लोकप्रभाव को समेटते हुए अभिव्यक्त करने की है, उसमें कृष्णलीला के विशेष रूप से यशोदा और कृष्ण को अंकित करने के जो चित्र हैं वे विशिष्ट हैं तथा उन्होंने अपार लोकप्रियता भी अर्जित की।

ठाकुर शैली को ई.बी. हैवल जैसे कला इतिहासकार तथा चिंतक का भरपूर सहयोग मिला तथा अवनीन्द्रनाथ ठाकुर के साथ मिलकर उन्होंने ठाकुर शैली के लिए अप्रतिम कार्य किया। ठाकुर शैली अपनी भारतीय पक्षधरता के कारण सुप्रसिद्ध रही। इसलिए इस शैली में भारतीय विषयों पर तथा कृष्णलीला पर अनेक अंकन किये गये।

आधुनिक काल में श्री कर्मेंदु चाकी का नाम विशेष रूप से कृष्ण केन्द्रित अंकनों के सन्दर्भ में लिया जा सकता है। उन्होंने राधा कृष्ण शृंखला के अंकन कागज़ के अतिरिक्त रेशम पर भी किए हैं। उन्होंने कृष्ण की विभिन्न भंगिमाओं को उकेरा है। उन्हें सखा वेश में भी तथा सखी वेश में भी चित्रित किया है। गीत गोविन्द के प्रसंगों के आधार पर भी उन्होंने मानिनी राधा को चित्रित किया है जिनके पाँवों में कृष्ण पड़े हैं। उन्होंने विशिष्ट रंगों के प्रयोग के माध्यम से भी कृष्ण के भाव को अभिव्यक्त किया है।

कृष्णलीला की विभिन्न अभिव्यक्तियाँ : श्रीकृष्ण की ब्रजलीला, कालिया नाग का दमन, राधा-कृष्ण का प्रेम और कई अन्य घटनाओं और पात्रों को विभिन्न कला रूपों में दर्शाया गया है। रास लीला या रास यात्रा सनातन धर्म के अनुयायियों का एक वार्षिक उत्सव है। रास मूल रूप से श्रीकृष्ण की ब्रज लीला की नकल में वैष्णव परम्परा में आयोजित एक धार्मिक उत्सव है। भगवान कृष्ण के रसपूर्ण या सैद्धान्तिक रस को रस यात्रा के माध्यम से दर्शाया जाता है, जो आत्मा को परमात्मा में, रोज़मर्रा की ज़िन्दगी के सुखों को आध्यात्मिकता में और इच्छाओं को प्रेमपूर्ण स्वभाव में बदल देता है। हर्षचरित के टीकाकार शंकर के अनुसार, रास एक प्रकार का गोलाकार नृत्य है जिसे आठ, सोलह या बत्तीस लोग सामूहिक रूप से कर सकते हैं।

भारत के उत्तर प्रदेश में मथुरा और वृन्दावन, पश्चिम बंगाल में नादिया में शान्तिपुर और नवद्वीप सहित अन्य स्थानों में यह किया जाता है। यह उल्लेखनीय है कि शान्तिपुर का मुख्य उत्सव रास है, जिसे शान्तिपुर के भंगड़ा के रूप में जाना जाता है। रास यात्रा विशेष रूप से ओडिशा, असम और मणिपुर में मनायी जाती है। इस उत्सव के भाग के रूप में, गोपीनाथों की मदद से राधा-कृष्ण की पूजा और क्षेत्र के आधार पर कथक, भरतनाट्यम, ओडिशा, मणिपुरी आदि के शास्त्रीय और विभिन्न लोक नृत्य रास नृत्य के रूप में विशेष दर्जा रखते हैं।

रास नवद्वीप का सर्वश्रेष्ठ उत्सव है। उत्सव की तैयारियाँ शरद ऋतु में शरद ऋतु के बाद शुरू होती हैं; नवद्वीप का सर्वश्रेष्ठ लोक उत्सव, "रास", कार्तिकी पूर्णिमा को आयोजित किया जाता है। यहाँ के रास की मुख्य विशेषता मूर्तियों का आकार है। मिट्टी की अनूठी मूर्तियाँ बनाकर विभिन्न रूपों में शक्ति की पूजा नवद्वीप के रास की मुख्य विशेषता है। कितनी कलात्मक निर्माण शैलियाँ, कितने विविध डिजाइन, कितने व्यापक धार्मिक अर्थ, कितने विद्वानों की गहरी समझ दृढ़ता से व्यक्त होती है, कितने कलाकारों के परिपूर्ण चित्रण-जो सामूहिक रूप से असंख्य लोगों का मनोरंजन करने में मदद करते हैं। नवद्वीप का रास केवल एक उत्सव नहीं है, बल्कि धार्मिक उत्साह की सामंजस्यपूर्ण अभिव्यक्ति है। रास मूल रूप से कृष्ण की ब्रह्मलीला की नकल में वैष्णव परम्परा में आयोजित एक धार्मिक उत्सव है; लेकिन नवद्वीप के रास में मुख्य रूप से शाक्त रस की प्रधानता है। प्राचीन काल से ही यहाँ की धार्मिक संस्कृति में तांत्रिक वीरचार की प्रधानता देखी गयी है दूसरी ओर, वैष्णव रस की सात्विक प्रवृत्ति कोनों तक ही सीमित है। ऐसा नहीं है कि राधा कृष्ण का चक्ररस मन्दिर के अंदर आयोजित नहीं होता, लेकिन भव्य चक्ररस के आगे यह बहुत कमजोर है। किंवदंती है कि चैतन्य देव ने नवद्वीप में राधा कृष्ण के रास उत्सव की शुरुआत की थी। अगर यह सच है, तो यह मानना होगा कि रास की शुरुआत16 वीं शताब्दी की शुरुआत में हुई थी। हालाँकि, चैतन्यदेव के संन्यास लेने के बाद, नवद्वीप में वैष्णव आन्दोलन ठप हो गया।

गौरांग के परिवार को नवद्वीप छोड़कर पलायन करने के लिए मजबूर होना पड़ा। परिणामस्वरूप, वैष्णव उत्सवों की निरंतरता बाधित हुई। दूसरे चरण में नवद्वीप में शुरू हुआ रास उत्सव बंगाल के धार्मिक इतिहास में नया और अनूठा है।

संगीत और श्रीकृष्ण

बंगाली संगीत में श्रीकृष्ण का स्थान बहुत महत्त्वपूर्ण है। कृष्ण की लीलाएँ, राधा-कृष्ण का प्रेम और कृष्ण से जुड़ी अन्य घटनाएँ बंगाली गीतों का एक अभिन्न अंग हैं। भगवान कृष्ण के प्रति गहरी भक्ति और प्रेम बंगाली संगीत की विभिन्न शैलियों, जैसे कीर्तन, भक्ति गीत, बाउल गीत और आधुनिक बंगाली गीतों में व्यक्त किया जाता है।

कीर्तन

भगवान कृष्ण की महिमा और लीलाओं का वर्णन करने के लिए बंगाली कीर्तन एक प्रमुख माध्यम है। कीर्तन में भगवान कृष्ण, राधा और अन्य देवताओं की महिमा का बखान किया जाता है। श्रीकृष्ण-कीर्तन, जिसे 'श्रीकृष्ण-कीर्तन' काव्य के रूप में भी जाना जाता है, एक प्राचीन बंगाली वैष्णव कविता है। यह बारू चण्डीदास द्वारा रचित है और इसमें 418 बंगाली छन्द और 133 छन्द हैं। इस कविता में भगवान कृष्ण की बाल लीलाएँ, ब्रजलीलाएँ और विभिन्न घटनाएँ और चरित्र शामिल हैं।

श्रीकृष्ण-कीर्तन मूलत: भगवान कृष्ण के जीवन और लीलाओं का विस्तृत वर्णन है। यह ब्रजलीलाओं, राधा और कृष्ण के प्रेम और विभिन्न अन्य देवताओं और उनकी घटनाओं का संग्रह है।

काल और कवि : श्रीकृष्ण-कीर्तन की रचना सम्भवत: 15वीं शताब्दी में हुई थी। इसकी रचना प्रसिद्ध वैष्णव कवि बारू चण्डीदास ने की थी। श्रीकृष्ण-कीर्तन बरु चण्डीदास द्वारा रचित एक मध्यकालीन बंगाली काव्य है। यह काव्य पूर्व-चैतन्य युग का एकमात्र बंगाली आख्यानात्मक काव्य है और बौद्ध सहजिया संगीत-संघ चर्यापद के बाद बंगाली भाषा में खोजा गया दूसरा सबसे पुराना स्मारक है। 1909 में, वसन्तरंजन रॉय विद्वतवल्लव ने अविभाजित बंगाल के बाँकुरा जिले के कांकिल्या गाँव में देवेन्द्रनाथ मुखोपाध्याय के अस्तबल से इस काव्य की एकमात्र खण्डित पाण्डुलिपि खोजी थी। 1916 में, उनके सम्पादन में बंगीय साहित्य परिषद द्वारा पाण्डुलिपि को पुस्तक रूप में प्रकाशित किया गया था। उन्होंने इस कविता का नाम 'श्रीकृष्ण-कीर्तन' रखा, लेकिन पुस्तक में मिले एक नोट में' श्रीकृष्ण सन्दर्भ 'नाम देखने के बाद, कुछ शोधकर्ता कविता को' श्रीकृष्ण सन्दर्भ 'नाम देने के पक्ष में थे; पर इस नाम पर संशय के कारण वर्तमान में काव्य को' 'श्रीकृष्ण-कीर्तन' कहा जाता है।

'श्रीकृष्ण-कीर्तन' काव्य का विषय राधा-कृष्ण की प्रेम कथा है। सम्पूर्ण काव्य तेरह भागों में विभक्त है। अर्थात् : जन्मखण्ड, ताम्बूलखण्ड, दानखण्ड, नौकाखण्ड, भारखण्ड, भारखण्ड के अन्दर छत्रखण्ड, वृन्दावनखण्ड, कालियादमनखण्ड के अन्दर यमुना, वस्त्रहारणखण्ड के अन्दर यमुना, हरखण्ड के अन्दर यमुना, वनखण्ड, वंशखण्ड और राधाविरह।

'श्रीकृष्ण-कीर्तन' के तीन पात्र राधा, कृष्ण और बरई हैं। बरई का चरित्र प्राचीन संस्कृत साहित्य में पाये जाने वाले' कुट्टनी 'राष्ट्रीय चरित्र के समान है। आमान घोष की माता पद्मा से बरई को राधा की देखभाल करने के लिए कहती है। वह पद्मा है, अर्थात् राधा की माँ की मौसी। वह बहुत वृद्ध है। उसके बाल सफ़ेद हैं, दोनों ओर माथा टूटा हुआ है। उसकी भौहें भी सफ़ेद हैं। उसकी आँखें खोखली हैं। उसके गाल फूले हुए हैं, उसकी नाक

बीच में धँसी हुई है, उसके गालों की हड्डियाँ ऊँची हैं। उसके होंठ ऊँटों जैसे हैं, उसके दाँत तीखे हैं, उसके हाथ लाठी जैसे पतले हैं। उसके स्तन उसकी नाभि तक लटके हुए हैं। उसकी वाणी कपट से भरी हुई है। यह बरई का बाह्य रूप है। कवि ने जन्म खण्ड में कविता के आरम्भ में बरई के रूप का यह वर्णन किया है। इन तीनों चरित्रों के चित्रण में कुशलता की दृष्टि से यह कविता बरु चण्डीदास की काव्य प्रतिभा का एक योग्य उदाहरण मानी जाती है। परवर्ती वैष्णव पदावली के मथुरा और भाव सम्मेलन चरण की भविष्यवाणी श्रीकृष्ण-कीर्तन के राधावीर खण्ड में निहित है।

प्रारम्भिक मध्ययुग में रचित श्रीकृष्णकीर्तन की भाषा यद्यपि आधुनिक दृष्टिकोण से कुछ कठिन प्रतीत होती है, तथापि बंगाली साहित्य के प्रथम युग की भाषा होने के कारण यह चर्यापदों की भाषा की तुलना में कहीं अधिक प्रवाहपूर्ण, स्वाभाविक और आत्मनिर्भर है। ऐसा माना जाता है कि बरु चण्डीदास संस्कृत भाषा और साहित्य के विद्वान थे। एक ओर जिस प्रकार उनके काव्य में भागवत पुराण और जयदेव के गीत गोविन्दम की अनेक पंक्तियों का अनुवाद है, वहीं दूसरी ओर कवि ने उपमा, रूपक, अनुप्रास आदि अलंकारों के प्रयोग में भी काफी कुशलता दिखायी है। इस कविता में लय की विविधता भी उल्लेखनीय है। श्रीकृष्ण-कीर्तन में सात प्रकार के पय और तीन प्रकार की त्रिपदी लय का प्रयोग देखने को मिलता है। विषय-वस्तु और अभिव्यक्ति की दृष्टि से यह काव्य गीत गोविन्दम और उत्तर-चैतन्य वैष्णव साहित्य के बीच सेतु का काम करता है। इसके अलावा, इस काव्य में राधा, कृष्ण और बरैया के उद्धरणों और रूपकों के प्रयोग से जो नाटकीय वातावरण निर्मित हुआ है, उसमें बाद के बंगाली नाटक के बीज भी निहित हैं।

पाण्डुलिपि की खोज

श्रीकृष्ण-कीर्तन की एकमात्र खोजी गयी पाण्डुलिपि के अन्दर मिले एक नोट से शोधकर्ताओं को पता चला है कि यह पाण्डुलिपि 1682 ई .में बनबिष्णुपुर के राजा के शाही पुस्तकालय में थी। राजगुरु श्रीनिवास आचार्य के पोते देबेन्द्रनाथ मुखर्जी ने बाद में पाण्डुलिपि हासिल की। देबेन्द्रनाथ बाँकुड़ा जिले के कांकिल्या गाँव के निवासी थे। 1909 में वसन्तरंजन रॉय विद्द्वल्लभ मुखर्जी ने मुखर्जी परिवार की गौशाला की अटारी में लापरवाही से रखी जा रही कुछ पाण्डुलिपियों के बीच 'श्रीकृष्ण-कीर्तन' की एक खण्डित पाण्डुलिपि खोजी। 1916 में, पाण्डुलिपि को वसन्तरंजन रॉय विद्दवल्लभ के सम्पादन में बंगाली साहित्य परिषद द्वारा पुस्तक रूप में प्रकाशित किया गया था। पाण्डुलिपि के पहले, मध्य और अन्तिम कुछ पृष्ठ नहीं मिले हैं।

पाण्डुलिपि का परिचय

वसन्तरंजन रॉय विद्दवल्लभ द्वारा खोजी गयी पाण्डुलिपि के अलावा, 'श्रीकृष्ण-कीर्तन' की कोई अन्य पाण्डुलिपि नहीं मिली है। इस पाण्डुलिपि की शुरुआत, अन्तिम फूल और पाण्डुलिपि के कुछ मध्य पृष्ठ खो गये हैं। पाण्डुलिपि में एक पत्र 'सूती कागज का टुकड़ा' मिला है। यह पुराने पद्य अक्षरों में लिखा है, "श्रीकृष्ण संदरवा के 95 पृष्ठ, एक सौ दस पृष्ठ तक, शोला के 16 पृष्ठ, श्रीकृष्ण पंचानन, श्री श्री महाराजा के हुजूर, उसे ले गये और वापस ले आये।" नोट पर तारीख 'वर्ष 21/1089 अग्रहायण' (1682 ईस्वी) है। असितकुमार बनर्जी का अनुमान है कि उस समय यह पाण्डुलिपि 'घंठाघर' या बनबिष्णुपुर के शाही पुस्तकालय में अक्षुण्ण अवस्था में थी। वह पाण्डुलिपि को पुरानी शैली का मानते हैं। उनके अनुसार, इसकी नकल सत्रहवीं शताब्दी या उससे

भी पहले की गयी थी। योगेश चन्द्र रॉय ने 1326 बंगाब्द में विद्यानिधि साहित्य परिषद पत्रिका के पहले अंक में प्रकाशित अपने लेख 'श्रीकृष्ण-कीर्तन' समस्या में कविता की प्राचीनता और प्रामाणिकता पर सन्देह जताया है। उन्होंने पाण्डुलिपि के कागज़ की वैज्ञानिक जाँच की और पाया कि यह उतनी पुरानी नहीं थी जितनी दिखती थी। हालाँकि, असितकुमार बनर्जी के अनुसार, नोट से ही साबित होता है कि पाण्डुलिपि की नकल 17वीं शताब्दी के बाद नहीं की गयी थी।

सुकुमार सेन ने इस पाण्डुलिपि के बारे में लिखा था–

'श्रीकृष्ण-कीर्तन' पोथी एक हाथ से नहीं, बल्कि दो अलग-अलग हाथों) वास्तव में अलग-अलग शैलियों में) से लिखी गयी है। एक पुरानी, पूर्ण और अच्छी तरह से लिखी गयी पाण्डुलिपि की शैली में सावधानीपूर्वक लिखी गयी है। दूसरी एक लम्बी, खींची हुई, प्राचीन पाण्डुलिपि में लिखी गयी है। प्राचीन पाण्डुलिपि के पन्नों को बाद की अवधि की योजना कहने का कोई तर्क नहीं है क्योंकि स्याही कागज के समान ही है और एक ही अखण्डित, मुड़े हुए पृष्ठ पर, प्राचीन और नवीन दोनों पाण्डुलिपियों की लिखावट मिली है।...कागज पतला है, स्टार्च से बना है, बिल्कुल मिल पेपर की तरह। मैंने अट्ठारहवीं शताब्दी के उत्तरार्ध से पहले इस तरह के कागज पर लिखी गयी कोई पाण्डुलिपि या दस्तावेज नहीं देखा है, लेकिन मैंने उन्नीसवीं सदी में काफी देखा है। मैंने पाण्डुलिपि की सावधानीपूर्वक जाँच की है। स्याही हल्की है, और प्राचीन पाण्डुलिपि की स्याही के कालेपन और चमक का कोई संकेत नहीं है। मेरी राय में, 'श्रीकृष्ण-कीर्तन' (खोजी गयी पाण्डुलिपि) का लेखन काल 18 वीं शताब्दी के अन्तिम भाग से पहले नहीं हो सकता है, शायद 19 वीं शताब्दी। भगवान विष्णु के अवतार के रूप में कृष्ण का जन्म, बरई की मदद से वृन्दावन में राधा के साथ उनका प्रेम प्रसंग और अन्ततः वृन्दावन और राधा दोनों को छोड़कर कृष्ण का हमेशा के लिए मथुरा चले जाना-यह 'श्रीकृष्ण-कीर्तन' काव्य का मुख्य विषय है। महाकाव्य कुल 13 भागों में विभाजित है। ये हैं; जन्म खण्ड, ताम्बूल खण्ड, दान खण्ड, नौका खण्ड, भारखण्ड, छत्र खण्ड, वृन्दावन खण्ड, कालियादमन खण्ड, वस्त्रहरण खण्ड, हरखण्ड, वनखण्ड, वंशखण्ड और राधाविरह। यद्यपि 12 भागों को 'खण्ड' के रूप में लिखा गया है, अन्तिम भाग को केवल 'राधाविरह' कहा जाता है, इस भाग के अन्तिम पृष्ठ नहीं मिले हैं। कविताओं की इस पुस्तक में 419 बंगाली छन्द हैं। 161 संस्कृत छन्द हैं। कविता की रचना की तिथि ज्ञात नहीं है क्योंकि पाण्डुलिपि खण्डित है। कविता के तीन मुख्य पात्र राधा, कृष्ण और बरई हैं। हालाँकि, चूँकि विचाराधीन कविता संस्कृत कविता गीत गोविन्दम की शैली में एक कथा और संवाद के रूप में लिखी गयी है, इसलिए इसमें प्राचीन बंगाली नाटक ('चित्रण गीति') की झलक मिलती है। ऐसा माना जाता है कि कवि ने इसका कथात्मक भाग अतीत में प्रचलित अपरिष्कृत, मोटे और रंगीन संगीत के धामली गीतों से एकत्रित किया गया था। कविता में, लौकिक प्रेम के आकर्षण और प्रतिकर्षण को एक पालागन या नाटक के रूप में प्रस्तुत किया गया है। हालाँकि यह पुस्तक कई स्थान पर जोश से भरी हुई है और अपनी देहाती अश्लीलता में निम्न रुचि के है, फिर भी कथात्मक भाग आधुनिक पाठकों का भी ध्यान आकर्षित करता है। श्रीकृष्णकीर्तन कविता में कई बार उद्धृत एक मार्मिक छन्द :

"के न बांसि बाए बड़ायि कालिनी नई कुले।
के न बांसि बाए बड़ायि ए गोठ गोकुले।

आकुल शरीर मोर व्याकुल मन।
बांसिर शब्दे मो आउलाइलो बाधोन।"

चर्यापद के बाद, 'श्रीकृष्ण-कीर्तन' आदि-मध्यकालीन बांग्ला भाषा का सबसे पुराना खोजा गया उदाहरण है। इसलिए बांग्ला भाषाविज्ञान के इतिहास में इसका महत्त्व बहुत अधिक है। दूसरी ओर, यह बांग्ला में लिखी गयी कृष्ण कथाओं पर पहला काव्य है। ऐसा माना जाता है कि बाद के बांग्ला साहित्य में वैष्णव पदावली का मार्ग इसी पुस्तक के माध्यम से प्रशस्त हुआ; हालाँकि, इस कविता का स्वर वैष्णव महन्तों द्वारा निर्देशित कृष्ण लीला के स्वर से मेल नहीं खाता। बांग्ला साहित्य के इतिहासकार डॉ. असितकुमार बंद्योपाध्याय ने ठीक ही लिखा है,

"जयदेव और भरतचन्द्र को छोड़कर इस तरह का काव्य पूरे पूर्वी भारत में नहीं मिलता...ऐसा लगता है कि उस समय के श्रोताओं को इस पाँचाली गीत में यथार्थ के साथ-साथ कुछ आध्यात्मिक प्रतिध्वनि भी मिली होगी। लेकिन आधुनिक पाठक इस काव्य के प्रत्यक्ष आवरण का अधिक आनन्द लेंगे। राधा कृष्ण लीला में कुछ ऊष्मा थी, वह ऊष्मा जयदेव के गीत गोविन्द में 'श्रीकृष्ण-कीर्तन' में संचारित हुई है, उस ऊष्मा ने 'अभिनव जयदेव' विद्यापति के पद में भी कुछ चिंगारियाँ बरसाई हैं। भरतचन्द्र ने कामना के पाँच दीप जलाकर और स्त्री-पुरुष के प्रेम सम्बन्धों को प्रकाशित करके उस ऊष्मा को प्रज्वलित किया है। चैतन्य और चैतन्योत्तर काल की वैष्णव पदावली में शरीर का यह रहस्य अपनी ऊष्मा खोकर एक स्थिर ज्वाला बन गया है।"

यद्यपि विद्वत्वल्लभ महाशय ने 'श्रीकृष्ण-कीर्तन' शीर्षक से इस पुस्तक का संपादन और प्रकाशन किया, इस पुस्तक का नाम 'श्रीकृष्ण-कीर्तन' रखने के बारे में काफी मतभेद है। प्राचीन पाण्डुलिपियों में, पुस्तक का नाम आमतौर पर पहले या अन्तिम पृष्ठ पर लिखा जाता है। लेकिन 'श्रीकृष्ण-कीर्तन' पाण्डुलिपि के मामले में, ये दो महत्त्वपूर्ण पृष्ठ नहीं मिले हैं। नतीजतन, पाण्डुलिपि का नाम भी अज्ञात है। यहाँ तक कि बाद की किसी भी पाण्डुलिपि में बरु चण्डीदास या उनकी पुस्तक का कोई उल्लेख नहीं मिलता है। इसलिए, विद्द्वल्लव महाशय ने नामकरण करते समय, पाण्डुलिपि की कहानी को ध्यान में रखते हुए, लोक परम्परा के अनुसार इसे 'श्रीकृष्ण-कीर्तन' नाम से प्रकाशित करने का निर्णय लिया। उन्होंने कहा,

"पुस्तक के अन्तिम अंश में कवि के देहाती जीवन की बात तो दूर, पुस्तक का नाम भी नहीं मिलता। कहा जाता है कि चण्डीदास ने कृष्णकीर्तन काव्य की रचना की थी। चण्डीदास का कृष्णलीला गीत खेतड़ी में एक वार्षिक उत्सव में गाया जाता था, बेशक, कीर्तन खण्ड में। चूँकि विचाराधीन पुस्तक का विषय श्रीकृष्ण का लीलाकीर्तन है, इसलिए तर्क के लिए कोई जगह नहीं है। इसलिए, पुस्तक का नाम 'श्रीकृष्ण-कीर्तन' उचित नहीं है।"

पुस्तक के प्रकाशन के लगभग 11 साल बाद, रमेश बसु ने सम्भवतः साहित्य परिषद पत्रिका में 'श्रीकृष्ण-कीर्तन' कविता के नामकरण पर केन्द्रित बहस शुरू की। उसके बाद, बंगाली साहित्य के सारस्वत समाज में एक गरमागरम बहस छिड़ गयी। 'श्रीकृष्ण-कीर्तन' नाम के खिलाफ लोगों के तर्क दोहरे थे। पहला, 'श्रीकृष्ण-कीर्तन' एक आदिम अश्लील कविता है-न तो इसमें श्री है और न ही कीर्तन। दूसरा, पाण्डुलिपि के साथ जो पाण्डुलिपि आती है, उसमें एक वाक्यांश 'श्रीकृष्णसंदरवा' है। कई लोग मानते हैं कि पुस्तक का मूल नाम 'श्रीकृष्णसंदरवा' है। आधुनिक काव्य आलोचना की दृष्टि में पहला तर्क बहुत कमज़ोर है; लेकिन आधुनिक शोधकर्ता दूसरे दावे के बारे में भी काफी संशय में हैं। इस कारण से, असितकुमार बनर्जी ने प्रस्ताव दिया है,

"जब तक श्रीकृष्णकीर्तन का सही नाम नहीं खोजा जाता, तब तक संपादक वसन्तरंजन रॉय विद्दवल्लव द्वारा दिया गया नाम स्वीकार किया जाना चाहिए।"

यह कहना उचित है कि कविता में कृष्ण शब्द का प्रयोग नहीं किया गया है, लेकिन कन्हाइ शब्द मौजूद है। उसके आधार पर, कविता का नाम 'कन्हाइकीर्तन' रखा जा सकता है। कवि बरुचण्डीदास 'श्रीकृष्ण-कीर्तन' कविता के रचयिता हैं। हालाँकि उनकी असली पहचान कुछ अस्पष्ट है क्योंकि उनके आत्म-परिचय या जीवनी के बारे में कुछ भी उपलब्ध नहीं है। उन्हें कविता में तीन उपनामों से जाना जाता है-'बरुचण्डीदास', 'चण्डीदास' और 'अनन्त बरुचण्डीदास'। इनमें से उपनाम 'बरुचण्डीदास' 298 बार और उपनाम 'चण्डीदास' 107 बार मिलता है। 7 छन्दों में प्रयुक्त 'अनन्त' शब्द प्रक्षेपण माना जाता है। डॉ. मिहिर चौधरी कामिल्य का मानना है कि चण्डीदास उनका नाम है और बरु वास्तव में उनके कौलिक शीर्षक बंडुज्ये या बंद्योपाध्याय का अपभ्रंश है। कवि चैतन्य-पूर्व युग के व्यक्ति हैं। वे सम्भवत: 15वीं शताब्दी के आरम्भ में रहे होंगे। बांग्ला साहित्य में कवि चण्डीदास और पदावली के चण्डीदास को लेकर बाँकुड़ा और बीरभूम के बीच विवाद के बावजूद, डॉ. मिहिर चौधरी कामिल्य ने भाषायी साक्ष्य की मदद से साबित किया है कि 'श्रीकृष्ण-कीर्तन' के लेखक, बरु चण्डीदास, बांकुड़ा सदर उपजिला के चटना के निवासी थे। बरुचण्डीदास बसुली देवी के भक्त थे और देवी मन्दिर के पास उनका एक थिएटर था जहाँ उन्होंने अपना 'चित्रण गीत' प्रस्तुत किया। यह बसाली देवी वास्तव में शक्ति देवी चंडी या मनसा का दूसरा नाम है। शायद कवि को देवी ने अपनी वार्षिक पूजा में गीत गाने का निर्देश दिया था।

भक्ति गीत

बंगाली भक्ति गीत कृष्ण, राधा और अन्य देवताओं के प्रति भक्ति और प्रेम व्यक्त करते हैं। ये गीत भगवान के प्रति समर्पण, प्रेम और भक्ति के विषयों को दर्शाते हैं। मैं वृन्दावन के जंगलों में चरूँगा, जितना खेल सकता हूँ, खेलूँगा, बाँसुरी बजाऊँगा। मुझे खेलना पसन्द है, इसलिए मैं दौड़ा चला आता हूँ, मुझे जितने भी साथी चाहिए, मैं ढूँढूंगा। मैं जीवन और मृत्यु का खेल खेलूँगा, मैं प्रकाश और अन्धकार का मेला देखूँगा, मैं अपने पैरों से आँसू और हँसी की बुराई और अच्छाई को ढूढूँगा।

बाउल गीत

बांग्ला बाउल गीत कृष्ण और राधा के प्रेम और आध्यात्मिकता से सम्बन्धित विभिन्न विषयों पर प्रकाश डालते हैं। बाउल गीत लोगों के दिलों में भगवान के प्रति प्रेम और भक्ति पैदा करते हैं।

आधुनिक बांग्ला गीत

आधुनिक बांग्ला संगीत भी कृष्ण के प्रति भक्ति और प्रेम को दर्शाता है। विभिन्न कलाकार कृष्ण से सम्बन्धित गीतों की रचना करते हैं, जहाँ कृष्ण के जीवन के विभिन्न पहलुओं और उनके प्रति भक्ति को व्यक्त किया जाता है।

कृष्ण लीला : कृष्ण लीलां बांग्ला संगीत में एक महत्त्वपूर्ण विषय है। कृष्ण की लीलाओं की विभिन्न घटनाओं, जैसे-गोपाल की लीला, वृन्दावन की लीला, राधा-कृष्ण का प्रेम आदि को बंगाली गीतों के माध्यम से दर्शाया गया है। श्रीकृष्ण के भक्ति गीत शाश्वत प्रेम की ध्वनि है।

श्रीकृष्ण हिन्दू धर्म में सबसे अधिक पूजनीय देवताओं में से एक हैं, जिनका जीवन, कार्य और प्रेम हमेशा भक्तों के दिलों में गहराई से समाया रहता है। उनके प्रति भक्ति विभिन्न रूपों में व्यक्त की जाती है-उनमें से, संगीत

या भक्ति गीत सबसे प्रभावशाली माध्यमों में से एक हैं। ये गीत केवल स्वर में गाये जाने वाले राग नहीं हैं, बल्कि इन गीतों के हर शब्द में प्रेम, आराधना और आत्म-समर्पण का मिश्रण है।

भक्ति गीतों का महत्त्व

श्रीकृष्ण के भक्ति गीत मुख्य रूप से राधा-कृष्ण के प्रेम प्रसंगों, गोपियों की भक्ति, यशोदा के स्नेह, वृन्दावन की लीलाओं और कृष्ण के दिव्य अवतार के इर्द-गिर्द रचे गये हैं। इनके माध्यम से भक्त भगवान के साथ एक घनिष्ठ आध्यात्मिक सम्बन्ध महसूस करते हैं। इन गीतों में केवल धार्मिक भावनाएं ही नहीं, बल्कि काव्यात्मक सौन्दर्य, मधुर संगीत और हृदयस्पर्शी भावनाएँ भी समाहित हैं।

कुछ लोकप्रिय कृष्ण भक्ति गीत–

1. "भज गिरिधारी गोपाल"–यह गीत कृष्ण के गिरिधर-गोपाल रूप और उनके गोपी-विहार को उजागर करता है।
2. "जशोमति नन्दन ब्रजबर नागर"–कृष्ण की बाल लीलाओं के इर्द-गिर्द रचित, जो आज भी बंगाली कीर्तन में बहुत लोकप्रिय है।
3. "हरे कृष्ण हरे कृष्ण"–यह महामन्त्र गीत दुनिया भर के कृष्ण भक्तों में भक्ति की गहरी भावना जगाता है।
4. "आमी यमुना पुलिने"–यह राधा और कृष्ण के मिलन के बारे में एक गीत है, जहाँ भक्त खुद को साक्षी मानकर महान वियोग का अनुभव करता है।
5. "राधा रमण हरि, गोविन्दा जय जय"–यह गीत कृष्ण के विभिन्न नामों को याद करके भक्ति व्यक्त करता है।

भक्ति गीतों का महत्त्व और प्रभाव

श्रीकृष्ण के भक्ति गीत बंगाली साहित्य और संगीत में एक अद्वितीय स्थान रखते हैं। चैतन्य महाप्रभु से लेकर विभिन्न वैष्णव सन्तों ने इन गीतों के माध्यम से कृष्ण भक्ति को जीवन्त किया है। आज भी ये गीत मन्दिरों में, नाम संकीर्तन में, राधा-कृष्ण की पूजा में गाये जाते हैं और लोगों के मन को एक अजीब सी खुशी और शान्ति से भर देते हैं।

श्रीकृष्ण के भक्ति गीत केवल संगीत की एक विधा नहीं हैं, यह हृदय से ईश्वर को पाने का एक साधन हैं। इन गीतों के माध्यम से भक्त का हृदय एक तीर्थ स्थल बन जाता है, जहाँ केवल प्रेम, समर्पण और परम पवित्रता की धुन बजती है। बंगाली में लिखे गये इन गीतों में एक अद्‌भुत आकर्षण है, जो युगों-युगों तक भक्तों के हृदय में जीवित रहेगा।

बांग्ला में श्रीकृष्ण पर बाउल संगीत : एक आध्यात्मिक प्रेम धारा

बाउल संगीत बंगाली संस्कृति की सबसे अच्छी और शुद्ध धाराओं में से एक है। यह धारा आत्मा, प्रेम, खोज और ईश्वर के साथ एकता की भावना को व्यक्त करती है। श्रीकृष्ण, जो हिन्दू धर्म में प्रेम, लीला और भक्ति के देवता हैं, बाउलों द्वारा एक अलग रोशनी में देखे जाते हैं–वे केवल एक देवता नहीं हैं, बल्कि एक सचेत इंसान, एक प्रेमी, एक 'मानव कृष्ण' हैं। इसलिए, बंगाल के बाउल गीतों में, श्रीकृष्ण एक गहरे आध्यात्मिक प्रेम और खोज का प्रतीक बन जाते हैं। बाउल कृष्ण को केवल धार्मिक सीमाओं तक सीमित नहीं देखते। उनके लिए, कृष्ण एक

आन्तरिक मार्गदर्शक हैं जो प्रेम के माध्यम से आत्मा को ईश्वर से मिलाने का मार्ग दिखाते हैं। बाउल सिद्धान्त में, कृष्ण का अर्थ है "मानव चेतना", और राधा का अर्थ है "भक्त प्रेम"। यह दृष्टिकोण हमारी पारम्परिक पौराणिक कृष्ण चेतना से अलग है, और बहुत अधिक मानवीय और आध्यात्मिक है। बाउल गीतों में, कृष्ण एक साथ गुरु, मित्र, प्रेमी और भगवान हैं। उनकी बाँसुरी की धुन कभी भक्त को बुलाती है, तो कभी आत्मा की पीड़ा को व्यक्त करती है। इन गीतों में, कृष्ण चेतना प्रकृति, शरीर और आत्मा की गहरी भावनाओं के साथ मिलती है।

कुछ लोकप्रिय कृष्ण-प्रधान बाउल गीत :

1. "राधा के हृदय में कृष्ण के नाम का वाद्य बज रहा है"

यह गीत कृष्ण की अन्तर्निहित शक्ति और प्रेम तथा भक्ति के प्रभाव को उजागर करता है। भक्त का हृदय संगीतशाला की तरह है, जहाँ कृष्ण का नाम बाँसुरी की तरह बजता है।

2. "मेरे गुरु गोविन्दा, वे ब्रज के चरवाहे हैं"

यहाँ कृष्ण को "गुरु" के रूप में चित्रित किया गया है। कृष्ण आध्यात्मिक गुरु की तरह हैं, जिनके मार्गदर्शन में प्रेम साधक स्वयं को पहचान सकता है।

3. "मन बाँसुरी की धुन पर चलता है"

यह गीत कृष्ण की बाँसुरी के प्रतीकात्मक रूप पर आधारित है, जो भक्त के हृदय में आकर्षण पैदा करता है।

4. "राधा केवल एक स्त्री नहीं है, कृष्ण भी प्रेम के दास हैं"

यह गीत राधा और कृष्ण के बीच प्रेम के एक समान बंधन के रूप में सम्बन्ध को दर्शाता है, जहाँ कोई प्रभुत्व नहीं है, केवल प्रेम का आदान-प्रदान है।

5. "मिलन होगा कब जाने, मेरे मनमीत के संग" (मिलन होवे कतोदिने, आमार मोनेर मानुषेर सने...)

यह राधा-कृष्ण का विरह गीत है।

बाउल की साधना का सार है "मानव में ईश्वर को खोजना।" श्रीकृष्ण मानव के रूप में भगवान हैं–एक प्रेमी जो आत्मा को पुकारता है, उसे प्रेम में लीन करता है और सबसे बढ़कर, भक्त में आत्म-अन्वेषण को जन्म देता है। उनकी लीलाएँ, उनका प्रेम, उनकी बाँसुरी-सब कुछ एक सिद्धान्त की तरह है जो लोगों को मुक्ति और आत्म-साक्षात्कार के मार्ग पर ले जाता है।

बंगाल के बाउल गीतों में श्रीकृष्ण केवल एक पौराणिक चरित्र नहीं हैं, वे एक जीवन्त भावना हैं, एक चेतना का नाम हैं। उनका प्रेम, लीलाएँ और राधा के साथ उनका रिश्ता बाउलों की आवाज़ों में, बाउलों के दिलों में प्रतिबिम्बित होता है। इसलिए, श्रीकृष्ण का बाउल संगीत केवल एक धार्मिक गीत नहीं है, बल्कि एक अनन्त आध्यात्मिक यात्रा का प्रतिबिम्ब है–जहाँ ईश्वर को प्रेम के माध्यम से, हृदय के माध्यम से पाया जाता है।

आधुनिक बंगाली गीत

भगवान कृष्ण के प्रति भक्ति और प्रेम आधुनिक बंगाली संगीत में भी देखने को मिलता है। विभिन्न कलाकार कृष्ण से सम्बन्धित गीतों की रचना करते हैं, जिसमें भगवान कृष्ण के जीवन और उनके प्रति भक्ति के विभिन्न पहलुओं को व्यक्त किया जाता है।

भक्ति और प्रेम के अमर प्रतीक श्रीकृष्ण ने बंगाली साहित्य और संगीत में युगों-युगों तक प्रमुख स्थान प्राप्त किया है। हालाँकि उन्हें मुख्य रूप से पुराणों और धार्मिक कहानियों में जाना जाता है, लेकिन आधुनिक बंगाली गीतों में भी उनका प्रभाव स्पष्ट रूप से देखा जाता है। आधुनिक गीतों के सन्दर्भ में श्रीकृष्ण न केवल एक धार्मिक चरित्र बन गये हैं, बल्कि प्रेम, विरह, पूजा और मानवीय भावनाओं के प्रतीक भी बन गये हैं।

श्रीकृष्ण : प्रेम का प्रतिबिम्ब

आधुनिक बंगाली गीतों में श्रीकृष्ण की उपस्थिति सबसे अधिक बार प्रेम के रूपक में देखी जाती है। "राधा-कृष्ण" का रिश्ता एक शाश्वत प्रेम कहानी है, जो आधुनिक गीतों में कई बार नए अर्थों के साथ सामने आई है। यह प्रेम कभी गहरा, कभी दर्दनाक और कभी आध्यात्मिक होता है। नचिकेता, अनुपम रॉय और कौशिकी चक्रवर्ती सहित कई प्रतिभाशाली कलाकारों के गीतों में कृष्ण को प्रेमी के रूप में चित्रित किया गया है।

आधुनिक गीतों में, कृष्ण अक्सर शहर के प्रेमी या आध्यात्मिक साथी के रूप में दिखायी देते हैं। इन गीतों में, कृष्ण एक काल्पनिक उपकरण की तरह हैं, जिसके माध्यम से लोग अपने मानसिक अकेलेपन, प्रेम से असन्तोष या आत्मा की गहरी लालसा को व्यक्त करते हैं।

आज के बंगाली गीतों में कृष्ण की प्रस्तुति अधिक विविधतापूर्ण हो गयी है। कृष्ण की अवधारणा को लोकगीतों और शास्त्रीय संगीत के साथ जोड़कर एक नये तरीके से प्रस्तुत किया जा रहा है। उदाहरण के लिए, कीर्तन की शैली में आधुनिक गीतों की धुन, या इलेक्ट्रिक संगीत वाद्ययन्त्र पर बाँसुरी की धुन-इन प्रयासों में कृष्ण समकालीन रूप ले रहे हैं।

आधुनिक बंगाली गीतों में कृष्ण केवल एक पौराणिक पात्र नहीं हैं, वे एक जीवन्त विचार हैं–प्रेम, आराधना और मानवता का प्रतिबिम्ब। समय के साथ उनकी प्रस्तुति का स्वरूप बदल गया है, लेकिन उनका आकर्षण अभी भी शाश्वत है। आधुनिक गीतों ने कृष्ण को एक नयी रोशनी में देखने का एक द्वार खोल दिया है, जिसने बंगाली संगीत की परम्परा को और समृद्ध किया है।

नज़रुल गीति में श्रीकृष्ण

काजी नज़रुल इस्लाम-बंगाली साहित्य के एक विद्रोही कवि, जिन्होंने प्रेम, प्रकृति, समाज और धर्म पर कई गीत और कविताएँ रची हैं। नज़रुल गीति का एक प्रमुख पहलू इसकी गहरी धार्मिक और आध्यात्मिक भावना है, जिसमें श्रीकृष्ण का विशेष स्थान है। नज़रुल ने अपनी रचना में श्रीकृष्ण को न केवल एक पौराणिक पात्र के रूप में प्रस्तुत किया है, बल्कि प्रेम, संगीत और मानवीय भावनाओं के सार्वभौमिक प्रतीक के रूप में भी प्रस्तुत किया है।

श्रीकृष्ण : प्रेम और विरह का केन्द्र

नज़रुल गीति में श्रीकृष्ण मुख्य रूप से प्रेम और विरह के प्रतीक हैं। कभी वे प्रेममय नटराज होते हैं, तो कभी हृदय विदारक राधा की विरह वेदना का कारण। नज़रुल का लोकप्रिय गीत" कान्ना हांसीर हर-रूप तुमि ,हे नटबर नटराज," इस गीत में कृष्ण का रूप बहुआयामी है–वे एक साथ आनन्द और पीड़ा का प्रतीक हैं।

राधा-कृष्ण का प्रेम नज़रुल की कल्पना में दार्शनिक ऊँचाई तक पहुँच जाता है। उदाहरण के लिए :

> *"श्यामलाल सुन्दर हे, हे कमल नयन..."*

इस गीत में कृष्ण के प्रति राधा की कामना, भक्ति और सौन्दर्य एक साथ मिश्रित हैं।

भक्ति और वैष्णव प्रभाव

नज़रुल वैष्णव साहित्य से बहुत प्रभावित थे। वैष्णव पदचिन्हों का अनुसरण करते हुए उन्होंने कृष्ण को एक मधुर भगवान के रूप में देखा, जिनके लिए भक्ति प्रेम के रूप में परिवर्तित हो गयी है। उनके भक्ति गीतों में कृष्ण केवल भगवान नहीं, बल्कि एक करीबी व्यक्ति हैं–जिनकी अनुपस्थिति हृदय में तीव्र वियोग को जन्म देती है।

संगीत और धुनों में कृष्ण

नज़रुल ने शास्त्रीय और लोक संगीत के मिश्रण के माध्यम से अपने संगीत में कृष्ण को जीवन्त किया है। उनके गीतों में कृष्ण सिद्धान्त ठुमरी, दादरा, भजन आदि की धुनों के माध्यम से एक विशेष भावना पैदा करता है। नज़रुल के इस दृष्टिकोण ने बंगाली संगीत की दुनिया में एक नया आयाम जोड़ा है।

नज़रुल के गीतों में श्रीकृष्ण अमर प्रेम, एक गहरी प्यास, एक शाश्वत आकर्षण का प्रतीक हैं। वे केवल राधा के कृष्ण नहीं हैं, वे हर प्रेमी के हृदय में, हर भक्त के हृदय में मौजूद हैं। नज़रुल ने अपने गीतों के माध्यम से कृष्ण को लोगों के दिलों में इस तरह से स्थापित किया है जो कालातीत रहेगा।

कृष्णलीला

कृष्णलीला बंगाली संगीत में एक महत्त्वपूर्ण विषय है। कृष्ण की लीला के विभिन्न प्रसंग, जैसे-गोपाल की लीला, वृन्दावन की लीला, राधा-कृष्ण का प्रेम आदि, बंगाली गीतों के माध्यम से दर्शाए गये हैं।

बंगाली नृत्य और अभिनय में श्रीकृष्ण

श्रीकृष्ण बंगाल की कला और संस्कृति में एक चमकदार उपस्थिति हैं। वे न केवल धार्मिक विचारों के प्रतीक हैं, बल्कि नृत्य, नाटक और अभिनय के माध्यम से वे बंगाली मंच और दर्शकों के दिलों में एक मानवीय, संवेदनशील और प्रेमपूर्ण चरित्र के रूप में बसे हुए हैं। श्रीकृष्ण की लीलाएँ, प्रेम और दर्शन बंगाली नृत्य और अभिनय के माध्यम से अलग-अलग समय पर अलग-अलग तरीकों से व्यक्त किये गये हैं। इस लेख में, हम चर्चा के दायरे का विस्तार करेंगे और देखेंगे कि श्रीकृष्ण बंगाली नृत्य और अभिनय में कितने रूपों में मौजूद रहे हैं।

श्रीकृष्ण और बांग्ला मंच का पौराणिक व्याकरण

श्रीकृष्ण का जन्म, बचपन, वृन्दावन में लीलाएँ, कंस का वध, कुरुक्षेत्र युद्ध और गीता पर उपदेश-ये सभी घटनाएँ भारतीय संस्कृति में प्रसिद्ध हैं। ये कहानियाँ सदियों से बंगाल के रंगमंच और जात्रापाला में प्रदर्शित की जाती रही हैं। कृष्ण एक महत्त्वपूर्ण पात्र हैं, खास तौर पर ग्रामीण बंगाल के जात्रापाला और लोक नाट्य में। उनकी कहानियों का नाट्य रूपान्तरण न केवल आम लोगों के लिए धार्मिक शिक्षा का वाहक है, बल्कि मनोरंजन का भी एक स्रोत है।

नाटक में कृष्ण के चरित्र का प्रदर्शन केवल धार्मिक माहौल तक ही सीमित नहीं है। बल्कि इस चरित्र में प्रेमी का हास्य, मित्र की ईमानदारी, राजनीतिज्ञ की सरलता और ईश्वर की आध्यात्मिकता है। यह विविधता कृष्ण को अभिनय में बहुआयामी चरित्र बनाती है।

नृत्य में श्रीकृष्ण : सृष्टि की लय में लीला की अभिव्यक्ति

बांग्ला के रवीन्द्र नृत्य में श्रीकृष्ण की प्रस्तुति एक विशाल क्षेत्र में फैली हुई है। मणिपुरी नृत्य, जो मुख्य रूप से रास लीला करने के लिए प्रसिद्ध है, जिसमें कृष्ण भगवान के रूप में माधुर्य और प्रेम लीला में भाग लेते हैं ,रवीन्द्र नृत्य का एक हिस्सा है। बंगाल के कई शास्त्रीय और आधुनिक नर्तक मंच पर भगवान कृष्ण की भूमिका निभाते हैं, जिसके माध्यम से दर्शकों के सामने कृष्ण का माधुर्य भाव प्रकट होता है।

भरतनाट्यम या कथक शैली में, बंगाली कलाकार भगवान कृष्ण की विभिन्न लीलाएँ भी प्रस्तुत करते हैं जैसे–कालिया दमन, माखन चोरी, गोपियों के साथ रासनृत्य आदि। इन प्रदर्शनों में, नर्तक चेहरे के भाव, हाव-भाव और पृष्ठभूमि संगीत की मदद से कृष्ण के चरित्र को जीवन्त करते हैं।

लोक नाट्य में कृष्ण : ग्रामीण जीवन के माहौल में

बंगाल की ग्रामीण संस्कृति में, भगवान कृष्ण केवल एक पौराणिक देवता नहीं हैं, वे "घर के मुखिया" हैं। कृष्ण का चरित्र गम्भीरा, अलकाप, झुमुर, कीर्तन और पालागान जैसे लोक नाटक और संगीत में एक लोकप्रिय उदाहरण है। विशेष रूप से कीर्तन और नाम संकीर्तन में, कृष्ण के नाम और स्तुति का प्रदर्शन भक्ति संगीत और लोक संस्कृति का एक अद्‌भुत मिश्रण बनाता है।

इन सभी कला रूपों में कृष्ण की उपस्थिति इस तरह से परिलक्षित होती है कि दर्शक उनके दिव्य रूप के बजाय उनके मानवीय रूप का अनुभव करते हैं–एक मित्र, प्रेमी या करीबी परिवार के सदस्य के रूप में।

समकालीन मंच और प्रदर्शन में कृष्ण

वर्तमान में, आधुनिक नाटक और प्रदर्शन में श्रीकृष्ण के चरित्र को एक नये दृष्टिकोण से खोजा जा रहा है। रवीन्द्रनाथ टैगोर के "चित्रांगदा" या "गीतिनाट्य" में, भले ही श्रीकृष्ण सीधे मौजूद नहीं हैं, लेकिन उनका दर्शन, विशेष रूप से भगवद गीता की शिक्षा-प्रदर्शन के माध्यम से दर्शकों में आध्यात्मिक समझ को प्रेरित करती हैं।

आधुनिक थिएटर समूह और प्रयोगात्मक थिएटर समूह कृष्ण को एक नये सन्दर्भ में प्रस्तुत कर रहे हैं–समाज, राजनीति और मानवीय संकटों के सन्दर्भ में। यहाँ कृष्ण एक मानवीय शक्ति हैं, जो संघर्ष से बाहर निकलने का रास्ता दिखाते हैं।

बंगाली नृत्य और अभिनय में श्रीकृष्ण केवल एक पौराणिक पात्र नहीं हैं, बल्कि वे बंगाली कला और संस्कृति की आत्मा हैं। वे प्रेम, आस्था, लीला और मुक्ति के प्रतीक हैं। उनके चरित्र की बहुआयामिता ने नृत्य और नाटक के माध्यम से बंगाली संस्कृति को समृद्ध किया है और शाश्वत प्रेरणा दी है। मंच पर और नृत्य में कृष्ण राधा के प्रेमी होने के साथ-साथ मानवता के मार्गदर्शक भी हैं। इसलिए, कृष्ण आज भी बंगाली कला के मंच पर एक शाश्वत प्रकाश स्तम्भ हैं।

बंगाली कुटीर शिल्प में श्रीकृष्ण

बंगाली कुटीर शिल्प हजारों वर्षों की परम्परा को आगे बढ़ा रही है। इस कला रूप ने धार्मिक भावना, सांस्कृतिक पहचान और सौन्दर्यशास्त्र को मिलाकर एक अद्‌भुत कलात्मक भाषा बनायी है। बंगाल की कुटीर शिल्प में कई

धार्मिक और पौराणिक पात्रों को दर्शाया गया है, लेकिन भगवान कृष्ण उनमें से एक विशेष स्थान रखते हैं। मिट्टी की मूर्तियों, चित्रों, लकड़ी की नक्काशी, वस्त्र-शिल्प और विभिन्न लोक कलाओं में प्रेम, सौन्दर्य, संगीत और भक्ति के प्रतीक के रूप में उन्हें बंगाली कलाकारों की कल्पना और हाथों में मूर्त रूप दिया गया है।

कृष्ण मूर्तियाँ और मिट्टी के बर्तन

बंगाली मिट्टी के बर्तनों में भगवान कृष्ण की उपस्थिति सबसे आम और ध्यान देने योग्य है। नदिया, कृष्णनगर, बाँकुरा, मेदिनीपुर जैसे क्षेत्रों में, कलाकार मिट्टी की कृष्ण मूर्तियाँ बनाते हैं जिनका उपयोग न केवल पूजा स्थल के रूप में बल्कि सजावटी वस्तुओं के रूप में भी किया जाता है।

कृष्णनगर की "डोल-कृष्ण" या "नटकिया कृष्ण" मूर्तियाँ अपने चेहरे के भाव, शरीर की मुद्राओं और आभूषणों में बहुत परिपूर्ण और जीवन्त हैं। इन छवियों में, उन्हें कभी बाल कृष्ण के रूप में, कभी राधा के साथ एक चंचल प्रेमी के रूप में, और कभी एक बाँसुरी वादक के रूप में दर्शाया जाता है। यह केवल एक धार्मिक प्रतीक नहीं है, बल्कि लोक विचारों की एक कलात्मक अभिव्यक्ति है।

पटचित्र में कृष्ण की कहानियाँ

पटुआ समुदाय बंगाली चित्रकारों का एक पारम्परिक समुदाय है जो पटचित्र बनाते हैं। इन चित्रों में पौराणिक कहानियाँ, लोक कथाएँ और सामाजिक सन्देश होते हैं। भगवान कृष्ण के जीवन-जैसे जन्म, कालिया दमन, माखन चोरी, रासलीला-को उनके पटचित्रों में रंगीन और गतिशील तरीके से प्रस्तुत किया जाता है।

इन चित्रों के साथ गीत भी होते हैं, जिन्हें "पट गान" कहा जाता है। पटचित्र में कृष्ण सिर्फ एक धार्मिक पात्र नहीं हैं; बल्कि वे कहानी के नायक, नैतिक आदर्शों और सांस्कृतिक पहचान के वाहक हैं।

बेत, कपड़े और लकड़ी के काम में भी कृष्ण

कृष्ण का प्रतीकात्मक रूप बाँस और बेंत के हस्तशिल्प में भी पाया जाता है–खासकर बाँस की बाँसुरी कृष्ण से अभिन्न रूप से जुड़ी हुई हैं। ये बाँसुरी सिर्फ संगीत वाद्ययन्त्र ही नहीं हैं, बल्कि लोक परम्परा का प्रतीक भी हैं।

नक्शी काँथा ,जो ग्रामीण महिलाओं के हस्तशिल्प का अनूठा उदाहरण है, उसमें कृष्ण और राधा की छवियों और रासलीला के दृश्यों का भी सजावट के रूप में उपयोग किया जाता है। इस तरह कृष्ण बंगाल की घरेलू संस्कृति के हृदय में समा गये हैं।

लकड़ी के खिलौनों और नक्काशी कला में भी कृष्ण के विभिन्न रूपों को जगह मिली है। खास तौर पर बाँकुड़ा शैली के घोड़े या मूर्ति के साथ-साथ कृष्ण की मूर्तियाँ यहाँ काफी लोकप्रिय हैं।

अर्थव्यवस्था और निर्यात में कृष्ण की मूर्तियों की भूमिका

बंगाल के कुटीर उद्योग, खास तौर पर कृष्णनगर और बाँकुड़ा की मूर्तियाँ या पटचित्र, अन्तरराष्ट्रीय बाजार में काफी सराहे जाते हैं। इन श्रीकृष्ण की मूर्तियों और चित्रों को भारतीय संस्कृति के राजदूत के रूप में विदेशों में निर्यात किया जाता है। यह न केवल धार्मिक या सांस्कृतिक महत्त्व रखता है, बल्कि बंगाल की ग्रामीण अर्थव्यवस्था में भी महत्त्वपूर्ण योगदान देता है।

कृष्ण : लोक चिंतन का मूर्त रूप

बंगाल की कुटीर कला में कृष्ण की उपस्थिति केवल पौराणिक कथाओं की नकल नहीं है, बल्कि बंगाल के लोक जीवन में गहराई से निहित आध्यात्मिक रिश्ते का प्रतिबिम्ब है। श्रीकृष्ण यहाँ केवल एक देवता नहीं हैं–वे गृहस्थ के देवता हैं, महिलाओं के प्रेम के प्रतीक हैं, बच्चों के साथी हैं और कलाकार की कल्पना के नायक हैं।

बंगाल की कुटीर कला में श्रीकृष्ण एक सर्वव्यापी उपस्थिति हैं, जो धार्मिक जुनून, लोक संस्कृति और कलात्मक सौन्दर्यशास्त्र का एक अद्भुत संयोजन हैं। बंगाल के कुम्हार, कुम्हार, बुनकर, लकड़ी के कारीगर और घरेलू कारीगरों ने अपनी रचनाओं में कृष्ण को मूर्त रूप देकर बंगाल की संस्कृति को जीवन्त कर दिया है। वे बंगाल की मिट्टी और लोगों के दिलों की कलात्मक भाषा बन गये हैं–शाश्वत, जीवन्त और दिल को छूने वाले।

बंगाल के वस्त्र शिल्प विशेषकर साड़ी में श्रीकृष्ण

साड़ी केवल एक परिधान नहीं है, यह बंगाल की संस्कृति, सौन्दर्य और महिलाओं की पहचान का प्रतीक है। बंगाल का बुनाई उद्योग, विशेष रूप से कुटीर उद्योग आधारित बुनाई उद्योग, हमेशा धार्मिक और पौराणिक प्रेरणा से समृद्ध रहा है। इस सन्दर्भ में, श्रीकृष्ण ने बंगाल की साड़ी कला में भी एक अनूठी चमक बिखेरी है-छवियों, रंगों, रूपकों और अवधारणाओं में।

पौराणिक रूपांकनों में कृष्ण: साड़ी के कैनवास पर लीला

बंगाल में विभिन्न साड़ियों के डिजाइनों में कृष्ण को कई रूपों में प्रस्तुत किया गया है। खास तौर पर जामदानी, बालूचरी और तंतुज साड़ियों में हम राधा-कृष्ण की लीला, मथुरा के दृश्य या रासलीला के दृश्य धागे में बुने हुए देखते हैं। ये रूपांकन सिर्फ सजावटी नहीं हैं; ये साड़ी को एक मार्मिक कहानी में बदल देते हैं।

बालूचरी साड़ी इस सम्बन्ध में सबसे प्रसिद्ध उदाहरण है। **बाँकुड़ा और मुर्शिदाबाद** की इस पारम्परिक बुनाई में कई शताब्दियों से कृष्ण-लीला बुनी गयी है।

उदाहरण के लिए, बालूचरी के पल्लू और आँचल को देखा जा सकता है–

ये दृश्य महीन धागों के माध्यम से एक सुन्दर सौन्दर्यबोध में बुने गये हैं।

धार्मिक और सांस्कृतिक सन्देशों का वाहक

कृष्ण न केवल साड़ियों के डिजाइन में एक कलात्मक तत्त्व हैं, बल्कि वे धार्मिक और आध्यात्मिक सन्देशों के वाहक भी हैं। गीता की शिक्षाओं से लेकर प्रेम के सिद्धान्त तक कृष्ण ,साड़ियों की बुनाई में दार्शनिक विचार के प्रतीक बन गये हैं। जिस तरह राधा का उनसे रिश्ता मधुरता से भरा है, उसी तरह यह एक गहरे आध्यात्मिक जुड़ाव का भी संकेत देता है।

इस तरह की साड़ी का इस्तेमाल अक्सर विशेष पूजा, धार्मिक समारोह या नृत्य-नाटक में किया जाता है, जहाँ परिधान अपने आप में आध्यात्मिक सन्देश देता है।

कृष्ण से प्रभावित रंग और पैटर्न

कृष्ण से प्रेरित रंगों का प्रभाव साड़ियों की कला में भी स्पष्ट है। पारम्परिक रूप से कृष्ण से जुड़े रंगों में शामिल हैं :

* नीला (गहरा हरा)–कृष्ण के रंग का प्रतीक
* सुनहरा और पीला–उनके आभूषणों के रंग
* गुलाबी और केसरिया–भक्ति और प्रेम के रंग

ये रंग न केवल सजावटी हैं, बल्कि भावनात्मक अर्थ भी रखते हैं। कई कृष्ण-थीम वाली साड़ियों के रंगों और बुनाई में आध्यात्मिक आभा होती है।

साड़ियों पर केन्द्रित कृष्ण-प्रेम की आधुनिक व्याख्या

आज की डिजाइनर साड़ियों ने भी आधुनिक वापसी की है। कृष्ण की अमूर्त या आधुनिक कलात्मक छवियों का उपयोग मुद्रण, ब्लॉक प्रिंट, डिजिटल कढ़ाई में किया जा रहा है। कुछ डिजाइनर साड़ियाँ पूरी तरह से एक कहानी बताने के लिए डिजाइन की गयी हैं, जिसमें साड़ी के किनारे से लेकर हेम तक कृष्ण के जीवन के विभिन्न अध्यायों को दर्शाया गया है।

ये साड़ियाँ सिर्फ पहनने की वस्तु नहीं हैं; यह कला का एक चलता-फिरता उदाहरण है जिसे महिलायें अपने शरीर में समेटे रहती हैं–एक तरफ परम्परा, दूसरी तरफ पहचान।

कारीगरों की अर्थव्यवस्था और आजीविका में कृष्ण

श्रीकृष्ण के इर्द-गिर्द बनी ये थीम साड़ियाँ कई मामलों में बंगाल के बुनकर समुदाय के लिए आजीविका का मुख्य स्रोत बन गयी हैं। खास तौर पर मुर्शिदाबाद, शान्तिपुर, फुलिया, नवद्वीप और बर्दवान के बुनकर समुदाय कृष्ण रूपांकनों वाली साड़ियाँ बनाते हैं और उन्हें देश-विदेश में सप्लाई करते हैं। जिस तरह यह औद्योगिक उत्पादन कृष्ण को जीवन्त करता है, उसी तरह यह बंगाल के बुनकर समुदाय को आर्थिक आत्मनिर्भरता भी देता है।

इस प्रकार ,बंगाल में साड़ी सिर्फ एक परिधान नहीं है, यह इतिहास, कला, धर्म और आत्मा की अभिव्यक्ति है। जिस तरह इस साड़ी कला में श्रीकृष्ण को प्रेम और भक्ति के रूप में दर्शाया गया है, उसी तरह वे बंगाल की बुनाई संस्कृति के लिए एक शाश्वत प्रेरणा हैं। उन्होंने बंगाल की नारी शक्ति की वीरता और सुन्दरता के साथ खुद को जोड़कर एक अनूठी सांस्कृतिक परम्परा बनायी है। इसलिए, बंगाल की साड़ी कला में श्रीकृष्ण रूप, रंग और रचना के परम अवतार हैं।

बंगाली नाटक, यात्रा और सिनेमा में श्रीकृष्ण

बंगाल की सांस्कृतिक विरासत में श्रीकृष्ण का योगदान बहुत बड़ा है। उनकी पौराणिक कहानियों के प्रति लोगों का प्यार सिर्फ धार्मिक क्षेत्र तक सीमित नहीं है, वे बार-बार बंगाली नाटकों, यात्राओं और सिनेमा में कई किरदारों और सन्दर्भों में लौटते हैं। श्रीकृष्ण की लीलाओं, प्रेम, दर्शन और युद्ध की कहानियों के ज़रिए बंगाली नाटक और सिनेमा के दायरे में एक गहरा परिप्रेक्ष्य बनाया गया है, जो दर्शकों को एक शाश्वत अमृत सन्देश प्रदान करता है।

बंगाली नाटक में श्रीकृष्ण : दार्शनिक और प्रेमी

बंगाली नाटक और रंगमंच में श्रीकृष्ण का चरित्र अक्सर दो मुख्य पहलुओं के इर्द-गिर्द घूमता है—एक उनका प्रेमी रूप और दूसरा उनका दार्शनिक और सलाहकार रूप।

उदाहरणस्वरूप, नाट्यकार सलीम अल दीन के नाटक में कृष्ण का चरित्र दार्शनिक और मानवतावादी सलाहकार के रूप में उभरते हैं। नाटक में कृष्ण एक ओर अपने वैदिक दर्शन के साथ दर्शकों के सामने आते हैं, तो दूसरी ओर उनकी मधुरता, स्नेह और प्रेम की कहानियाँ लोगों के दिलों में घर कर जाती हैं।

बंगाल के जात्रापाला में श्रीकृष्ण

जात्रापाला बंगाल की एक लोकप्रिय लोक नाट्य शैली है, जहाँ देवी-देवता, पौराणिक पात्र और सामाजिक घटनाएँ मंच पर जीवन्त हो उठती हैं। जात्रापाला में श्रीकृष्ण के चरित्र की प्रस्तुति भी एक विशेष सन्दर्भ में होती है। कृष्ण की गीत गोविन्दा या रासलीला की कहानियों के माध्यम से भगवान कृष्ण की उपस्थिति जात्रापाल में आम लोगों तक पहुँच गयी है।

जात्रापाला में कृष्ण को विभिन्न कोणों से प्रस्तुत किया गया है—एक ओर वे गोपी-प्रेम के केन्द्र हैं, तो दूसरी ओर कंस के वध के माध्यम से ईश्वरत्व का ज्वलन्त प्रमाण हैं। उनका नृत्य, बाँसुरी की धुन और गोपी नृत्य की कहानियाँ जात्रपाल में शानदार ढंग से उभरकर आती हैं।

कृष्ण-केन्द्रित जात्रापालाओं में, "श्रीकृष्ण चरितम्" विशेष रूप से उल्लेखनीय है, जहाँ कृष्ण के जीवन के विभिन्न मील के पत्थर उजागर किये गये हैं। ऐसे जात्रापाला नृत्य, संगीत और नाटक के माध्यम से कृष्ण के आदर्शों और चरित्र को मंच पर जीवन्त करते हैं।

बंगाली सिनेमा में श्रीकृष्ण

बंगाली सिनेमा में श्रीकृष्ण की भूमिका निभाना कई निर्माताओं और निर्देशकों के लिए एक विशेष चुनौती थी। कृष्ण के अमूल्य दर्शन, उनके प्रेम और युद्ध की कहानी को मिलाकर यह फिल्म बनायी गयी है, जिसने लोगों के मानस को गहराई से छुआ है।

बंगाली फिल्मों में कई बार श्रीकृष्ण की भूमिका निभाने वाले प्रख्यात अभिनेता रहे हैं। "धर्मयुद्ध" (1975) में श्रीकृष्ण की भूमिका प्रसिद्ध अभिनेता लक्ष्मीकान्त रॉय ने निभायी, जिसने दर्शकों में धार्मिक और आध्यात्मिक विचारों को जागृत किया। फिल्म के माध्यम से उनके विभिन्न दार्शनिक कथनों और गीता की शिक्षाओं पर भी प्रकाश डाला गया।

इसी तरह, महाश्वेता देवी के चाचा ऋत्विक घटक ने फिल्म "श्रीकृष्ण" (1980) में श्रीकृष्ण की भूमिका निभायी और इस फिल्म ने बंगाली दर्शकों के बीच विशेष लोकप्रियता हासिल की।

"महाभारत" के माध्यम से भी श्रीकृष्ण के चरित्र को बांग्ला में कई टेलीविजन धारावाहिकों में प्रस्तुत किया है। इन धारावाहिकों में भी श्रीकृष्ण की दार्शनिक और गीता सलाह के साथ-साथ उनकी राजनीतिक बुद्धिमत्ता, युद्ध विज्ञान और प्रेम धुनों को प्रस्तुत किया गया है।

आधुनिक सिनेमा और श्रीकृष्ण

आधुनिक बंगाली सिनेमा में श्रीकृष्ण का चरित्र केवल धार्मिक चरित्र होने तक ही सीमित नहीं है, बल्कि

समाज और राज्य के विभिन्न पहलुओं की आलोचना करने का एक साधन बन गया है। "श्रीकृष्ण कुमारी" या "रासलीला" फिल्मों के माध्यम से कृष्ण के आदर्श प्रेम के साथ-साथ जीवन के अर्थ, मानवाधिकार और सामाजिक सम्बन्धों के कूटनीतिक पहलुओं पर प्रकाश डाला गया है।

इसके अलावा, "गीता" और "कृष्ण उपदेश" पर कई आधुनिक फिल्में और टेलीविजन कार्यक्रम बनाये गये हैं, जैसे हाल ही में फिल्म' रास,' जिसने एक बार फिर वर्तमान युग के दर्शकों के सामने उनके दर्शन को उजागर किया है।

बंगाली नाटक में कृष्ण चरित्र के अभिनव रूप

बंगाली मंच नाटक में पौराणिक नाटक के अग्रदूत गिरीश चन्द्र घोष ने विभिन्न तरीकों से श्रीकृष्ण का मंचन किया है। 'श्रीकृष्ण चरित्र', 'रासलीला' आदि नाटकों में कृष्ण एक देवता और एक मानव प्रेमी दोनों हैं। आधुनिक नाटककारों ने कृष्ण के चरित्र को समकालीन राजनीति, समाज और नैतिक प्रश्नों के प्रतीक के रूप में आकार दिया है। बादल सरकार और उत्पल दत्त जैसे नाटककारों के मामले में, कृष्ण चेतना कभी विरोध की शक्ति के रूप में उभरी है, कभी प्रेमी के तनाव के रूप में, और कभी मोहभंग के दर्द के रूप में। नदिया, बीरभूम, कुश्तिया और जेसोर क्षेत्रों में लोकप्रिय, पालागन और कीर्तन पर आधारित एक लोकप्रिय नाटक, 'रासनाट्य' में, कृष्ण दो भूमिकाएँ निभाते हैं–लोक नायक और प्रेम के देवता।

बंगाली सिनेमा में कृष्ण चेतना का चित्रण

कृष्ण-आधारित पौराणिक सिनेमा (1940-1960)

बंगाली सिनेमा के शुरुआती दिनों में, कृष्ण पर केन्द्रित कई पौराणिक फ़िल्में बनायी जाती थीं, जैसे:

"श्रीकृष्ण लीला" (1950)–जहाँ कृष्ण के बचपन और कंस के वध को दर्शाया गया है।

"राधारानी" (1952)–राधा-कृष्ण प्रेम का चित्रण।

इस प्रकार की फ़िल्म में, कृष्ण एक दिव्य मनुष्य, एक आदर्श पुरुष और एक रक्षक थे।

आधुनिक सिनेमा में प्रतीकात्मक कृष्ण:

कृष्ण आधुनिक बंगाली सिनेमा में प्रत्यक्ष रूप से मौजूद नहीं हैं, लेकिन कुछ पात्रों और कहानियों में वे प्रेम, छल, न्याय और भ्रम के संघर्ष के प्रतीक के रूप में उभरते हैं।

उदाहरण के लिए:

"उत्सव" ऋतुपर्णो घोष द्वारा निर्देशित) (फिल्म में कृष्ण का द्वन्द्व) आत्म-निवेदन और आत्म-बलिदान पात्रों के मनोविज्ञान में कैद है तथा "गोधुली बेला" में, प्रेम का तनाव और स्मृति-आधारित कृष्ण चेतना का प्रयोग है। उनके द्वारा निर्देशित फिल्म 'रेनकोट' में प्रस्तुत निम्नलिखित गीत तो काफी मशहूर हैं :

'सुबह सुबह का ख्याल आज
वापस गोकुल चल मथुरा राज
मथुरा नगरपति कहे तुम गोकुल जाओ

मनोहर वेश छोड़ नन्दराज
सर से उतार के सुन्दर ताज
राज दण्ड छोड़ भूमि पर आज
फिर काहे बाँसुरी बजाओ
मथुरा नगरपति कहे तुम गोकुल जाओ'

कृष्ण चेतना के समकालीन प्रतिबिम्ब

श्रीकृष्ण आधुनिक कवियों और लेखकों के लिए एक आत्मनिरीक्षण प्रतीक हैं, जो मुक्ति की बात करते हैं, प्रेम की सम्भावना की बात करते हैं, और फिर भी, अलग होने के बावजूद, हृदय में दृढ़ता से मौजूद हैं। नाटककारों और फिल्म निर्माताओं के लिए कृष्ण आन्तरिक आन्दोलन के प्रतीक, सामाजिक संकट के सामंजस्य और मनुष्य और भगवान के बीच मध्यस्थ के रूप में दिखायी देते हैं। अब दर्शक कृष्ण को न केवल पूजा के रूप में, बल्कि आत्म-परीक्षण के रूप में भी स्वीकार करते हैं। कृष्ण की टूटी बाँसुरी, बेपरवाह मुस्कान और विरह से मिश्रित प्रेम उनके लिए समयानुकूल व्यंजना बन जाते हैं। आधुनिक बंगाली साहित्य, रंगमंच और सिनेमा में कृष्ण चेतना का एक अनूठा विकास हो रहा है। कृष्ण, धर्म की सीमाओं को पार करते हुए, यहाँ एक मानवतावादी, दार्शनिक और मनोवैज्ञानिक प्रतीक बन जाते हैं। वे प्रेम, प्रश्नों और वैकल्पिक विचारों के भाष्यकार हैं। बंगाली संस्कृति में यह बहुआयामी कृष्ण चेतना परम्परा और आधुनिकता के बीच एक सेतु भी है।

बंगाली नाटक, यात्रा और सिनेमा में श्रीकृष्ण का चरित्र एक अनूठी परम्परा और सांस्कृतिक अभिव्यक्ति है। कृष्ण न केवल एक धार्मिक चरित्र हैं, वे मानवीय भावनाओं और विचारों के प्रतीक हैं। नाटक, रंगमंच और सिनेमा में बंगाली मंच पर भगवान कृष्ण की प्रस्तुति केवल एक पौराणिक कहानी नहीं है, बल्कि एक शक्तिशाली सांस्कृतिक रूप है जो दर्शकों में आध्यात्मिक, सामाजिक और सांस्कृतिक परिवर्तन और प्रतिबिम्ब को प्रेरित करती है।

8
बंगाल के सामाजिक एवं राजनीतिक जीवन में श्रीकृष्ण

श्रीकृष्ण भारतीय संस्कृति और धर्म का एक ऐसा चिरजीवी प्रतीक हैं, जो केवल एक धार्मिक देवता तक सीमित नहीं रहे, बल्कि भारतीय समाज की नैतिक, सांस्कृतिक और राजनीतिक चेतना में गहराई से रचे-बसे हैं। बंगाल की भूमि पर, जहाँ भक्ति, कला, साहित्य और राजनीति का अनोखा संगम हुआ है, वहाँ श्रीकृष्ण की उपस्थिति विशिष्ट रही है। चैतन्य महाप्रभु से लेकर रवीन्द्रनाथ ठाकुर और महात्मा गांधी से लेकर बंगाल के स्वतन्त्रता सेनानियों तक, सभी ने श्रीकृष्ण को किसी न किसी रूप में अपने विचार और संघर्षों का प्रेरणास्रोत माना है।

चैतन्य महाप्रभु और कृष्णभक्ति आन्दोलन

बंगाल में श्रीकृष्ण की भक्ति का सबसे शक्तिशाली रूप सोलहवीं शताब्दी में प्रकट हुआ, जब चैतन्य महाप्रभु ने राधा-कृष्ण के संकीर्तन को एक सामाजिक और आध्यात्मिक आन्दोलन का स्वरूप दिया। पन्द्रहवीं-शताब्दी के उत्तरार्ध में, जब भारत के विभिन्न भागों में भक्ति आन्दोलन सामाजिक-सांस्कृतिक परिवर्तन का माध्यम बन रहा था, बंगाल में चैतन्य महाप्रभु (1486–1534) ने कृष्णभक्ति को एक सशक्त सामाजिक और आध्यात्मिक आन्दोलन का रूप दिया। नवद्वीप (वर्तमान पश्चिम बंगाल में स्थित) में जन्मे चैतन्य महाप्रभु ने राधा-कृष्ण की मधुर भक्ति को अपने जीवन का आधार बनाया और इसे जनसामान्य के बीच पहुँचाया। चैतन्य महाप्रभु को **"गौरांग महाप्रभु"** के नाम से भी जाना जाता है। उनका व्यक्तित्व आध्यात्मिक करुणा, प्रेम और अतीन्द्रिय भक्ति का प्रतीक था। वे **अद्वैतवादी ज्ञान से दूर हटकर प्रेमभक्ति** को मुक्ति का सर्वोत्तम मार्ग मानते थे। उन्होंने **"राधा भाव से युक्त कृष्ण"** को अपने आराध्य के रूप में स्वीकार किया–अर्थात्, वे स्वयं को राधा और कृष्ण दोनों का अवतार मानते थे।

कृष्णभक्ति आन्दोलन के मुख्य तत्त्व

(क) हरिनाम संकीर्तन : चैतन्य महाप्रभु ने कृष्णभक्ति को संकीर्तन के माध्यम से जनसाधारण तक पहुँचाया। संकीर्तन (गान, नृत्य, और हरिनाम का सामूहिक उच्चारण) ने लोगों को एकजुट किया, विशेष रूप से निम्न जातियों, स्त्रियों और ग्रामीण जनों को।

(ख) जातिवाद को चुनौती : चैतन्य महाप्रभु ने किसी भी जाति, धर्म या वर्ग से ऊपर उठकर सभी को भक्ति का समान अधिकार दिया। उन्होंने दलित माने जाने वाले जातियों के भक्त-सन्तों को भी गले लगाया, जैसे कि **हरिदास ठाकुर**, जो एक महान भक्त सन्त बने।

(ग) सामाजिक समरसता और सह-अस्तित्व : कृष्ण की छवि केवल देवता के रूप में नहीं, बल्कि एक **मानव-सहचर, मित्र और प्रेमी** के रूप में प्रस्तुत की गयी, जो समाज के सभी वर्गों से जुड़ सकते थे। यह दृष्टिकोण लोगों को आपसी भेदभाव से ऊपर उठने की प्रेरणा देता था।

साहित्यिक एवं सांस्कृतिक प्रभाव

चैतन्य महाप्रभु के शिष्यों ने **भक्ति-साहित्य की एक विशाल परम्परा** की स्थापना की, जिसमें प्रमुख थे—रूप गोस्वामी, सनातन गोस्वामी, लोचन दास, वृन्दावन दास ठाकुर आदि। इन रचनाकारों ने राधा-कृष्ण की लीलाओं को बांग्ला भाषा में प्रस्तुत किया, जिससे संस्कृत के सीमित दायरे से बाहर निकलकर कृष्णभक्ति का सन्देश आम लोगों तक पहुँचा। **"चैतन्य भागवत"** और **"चैतन्य चरितामृत"** जैसे ग्रन्थों ने बंगाल की धार्मिक चेतना को नया स्वरूप दिया।

महिला भागीदारी और स्त्री चेतना

कृष्णभक्ति आन्दोलन ने बंगाल की महिलाओं को धार्मिक और सांस्कृतिक गतिविधियों में सक्रिय भूमिका दी। महिलायें कीर्तन में भाग लेने लगीं, भक्ति गीतों की रचना करने लगीं, और नारी-स्वर को आध्यात्मिक मंच मिला। राधा को एक आत्म-त्यागी, प्रेममयी, परन्तु शक्तिशाली स्त्री के रूप में स्थापित कर, नारी के आदर्श को एक नयी ऊँचाई दी गयी।

दीर्घकालीन सामाजिक प्रभाव

(क) समाज में समता और सहिष्णुता की भावना : चैतन्य की शिक्षाओं ने बंगाली समाज में सह-अस्तित्व, अहिंसा और आपसी सम्मान के भाव को बढ़ावा दिया।

(ख) धार्मिक आडम्बर और कट्टरता की आलोचना : उन्होंने बाह्य धार्मिक कर्मकाण्डों की जगह आंतरिक भक्ति को महत्त्व दिया, जिससे धार्मिक पाखण्डों का विरोध हुआ।

(ग) सांस्कृतिक एकता का सृजन : हरिनाम संकीर्तन, कीर्तन मण्डली और धार्मिक उत्सवों ने एक **सांस्कृतिक समरसता** को जन्म दिया, जिसने बंगाल को एक साझा आध्यात्मिक विरासत से जोड़ा।

राजनैतिक परिप्रेक्ष्य में भूमिका

हालाँकि चैतन्य महाप्रभु सीधे राजनीतिक संघर्ष में शामिल नहीं हुए, परन्तु उनके आन्दोलन ने लम्बे समय तक **जनचेतना और सामाजिक न्याय** की भूमि तैयार की, जिस पर आगे चलकर राष्ट्रवादी आन्दोलन खड़े हुए। उनके द्वारा उत्पन्न **सामाजिक समता, न्याय** और **आध्यात्मिक स्वतन्त्रता** के विचार स्वतन्त्रता संग्राम और राष्ट्र निर्माण के वैचारिक स्रोत बने।

चैतन्य महाप्रभु और उनका कृष्णभक्ति आन्दोलन बंगाल के इतिहास में केवल एक धार्मिक अध्याय नहीं, बल्कि एक व्यापक सामाजिक पुनर्जागरण का प्रतीक हैं। यह आन्दोलन एक ओर जहाँ **सामाजिक समता, सांस्कृतिक पुनर्जागरण** और **नैतिक चेतना** का वाहक बना, वहीं दूसरी ओर इसने श्रीकृष्ण को बंगाल की आत्मा में एक **सांस्कृतिक, सामाजिक और भावनात्मक नायक** के रूप में स्थापित किया। उनके द्वारा प्रवर्तित कृष्णभक्ति आज भी बंगाल की संस्कृति, संगीत, साहित्य और समाज में जीवित है।

मुख्य प्रभाव :

समाज में समानता की भावना : चैतन्य महाप्रभु ने जात-पात, लिंग, वर्ण या सामाजिक स्थिति के भेदभाव को खारिज करते हुए सभी को हरिनाम संकीर्तन में आमन्त्रित किया।

भक्ति के माध्यम से सामाजिक सुधार : उन्होंने भक्ति को साधना और मुक्ति का सार्वभौमिक मार्ग बताया, जिससे निम्न जातियों और स्त्रियों को भी आध्यात्मिकता में भागीदारी मिली।

कृष्ण की प्रेममयमूर्ति : बंगाल में कृष्ण को प्रेम और समर्पण के आदर्श के रूप में प्रस्तुत किया गया, जो समाज में करुणा और मानवीयता के मूल्यों को पुष्ट करता है।

बंगाल पुनर्जागरण और कृष्ण की सांस्कृतिक छवि

उन्नीसवीं शताब्दी का बंगाल पुनर्जागरण (Bengal Renaissance) एक बौद्धिक, सांस्कृतिक और सामाजिक जागरूकता का युग था। इस काल में श्रीकृष्ण की छवि एक सांस्कृतिक और दार्शनिक नायक के रूप में उभरी। बंगाल पुनर्जागरण (Bengal Renaissance) उन्नीसवीं शताब्दी के मध्य से लेकर बीसवीं शताब्दी के आरम्भ तक का एक ऐसा सांस्कृतिक, सामाजिक और बौद्धिक आन्दोलन था, जिसने बंगाल को आधुनिक भारत के वैचारिक केन्द्रों में से एक बना दिया। इस आन्दोलन के तहत सामाजिक सुधार, वैज्ञानिक दृष्टिकोण, स्त्री शिक्षा, धर्म की पुनर्व्याख्या, और राष्ट्रवाद जैसे विचारों का उदय हुआ। इसके मूल में भारतीय परम्परा और पाश्चात्य आधुनिकता के बीच संवाद की प्रक्रिया थी।

इस पुनर्जागरण के दौरान श्रीकृष्ण की छवि को एक पारम्परिक धार्मिक प्रतीक से आगे बढ़ाकर एक सांस्कृतिक, सौन्दर्यपरक, नैतिक और राजनीतिक नायक के रूप में प्रस्तुत किया गया।

रवीन्द्रनाथ ठाकुर और कृष्ण की मानवीय छवि

रवीन्द्रनाथ ठाकुर (1861–1941), बंगाल पुनर्जागरण के सबसे प्रमुख विचारक, कवि और संगीतज्ञ थे। वे श्रीकृष्ण की छवि को पारम्परिक अवतारी ईश्वर के रूप में नहीं, बल्कि **भावना, सौन्दर्य, प्रेम और मानवीय संवेदना के प्रतीक** के रूप में देखते थे।

(क) भानुसिंहेर पदावली : रवीन्द्रनाथ ने "भानुसिंह" नाम से ब्रजबुलीभाषा में कविताओं की एक शृंखला लिखी जिसमें राधा-कृष्ण के प्रेम को **मानवीय सम्बन्धों की भावनात्मक गहराई** के रूप में प्रस्तुत किया गया।

यह शृंखला बंगाली नवजागरण के लिए एक सांस्कृतिक चेतना का वाहक बनी, जिसने भक्ति को रहस्यवाद (mysticism) और सौन्दर्यशास्त्र के साथ जोड़ा।

(ख) नाट्य और गीत : ठाकुर के कई नाटक, जैसे *"चित्रांगदा"*, *"श्यामा"*, और *"कालमृगया"* में कृष्णतत्त्व अप्रत्यक्ष रूप से प्रेम, दुविधा, नीति और करुणा के प्रतीक के रूप में प्रकट होता है।

उनकी गीतांजलि और अन्य गीतों में कृष्णतत्त्व एक आन्तरिक आत्मा की खोज, जीवन के प्रति आकर्षण और ईश्वर के प्रति मिलन की उत्कण्ठा के रूप में आता है।

बंकिमचन्द्र चट्टोपाध्याय : नीति और राष्ट्रधर्म में कृष्ण

बंकिमचन्द्र (1838–1894) बंगाल के पहले आधुनिक उपन्यासकार और चिन्तक माने जाते हैं। वे श्रीकृष्ण की छवि को एक **नीतिज्ञ, राष्ट्रनायक और अधर्म-विनाशक** के रूप में देखते हैं।

कृष्णचरित्र : बंकिमचन्द्र की यह कृति श्रीकृष्ण के जीवन की एक *दार्शनिक, नैतिक और ऐतिहासिक पुनर्व्याख्या* है। इसमें उन्होंने कृष्ण को एक **यथार्थवादी और व्यावहारिक नेता** के रूप में प्रस्तुत किया है। वे कृष्ण के चमत्कारों को प्रतीकात्मक मानते हैं और उन्हें *सत्य, धर्म और समाज-निर्माण* के मार्गदर्शक के रूप में प्रस्तुत करते हैं।

बंकिमचन्द्र के लिए श्रीकृष्ण केवल एक धार्मिक देवता नहीं, बल्कि **आधुनिक राष्ट्रवादी आदर्शों के शिल्पकार** थे। वे कृष्ण को *राष्ट्र और धर्म की रक्षा के लिए आवश्यक नीति और शक्ति* का प्रतीक मानते थे।

राममोहन राय, केशवचन्द्र सेन और धार्मिक पुनर्व्याख्या

राजा राममोहन राय (1772–1833) ने ब्रह्म समाज की स्थापना कर एकेश्वरवाद को बढ़ावा दिया। यद्यपि उन्होंने मूर्ति-पूजा का विरोध किया, फिर भी उन्होंने कृष्ण और गीता के नैतिक उपदेशों को स्वीकार किया।

केशवचन्द्र सेन (1838–1884), जो ब्रह्म समाज के प्रमुख नेता थे, उन्होंने *कृष्ण को प्रेम और समर्पण की दिव्य शक्ति* के रूप में देखा, और उन्हें आधुनिक धार्मिक भावना से जोड़ा।

कृष्ण की सौन्दर्यपरक और सांस्कृतिक उपस्थिति

(क) चित्रकला और मूर्तिकला : बंगाल स्कूल ऑफ आर्ट, जिसे अवनींद्रनाथ ठाकुर और नन्दलाल बोस ने आगे बढ़ाया, ने श्रीकृष्ण को **भारतीय सांस्कृतिक आत्मा के प्रतीक** के रूप में चित्रित किया।

कृष्ण के बालरूप, रासलीला और गीता उपदेश के दृश्य पारम्परिकता और नवजागरण की मिश्रित शैली में प्रस्तुत किये गये।

(ख) संगीत और नृत्य : रवीन्द्र-संगीत में कृष्ण विषयक गीतों की एक समृद्ध परम्परा है, जो भक्तिरस, शान्त रस और विरह रस को जोड़ती है। बंगाल में *मणिपुरी नृत्य, गौड़िय नृत्य* और *कीर्तन* में कृष्ण की छवि सौन्दर्य और भावप्रवणता की चरम अभिव्यक्ति बनकर सामने आती है। प्रसिद्ध नृत्यांगना डॉ. महुआ मुखोपाध्याय ने श्रीकृष्ण की लीलाओं का अपने गौड़िय नृत्य के माध्यम से अद्‌भुत प्रस्तुतीकरण किया है।

कृष्ण और सामाजिक नैतिकता का संवाद

बंगाल पुनर्जागरण ने श्रीकृष्ण की छवि को **मूल्यनिष्ठता, विवेक और सामाजिक उत्तरदायित्व** के प्रतीक के रूप में पुनर्निमित किया। कृष्ण की **धर्मयुद्ध की अवधारणा** को धर्म-संगत संघर्ष के रूप में व्याख्यायित किया गया, जो औपनिवेशिक शासन के विरुद्ध वैचारिक समर्थन देता था। कृष्ण के **कर्मयोग और निष्काम सेवा** को नये समाज निर्माण के लिए नैतिक आदर्श के रूप में प्रस्तुत किया गया।

समकालीन प्रभाव और स्मृति

आज भी बंगाल की सांस्कृतिक स्मृति में कृष्ण एक **जीवन्त प्रतीक** हैं :

* **रवीन्द्र संगीत, रासलीला, दुर्गा पूजा के आयोजनों** और **नवजागरण साहित्य** में कृष्ण बारम्बार लौटते हैं–कभी प्रेम में, कभी पीड़ा में, कभी संघर्ष में।

आधुनिक बंगाली साहित्यकार जैसे **सुनील गंगोपाध्याय** और **बुद्धदेव गुहा** ने अपने उपन्यासों में कृष्णतत्त्व को मनोवैज्ञानिक और सांस्कृतिक रूपकों में प्रयोग किया है। सुनील गंगोपाध्याय ने अपने अमर उपन्यास "राधा-कृष्ण" में कृष्ण के मानवीय पक्ष को उजागर किया है। लम्बे समय से भारत में दो सबसे प्रिय नाम हैं राधा और कृष्ण। इन दो लोगों की प्रेम कहानी पूरे विश्व साहित्य में बेजोड़ है। यह प्रेम कहानी विभिन्न पुराण-कथाओं में, लोक-गाथाओं में, लोकगीतों आदि में फैली हुई है। सर्वोच्च विद्वान या भक्त से लेकर सबसे आम व्यक्ति तक, यह कहानी हजारों सालों से अपनी-अपनी गाथा है। हालाँकि, अभी तक इस कहानी का विश्वसनीय, शुद्ध, पूर्ण रूप बांगला गद्य में नहीं लिखा गया है। सुनील गंगोपाध्याय ने सभी स्रोतों को मथ कर अपनी समृद्ध भाषा में इस उपन्यास की रचना की है। कृष्ण की कई पहचान हैं। वृन्दावन के कृष्ण, जो एक साधारण व्यक्ति की तरह हैं, जो एक बहादुर चरवाहे हैं और जो राधा के प्रेमी हैं, यहाँ केवल उनकी कहानी कही जाती है और राधा किसी और की रचना की तरह नहीं हैं। यहाँ वे देवी-देवता नहीं हैं। कोई अलौकिक प्रभाव नहीं है, वे शाश्वत प्रेमिका हैं। पुस्तक समाप्त करने के बाद, आप थोड़ा असन्तुष्ट होंगे, सोचेंगे कि थोड़ा और क्यों नहीं लिखा गया। इस असन्तोष ने इस प्रेम को अमर बना दिया है।

एक और कथाकार सृजनी कुन्तल ने अपनी कविता 'कृष्ण' में कृष्ण के प्रेम जीवन की आधुनिक सन्दर्भ में व्याख्या की है। बंगाल पुनर्जागरण के दौरान श्रीकृष्ण की छवि ने एक धार्मिक प्रतीक से ऊपर उठकर सांस्कृतिक चेतना, नैतिक मार्गदर्शन और सौन्दर्य के आदर्श का रूप धारण किया। वे बंगाल की आत्मा के सहयात्री बन गये–कभी कवि के हृदय में, कभी राष्ट्रवादी के स्वप्न में, और कभी आमजन की विरह-वेदना में। इस प्रक्रिया ने कृष्ण को बंगाल में एक सांस्कृतिक सार्वभौमिकता (cultural universality) का प्रतीक बना दिया।

भगवद्गीता और राजनीतिक चेतना

भगवद्गीता, जो श्रीकृष्ण के उपदेशों का सार है, बंगाल में सामाजिक और राजनीतिक विचारधारा का केन्द्रबिंदु बन गयी।

भगवद्गीता केवल धार्मिक ग्रन्थ नहीं है, बल्कि यह धर्म, नीति, कर्म और आत्मानुशासन का एक गहन दार्शनिक ग्रन्थ है। बंगाल के पुनर्जागरण काल से लेकर स्वतन्त्रता संग्राम और समकालीन राजनीति तक, गीता ने विचारशील बंगाली समाज को वैचारिक आधार, नैतिक दिशा और राजनीतिक साहस प्रदान किया। बंगाल में श्रीकृष्ण केवल भक्तिपूर्वक पूजे जाने वाले देवता नहीं, बल्कि एक नीति-प्रेरक, युक्तिसंगत और राजनैतिक मार्गदर्शक के रूप में स्वीकार किये गये।

भगवद्गीता : एक नैतिक-राजनीतिक घोषणापत्र

गीता में श्रीकृष्ण ने अर्जुन को कर्म, त्याग और न्यायपूर्ण संघर्ष का उपदेश दिया। उन्होंने स्पष्ट किया कि :

* धर्म के लिए युद्ध आवश्यक है।
* कर्म करते रहो, फल की चिन्ता मत करो (कर्मण्येवाधिकारस्ते मा फलेषू कदाचन)।
* अधर्म के विनाश हेतु कर्म करना ही वास्तविक धर्म है।

यह दर्शन बंगाल की राजनीतिक चेतना के लिए क्रान्तिकारी था, क्योंकि यहाँ यह कहा गया कि धर्म केवल ध्यान और त्याग नहीं, बल्कि कर्म और संघर्ष भी है।

बंकिमचन्द्र चट्टोपाध्याय और भगवद्गीता

बंकिमचन्द्र (1838–1894) ने गीता को भारतीय समाज की मूलधारा माना। उनकी रचना "कृष्णचरित्र" गीता के राजनैतिक तत्त्वों का विश्लेषण करती है। वे श्रीकृष्ण को एक राजनीतिक नेता और नीति-विशारद के रूप में प्रस्तुत करते हैं, जिन्होंने धर्म और राजनीति को एकसूत्र में पिरोया। बंकिम के लिए गीता राष्ट्रधर्म का ग्रन्थ है–जिसने भारतीयों को अत्याचार के विरुद्ध आवाज़ उठाने का औचित्य दिया।

स्वामी विवेकानन्द : गीता और आत्मबल

स्वामी विवेकानन्द (1863–1902) ने गीता को नैतिक शक्ति और आत्मविश्वास का स्रोत माना। उन्होंने बार-बार कहा कि भारत को "गीता का वह मानव" चाहिए–जो डरता नहीं, कर्म करता है, और धर्म के लिए उठ खड़ा होता है। उनके अनुसार, श्रीकृष्ण का 'स्थिरप्रज्ञ' का आदर्श ही एक आदर्श राजनीतिक कार्यकर्ता और राष्ट्रनायक की परिभाषा है।

भगवद्गीता और क्रान्तिकारी आन्दोलन

बीसवीं शताब्दी के प्रारम्भ में बंगाल का क्रान्तिकारी आन्दोलन गीता से प्रेरित था। अनुशीलन समिति, जुगांतर दल जैसे क्रान्तिकारी संगठनों ने गीता को नैतिक और रणनीतिक प्रेरणा का स्रोत बनाया। गीता उनके लिए धर्मयुद्ध की वैधानिकता का आधार थी–वे मानते थे कि अंग्रेज़ी शासन एक अधार्मिक शक्ति है, जिसे भगवद्गीता के अनुसार हटाना आवश्यक है। भगिनी निवेदिता (Sister Nivedita) ने कहा था कि बंगाल का युवा 'गीता का योद्धा' बन चुका है।

श्री अरविन्द (अरविन्द घोष) : गीता और आध्यात्मिक राष्ट्रवाद

श्री अरविन्द ने गीता को क्रियाशील अध्यात्म का ग्रन्थ बताया। वे कहते थे : "The message of the Gita is the message of action." उनका मानना था कि राष्ट्रसेवा भी ईश्वर की सेवा है–गीता यही सिखाती है। श्रीकृष्ण के माध्यम से गीता एक ऐसा दृष्टिकोण देती है जो धर्म और राजनीति को एक साथ सोचने की क्षमता प्रदान करता है।

टैगोर और नैतिक कर्म

रवीन्द्रनाथ ठाकुर गीता के कर्मयोग से प्रभावित थे, यद्यपि वे हिंसा के पक्ष में नहीं थे। उनकी दृष्टि में गीता आत्मानुशासन और नैतिक दायित्व का शिखर है। उन्होंने शिक्षा, साहित्य और राजनीति में कर्म, विवेक और स्वधर्म की अवधारणाओं को अपनाया–जो गीता से ही प्रेरित थीं।

भगत सिंह, सुभाषचन्द्र बोस और ख़ुदीराम बोस जैसे बंगाल के युवाओं को गीता ने अधर्म के विरुद्ध धर्मयुद्ध की वैधानिकता दी। कारावास में बन्द क्रान्तिकारी गीता का पाठ करते थे, उससे प्रेरणा लेते थे। आज भी बंगाल की राजनीति में नीति, धर्म, नैतिकता और दायित्व जैसे शब्दों के सन्दर्भ गीता से लिए जाते हैं। साम्प्रदायिकता,

सामाजिक अन्याय, और भ्रष्टाचार के विरोध में उठी आवाजों में गीता की 'धर्मस्थापनार्थ' की भावना प्रतिध्वनित होती है। राजनीतिक नेतृत्व से गीता की निष्काम कर्म और समत्व योग की अपेक्षा की जाती है।

भगवद्गीता ने बंगाल की राजनीतिक चेतना को केवल धार्मिक दृष्टि से नहीं, बल्कि दार्शनिक, नैतिक, और सामाजिक दृष्टिकोण से गहराई प्रदान की है। श्रीकृष्ण गीता में एक राजनीतिक गुरु बनते हैं–जो धर्म की रक्षा हेतु नीति, युद्ध और करुणा के समन्वय की शिक्षा देते हैं। बंगाल में यह दृष्टिकोण राजनीति को नैतिक कर्म का क्षेत्र मानने की चेतना को जन्म देता है–जहाँ श्रीकृष्ण केवल पूजा के नहीं, प्रेरणा के प्रतीक हैं।

गांधीजी ने गीता के निष्काम कर्म का सिद्धान्त अपने राजनीतिक जीवन में आत्मसात किया। बंगाल में उनके अनुयायियों और समाज सुधारकों ने गीता के विचारों को स्वतन्त्रता संग्राम, ग्रामस्वराज और सामाजिक न्याय के लिए प्रेरणास्रोत माना।

कृष्ण जन्माष्टमी और राजनीतिक मंच

कृष्ण जन्माष्टमी केवल एक धार्मिक पर्व नहीं, बल्कि बंगाल में यह समय-समय पर **राजनीतिक, सांस्कृतिक और सामाजिक विचारधारा** की अभिव्यक्ति का माध्यम रहा है। श्रीकृष्ण की जन्मतिथि–जो दुष्टता, अधर्म और अन्याय के विनाश की प्रतीक मानी जाती है–ने बंगाल के राजनीतिक मंचों पर भी एक **प्रेरक प्रतीकात्मकता** अर्जित की है। धार्मिक अनुष्ठानों से लेकर जनसभाओं तक, इस पर्व का उपयोग राजनीतिक दलों, सामाजिक संगठनों और सांस्कृतिक समूहों ने *वैचारिक शक्तिप्रदर्शन, नैतिक मूल्यों की पुनःस्थापना,* और *जनसंवाद* के लिए किया है।

श्रीकृष्ण : एक सार्वभौमिक राजनीतिक प्रतीक

श्रीकृष्ण की छवि बहुआयामी है :

- *बालकृष्ण* : मासूमियत और कोमलता का प्रतीक
- *रासेश्वर* : प्रेम और सौन्दर्य का आदर्श
- *नीतिज्ञ* : राजधर्म का ज्ञाता
- *सारथी* : मार्गदर्शक और दार्शनिक
- *चक्रधारी* : अधर्म का विनाशक

इस बहुआयामी स्वरूप ने बंगाल की राजनीतिक संस्कृति को एक ऐसा प्रतीक दिया जिसमें सार्वभौमिक स्वीकार्यता और वैचारिक लचीलापन दोनों हैं। इसीलिए जन्माष्टमी जैसे पर्वों पर श्रीकृष्ण की छवि को राजनीतिक उपदेशों और जनभावना से जोड़ा गया।

स्वतन्त्रता संग्राम के दौर में जन्माष्टमी : विरोध और प्रेरणा

- क्रान्तिकारी दलों ने जन्माष्टमी के अवसर पर गीता-पाठ, भगवद्गीता के सारांश और श्रीकृष्ण के नीतिवचनों को जनसभा में पढ़कर *ब्रिटिश विरोध की वैचारिक प्रेरणा* दी।
- *"कृष्ण ने अधर्म के विरुद्ध युद्ध किया, हमें भी करना होगा"* – यह विचार स्वतन्त्रता संग्राम के दौरान बंगाल में जनसभाओं और साहित्यिक आयोजनों में दोहराया जाता था।

- कई गुप्त क्रान्तिकारी सभाएँ जन्माष्टमी के धार्मिक आयोजन की आड़ में आयोजित होती थीं, ताकि ब्रिटिश पुलिस की नजर से बचा जा सके।

विभाजन के बाद : सांस्कृतिक पहचान और धार्मिक राजनीति

1947 के बाद जब बंगाल दो भागों में विभाजित हुआ, तब जन्माष्टमी का पर्व *संस्कृति और धार्मिक अस्मिता* के रूप में अधिक मुखर हुआ।

- पश्चिम बंगाल में जन्माष्टमी पर *श्रीकृष्ण की सांस्कृतिक भूमिका* को दर्शाने वाले जलूस, कीर्तन और नाटक आयोजित होने लगे।
- पूर्वी बंगाल (अब बांग्लादेश) से आये निर्वासित हिंदुओं ने कृष्ण जन्माष्टमी को *सांस्कृतिक पुनर्स्थापन* के माध्यम के रूप में अपनाया।
- ऐसे आयोजनों में श्रीकृष्ण को *संरक्षक, सहायक और न्यायदाता* के रूप में चित्रित किया गया।

जन्माष्टमी और बंगाल का नागरिक समाज

- अनेक ग़ैर-राजनीतिक सामाजिक संस्थाएँ, जैसे *कीर्तन दल, लोकनाट्य समूह,* और *बाल संघटनाएँ,* कृष्ण जन्माष्टमी को नैतिक शिक्षा, सामाजिक सेवा और सांस्कृतिक विकास के मंच के रूप में प्रस्तुत करती हैं।
- ऐसे आयोजनों में बालकृष्ण की लीलाएँ, दहीहांडी प्रतियोगिता, और कृष्ण पर आधारित नुक्कड़ नाटक भी होते हैं, जिनका उद्देश्य *सांस्कृतिक जड़ें मजबूत करना* होता है।

मीडिया, टीवी और सोशल मीडिया में श्रीकृष्ण की राजनीतिक व्याख्या

- जन्माष्टमी के अवसर पर टीवी चैनलों पर श्रीकृष्ण पर आधारित धारावाहिक, फिल्मों और गीता पाठों की भरमार होती है, जिनमें कई बार *राजनीतिक सन्देशों को प्रतीकों के माध्यम से प्रसारित* किया जाता है।
- सोशल मीडिया पर श्रीकृष्ण के उद्धरणों, गीता श्लोकों और छवियों का प्रयोग नेताओं द्वारा *अपने नैतिक और वैचारिक स्टैंड* को पुष्ट करने के लिए किया जाता है।

कृष्ण जन्माष्टमी, जो मूलत: एक *धार्मिक और सांस्कृतिक पर्व* है, बंगाल में समय के साथ एक राजनीतिक मंच में रूपान्तरित हो गया है। श्रीकृष्ण की छवि को विभिन्न वैचारिक समूहों ने अपनी *राजनीतिक विचारधारा, नैतिक उद्घोषणा और जनसम्पर्क अभियान* के लिए अनुकूलित किया है। किन्तु इस सबके बीच यह आवश्यक है कि श्रीकृष्ण के धर्म, नीति और करुणा के समन्वित सन्देश को राजनीति केवल साधन के रूप में नहीं, बल्कि सार्वजनिक नैतिकता और लोक-कल्याण के आदर्श के रूप में ग्रहण करे।

लोककला, कीर्तन और ग्राम्य राजनीति

ग्रामीण बंगाल में श्रीकृष्ण की छवि और भी सजीव और आत्मीय है।

- **कीर्तन :** गाँवों में कीर्तन मण्डलियाँ कृष्ण की लीलाओं को प्रस्तुत करते हैं, जिससे वह आम जनमानस के हृदय में बस जाते हैं।

- **राजनीतिक सन्देश :** इन लोककथाओं के माध्यम से सामाजिक समरसता, अन्याय के विरुद्ध संघर्ष, और नीति के आदर्श जैसे राजनीतिक सन्देश दिये जाते हैं।

लोककला, कीर्तन और ग्राम्य राजनीति में श्रीकृष्ण की भूमिका-बंगाल के सन्दर्भ में एक विश्लेषण

बंगाल की सांस्कृतिक आत्मा गहरे रूप में लोककला, कीर्तन और ग्राम्य धार्मिक आयोजनों में रची-बसी है। यहाँ श्रीकृष्ण केवल धार्मिक आस्था का केन्द्र नहीं, बल्कि सांस्कृतिक चेतना और सामाजिक संवाद के माध्यम भी हैं। विशेषतः ग्रामीण बंगाल में, श्रीकृष्ण के प्रति भक्ति *लोकगीतों, नाट्य परम्पराओं, कीर्तन, पुतुल-नाच, पाला-गान* आदि के माध्यम से अभिव्यक्त होती है। ये कलात्मक विधाएं न केवल धार्मिक सन्देश प्रसारित करती हैं, बल्कि ग्राम्य राजनीति, सामाजिक संरचना, और सांस्कृतिक प्रतिरोध का स्वर भी बनती हैं।

लोककला में श्रीकृष्ण की उपस्थिति

(क) पुतुल-नाच (कठपुतली नृत्य)

- ग्रामीण मेलों में कृष्ण की लीलाओं पर आधारित पुतुल-नाच आज भी लोकप्रिय है।
- इसमें श्रीकृष्ण को नायक के रूप में प्रस्तुत किया जाता है, जो **अन्याय के विरुद्ध खड़ा होता है** – गाँवों में यह रूपक *स्थानीय सत्ता और भ्रष्टाचार के विरोध* का प्रतीक बन जाता है।

(ख) पटचित्र (पट्टचित्र कला)

- बंगाल के पटुआ समुदाय द्वारा बनाए गये *पटकथात्मक चित्रों* में राधा-कृष्ण की कथा को सामाजिक सन्देशों के साथ जोड़ा जाता है।
- आधुनिक पटचित्रों में श्रीकृष्ण को पर्यावरण-संरक्षण, भ्रष्टाचार विरोध या महिला सुरक्षा जैसे विषयों से भी जोड़ा गया है।

(ग) छौ और गम्भीरा नृत्य

- झारग्राम और पुरुलिया क्षेत्र में श्रीकृष्ण पर आधारित *मुखौटा नृत्य-नाटक* (छौ) समाज के *आन्तरिक संघर्ष और नैतिक द्वन्द्व* को प्रदर्शित करते हैं।

कीर्तन परम्परा और सामाजिक-सांस्कृतिक राजनीति

(क) नित्य-कीर्तन और नाम-कीर्तन

- राधा-कृष्ण पर आधारित कीर्तन केवल धार्मिक अनुष्ठान नहीं, बल्कि सामूहिक भावनात्मक एकता और *सामाजिक गतिशीलता* का उपकरण हैं।
- कीर्तन मण्डलियाँ गाँवों में सामाजिक मुद्दों पर भी गीतों की रचना करती हैं, जिनमें श्रीकृष्ण की उपमाएँ लेकर *न्याय, प्रेम, त्याग और संघर्ष* की बात होती है।

(ख) कीर्तन में नारी सशक्तीकरण

- कई महिला-कीर्तन दल कृष्ण को प्रेमी, मित्र और सहायक के रूप में चित्रित करते हैं और इस आधार पर नारी आत्मविश्वास और स्वायत्तता को प्रेरित करते हैं।

(ग) जाति और वर्ग चेतना

- *कीर्तन और पाला-गान* के माध्यम से निचली जातियाँ और वंचित समुदाय अपनी धार्मिक और सांस्कृतिक भागीदारी जताते हैं।
- श्रीकृष्ण, जो स्वयं यदुवंशी थे और ग्वालों के बीच पले-बढ़े, इन समुदायों के लिए *सांस्कृतिक समानता और आत्मगौरव* के प्रतीक बनते हैं।

ग्राम्य राजनीति में श्रीकृष्ण के प्रतीकों का उपयोग

(क) ग्रामीण चुनावी प्रचार में कृष्ण की छवि

- चुनावी मौसम में कई राजनीतिक दल गाँवों में झाँकी, कीर्तन, मेला और रासलीला का आयोजन कराते हैं, जिनमें श्रीकृष्ण की छवि का उपयोग *नैतिक नेतृत्व और धर्म-संस्थापन* के प्रतीक के रूप में किया जाता है।

(ख) पंचायत स्तर पर सांस्कृतिक दावेदारी

- श्रीकृष्ण पर आधारित सांस्कृतिक कार्यक्रमों के *प्रायोजन, आयोजन और नियंत्रण* के माध्यम से गाँवों में सामाजिक प्रभाव और राजनीतिक पकड़ स्थापित की जाती है।
- उदाहरणत:, जो दल गाँव में कीर्तन-दल को सहायता देता है या जन्माष्टमी के आयोजन का नेतृत्व करता है, वह *धार्मिक नेतृत्व* के साथ-साथ *राजनीतिक नैतिकता* का भी स्वामी माना जाता है।

(ग) कृष्ण कथाओं के माध्यम से सामाजिक आलोचना

- कई *लोक-नाटकों में श्रीकृष्ण वर्तमान सामाजिक समस्याओं से संवाद करते हुए प्रस्तुत किये जाते हैं*, जैसे–
  - भ्रष्ट पंचायत प्रमुख के विरुद्ध श्रीकृष्ण का रूपक,
  - सामाजिक अन्याय के विरुद्ध रासलीला में छिपा व्यंग्य।

आधुनिक लोक-संस्कृति और डिजिटल लोककला

- सोशल मीडिया और यूट्यूब जैसे माध्यमों से अब गाँवों के *कीर्तन, रासलीला और लोकगीत* व्यापक जनसमूह तक पहुँच रहे हैं।
- श्रीकृष्ण पर आधारित रैप-फॉर्मेट की लोकगीतों में अब *बेरोजगारी, बालविवाह, भ्रष्टाचार* जैसे मुद्दों को जोड़ा जा रहा है, जिनमें कृष्ण लोक-नायक के रूप में उभरते हैं।

बंगाल के ग्रामीण समाज में श्रीकृष्ण केवल धार्मिक देवता नहीं हैं, बल्कि एक जीवन्त सांस्कृतिक सत्ता हैं। उनकी छवि लोककला और कीर्तन के माध्यम से ग्रामीण जनमानस के भीतर सामाजिक चेतना, राजनीतिक प्रतीकवाद और सांस्कृतिक प्रतिरोध का स्वर गूँजाती है। ग्राम्य राजनीति में यह छवि *धर्म और नीति की सीमा* से आगे बढ़कर सामाजिक न्याय, नेतृत्व की नैतिकता और समुदायगत एकता की धुरी बन जाती है।

आधुनिक मीडिया और श्रीकृष्ण

बंगाली फिल्में, टेलीविजन धारावाहिक और यूट्यूब जैसे नए मीडिया में श्रीकृष्ण की छवि को नए सन्दर्भों में प्रस्तुत किया जा रहा है।

- कई सामाजिक विषयों को कृष्ण की कहानियों के रूपक के माध्यम से दर्शाया जा रहा है।
- कृष्ण की रणनीति और मानवीय संवेदनाएँ आज भी प्रासंगिक मानी जाती हैं।

टेलीविजन और श्रीकृष्ण की दृश्य-भाषा

(क) धारावाहिकों में श्रीकृष्ण

- **डी डी बांग्ला, स्टार जलसा** आदि चैनलों पर श्रीकृष्ण आधारित धारावाहिकों का लम्बे समय से प्रसारण होता आया है।
- ये धारावाहिक न केवल धार्मिक कथा कहते हैं, बल्कि उनकी प्रस्तुति में **सामाजिक मूल्यों, पारिवारिक मर्यादा और नैतिक आदर्शों** का समावेश किया जाता है।
- बंगाल में दर्शकों ने श्रीकृष्ण को एक *'आदर्श पुत्र', 'सारथी', 'राजनीति कुशल मार्गदर्शक'* के रूप में देखा–जो आज की सामाजिक परिस्थितियों में भी प्रासंगिक बना है।

(ख) धार्मिक त्यौहारों के विशेष प्रसारण

- जन्माष्टमी, रासपूर्णिमा जैसे अवसरों पर टीवी चैनल विशेष कार्यक्रम प्रस्तुत करते हैं – इनमें रासलीला, कृष्ण-लीला और गीता-उपदेश प्रमुख होते हैं।
- ये कार्यक्रम अक्सर *बंगाली सांस्कृतिक परिप्रेक्ष्य* में ढाले जाते हैं, जहाँ श्रीकृष्ण की छवि को *संवेदनशील और लोकसुलभ* रूप में दर्शाया जाता है।

सोशल मीडिया और श्रीकृष्ण की डिजिटल उपस्थिति

(क) फेसबुक और इंस्टाग्राम पर श्रीकृष्ण

- बंगाल में हजारों पेज और प्रोफाइल्स श्रीकृष्ण के उद्धरण, चित्र और कथाएँ साझा करते हैं।
- **'Gita for Life', 'Bengal Loves Krishna', 'Krishna Bhakti Bangla'** जैसे पेजों की लोकप्रियता दर्शाती है कि लोग आध्यात्मिकता को डिजिटल स्पेस में खोज रहे हैं।
- श्रीकृष्ण के *"कर्मण्येवाधिकारस्ते..."* जैसे गीता श्लोकों को *लाइफ कोचिंग, विपणन रणनीति,* और *राजनीतिक भाषणों* में उद्धृत किया जा रहा है।

(ख) WhatsApp और YouTube पर भक्ति प्रसार

- WhatsApp पर श्रीकृष्ण के *सुबह के सन्देश, दैनिक विचार* और *भक्ति गीत* व्यापक रूप से साझा होते हैं।
- YouTube चैनलों पर *रासलीला, बालकृष्ण की कहानियाँ* और *ऑडियो गीता पाठ* को बंगाली में डब कर प्रसारित किया जाता है–इनमें से कई चैनल लाखों सब्सक्राइबर तक पहुँचते हैं।

राजनेताओं के मंच और मीडिया में श्रीकृष्ण का प्रतीकात्मक प्रयोग

(क) चुनावी अभियानों में श्रीकृष्ण की छवि

- कई बंगाली राजनीतिक दलों ने श्रीकृष्ण की छवि को चुनावी पोस्टर, भाषणों और डिजिटल प्रचार सामग्री में अपनाया है।

- उदाहरणत :
    - “जैसे कृष्ण ने अर्जुन को धर्म युद्ध के लिए तैयार किया, वैसे ही हम बंगाल के लोगों को अन्याय के विरुद्ध संगठित करेंगे।”
    - यह **प्रतीकात्मक राजधर्म और नैतिकता** का सन्देश देता है।

(ख) डिजिटल नैतिकता और गीता के सन्देश

कुछ नेता अपने ट्विटर और फेसबुक पर गीता के श्लोक पोस्ट करते हैं, जिससे वे *नीतिशील नेता* के रूप में स्वयं की छवि प्रस्तुत करते हैं।

डिजिटल मीडिया में श्रीकृष्ण के माध्यम से *राजनीतिक संवाद* अब अधिक *भावनात्मक और सांस्कृतिक रूप से सुलभ* हो गया है।

श्रीकृष्ण पर आधारित वेब सीरीज़ और एनिमेशन

(क) बालकृष्ण पर केन्द्रित एनिमेशन

- बच्चों के लिए डिज़ाइन की गयी बांग्ला भाषी एनिमेशन सीरीज़, जैसे “Krishna Leela in Bangla”, YouTube पर विशेष रूप से लोकप्रिय हैं।
- ये कार्यक्रम श्रीकृष्ण को एक *बाल-मित्र और शिक्षात्मक नायक* के रूप में प्रस्तुत करते हैं – जिससे आधुनिक शहरी बच्चों का जुड़ाव बनता है।

(ख) धार्मिक कथा में सामाजिक विषय

- कुछ आधुनिक प्रस्तुतियाँ श्रीकृष्ण की कथाओं में *सामाजिक मुद्दों का समावेश* करती हैं, जैसे –
    - पर्यावरण संरक्षण (गोवर्धन पूजा से जोड़कर),
    - महिला सशक्तीकरण (राधा और मीरा की दृष्टि से),
    - जातिगत समानता (कृष्ण और सुदामा की कथा से)।

मीडिया आलोचना : मिथक और बाज़ार का गठबन्धन

कई विचारकों और सांस्कृतिक विश्लेषकों का मानना है कि श्रीकृष्ण की छवि को *ब्रांडिंग और मार्केटिंग* के उपकरण की तरह भी उपयोग किया जा रहा है।

उनका तर्क है कि गीता के श्लोकों और कृष्ण की छवियों को *उपभोक्तावाद, राजनीतिक संप्रेषण और मानसिक प्रेरणा* की भाषा में ढाल दिया गया है।

इससे श्रीकृष्ण का पारम्परिक, सांस्कृतिक और दार्शनिक पक्ष कई बार उपभोक्ता-केन्द्रित आडम्बर में ढक जाता है।

इस प्रकार, आधुनिक मीडिया में श्रीकृष्ण की उपस्थिति बंगाल की सांस्कृतिक जीवन्तता और डिजिटल युग में धर्म-संवाद की प्रक्रिया को स्पष्ट रूप से दर्शाती है। श्रीकृष्ण अब केवल मन्दिरों या मेलों तक सीमित नहीं, वे हमारे मोबाइल स्क्रीन, टीवी धारावाहिक, वेब सीरीज़, फेसबुक स्टोरी और इंस्टाग्राम रील में स्थान पा चुके हैं।

यह नयी उपस्थिति लोक और शास्त्र, राजनीति और नैतिकता तथा परम्परा और तकनीक के बीच एक नया संवाद स्थापित करती है।

अत:, बंगाल में श्रीकृष्ण केवल एक धार्मिक या पौराणिक व्यक्तित्व नहीं हैं, वे एक सामाजिक सुधारक, सांस्कृतिक प्रेरक और राजनीतिक मार्गदर्शक के रूप में भी विद्यमान हैं। चैतन्य महाप्रभु के संकीर्तन आन्दोलन से लेकर आधुनिक बंगाल की राजनीतिक चेतना तक, श्रीकृष्ण की छवि निरंतर नये अर्थों और सन्दर्भों में प्रकट होती रही है। बंगाल की आत्मा में श्रीकृष्ण केवल बंशीधारी नहीं, बल्कि नीति, प्रेम और संघर्ष के त्रिगुण स्वरूप हैं।

बंगाल के सामाजिक जीवन में श्रीकृष्ण की भूमिका : एक सांस्कृतिक समाजशास्त्रीय अध्ययन

बंगाल, भारत का एक सांस्कृतिक और आध्यात्मिक रूप से समृद्ध क्षेत्र, सदियों से श्रीकृष्ण भक्ति की विविध अभिव्यक्तियों का केन्द्र रहा है। श्रीकृष्ण, जिनका व्यक्तित्व बहुआयामी है–बालकृष्ण, मुरलीधर, सखा, योगेश्वर और गीता उपदेशक–वे बंगाल के सामाजिक ढाँचे, पारिवारिक मूल्यों, जातीय चेतना, महिला-जीवन और लोक-परम्पराओं में गहराई से रचे-बसे हैं।

यह अध्याय इस बात का विश्लेषण करता है कि किस प्रकार श्रीकृष्ण बंगाल के सामाजिक जीवन का अभिन्न हिस्सा बने और कैसे उनकी उपस्थिति केवल धार्मिक नहीं, बल्कि सांस्कृतिक, नैतिक और सामाजिक संबल का रूप धारण कर चुकी है।

पारिवारिक संरचना और श्रीकृष्ण का आदर्श

बंगाल की पारम्परिक पारिवारिक व्यवस्था में श्रीकृष्ण को एक आदर्श पुत्र, आज्ञाकारी शिष्य और नैतिक जीवन जीने वाले मित्र के रूप में देखा जाता है।

- यशोदा-नन्दन कृष्ण की कहानियाँ बंगाली माताओं के लिए *मातृत्व की चरम अनुभूति* का स्रोत बनती हैं।
- सुदामा और कृष्ण की मित्रता बंगाल के सामाजिक सम्बन्धों में *सच्ची मित्रता और सहानुभूति* का आदर्श प्रस्तुत करती है।

आज भी, परिवारों में बच्चों को *कृष्ण की कथाएँ* सुनाकर उन्हें धैर्य, साहस और धर्म के लिए संघर्ष जैसे मूल्यों से परिचित कराया जाता है। कई कार्टून फिल्म 'कृष्ण-कथा' पर केवल बच्चों के लिए बनाए गए हैं।

राधा-कृष्ण और बंगाली प्रेम परम्परा

बंगाल में राधा-कृष्ण का प्रेम केवल *भक्ति का माध्यम* नहीं, बल्कि सामाजिक और भावनात्मक सम्बन्धों की ऊँचाई और आत्मिकता का प्रतीक है।

- इस प्रेम को *शारीरिक सीमाओं से परे* एक पूर्ण समर्पण के रूप में देखा जाता है।
- ग्रामीण बंगाल में, राधा-कृष्ण की लीला पर आधारित गीत, नृत्य और नाटक सामाजिक उत्सवों का हिस्सा हैं।

यह प्रेमबोध समाज में *नैतिक प्रेम सम्बन्धों और परस्पर समर्पण* की भावना को पुष्ट करता है।

जातीय समरसता और वर्गीय समावेश

श्रीकृष्ण का जन्म एक यदुवंशी के रूप में हुआ और उनका पालन-पोषण ग्वालों और चरवाहों के बीच हुआ–यह तथ्य बंगाल के समाज में जातिगत समरसता का प्रतीक बन गया।

- कीर्तन मण्डलियों में ब्राह्मण, नाई, शूद्र सभी एक साथ भाग लेते हैं, जिससे सामाजिक समानता को बल मिलता है।
- कृष्ण का मित्र सुदामा एक निर्धन ब्राह्मण था–यह प्रसंग *आर्थिक और सामाजिक समानता के पक्ष में एक मजबूत सांस्कृतिक सन्देश* देता है।

लोक परम्पराएँ और कृष्ण-केन्द्रित सांस्कृतिक आयोजन

बंगाल के गाँवों और कस्बों में श्रीकृष्ण केन्द्रित परम्पराएँ और आयोजन न केवल धार्मिक होते हैं, बल्कि सामूहिक भागीदारी और सामाजिक मेलजोल के मंच बन जाते हैं।

प्रमुख आयोजन :

- झूलनोत्सव : ग्रामीण अंचलों में आयोजित, जहाँ झूले पर राधा-कृष्ण की मूर्तियाँ सजाई जाती हैं और सामूहिक भजन-कीर्तन होता है। बच्चे भी इसमें बढ़-चढ़कर भाग लेते हैं।
- रासलीला और कृष्ण-नाटक : बंगाली लोक-नाट्य परम्परा में *कृष्ण की लीलाओं पर आधारित अभिनय* सामाजिक संवाद और बच्चों की शिक्षा का माध्यम है।
- नाम-संकीर्तन : कृष्ण नाम का सामूहिक उच्चारण–यह आध्यात्मिक अभ्यास के साथ-साथ सामाजिक समरसता और शान्ति का वातावरण बनाता है।

स्त्री जीवन में श्रीकृष्ण की उपस्थिति

बंगाली स्त्रियों के जीवन में श्रीकृष्ण एक सखा, स्वामी और 'आत्माराम' के रूप में उपस्थित हैं।

- *राधा-कृष्ण भक्ति* स्त्रियों के भावनात्मक सन्तुलन, प्रेम और विरह की अभिव्यक्ति का साधन बनती है।
- गृहिणियाँ व्रतों, उपवासों, कीर्तन मण्डलियों में भाग लेकर कृष्ण से अपना आध्यात्मिक सम्बन्ध गढ़ती हैं।
- विधवाओं के लिए श्रीकृष्ण एक ऐसा रूप हैं, जहाँ वे अपने *पारिवारिक दायित्वों से परे जाकर ईश्वर के प्रेम में डूब सकती हैं*–विशेषकर नवद्वीप और वृन्दावन में रहने वाली बंगाली विधवाएँ।

संघर्ष, संकट और कृष्ण का नैतिक नेतृत्व

श्रीकृष्ण केवल प्रेम और भक्ति के प्रतीक नहीं, वे धर्मयुद्ध और नीति के मार्गदर्शक भी हैं।

- जब समाज में अन्याय, शोषण या अत्याचार होता है, तो लोग *गीता के श्लोकों या कृष्ण के कर्म-सिद्धान्त* की ओर मुड़ते हैं।
- ग्राम पंचायतों, युवा आन्दोलनों, और श्रमिक यूनियनों में श्रीकृष्ण को *न्याय के पक्षधर* और *धर्मपरायण नेता* के रूप में स्मरण किया जाता है।

आधुनिक सामाजिक आन्दोलनों में श्रीकृष्ण की पुनर्व्याख्या

- चैतन्य महाप्रभु ने श्रीकृष्ण को *सार्वजनिक भक्ति और सामाजिक जागरण* का माध्यम बनाया।
- ब्रह्म समाज, रामकृष्ण मिशन और इस्कॉन जैसी संस्थाओं ने श्रीकृष्ण की छवि को आधुनिक सामाजिक सेवा, शिक्षा और समता के प्रतीक के रूप में प्रस्तुत किया।

आज के बंगाल में भी कई युवा संगठन, NGO और सांस्कृतिक मण्डलियाँ श्रीकृष्ण की प्रेरणा लेकर *शिक्षा, महिला सशक्तीकरण, पर्यावरण संरक्षण और सामाजिक न्याय* के लिए काम कर रही हैं।

अतः, बंगाल का समाज श्रीकृष्ण की उपस्थिति से गहराई से जुड़ा हुआ है। वे धर्म और न्याय के प्रतीक, प्रेम और करुणा के स्रोत, और सामाजिक समरसता के संवाहक हैं। ग्रामीण मेले हों या शहरी कीर्तन मण्डलियाँ, स्त्रियों की भक्ति हो या बच्चों की शिक्षाएँ–श्रीकृष्ण हर क्षेत्र में उपस्थित हैं। उनकी छवि सांस्कृतिक विरासत में रची-बसी है और आधुनिक सामाजिक जीवन में भी वे *प्रेरणा, संवाद और पुनर्निर्माण* के प्रतीक हैं।

9
श्रीकृष्ण विषयक साहित्य में प्रकृति, माहात्म्य और विज्ञान

भगवान श्रीकृष्ण भारतीय संस्कृति के सबसे बहुआयामी और गहराई से अनुभव किये जाने वाले देवताओं में से एक हैं। पश्चिम बंगाल में श्रीकृष्ण केवल एक धार्मिक प्रतीक नहीं, बल्कि सामाजिक, सांस्कृतिक, सौन्दर्यात्मक और वैज्ञानिक चेतना के प्रतिनिधि हैं। बांग्ला साहित्य और भक्ति परम्परा में उनके व्यक्तित्व का चित्रण केवल दिव्यता या प्रेम के प्रतीक के रूप में नहीं हुआ, बल्कि वे प्रकृति के साथी, जीवन के मार्गदर्शक और ज्ञान के संवाहक के रूप में भी प्रतिष्ठित हैं।

श्रीकृष्ण और प्रकृति : सौन्दर्य, रस और जीवन का संवाद

पश्चिम बंगाल के कृष्णभक्ति साहित्य में प्रकृति की भूमिका केवल पृष्ठभूमि नहीं, बल्कि कथावस्तु की जीवन्त सहचर है। विशेष रूप से जयदेव, विद्यापति, चैतन्य, लोचनदास और रामप्रसाद सेन के साहित्य में वृन्दावन का वन, यमुना की कलकल ध्वनि, रास रचती गोपियाँ, झूमते वृक्ष और फूलों की गन्ध श्रीकृष्ण के साथ प्रेम और रास के माध्यम बन जाते हैं। "गीत गोविन्द" में श्रीकृष्ण और राधा के मिलन-विरह की पृष्ठभूमि ऋतुओं के चक्र में बसी हुई है–वसन्त की मादकता, वर्षा की गंभीरता, शरद की शीतलता, ये सब हृदयगत आवेग-संवेगों के प्रतीक-स्वरूप हैं।

लोक संस्कृति में प्रकृति

- **रासलीला, झूलनयात्रा, दोल यात्रा** जैसे पर्वों में वृक्षों की डालियों पर झूले बाँधे जाते हैं, बाँसुरी की धुनें चलती हैं, और वातावरण फूलों से सजाया जाता है।
- **बीरभूम, बाँकुरा, नदिया और कूचबिहार** जैसे जिलों में रास गीतों और लोकनाट्यों में प्रकृति के प्रत्येक अंग को श्रीकृष्ण से जोड़ दिया जाता है।

यह हमें बताता है कि बंगाल में प्रकृति केवल दृश्य तत्त्व नहीं, बल्कि **ईश्वर की उपस्थिति का प्रमाण** है।

श्रीकृष्ण और माहात्म्य : प्रकृति के साथ दिव्यता की अनुभूति

चैतन्य महाप्रभु ने वृन्दावन यात्रा को आत्मिक अनुभव का माध्यम बनाया। उनके अनुयायियों ने वृक्षों, नदियों, गायों, पर्वतों (जैसे गोवर्धन) को **ईश्वर का अंश** मानकर पूजा की। उनके अनुयायी जब मायापुर (नदिया) में संकीर्तन करते हैं, तब प्राकृतिक वातावरण की दिव्यता को महसूस किया जाता है। बांग्ला में कई मन्दिरों का

निर्माण **प्राकृतिक परिवेश** को ध्यान में रखकर हुआ है। जैसे–**मायापुर ISKCON, नबद्वीप, राजबल्लव मन्दिर (कोलकाता)** आदि। इससे यह स्पष्ट होता है कि श्रीकृष्ण के साथ **प्राकृतिक सजीवता को आध्यात्मिक अनुभूति से जोड़ा गया।**

श्रीकृष्ण और विज्ञान : जीवनशैली, मनोविज्ञान और पर्यावरण चेतना

जीवनशैली और स्वास्थ्य विज्ञान

श्रीकृष्ण की **ग्वालवालों के साथ गाय चराना, दूध-दही का सेवन, वनविहार**, ये सभी जीवन के *प्राकृतिक और सन्तुलित जीवनशैली* को दर्शाते हैं। यह दृष्टिकोण आयुर्वेदिक सिद्धान्तों से मेल खाता है–**स्वस्थ आहार, नियमित शारीरिक क्रिया और मानसिक प्रसन्नता।**

मनोविज्ञान और समूह चेतना

रासलीला को यदि मनोवैज्ञानिक दृष्टि से देखा जाए, तो यह सामूहिक चेतना (collective consciousness) और **emotional release therapy** (आवेगों का निर्गमन) का प्रतीक है। बंगाल में रासलीला, नृत्य-गीतों के माध्यम से समाज एक साथ जुड़ता है, जिससे **सामूहिक तनाव मुक्ति** होती है।

पर्यावरण विज्ञान और गोसेवा

श्रीकृष्ण को गोपाल, गोविन्द, गोवर्धनधारी नामों से पूजा जाता है। बंगाल के ग्रामीण समाज में **गाय को केवल धार्मिक नहीं, कृषि और पारिस्थितिकी का आधार** माना जाता है। ISKCON के गोशालाओं में *बायोगैस, जैविक खाद, पर्यावरणीय सन्तुलन* जैसे आधुनिक विषय भी समाहित हैं।

श्रीकृष्ण साहित्य के भीतर यह वैज्ञानिक चेतना पौराणिक प्रतीकों के माध्यम से व्यक्त होती है, जो आज के सन्दर्भ में भी अत्यन्त प्रासंगिक है।

ISKCON और आधुनिक बंगाल : परम्परा और विज्ञान का मिलन

मायापुर का वैश्विक केन्द्र

नदिया जिले के मायापुर में ISKCON का केन्द्र **पश्चिम बंगाल की परम्परागत वैष्णविता को वैश्विक स्वरूप** देता है।

यहाँ पर सौर ऊर्जा का प्रयोग, प्लास्टिक निषेध नीति, जैविक कृषि, गोशाला आधारित पुनर्चक्रण और आयुर्वेदिक चिकित्सा, सब मिलकर एक **प्राकृतिक और वैज्ञानिक जीवन प्रणाली** प्रस्तुत करते हैं।

ISKCON इस बात का उदाहरण है कि कैसे श्रीकृष्ण भक्ति परम्परा **आधुनिक विज्ञान, पर्यावरणीय संरक्षण और वैश्विक चेतना** से जुड़ सकती है।

श्रीकृष्ण विषयक साहित्य, विशेषकर पश्चिम बंगाल के सन्दर्भ में, एक ऐसा जीवन्त दस्तावेज है जो हमें दिखाता है कि **धार्मिक भक्ति, प्रकृति प्रेम और वैज्ञानिक सोच** को कैसे एक साथ साधा जा सकता है।

प्रकृति श्रीकृष्ण की लीलाओं में साथी है, माहात्म्य उस प्राकृतिक सौन्दर्य को दिव्यता से जोड़ता है और विज्ञान उस दृष्टिकोण को आज के समय में व्यावहारिक बनाता है

अतः बंगाल का कृष्ण साहित्य हमें **धर्म, पर्यावरण और वैज्ञानिक चेतना के बीच सेतु** प्रदान करता है। आज जब हम पर्यावरणीय संकट, मानसिक असन्तुलन और सांस्कृतिक विघटन के युग में हैं, तब यह परम्परा **चेतना का दीपक** बन सकती है।

बांग्ला साहित्य में श्रीकृष्ण विषयक प्रमुख ग्रन्थ और उनमें प्रकृति एवं विज्ञान की अभिव्यक्ति

पश्चिम बंगाल का सांस्कृतिक परिदृश्य श्रीकृष्ण भक्ति और साहित्य से समृद्ध है। चैतन्य महाप्रभु की वैष्णव भक्ति धारा ने न केवल धार्मिक चेतना को गहराया, बल्कि लोक भाषा–बांग्ला–में कृष्ण के विविध रूपों को **प्राकृतिक सौन्दर्य, मनोवैज्ञानिक सूक्ष्मता** और **जीवन के वैज्ञानिक मूल्यों** के साथ जोड़ दिया।

इस लेख में हम बांग्ला भाषा में रचित उन प्रमुख श्रीकृष्ण विषयक ग्रन्थों और रचनाकारों की चर्चा करेंगे, जिन्होंने साहित्य में प्रकृति और विज्ञान को गहराई से रेखांकित किया है।

जयदेव का गीतगोविन्द (बांग्ला में अनुदित पदावली के रूप में)

जयदेव द्वारा रचित "गीतगोविन्द" संस्कृत साहित्य की अमर रचना है, जिसमें राधा और कृष्ण के मिलन-विरह को प्रकृति के माध्यम से चित्रित किया गया है।

चैतन्य महाप्रभु के अनुयायियों ने गीतगोविन्द को पदावली के रूप में बंगाल में लोकप्रिय किया। नित्य संकीर्तन, नृत्य और झूलन उत्सव में यह ग्रन्थ गाया जाता है।

प्रकृति का प्रयोग : पुष्पों की गन्ध, पवन की गति, चन्द्रमा की शीतलता, मधुमास की मादकता– ये सारी वस्तुएँ राधा-कृष्ण के प्रेम के आलंबन हैं। राधा के विरह की पीड़ा को वर्षा की घटा, बिच्छु फूल और शिशिर की नीरवता से जोड़ा गया है।

वैज्ञानिक दृष्टिकोण : ऋतुचक्र (seasons) को मनोविज्ञान से जोड़ना। प्रकृति के साथ भावनाओं का तुलनात्मक अध्ययन एक **मानवीय व्यवहार विज्ञान** का संकेत है।

विद्यापति और चण्डीदास की पदावली

हालाँकि विद्यापति मैथिली कवि थे, परन्तु उनके पदों का बांग्ला में अत्यधिक अनुवाद और अनुकरण हुआ। **चण्डीदास,** बांग्ला के महान कृष्ण भक्त कवि थे जिनकी रचनाएँ आज भी संकीर्तन परम्परा का मूल आधार हैं।

प्रकृति का प्रयोग : वृक्षों, नदी, पत्तियों, पंछियों, आकाश, वर्षा–ये सारे के सारे उपादान भक्ति और विरह के प्रतीक हैं।

उदाहरण : "तोमारे लागिया वृन्दावन बास", जिसमें चण्डीदास वृन्दावन को राधा की विरह भावना का विस्तार मानते हैं।

वैज्ञानिक संकेत : प्रकृति के प्रतीकों द्वारा मनोभावों की चिकित्सा (emotional catharsis)। मनुष्य और प्रकृति के बीच की **सामंजस्यपूर्ण जीवनशैली**।

लोचनदास ठाकुर का चैतन्य मंगल

चैतन्य महाप्रभु के जीवन पर आधारित यह ग्रन्थ श्रीकृष्ण के प्रति बंगाल की जनमानस की श्रद्धा और भक्ति का दर्पण है। श्रीकृष्ण को नित्य जीवों के जीवन में प्रकृति के रूप में प्रकट होते दिखाया गया है।

प्रकृति और समाज : पंचदास ठाकुर ने कृष्ण को ग्रामीण जीवन के केन्द्र में स्थापित किया–**नदी के किनारे संकीर्तन, वृक्षों की छाया में प्रवचन, और गौशालाओं में कीर्तन**।

विज्ञान का संकेत : कृषक जीवन के सन्दर्भ में गाय, दूध, गोबर जैसे विषयों का प्रयोग **सतत विकास के प्रतीकों** के रूप में किया गया है।

कृष्णानन्द आगमवागीश और गौड़ीय तन्त्र साहित्य

इन ग्रन्थों में **कृष्ण को तान्त्रिक चेतना** के रूप में भी प्रस्तुत किया गया है, जहाँ प्रकृति केवल सौन्दर्य नहीं बल्कि **शक्ति और ऊर्जा (प्रकृति-पुरुष सिद्धान्त)** की प्रतीक है।

प्रकृति और ऊर्जा : पञ्चतत्त्व (आकाश, वायु, अग्नि, जल, पृथ्वी) को कृष्ण की भक्ति से जोड़ा गया है।

वैज्ञानिक संकेत : ऊर्जा सिद्धान्त (energy principles) और योगिक चेतना से जुड़े प्रयोग।

रामप्रसाद सेन और श्यामासंगीत

यद्यपि रामप्रसाद की उपासना देवी-केन्द्रित थी, परन्तु कई पदों में **राधा-कृष्ण के मिथकों का प्रयोग** हुआ है।

प्रकृति का स्वर :जामुन वृक्ष, बाँसुरी, झील और शिशिर रात्रि जैसे चित्र श्रीकृष्ण भक्ति को संवेदनशील रूप में व्यक्त करते हैं।

जीवन और विज्ञान : अन्तर्मन की चिकित्सा, ध्यान, साधना– ये मानसिक एवं भावात्मक पीड़ाओं का समाधान करती हैं।

कृष्ण चेतना का आधुनिक रूप : बंगाली साहित्य, नाटक और फिल्म में

बंगाली परम्परा में, कृष्ण न केवल एक धार्मिक चरित्र हैं, बल्कि वे समय के साथ पुनर्जागरण, मानवता, प्रेम और आत्मा-खोज का प्रतीक बन गये हैं। बीसवीं सदी के बंगाली साहित्य, नाटक और फिल्म में, कृष्ण का चरित्र न केवल पौराणिक है-बल्कि जीवन के दर्शन, नैतिक-भावनात्मक चिन्तन का केन्द्र बन गया है।

बांग्ला साहित्य और कविता में आधुनिक कृष्ण चेतना

• रवीन्द्रनाथ टैगोर :

रवीन्द्रनाथ की साहित्यिक कृतियों में कृष्ण चेतना की गहरी अन्तर्निहित उपस्थिति ध्यान देने योग्य है। उनके कृष्ण, प्रकृति में रमे हुए, **मानव मन के भीतर चल रही चेतना की प्रतिध्वनि** बन जाते हैं।

भानु सिंह की पदावली (1884): यहाँ कृष्ण प्रेमी और रक्षक हैं, जो प्रेम की लालसा में बाँसुरी बजाते हैं, लेकिन वियोग में अपनी प्रेमिका को त्याग देते हैं। इन कविताओं में राधा-कृष्ण के प्रेम के माध्यम से मानवीय चेतना प्रकट होती है।

"यामिनी जागो रजनी जागे
सघन गगने बिजुली लागे..."

'श्यामा' और 'चित्रांगदा' जैसी नृत्य नाटिकाओं में रवीन्द्रनाथ ने कृष्ण चेतना को सामाजिक मुक्ति, नारी शक्ति की अभिव्यक्ति और मानवीय प्रेम से भी जोड़ा है।

रवीन्द्रनाथ की पदबली (जैसे श्यामा, चित्रांगदा, भानुसिंह की पदबली) पर आधारित ड्रामा फ़िल्मों या टेलीफ़िल्मों में, कृष्ण चेतना को एक दार्शनिक और शाश्वत प्रेम के रूप में दर्शाया गया था।

- **माइकल मधुसूदन दत्ता :**

यद्यपि उनके मेघनादवध काव्य और अन्य रचनाओं में कृष्ण का चरित्र प्रत्यक्ष रूप से मौजूद नहीं है, लेकिन भारतीय पौराणिक कथाओं और आख्यानों पर आधारित लौकिक नैतिकता के अर्थ में कृष्ण चेतना की छाया महसूस की जाती है।

- **जीवनानन्द दास :**

उनकी कविताओं में श्रीकृष्ण का नाम काफी हद तक उदासीनता, प्रकृतिवाद और अस्तित्ववाद के प्रकाश में उच्चारित किया गया है। "राधा जैसा उदास प्रेम" या "बाँसुरी की ध्वनि" जैसी काव्य-छवियाँ प्रकृति और स्मृति में कृष्ण को पुनर्जीवित करती हैं।

ISKCON **के बांग्ला प्रकाशन और वैज्ञानिक प्रयोग**

मायापुर स्थित ISKCON ने "भगवद्गीता", "भागवत पुराण", "श्रीमद्भागवतम" के बांग्ला अनुवाद प्रकाशित किये हैं। ये ग्रन्थ विद्यालयों और विश्वविद्यालयों में **सांस्कृतिक, दार्शनिक और पर्यावरणीय शिक्षा** के स्रोत बनते जा रहे हैं।

प्रमुख परियोजना :

- गोशाला आधारित जैविक कृषि,
- आयुर्वेद और योग से जुड़ी कार्यशालायें,
- वृक्षारोपण और जलसंरक्षण कार्यक्रम

ये पहलें बताती हैं कि बांग्ला में कृष्ण-साहित्य आज के वैज्ञानिक सन्दर्भ में भी प्रासंगिक है।

बांग्ला श्रीकृष्ण साहित्य की परम्परा केवल एक धार्मिक-अध्यात्मिक अभ्यास नहीं, बल्कि प्रकृति के साथ मानव का संवाद, मानसिक स्वास्थ्य की चेतना, और सन्तुलित जीवन की वैज्ञानिक समझ का वाहक है।

जयदेव से लेकर रवीन्द्रनाथ तक, चैतन्य से लेकर ISKCON तक, श्रीकृष्ण विषयक बांग्ला साहित्य ने प्रकृति को केवल सजावट नहीं, जीवन और ब्रह्म चेतना का अंग माना है। आज के सन्दर्भ में, जब पर्यावरणीय संकट, मानसिक तनाव और सामाजिक विखण्डन जैसे प्रश्न हमारे सामने हैं–यह साहित्य हमें प्राकृतिक जीवन, वैज्ञानिक सोच और आध्यात्मिक चेतना का संगम प्रदान करता है।

यहाँ पाठकों के लिए काव्य-उद्धरणों सहित विश्लेषणात्मक प्रस्तुति आवश्यक है :

जयदेव (गीतगोविन्द)–

क) "कुसुम-सौरभ-शिशिर-मारुत-संवत्सर-सौख्यमयम्"

(गीतगोविन्द, सन्दर्भ पदावली)

अर्थ :

"फूलों की सुगन्ध, शीतल हवा और ऋतु के सुख से पूर्ण वातावरण।"

प्रकृति और सौन्दर्य :

ऋतु, पुष्प, और वायु का समन्वय प्राकृतिक सौन्दर्य को दर्शाता है। यह वातावरण कृष्ण-राधा की प्रेमलीला के मनोवैज्ञानिक प्रभाव को विस्तार देता है।

वैज्ञानिक दृष्टिकोण :

यह वातावरण मानव मस्तिष्क में डोपामीन और सेरोटोनिन जैसे रसायनों की वृद्धि को प्रेरित करता है–जो प्रेम और सुख की भावना को प्रबल करते हैं।

ख)"विपिन-विनोद-तरल-तनु-मञ्जु-मृग-मद-मोहित-मनसि"

(गीतगोविन्द, सर्ग 2)

अर्थ :

"वन में विहार करते हुए उस तरल और कोमल शरीरवाली राधा की ओर देख कर कृष्ण का मन मृग की चपलता और काम से मोहित हो गया है।"

प्रकृति चित्रण :

"विपिन" (वन), "मृग" (हिरण), "मद-मोहित" (विलासमय मनस्थिति)–इन सबका उपयोग कर **प्राकृतिक वातावरण में राधा-कृष्ण की प्रेमलीला** को दर्शाया गया है।

वैज्ञानिक विश्लेषण :

यह पद **मानव और प्रकृति के बीच जैविक सामंजस्य** की बात करता है। जंगल और वन्य जीवन की उपस्थिति से उत्पन्न मानसिक अवस्थाएँ (Psychological Conditioning through Natural Surroundings) का चित्रण है।

ग) "ललित-लवङ्ग-लता-परिशीलन-कोमल-मलय-समीर"

(गीतगोविन्द, सर्ग 1)

अर्थ :

"लवंग की लताओं के कोमल संस्पर्श से मलय पवन बह रहा है।..."

प्रकृति से सम्बन्ध :

मलय समीर (मलय पर्वत से चलने वाली सुगंधित पवन) का वर्णन। लवंग लता (clove creeper), वनस्पति जगत के सुगन्ध और सौन्दर्य को दर्शाती है। पूरे दृश्य में **प्रकृति का सजीव चित्रण** है–पवन, लता, फूल, सुगन्ध, जो प्रेम का आलम्बन बनते हैं।

वैज्ञानिक दृष्टिकोण :

सुगंधित पवनों का प्रभाव मन-मस्तिष्क पर **सकारात्मक रासायनिक प्रभाव** डालता है (Aromatherapy

के सिद्धान्त से साम्य)। यह पद प्रकृति के **संज्ञात्मक प्रभावों** (cognitive and sensory impact) को उजागर करता है।

घ) "स्मररति मञ्जु-मुखि मादर-मधुरिपो हृत-मना मम"

(गीतगोविन्द, सर्ग 1, श्लोक 5)

अर्थ :

"हे मनोहर मुखवाली! कामदेव को जीतने वाले श्रीकृष्ण तुम्हारे रूप के चिन्तन में मग्न हैं, मेरा मन तुम्हारे सौन्दर्य में बंध गया है।"

प्रकृति से सम्बन्ध :

"मञ्जु-मुखि" (सुन्दर मुख) और "मधुरिपु" (कामदेव को जीतने वाले कृष्ण) के बीच जो आकर्षण है, वह **वसन्त ऋतु** के सौन्दर्य और कामभावना की पराकाष्ठा को दर्शाता है। वसन्त ऋतु को अक्सर फूलों, कोयल की आवाज़, मधुमास की गन्ध से जोड़ा जाता है, जो जैविक जीवन को प्रेरित करता है।

वैज्ञानिक संकेत :

यह पद **मनोविज्ञान और जैविक प्रतिक्रियाओं** (hormonal effects of seasons) की ओर संकेत करता है। ऋतुओं के प्रभाव से शरीर में उत्पन्न होने वाली **संवेदनाएँ और भावनाएँ,** जैसे वसन्त में कामभाव की वृद्धि–यह जैविक दृष्टि से एक स्वाभाविक प्रक्रिया है।

चण्डीदास और विद्यापति–राधा-कृष्ण की विरह में प्रकृति की सजीवता

चण्डीदास और **विद्यापति** द्वारा रचित ऐसी पदावलियाँ (कविताएँ), जिनमें *प्रकृति और विज्ञान* का गूढ़ संयोजन दिखायी देता है। इन रचनाओं में राधा-कृष्ण के प्रेम और विरह के भावों को *ऋतुचक्र, प्राकृतिक दृश्यों, मनोवैज्ञानिक अवस्थाओं और मानवीय विज्ञान* से गहराई से जोड़ा गया है।

चण्डीदास (चौदह सदी) की बांग्ला पदावली श्रीकृष्ण और राधा के प्रेम को एक अत्यन्त मानवीय धरातल पर चित्रित करती है, जिसमें **प्राकृतिक दृश्यों** और **मानसिक अनुभवों** का अनूठा समन्वय है।

उदाहरण पद :

"तोमारे लागिया वृन्दावनवास
सांझेर वायु बहे निश्वास।"

अनुवाद :

"तुम्हारे लिए ही वृन्दावन में मेरा वास है,
संध्या की वायु मेरी साँसों में घुल गयी है।"

विश्लेषण :

- **प्राकृतिक सन्दर्भ** : संध्या की वायु को राधा की साँसों में विलीन बताया गया है।
- **विज्ञान-संकेत** : मनोविज्ञान और शरीर-विज्ञान की दृष्टि से प्रेम का प्रभाव सांसों, हृदयगति और संवेदना पर देखा जाता है – यह *psychosomatic connection* का संकेत देता है।
- **भक्ति की अभिव्यक्ति** : वृन्दावन की प्राकृतिक छटा को राधा के प्रेम के प्रतीक के रूप में देखा गया है।

विद्यापति की पदावली से उदाहरण

विद्यापति की मैथिली रचनाओं का बंगाल में व्यापक प्रभाव पड़ा। उनकी पदावलियों का बांग्ला में अनुवाद व कीर्तन परम्परा में प्रयोग हुआ। उनके पदों में ऋतु, फूल, पक्षी और मौसम के माध्यम से प्रेम को व्यक्त किया गया है।

उदाहरण पद :

"काहे करूँ कुंज बिहार
कोकिल कुहरे मधुवार।"

अनुवाद :

"क्यों न करूँ कुंज-वन में विहार,
कोयल गा रही है मधुमास में।"

विश्लेषण :

- **प्राकृतिक संकेत :** *मधुमास* (वसन्त ऋतु), *कोयल का कूजन,* और *कुंज* (वन) सभी प्रेम की उपयुक्त स्थितियों को दर्शाते हैं।
- **विज्ञान संकेत :** वसन्त ऋतु को वैज्ञानिक रूप से *प्रजनन, नव सृजन, और हॉर्मोनल सक्रियता* की ऋतु माना जाता है–विद्यापति इसे राधा-कृष्ण के प्रेम के साथ जोड़ते हैं।
- **भक्ति सन्दर्भ :** यह केवल लौकिक प्रेम नहीं, बल्कि आध्यात्मिक मिलन की भी प्रतीकात्मक व्याख्या है।

प्राकृतिक विज्ञान और भावनात्मक समरसता

इन कवियों की रचनाएँ यह दिखाती हैं कि–प्रकृति केवल सजावट नहीं है, वह *मानव-भावना की विस्तारिका* है। वृक्ष, पक्षी, ऋतु और वायु–इन सबका मनुष्यों के मनोविज्ञान पर प्रभाव वैज्ञानिक रूप से सिद्ध है। राधा-कृष्ण की भक्ति के माध्यम से एक **मनो-प्राकृतिक विज्ञान** (Psycho-natural Science) का दर्शन होता है।

इस प्रकार, चण्डीदास और विद्यापति की रचनाएँ बंगाल के कृष्ण-साहित्य को एक ऐसी ऊँचाई पर ले जाती हैं जहाँ **प्रकृति, प्रेम और भक्ति** का **वैज्ञानिक सन्तुलन** स्थापित होता है। उनकी पदावलियाँ न केवल भावनाओं को जगाती हैं, बल्कि **मनुष्य और प्रकृति के मध्य तादात्म्य** को भी वैज्ञानिक दृष्टिकोण से पुष्ट करती हैं।

लोचनदास ठाकुर (चैतन्य मंगल)–लोक प्रकृति और अध्यात्म

लोचनदास ठाकुर 16वीं शताब्दी के महान वैष्णव सन्त-कवि थे, जिन्होंने *"चैतन्य मंगल"* की रचना की थी। यह ग्रन्थ न केवल चैतन्य महाप्रभु के जीवन का आख्यान है, बल्कि इसमें श्रीकृष्ण-भक्ति की भावनात्मक और दार्शनिक गहराइयों को **प्राकृतिक** और **वैज्ञानिक दृष्टिकोण** से भी प्रस्तुत किया गया है। यद्यपि लोचनदास मुख्यतः भक्तिपरक और धार्मिक पदों के लिए प्रसिद्ध हैं, उनके पदों में प्रकृति और लोक-विज्ञान का सुन्दर चित्रण देखने को मिलता है।

यहाँ कुछ पदावली उदाहरणों का प्रस्तुत विश्लेषण किया जा रहा है :

उदाहरण 1 :

"दया कर अय बरसाइली मेघ, हेरि हरषे कृषक जन।"

भावार्थ :

'हे कृष्ण! आपने कृपा कर वर्षा कराई, जिससे कृषकजन हर्षित हो उठे।'

प्रकृति और विज्ञान विश्लेषण :

यह पद **मानव और प्रकृति के सहजीवी सम्बन्ध** को दर्शाता है। वर्षा के समय कृषकों की खुशी और कृषि उत्पादन की स्थिति स्पष्ट है। **जल-चक्र (Water Cycle)** और उसका जीवन पर प्रभाव यहाँ वैज्ञानिक दृष्टि से देखा जा सकता है।

उदाहरण 2 :

"नदी पाथार बन तट, सबे हर्षे उठिल गान।
जहाँ जहाँ नाम तोर, सेइ होइ वृन्दावन।"

भावार्थ :

'नदी, मैदान, जंगल, और तट सब हर्षित होकर गान करने लगे; जहाँ-जहाँ तुम्हारा नाम लिया जाता है, वहाँ-वहाँ वृन्दावन बन जाता है।'

प्रकृति विश्लेषण :

- यह पद दिखाता है कि श्रीकृष्ण का नाम **स्थल और प्रकृति को पवित्रता** प्रदान करता है। नदियों, वनों और खेतों को **सजीव इकाई** के रूप में देखा गया है, जो आध्यात्मिक ऊर्जा से अनुप्राणित हो सकते हैं। यह विचार (आध्यात्मिक पर्यावरण/ परिवेश) *Ecospirituality* और **स्थल की चेतना** (consciousness of place) की आधुनिक अवधारणा से मेल खाता है।

उदाहरण 3 :

"तुलसी, आम्र, कटहल, बकुल,
सबे बाजे कृष्ण नाम।"

भावार्थ :

तुलसी, आम, कटहल और बकुल जैसे वृक्ष भी कृष्ण के नाम का संकीर्तन करते हैं।

प्रकृति और विज्ञान विश्लेषण :

पेड़ों और वनस्पतियों को **सजीव और भक्ति में सहभागी** माना गया है। यह विचार **वनस्पति विज्ञान** (Botany) की जीवन्तता और आज की "plant communication" जैसी संकल्पनाओं से मेल खाता है। तुलसी का उल्लेख आयुर्वेद और औषधीय विज्ञान से भी जुड़ता है।

लोचनदास ठाकुर के पदों में **प्रकृति सजीव और भावनाशील इकाई** है। **जल, वन, वृक्ष, और ऋतु**–सब भक्ति के प्रसंग में गूँथे गये हैं। उनका काव्य यह संकेत देता है कि आध्यात्मिकता और पर्यावरणीय चेतना एक-दूसरे से जुड़े हुए हैं।

रवीन्द्रनाथ ठाकुर (भानुसिंह पदावली)–आधुनिक दृष्टिकोण से प्रकृति और कृष्ण

'सावन गगने घोर घनघटा, निशीथ यामिनी रे'

तथा,

'सजनी सजनी राधिका लो, देखो अबहुँ चाहिया'

रवीन्द्रनाथ ठाकुर द्वारा भानुसिंह के छद्म नाम से रचित **"भानुसिंह पदावली"** बंगाल की वैष्णव भक्ति परम्परा को एक काव्यात्मक पुनरावृत्ति के रूप में प्रस्तुत करती है। इन पदों में राधा-कृष्ण की प्रेमकथा के माध्यम से **प्रकृति के जीवन्त चित्र, मौसम की सूक्ष्मता**, और **मानवीय भावनाओं के साथ प्राकृतिक घटनाओं की वैज्ञानिक संगति** अत्यन्त गहराई से उभरी है।

यहाँ कुछ प्रमुख उदाहरण दिये गये हैं :

पद : "निशि दिन भीजे चले आमार चोखेर पलक"

("रात्रि-दिवस मेरी आँखों की पलकें भीगती रहती हैं")

भावार्थ : यह पद राधा के विरह की पीड़ा को व्यक्त करता है, जिसमें प्रकृति की **नमी, जल**, और **आँसू** का उपयोग एक संवेगात्मक माध्यम के रूप में किया गया है।

प्रकृति और विज्ञान का दृष्टिकोण : जल (पानी) केवल आँसुओं का प्रतीक नहीं है; यह **मानव शरीर की जल-संरचना, मनःस्थितियों में द्रव प्रवाह,** और **मानसिक तनाव** से जुड़ा एक *मनोरोगीय संकेत* भी बनता है। यहाँ **मानव-मनोविज्ञान** और *जीव-प्रकृति* के बीच सम्बन्ध दिखायी देता है।

2. पदः "तुमि संध्यार मेघमाला, आमि गोधुलिर पाखी"

("तुम संध्या के मेघों की माला हो, मैं गोधूलि का पक्षी")

भावार्थ : राधा कृष्ण को संध्या के मेघों की माला के रूप में और स्वयं को गोधूलि का पक्षी मानती है–यह प्रेम का एक रूपकीय चित्र है।

प्रकृति और विज्ञान का दृष्टिकोण :

संध्या (twilight) और **गोधूलि** (dusk) एक खगोलीय समयबिंदु है, जब सूर्य की किरणें वायुमण्डल के परावर्तन से रंग बदलती हैं।

पक्षियों की जैविक घड़ी (biological clock) इस समय क्रियाशील होती है। पक्षी लौटते हैं–यह प्राकृतिक जीवन चक्र का वैज्ञानिक पक्ष है।

रवीन्द्रनाथ इन दोनों घटनाओं को **भावनात्मक प्रेम प्रतीकों** के साथ जोड़ते हैं।

3. पद : "वेणु बाजे वनवीथी तले"

("बाँसुरी बजती है वन-वीथि के नीचे")

भावार्थ : कृष्ण की बंसी की ध्वनि से पूरा वन क्षेत्र गूंज रहा है, और प्रकृति उसकी साक्षी है।

प्रकृति और विज्ञान का दृष्टिकोण :

वन-पथ में ध्वनि का प्रसार–**ध्वनि-तरंगों का प्रतिबिम्ब, आर्द्रता और ध्वनि गति** से जुड़ा है। बाँसुरी की ध्वनि–**आवृत्ति (frequency), तरंग (wave), और अनुनाद (resonance)** जैसे वैज्ञानिक तत्त्व इसमें छिपे हैं। इस दृश्य से रवीन्द्रनाथ ने **ध्वनि विज्ञान** को भावनाओं के सन्दर्भ में प्रस्तुत किया है।

"भानुसिंह पदावली" में रवीन्द्रनाथ ने केवल भक्ति नहीं गाई, बल्कि **प्रकृति के तात्त्विक रूप, मानव अनुभूतियों के जैविक सन्दर्भ**, और **सामंजस्यपूर्ण जीवन** को दर्शाया है। उनकी कविताएँ न केवल धार्मिक रूप से भावुक हैं, बल्कि वैज्ञानिक दृष्टिकोण से जीवन के गूढ़ रहस्यों को भी उजागर करती हैं।

10
वर्तमान सन्दर्भ में श्रीकृष्ण का प्रदेय

श्रीकृष्ण भारतीय संस्कृति, धर्म और दर्शन के अद्वितीय प्रतीक हैं। उनका जीवन, लीलायें और उपदेश न केवल धार्मिक भावना को जागृत करते हैं, बल्कि जीवन के विविध पहलुओं में मार्गदर्शन भी प्रदान करते हैं। वे एक योद्धा, एक मित्र, एक नीति-निर्माता, एक प्रेमी, और सबसे बढ़कर–**एक ईश्वर** के रूप में भारतीय मानस में विद्यमान हैं। आज जब दुनिया भौतिकता, मानसिक तनाव, नैतिक पतन और सामाजिक असमानता से जूझ रही है, तब श्रीकृष्ण के जीवन-दर्शन का *प्रदेय* (अर्थात् दिया हुआ उत्तराधिकार) अत्यन्त प्रासंगिक हो गया है।

कर्म और धर्म का सन्देश–जीवन का मूलमन्त्र

भगवद गीता में अर्जुन को उपदेश देते हुए श्रीकृष्ण ने कहा :

"कर्मण्येवाधिकारस्ते मा फलेषु कदाचन..."

(अर्थ : तेरा अधिकार केवल कर्म करने में है, फल में नहीं।)

यह उपदेश आज की प्रतिस्पर्धात्मक दुनिया में विशेष रूप से महत्त्वपूर्ण है, जहाँ लोग फल की चिन्ता में अपने कर्तव्य को भूल जाते हैं। श्रीकृष्ण का यह *प्रदेय* मानव को कर्तव्यनिष्ठ, निष्काम और समर्पित बनने की प्रेरणा देता है।

सामाजिक समरसता का आदर्श

श्रीकृष्ण ने अपने जीवन में किसी जाति, वर्ण या सामाजिक स्थिति के आधार पर भेदभाव नहीं किया। उन्होंने यशोदा के गोद में पला, सुदामा जैसे गरीब ब्राह्मण को मित्र माना, द्रौपदी की लाज बचाई, विदुर जैसे सेवक को सम्मान दिया। यह व्यवहार समता, न्याय और करुणा का प्रतीक है।

वर्तमान सन्दर्भ में यह सन्देश अत्यन्त आवश्यक है, जहाँ समाज में भेदभाव, विषमता और असहिष्णुता के विषैले बीज पनप रहे हैं।

राजनीतिक दृष्टि और नीति का प्रदेय

श्रीकृष्ण एक सफल कूटनीतिज्ञ और धर्म-संरक्षक थे। उन्होंने महाभारत में न्याय के लिए पाण्डवों का साथ दिया लेकिन पहले शान्ति की पहल की। आज के नेताओं के लिए श्रीकृष्ण की यह नीति शिक्षा देती है कि सच्चे नेता को युद्ध के साथ-साथ, न्याय की स्थापना में भी विश्वास रखना चाहिये।

श्रीकृष्ण का यह **प्रदेय** हमें बताता है कि नेतृत्व वही सफल होता है जिसमें साहस, नीति, नैतिकता और धैर्य का समन्वय हो।

- **प्रेम और भक्ति का मार्ग**

श्रीकृष्ण की लीलाओं में राधा के प्रति उनका प्रेम, गोपियों के साथ रास, और मीरा, सूरदास, चैतन्य महाप्रभु जैसी भक्तों की भक्ति ने भक्ति को एक **जीवनदर्शन** में बदल दिया। यह प्रेम लौकिक नहीं, अपितु आध्यात्मिक था–जहाँ आत्मा परमात्मा से मिलन की लालसा में तड़पती है।

आज जब बंगाली समाज में ही नहीं, समग्र भारतीय समाज में, प्रेम का अर्थ केवल भौतिकता तक सीमित रह गया है, श्रीकृष्ण का यह *प्रेम का प्रदेय* मानवता को आत्मिक सम्बन्धों की ओर उन्मुख करता है।

- **जीवन को लीला की तरह देखना–तनाव का समाधान**

श्रीकृष्ण का सम्पूर्ण जीवन 'लीला' (खेल) है। उन्होंने संकटों में भी मुस्कुराना नहीं छोड़ा। माखन चोरी हो या कंस वध, युद्ध हो या रास, सब कुछ उन्होंने सहजता से किया।

यह दृष्टिकोण **मानसिक स्वास्थ्य** के लिए प्रेरणादायक है। आज की भागदौड़ भरी ज़िन्दगी में, श्रीकृष्ण हमें सिखाते हैं कि जीवन को गंभीरता से नहीं, *उत्सव* की तरह जीना चाहिए।

- **सांस्कृतिक और साहित्यिक प्रदेय**

श्रीकृष्ण की लीलाओं ने हजारों वर्षों से कला, संगीत, नृत्य, साहित्य और नाट्य परम्परा को प्रेरणा दी है। रासलीला, भागवत कथा, श्रीमद्भागवत पुराण, बांग्ला कीर्तन, पदावली साहित्य, भजन, छौवौ-नृत्य, मणिपुरी नृत्य, ओडिशा का गोपीनाथ नाट्य, गौड़ीय नृत्य–सभी कृष्ण केन्द्रित है।

बंगाल में श्रीचैतन्य महाप्रभु की प्रेरणा एवं जयदेव की *गीतगोविन्द* से लेकर विद्यापति, चण्डीदास, ज्ञानदास, गोविन्ददास आदि की पदावली जैसी रचनाएँ श्रीकृष्ण के *सांस्कृतिक प्रदेय* की जीवन्त मिसालें हैं।

वर्तमान समय में जब विश्व अनेक प्रकार की चुनौतियों से जूझ रहा है–नैतिक, सामाजिक, मानसिक और आध्यात्मिक–ऐसे में श्रीकृष्ण का जीवन और उनका *प्रदेय* केवल धार्मिक ही नहीं, बल्कि सार्वभौमिक प्रेरणा का स्रोत बन गया है।

श्रीकृष्ण आज भी हमारे साथ हैं–एक विचार के रूप में, एक दर्शन के रूप में, और एक मार्गदर्शक के रूप में।

वर्तमान सन्दर्भ में श्रीकृष्ण का प्रदेय-पश्चिम बंगाल की सांस्कृतिक और सामाजिक पृष्ठभूमि में :

भारत की धार्मिक चेतना में भगवान श्रीकृष्ण का स्थान अत्यन्त ऊँचा है, परन्तु यदि हम विशेष रूप से पश्चिम बंगाल की ओर दृष्टिपात करें, तो पायँगे कि श्रीकृष्ण केवल एक आराध्य देव नहीं, अपितु बंगाली जन-मानस की आत्मा हैं। बंगाल के भक्ति आन्दोलन से लेकर लोकसंस्कृति, कथा-परम्परा, संगीत, नृत्य और साहित्य तक–हर कोने में श्रीकृष्ण की उपस्थिति गहराई से महसूस की जा सकती है।

आज जब पश्चिम बंगाल भी वैश्वीकरण, तकनीकी बदलाव और सामाजिक प्रतिस्पर्धा के दौर से गुजर रहा है, तब श्रीकृष्ण का जीवन-दर्शन बंगाल के लिए *एक जीवन्त प्रदेय* बनकर सामने आता है–जो सामाजिक समरसता, सांस्कृतिक गर्व और आध्यात्मिक मार्गदर्शन का स्रोत है।

• चैतन्य महाप्रभु और वैष्णव भक्ति आन्दोलन: श्रीकृष्ण का ऐतिहासिक प्रदेय

16वीं सदी में **चैतन्य महाप्रभु** के नेतृत्व में बंगाल में श्रीकृष्ण भक्ति का जो ज्वार उठा, वह केवल धार्मिक नहीं था, बल्कि एक **सांस्कृतिक क्रान्ति** थी। महाप्रभु ने श्रीकृष्ण के 'राधा-माधव' रूप की उपासना को समाज के हर वर्ग तक पहुँचाया। कीर्तन, संकीर्तन और नृत्य द्वारा कृष्णभक्ति ने जाति, धर्म, वर्ग की दीवारों को तोड़ा।

इस आन्दोलन के माध्यम से बंगाल को जो *प्रदेय* प्राप्त हुआ, वह है :

- **सामाजिक समता का भाव**
- **समूह उपासना (संकीर्तन) की परम्परा**
- **राधा-कृष्ण प्रेम की आध्यात्मिक व्याख्या**

• बंगाल की लोक संस्कृति में श्रीकृष्ण की उपस्थिति

पश्चिम बंगाल के ग्रामीण अंचलों में आज भी **रासयात्रा, झूलन उत्सव, दोल यात्रा** जैसे पर्व श्रीकृष्ण की स्मृति में मनाए जाते हैं। श्रीकृष्ण की बाल लीलाओं, माखन चोरी, कालिया नाग वध आदि को लेकर **रासलीलाओं और लोकनाट्यों** का मंचन होता है।

बीरभूम, नदिया, कूचबिहार, बांकुरा और मुर्शिदाबाद जैसे जिलों में ग्राम्य लोकगीतों में श्रीकृष्ण प्रमुख नायक हैं। झाड़ानाट्य, कृष्णलीला, और गीतिनाट्य जैसी परम्पराएँ बंगाल की लोक आत्मा में कृष्णभक्ति को जीवन्त रखती हैं।

यह सांस्कृतिक प्रदेय आज भी बंगाल की पहचान में शामिल है–**रंग, संगीत, नृत्य और भक्ति का समन्वय**।

• बंगाली साहित्य और श्रीकृष्ण

बंगाल का साहित्य श्रीकृष्ण से अनुप्राणित है। जयदेव के "गीत गोविन्द" को बंगाल में साहित्यिक भक्ति का शिखर माना गया। चैतन्य साहित्य, "चैतन्य भागवत", "चैतन्य चरितामृत" में कृष्ण का रूप बार-बार प्रकट होता है।

रवीन्द्रनाथ ठाकुर, व्यासदेव, लोचनदास ठाकुर, रामप्रसाद सेन, और काजी नज़रुल इस्लाम जैसे रचनाकारों ने भी अपने साहित्य में श्रीकृष्ण को विभिन्न रूपों में प्रतिष्ठित किया है।

आज की पीढ़ी के लिए यह साहित्यिक प्रदेय सांस्कृतिक चेतना और अध्यात्मिक अभिव्यक्ति का स्रोत है।

• श्रीकृष्ण और बंगाली समाज में नैतिकता का बोध

श्रीकृष्ण का उपदेश–"धर्म की रक्षा के लिए अधर्म का विनाश"–बंगाली समाज में नैतिक विवेक का आधार रहा है। जब भी सामाजिक अन्याय या सत्ता का दुरुपयोग हुआ है, बंगाली चेतना ने श्रीकृष्ण के नीति-विवेक को स्मरण किया है।

राजनीतिक आन्दोलनों, विशेषकर स्वतन्त्रता संग्राम में श्रीकृष्ण के "धर्मयुद्ध" के आदर्श को कई बंगाली नेताओं ने प्रेरणा स्वरूप अपनाया था।

यह *नैतिक प्रदेय* आज भी बंगाल के सामाजिक विमर्श का हिस्सा है।

- **वर्तमान समय में कृष्णभक्ति के संगठन और परम्पराएँ (जैसे** ISKCON)

मायापुर (नदिया जिला) स्थित ISKCON का अन्तरराष्ट्रीय केन्द्र आज पश्चिम बंगाल को वैश्विक कृष्णभक्ति आन्दोलन से जोड़ता है। विदेशी भक्तों के आगमन और वैश्विक स्तर पर बंगाल की वैष्णव परम्परा का प्रचार–यह सब श्रीकृष्ण के वैश्विक प्रदेय का हिस्सा बन चुका है। श्रीकृष्ण पर लगातार शोध और गवेषणा हो रहे हैं।

ISKCON ने भक्ति को आधुनिक जीवन शैली से जोड़ा है–प्रबंधन, अनुशासन, पर्यावरण चेतना, सामुदायिक जीवन–सभी में श्रीकृष्ण का समावेश है।

लगभग सभी विश्वविद्यालयों में भाषा और साहित्य के पाठ्यपुस्तकों में कृष्णभक्ति काव्य विशेष रूप से पढ़ाया जाता है।

- **श्रीकृष्ण के पर्व और बंगाली उत्सव**

  - **जन्माष्टमी**–पूरे बंगाल में पारम्परिक तरीके से मनायी जाती है, विशेष रूप से नन्दोत्सव के आयोजन में।
  - **रासयात्रा (कृष्णनगर, शान्तिपुर, नदिया)**–इस उत्सव में भव्य झांकियाँ, लोक नाट्य और संकीर्तन होते हैं।
  - **दोलयात्रा**–होली के समान, राधा-कृष्ण को आबीर (रंग) अर्पण का पर्व।

ये सभी पर्व मनुष्य में न केवल धार्मिक भावना जगाते हैं, बल्कि **सांप्रदायिक सौहार्द, सामाजिक एकता और सांस्कृतिक सौन्दर्यबोध** को पुष्ट करते हैं।

पश्चिम बंगाल के समाज, संस्कृति, साहित्य और धर्म में श्रीकृष्ण का प्रदेय बहुआयामी है।

वर्तमान समय में, जब समाज विभाजन, नैतिक ह्रास, और आत्मविस्मृति से जूझ रहा है, तब श्रीकृष्ण का दर्शन–**प्रेम, समर्पण, नीति, कर्म और सौन्दर्य**–बंगाल की आत्मा को नया जीवन दे सकता है। उनका यह प्रदेय हमें केवल भक्ति में नहीं, **जीवन के प्रत्येक क्षेत्र में सन्तुलन, सौन्दर्य और सत्य की प्रेरणा देता है।**

सन्दर्भ :

1. **भगवद पुराण**, संस्कृत मूल एवं बंगाली अनुवाद
2. **भगवद गीता**, रामकृष्ण परमहंस एवं स्वामी विवेकानन्द के प्रवचन
3. Mukundadas, *Kirtan and Krishna Bhakti in Bengal*
4. Sen, Sukumar. *Religious Movements in Bengal*
5. Chaitanya Charitamrita, Bengali and English translations
6. Sen, Sukumar. *Bhakti Movement in Bengal*
7. Mukhopadhyay, Debiprasad. *Bengali Religious Literature and Culture*
8. असितकुमार बंद्योपाध्याय, बंगाली साहित्य का इतिहास, भाग 1
9. डॉ. पार्थ चटर्जी, बंगाली साहित्य का परिचय और साहित्यिक टिप्पणी
10. सुकुमार सेन, बंगाली साहित्य का इतिहास, भाग 1
11. सत्यवती गिरि, वैष्णव पदावली, 2017
12. विमानबिहारी मजुमदार, श्रीचैतन्यचरितेर उपादान, 2006

❑❑

चित्रवीथी

ग्रामीण बंगाल में हरिनाम संकीर्तन

मृदंग, करताल बजाते, राधा-कृष्ण कीर्तन गाते भक्तों की छवि

ग्रामीण लोक नाट्य प्रदर्शन (कृष्ण लीला या रास लीला)

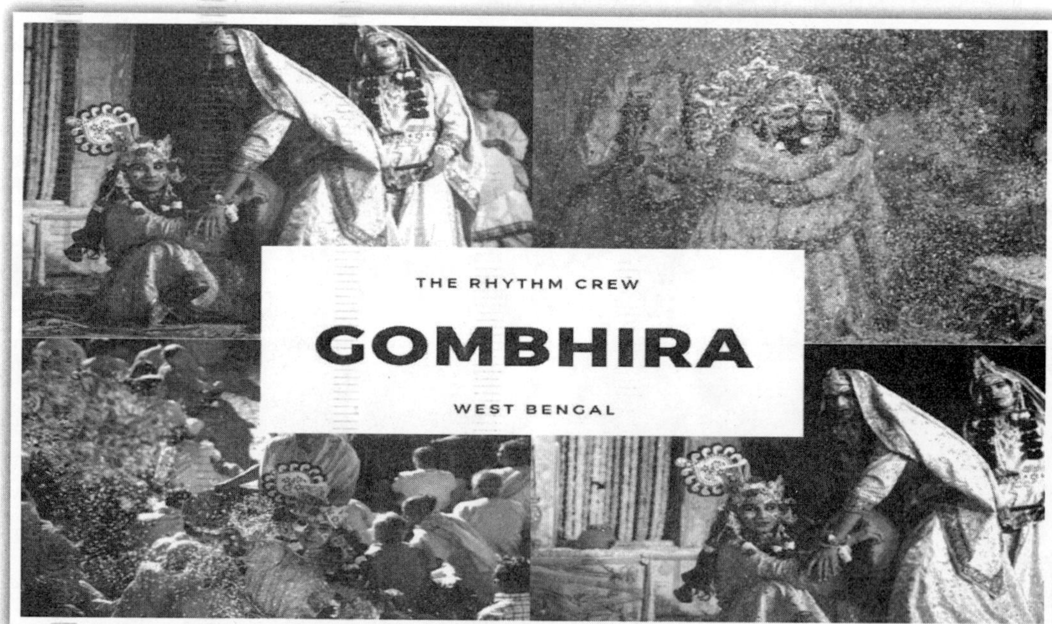

गम्भीरा

भादु गायक समूह (विशेषकर महिलायेँ) भक्ति कृष्ण गीत गाते हुए

एक मंगलकाव्य के दृश्य में कृष्ण भक्त को आशीर्वाद देते हुए

कृष्ण बाँसुरी बजाते हुए

कृष्ण को मवेशियों की रक्षा करते हुए चित्रित पेंटिंग

चण्डीदास : बंगाल के प्रथम मानवतावादी कवि

(रामी और चण्डीदास)

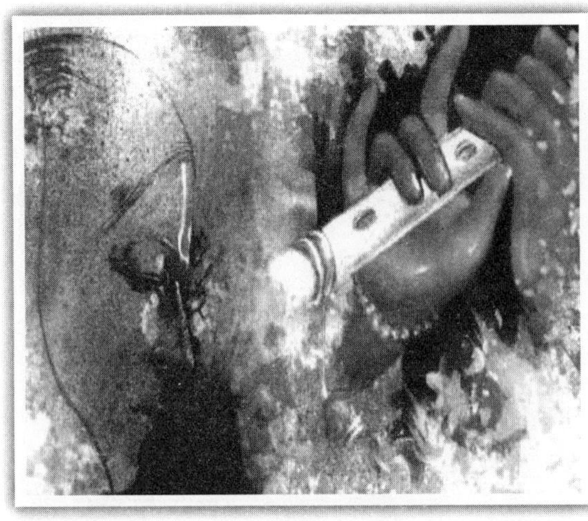

महाराज प्रताप रुद्र के आदेश पर एक कलाकार द्वारा बनाया गया श्री चैतन्य महाप्रभु का प्रत्यक्ष चित्र

धामेश्वर, नबद्वीप में चैतन्य महाप्रभु की लकड़ी से बनी मूर्ति

श्री धाम मायापुर में श्री राधा माधव

राधारमण एवं श्रीमती राधा की युगल-मूर्ति

श्री गौड़ीय मठ, बागबाज़ार

खुले आसमान के नीचे एकतारा के साथ
बाउल लोक गायक

ISKCON का गंगासागर में रथ यात्रा

राधा-कृष्ण की झूलन यात्रा

रशिया (मॉस्कॉव) में स्थित ISKCON मन्दिर

कीर्तन गाते हुए श्री चैतन्य महाप्रभु

ISKCON मन्दिर, लॉस एंजेलिस

ISKCON मन्दिर, बेल्जियम

राधा-गोविन्द की मूर्ति ISKCON मन्दिर, कोलकाता

कृष्ण काली मन्दिर

राधारानी द्वारा कृष्ण-काली की पूजा

राधारानी द्वारा कृष्ण-काली की पूजा

ए.सी. भक्तिवेदांत स्वामी प्रभुपाद

ISKCON मन्दिर, दक्षिण अफ्रीका

चारण कवि श्री नरोत्तम दास

चारणकवि मुकुंददास

वृन्दावनदास ठाकुर

कमलाकान्त भट्टाचार्य

कबियल विजय सरकार

महाप्रभु श्री चैतन्यदेव गवेषणा केन्द्र, नवद्वीप

राधा के साथ बाँसुरी बजाते कृष्ण

दामोदर मन्दिर, सोनातापारा, वीरभूम, पश्चिम बंगाल का कृष्णलीला का टेराकोटा फलक, सत्रहवीं सदी

श्याम राय मन्दिर, बिशनपुर, पश्चिम बंगाल का कृष्णलीला का टेराकोटा फलक, सत्रहवीं सदी

कृष्ण जन्म, उन्नीसवीं सदी, बंगाल कला, अवनीन्द्रनाथ टैगोर

वस्त्रहरण लीला, उन्नीसवीं सदी, टैगोर शैली, यामिनी राय

कृष्ण जन्म, उन्नीसवीं सदी, बंगाल कला, अवनीन्द्रनाथ टैगोर

यशोदा कृष्ण, उन्नीसवीं सदी, कालीघाट शैली

मानिनी राधा को मनाते कृष्ण, उन्नीसवीं सदी, कालीघाट शैली

सद्यजात कृष्ण को हाथों में लिए वासुदेव, उन्नीसवीं सदी, कालीघाट शैली